RITES OF BELONGING

Memory, Modernity and Identity in a Malaysian Chinese Community

Jean DeBernardi

歸屬之儀

馬來西亞檳城華人社群的記憶、現代性與身分認同

白瑨 —— 著　　徐雨村 —— 譯

國家科學及技術委員會人文社會科學研究中心
Research Institute for the Humanities and Social Sciences,National Science and Technology Council

本著作獲國家科學及技術委員會人文社會科學研究中心補助出版

目錄

I 殖民地檳城的宗教與社會
Religion and Society in Colonial Penang

III

當代檳城的宗教與族群復振政治
Religion and the Politics of Ethnic Revival in Contemporary Penang

地圖和照片 Maps and Illustrations

地圖

照片

推薦

生活的儀式

黃錦樹

對特定族群而言，那是生活；對「非我族類」而言，那都是民族身分的自我確認。

時至今日，檳城常以其美食和宜人居聞名於世。

位於馬來半島西北端的檳榔嶼，是曾經的海峽殖民地（俗稱「三州府」）；因爲地理位置特殊，英殖民政府著力發展。作爲行政中心，發展的時間較早，城市化的程度也高，華人人口相對集中。在馬六甲因港口淤積而沒落、新加坡被迫獨立建國後，檳城幾乎就是馬來半島唯一的明珠了。

不得不承認，歐洲海洋殖民帝國優秀行政官僚對政治地理有超強的敏感度，目光精準，往往能看到特定蠻荒之地未來成爲貿易線上重要據點的潛力（那經常也具軍事上的重要性），而不擇手段地奪取它，因此那些地方也常是兵家必爭之地。馬六甲海峽上的馬六甲、檳城、新加坡都是著名的例子。其中開發最早的馬六甲，也是大航海時代各殖民帝國之間爭奪最爲激烈的場所，處處是殖民歷史的廢墟。

因處於亞洲季風帶上，龐大的中國就在並不遙遠的北方，宋元以來，胸懷大志者、冒險家、逐利者、亡命之徒藉著木帆船牽星過洋，順風相送；或者季節性地往返，或乾脆娶番女爲妻，安家落戶，自然涵化、繁衍出一代代峇峇與娘惹。十九世紀末二十世紀初，隨著老頹的中華帝國衰殘爲東亞病夫且差點被肢解、與列強連串戰敗後被迫簽訂了許多不平等條約（譬如鴉片戰爭後的《南京條約》），天朝上國尊嚴掃地的同時，子民被迫大量流散，被吸引南下塡補錫礦和種植園所需的大量廉價勞工。這大量的華人晚期移民，一向被稱爲新客。這新舊之間的代差，既是歷史問題，也是文化問題。當華人的數量累積到一個程度，「華人問題」就難免在殖民者眼前浮現，所有的歐洲殖民者都會經面對同樣的問題。那是隱形的文化衝突，源於白人殖民者民族與文化上根深蒂固的優越感（上帝的子民，文明 vs. 野蠻），也源於少數統治多數的深刻不安全感（因此對華人的武裝力量——私會黨特別敏感）。更何況，早期的三州府可是華人私會黨的發源地，開埠的數十年間，也是私會黨的黃金時代。

衆所周知，華人並非存在於眞空之中，即便是「碼頭上的陌生人」，也牽引著自身的文化網絡，親戚網絡（血緣，遠親近親）、地緣關係（方言群），及由方言群掌控的行業，都有助於把新來的陌生人整合進殖民地華人社會。那樣的華人社會，方方面面都承繼、模仿原鄉，從祖先崇拜到二十四節氣中的重大節慶（農曆新年、清明、端午、中元、中秋等），從出生、結婚到死亡的禮儀，從天公到土地公，香爐金紙，飲食習慣，甚至墳墓的形制，那屬於習俗儀式的一切，均代有傳承。那種種，構成了華人的生活世界，也蘊含了民族身分的自我確認。當然，這對身在其中的華人而言，都是些老生常談。但對來自歐洲的治理者而言，那整體都是陌生而可疑的存在。簡而言之，猶如明清以來西方傳教士之進入中國那個陌生的大地，兩種不同文化的接觸必然是人類學意義上的相遇。幾乎沒有懸念地，以千多年一神論宗教為其文化底蘊的人類學家，和以治理為出發點的殖民官僚類似，與華人的相遇就和「土著」接觸類似，迎面就會遇到宗教，或類似於宗教的事物。它的異質性，往往體現為祕密（神祕）。

人類學家白瑨以檳城華人為研究對象的《歸屬之儀：馬來西亞檳城華人社群的記憶、現代性與身分認同》以人類學的視角、人類學知識重寫（重新解釋）了一七八六年後兩百年間的華人史，尤其關注兩個特別緊張的歷史時刻。一七八六年，英國東印度公司小職員萊特從吉打蘇丹手上騙到檳榔嶼，*隨即包括嗅覺靈敏的未來大富豪辜禮歡（辜鴻銘的曾祖父）在內的許多華人登陸開拓，開啟了檳島的華人史。白瑨的核心關鍵詞是「歸屬之儀」

* 張景雲，〈萊特智賺檳榔嶼〉氏著《炎方叢脞》（吉隆坡：魚弓書舍，二〇二一：一九三～二〇〇）。

（rites of belonging）和「歸屬之權」（rights of belonging），以此把本書區分爲兩部分，兩個不同的主題分別指向兩個時刻，前者針對的是華人私會黨黃金時代英殖民政府對它的「治理」和華人的回應（也就是一八九〇年英殖民政府頒布《危險社團壓制法令》，解散已註冊的所有會黨）；後者即一九六九年五一三事件後、一九七〇年「新經濟政策」出台，在土著／非土著的種族區分中，華人被劃入次等的一級，屬重大的國民身分危機時刻。白瑨的基本論點並不複雜，即認爲特定危機時刻華人社會的相關民俗活動是對實際政治緊張的一種積極的回應，藉由儀式凝聚族群共同體；這部分最有趣的無疑是，白瑨調度早期傳教士及殖民政府官員對華人誓盟會黨的試探與理解——透過與歐洲共濟會組織的比較（「祕密」的相似性），但因爲彼時不同方言群的私會黨間械鬥頻仍，殖民政府後來乃傾向於立法全面壓制華人私會黨。*

本書第四章〈歸屬之儀：華人誓盟會黨的入會儀式〉，白瑨即詳細地分析了天地會的入會儀式、它的起源敘事、它的降神附體儀式等。但那是十九世紀晚期的私會黨時代，華人參與者衆。†在當代檳城，那遙遠的天地會起源、誓盟會黨連結即便已不是那麼緊密，「馬來至上」的政治大環境如故，那些宮廟儀式其實也還在持續運作中，「『鬧熱』的節慶活動與遊行隊伍讓公共街道上擠滿了興奮的群衆，鑼鼓聲、令人眼淚直流的煙霧與神靈附體的乩童，檳城華人依然透過儀式節慶循環，繼續公開宣示華人社群的存在。」（本書頁二六八）

其實不只檳城，整個馬來半島的華人小鎮莫不如此，甚至台灣島，有著更頻繁的宮廟活動。雖然並不是很確定相關儀式的最早起源，它們之施行也不見得和當下政治有什麼直接的關聯。也許在某些特定的緊張時刻，會喚起更大的激情，增添某種社會功能（譬如華教復興運動後，和獨中募款捆綁在一起，卽白瑨所謂的「歸屬之權」[‡]）。但也許僅僅如此，宮廟儀式應該是相對自主的。

《歸屬之儀》另一個關鍵詞也許是「本土化」，也卽是關注相關民俗中異於原鄉、似乎是因地制宜而新創的部分。檳城作爲「一個移植的市鎮」（借用李亦園先生一本書的標題）[§]，因爲開埠時間更早，其移植與在地轉化或許更具有「原型」的意義。我原以爲很多馬來亞的相關儀式都起源於三州府，但顯然不是，情況似乎更爲複雜。很多起源因爲「所傳聞異辭」，衆說紛紜，往往顯得多元化，難以確認。誓盟會黨、墳場、宮廟、中元普

* 關於馬來亞私會黨，威爾弗雷德．布萊斯（Wilfred Blythe）一九六九年出版的《馬來亞華人秘密會黨史》（中國社會科學出版社，二〇一九）有詳細的考察。

† 謝詩堅編著，《檳城華人兩百年》（韓江學院：韓江華人文化館，二〇一二）第四章第三、四節。

‡ 也可參考李豐楙，《從聖教到道教：馬華社會的節俗、信仰與文化》（臺大出版中心，二〇一八）第七章〈普度：檳州中元聯合會與華校華教〉，頁四〇三～四五八。

§ 李亦園，《一個移植的市鎮：馬來亞華人市鎮生活的調查研究》，中央研究院民族學研究所，一九七〇。

度……還是白瑠引述的，張理被檳城人認爲是誓盟會黨始祖的大伯公[*]（一般華人家庭都供奉的家用版土地神，台灣也很常見的福德正神）、馬來亞特有且相當普遍的拿督公，到泰馬都頗爲風行的九皇爺誕辰，[†]甚至遍在的天后宮（或水月宮）、觀音廟，和家屋內的祖先崇拜，初一十五的拈香拜天地，那日常的儀式，和各種節氣慶典，都構成了華人的生活世界。因爲如果「沒有儀式，社會集團是難以設想的。因爲社會通過儀式構建自己，社會是儀式的緣由、過程和效果。儀式行爲的象徵和表現內容生成和穩固了儀式本身的屬性。儀式塑造了由所有成員的構建的集體的秩序，儘管也有可能帶來各種不同的屬性。」[‡]對特定族群而言，那是生活；對「非我族類」而言，那都是民族身分的自我確認。

二〇二三／十一／六　以色列加薩屠城日

---

* 譬如檳城人張少寬卽提出過商榷，見其〈大伯公、拿督公與土地公關係的商榷〉氏著《檳榔嶼華人史話》（燧人氏，二〇〇二：一〇一～一〇九）。

† 周福堂一九八二年在康乃爾大學博士論文的刪節中譯本《馬來西亞九皇爺聖誕慶典：神話，儀式與象徵》（新紀元大學學院，二〇二二）詳細考察了九皇爺慶典的方方面面。李豐楙《從聖教到道教：馬華社會的節俗、信仰與文化》第四章〈九皇下巡：九皇星君在大馬的本相與變相〉推測九皇信仰和檳城私會黨的起源、晚明的魯王傳說有關（頁二四一～二四六）。

‡ 克里斯托夫．武爾夫（Christoph Wulf），《人類學：歷史、文化與哲學》（人民出版社，二〇二三：二二二）

推薦

田野、研究、翻譯，以及與經典的對話

張維安

本書譯者徐雨村教授是我進行東南亞客家研究過程中重要的夥伴和諮詢者。猶記得我們的首次見面是在馬來西亞砂拉越的詩巫。當時，我和幾位同事正執行客家文化發展中心的東南亞客家相關計畫，到詩巫參與當地學者的工作坊。在工作坊中，我遇到了年輕的徐雨村，一位在加拿大亞伯達大學進行人類學研究的學者。當時，他正在砂拉越詩巫蒐集資料撰寫博士論文。取得博士後，雨村參加不少清華大學和交通大學的學術活動和研究計畫，例如擔任《全球客家研究》客座主編，編輯「砂拉越客家研究」專輯，一起在國際期刊發表〈The Sarawak Dabogong Festival and Its Social Significance in the Chinese Community in Malaysia〉，有一段時間，雨村也曾前來交通大學擔任博士後研究員。

在我進行東南亞客家研究的二十年中，雨村經常以不同的身影出現，我甚至加入他的田野社區網絡，例如我們加入詩巫永安亭大伯公廟主導的活動、參加東南亞大伯公田野考察和世界大伯公節（已經辦理十三屆），我發現雨村的學術觀察、建議，對這個團體有不小的影響力，其間可能有許多白瑨教授學術研究的啟發。在此脈絡下，我們協助永安亭大伯公廟舉辦兩次和土地神信仰有關的學術研討會，分別出版了《族群遷移與宗教轉化：福德正神與大伯公的跨國研究》、《土地神信仰的跨國比較研究：歷史、族群、節慶與文化遺產》兩本專書，是一種對田野社區人士的回應。

關於《歸屬之儀》一書，雨村在本書導讀〈檳城華人的歸屬之儀：宗教展演、社會記憶與身分認同的螺旋〉對作品的特質、重要性已有說明，多篇書評代表了專家們的深入觀察，此處不再摘述。倒是值得從中找尋一些雨村教授關於東南亞的研究和該書對話的片斷，在馬來西亞歷史背景及華人民間宗教詮釋方面，多篇論文如從華人信仰組織的跨區域連結、馬來西亞華人的跨國網絡與文化認同、馬來西亞沙巴州丹南華人的宗教信仰、區域民間信仰組織之比較研究，甚至從信仰、記憶與建構觀點研究六房媽的過爐等多篇論文，都可以感受到其與《歸屬之儀》的深層關聯。和白瑨教授一樣，從都會區到鄉村，研究各式節慶活動，與社區的重要人物互動，融入當地社群，學習當地語言，從歷史和政治背景、社會變遷、現代化對傳統文化的影響，解讀華人的文化敘事和象徵意義。看來《歸屬之儀》一書，有許多雨村教授的學術養分。

最後，關於《歸屬之儀》一書的重要性，如譯者所言，本書在人類學理論視野、文獻研究以及田野調查等方面均有其獨到之處，是世界和台灣東南亞相關研究的重要參考文獻。

其所整理的大事紀年表，對東南亞研究相關的學生、學者，具有重要的參考價值。特別值得一提的是，《歸屬之儀》作爲國家科學委員會「經典譯注」計畫的成果，同時肯定了作者和譯者。「經典譯注」計畫是國家科學委員會爲加強國內人文學及社會科學研究基礎的重要計畫，其重點是選擇傳統和當代學派發展過程中的基礎性著作，精挑細選該領域最合適的學者以忠於原文，提供不經第二手轉譯的直接翻譯和詳盡評注來進行，對學界具有相當基礎的意義，該計畫曾經被稱許爲「國科會推動學術研究做得最對的事情之一」。雨村教授所譯《歸屬之儀》即是此項人文學及社會科學研究基礎的重要成果。值此《歸屬之儀：馬來西亞檳城華人社群的記憶、現代性與身分認同》中譯本出版之時，得有機會先睹爲快並爲之推薦，深感榮幸。

導讀

檳城華人的歸屬之儀

宗教展演、社會記憶與身分認同的螺旋

徐雨村

本書係白瑨教授二〇〇四年於史丹佛大學出版社出版的 *Rites of Belonging: Memory, Modernity, and Identity in a Malaysian Chinese Community* 一書迻譯而成，中文書名定爲《歸屬之儀：馬來西亞檳城華人社群的社會記憶、現代性與身分認同》。其探討主題是馬來西亞檳城的華人社群從一七八六年到一九九〇年代所面臨的族群歸屬感議題，特別聚焦於兩個時期：英國殖民統治時期（十九世紀到戰後），一九五七年馬來亞獨立建國後（以及馬來亞於一九六三年與砂拉越、北婆羅洲〔沙巴〕、新加坡三邦合組馬來西亞聯邦後）。檳城華人面臨英殖民政府、後殖民的國族國家馬來西亞的政治勢力支配，發生了衝擊與互動，華人試圖透過社群共同儀式塑造社會記憶，進一步建構其主體性，並與現代性的價值互相調和，追求獨立且合乎時代的身分認同。本書在人類學理論視野、文獻研究及田野調查等方面都有獨到之處，可作爲東南亞相關研究的對話參考。

一、作者介紹、作品典範意義、版本與譯本

白瑨自一九九一年任教於加拿大亞伯達大學人類學系至二〇二一年榮退，[*] 長期研究主題包括：檳城華人的民間宗教、中國與新加坡的道教現代化、新加坡的福音派基督教與弟兄運動（Brethren Movement）[†]、中國的茶文化等。田野研究地點包括檳城、新加坡與中國武當山、武夷山等地。

本書堪稱白瑨對於檳城華人民間宗教研究的代表作，內容奠基於一九七八年她在芝加哥大學攻讀人類學博士期間於檳城從事博士論文的先驅研究，以及一九七九到一九八一年兩年的田野工作。在田野研究期間，白瑨與馬來西亞及新加坡的學術機構建立密切合作關係，並造訪美國、英國、新加坡、馬來西亞的文獻典藏機構，蒐集相關的歷史資料，[‡] 最後在二〇〇四年依據多年的研究成果完成本書。

白瑨對於檳城華人民間宗教的後續作品包括二〇〇六年由史丹佛大學出版社出版的專書《道在人心：馬來西亞檳城的華人民間宗教與乩童》以及論文三篇，分別探討檳城華人婦女與儀式食物、太上老君廟的道教教義與儀式、檳城與中國武當山重陽節祭典的比較研究等主題（DeBernardi 2008, 2009, 2010）。[§] 在基督教研究方面，白瑨於二〇二〇年在新加坡國立大學出版社出版《基督教的流通：檳城與新加坡的全球基督教與地方教會，一八一九～

二〇〇〇年》。

作品的時代與典範意義

白瑨一九七八年展開研究之時，馬來西亞正歷經一九六九年五一三事件過後的新經濟政策與馬來人至上的族群國族主義。馬來西亞聯邦政府欲以馬來文化作爲國家文化主流，但華人採取各種手段建立團結，據以爭取權益。白瑨從族群國族主義的概念來解析這個脈絡，進而呈現檳城人透過中元節慶達成華人大團結的訴求與社群共同目標。

本書的典範意義有二。首先，當今學者可從歷史文獻及口述歷史重建當時檳城華人的社會實踐，但白瑨在一九七八到一九八二年的觀察分析及其與社會人士的對話，實爲第一

* 可參見其個人網頁：http://jeandebernardi.com/，擷取日期：二〇二一年四月六日。

† 弟兄運動是源自一八二〇年代愛爾蘭與英格蘭興起的福音派基督教，脫離英國國教，形成獨立自主的教會組織。

‡ 白瑨研究期間曾造訪並獲協助的學術機構可參考本書謝詞。

§ 此外，白瑨於二〇一一年主編Marjorie Topley教授的論文集《香港與新加坡的廣東人社會：性別、宗教、醫療與金錢》(*Cantonese Society in Hong Kong and Singapore: Gender, Religion, Medicine and Money*)，由新加坡國立大學出版社與香港中文大學出版社聯合發行。

手的實地接觸與認識。其次，白瑨從社會記憶與「歸屬之儀」的觀點切入，將一八九〇年英國政府頒布《危險社團壓制法令》，禁止華人誓盟會黨（sworn brotherhoods）公開活動，以及一九七〇年代馬來西亞政府國家原則與新經濟政策的頒行，視爲檳城華人社會的重大危機關頭事件。呈現在殖民與後殖民國家推動現代性的努力下，馬來西亞華人社群選擇以傳統儀式來呈現自身的認同歸屬。

版本及譯本說明

原書於二〇〇四年由史丹佛大學出版社出版，二〇〇九年由新加坡國立大學出版社略改書名爲 *Penang: Rites of Belonging in a Malaysian Chinese Community*（檳城：馬來西亞華人社群的歸屬之儀），仍以英文出版。本書爲第一本華文譯本。

本書的人名、地名之譯名均以馬來西亞慣用者爲主，如有跟台灣使用譯名相異者，另以譯注說明。關於馬來西亞用詞部分，承蒙檳城古蹟信託會主席林玉裳與檳城尤里西斯文字工作室陳耀宗悉心校訂。

二、檳城在東南亞華人社群的地位、重要事件年表

回顧檳城的歷史文化脈絡，在殖民主義擴張過程中，馬六甲、檳城及新加坡三地先後成為馬來半島的重要商埠，華人取得經濟主導地位，並以具中國行政體制概念的詞彙，稱之為「三州府」（麥留芳 1985: 43）。此三座城市的發展過程具有密不可分的關係。

首先，馬六甲在十五世紀初納入明帝國的朝貢體系。明永樂三年（一四〇五）馬來人統治者滿剌加酋長拜里米蘇拉（Parameswara，又稱 Iskandar Shah, 1344-1414）遣使向明成祖入貢，明成祖封拜里米蘇拉為滿剌加國（Sultanate of Malacca）國王。此後直到一五〇八年，馬六甲統治者至少遣使入貢明朝二十九次。鄭和下西洋也在馬六甲留下足跡，包括三寶山與三寶井等，成為華人開荒墾殖的證明（廖文輝 2019: 128-131）。然而，十六世紀之後，歐洲殖民強權先後抵達，取得馬六甲主導權。一五一一年，葡萄牙攻占馬六甲，建立其拓展東印度群島貿易的據點，馬六甲蘇丹國從此滅亡，對大明國的朝貢貿易因此告終。一六四一年，荷蘭擊退葡萄牙，馬六甲再度易主。

相較於馬六甲，位於馬來亞半島東北角外海的檳榔嶼（Penang Island）並未受到葡萄牙、荷蘭勢力青睞。相傳華人直到一七四五年才開始移入，開闢先賢包括張理、邱兆祥與馬福春三人，落腳地是名為丹絨道光（Tanjung Tokong）的小漁村（黃堯 1966: 41-2）。一七八五年，

吉打蘇丹遭逢暹羅威脅，有意以檳榔嶼換取英人的武力保護。英國人萊特取得不列顛東印度公司同意，與吉打蘇丹協議以檳榔嶼爲殖民地。一七八六年七月，萊特率官兵百餘名來到吉打，向蘇丹呈獻禮物與憑信，七月十六日萊特前往檳榔嶼，十七日吉打華人甲必丹辜禮歡攜帶魚網，迎接萊特登陸。當時島上居民僅有五十八人。八月十一日舉行升旗典禮，將該島命名爲「威爾斯太子島」（廖文輝 2019: 215-6）。

英國於一八一九年向柔佛蘇丹取得新加坡島（Singapore Island）。一八二六年，英國與荷蘭簽訂《英荷協議》，劃定新加坡以北的馬來半島爲英國勢力範圍，馬六甲於是再度轉手，改由英國統治。同年，英國將檳城、新加坡、馬六甲整合爲海峽殖民地，首府設置於檳城，但短短六年後，一八三二年就把首府遷移到新加坡，顯示檳城原有的政治經濟重要性已由新加坡所取代。一八四二年，英國與清國簽訂《南京條約》，取得香港主權及五口通商的權利，原先在海峽殖民地與清國之間祕密進行的商品與人力流動，此後轉爲公開。

檳城華人人口的變遷，亦顯示一八四二年是個重要的分水嶺。從人口統計數據來看，一八一二至一八四二年這三十年間的增長緩慢，僅由七千八百五十八人增加到九千七百一十五人。一八四二到一八六〇年這十八年間，人口增加到三萬六千五百六十一人，快速成長近三倍。至一八八一年，在海峽殖民地的華人人口已超越馬來人（Sagoo 2006: 6, 8）。華人占該州人口一向居於優勢，直到二〇二二年才被土著微幅超越。*

一八六〇年代的人口優勢，使得各族群或華人方言群之間的交往與衝突更爲頻密，也造就廣福宮在一八六二年轉變爲跨幫群的組織，以及一八八〇年世俗性質的華人大會堂（平章會館）的建立。一八九〇年，英國政府制定實施《危險社團壓制法令》，華人誓盟會黨宣告解散，但活動轉入地下，並以廟宇形式繼續維持年度祭祀。

儘管英國政府在政治上壓制華人，但在檳城自由港地位的條件下，東南亞各地華人聚集在此貿易，蓄積了雄厚的經濟資本。檳城的華人富商在宗教、教育、慈善捐款、書刊出版等方面不遺餘力，以經濟資本轉換爲象徵資本，也就是「面子」。這個轉換象徵資本的過程不僅發生在個人身上，也呈現在各社群（方言群、姓氏、其他社團）之間的競爭。在馬來亞的華人社會當中，檳城在各項宗教、教育、文化事務上都扮演領導者的角色。

戰前，檳城華人直接參與政治的機會受限，戰後拜馬來亞朝向自治獨立而推動議會選舉所賜，情況有所轉變。檳城華人具有國會議員、州議員的選舉權與被選舉權，以其人口優勢獲得州議會的多數席次，擔任檳州首席部長。相較於殖民時期，華人對於檳城享有更

* 據馬來西亞統計局的二〇二二年檳州人口估算報告，華裔人口從二〇二一年的百分之四十四點七下滑到百分之四十四點五，土著人口則從百分之四十五增加爲百分之四十五點三。自二〇二一年，州內土著人口已超越華裔人口。（東方日報，檳城華裔人口下滑至百分之四十四點五，從去年起被土著人口超越，https://www.orientaldaily.com.my/ news/north/2022/12/27/536388，刊登日期：二〇二二年十二月二十七日）

多的政治權力。

爲了提綱挈領掌握檳城及周遭地區的重大歷史事件，譯者整理與本書主題有關的年表，並提供適當的注解，詳如下表。

年份	事件	注解
一六〇〇	英國建立「不列顛東印度公司」。	英女王伊莉莎白一世授予該公司在印度的貿易特許權。
一六八五	不列顛東印度公司在蘇門答臘明古連（Bencooleen，今稱明古魯〔Bengkulu〕）設立黑胡椒貿易站與軍事要塞。	英國在東南亞建立了第一個根據地。
一七四五	客家先賢張理、邱兆祥及馬福春來到檳榔嶼的丹絨道光。	三人去世後被崇敬爲大伯公，墓塚位於海珠嶼大伯公廟旁。
一七八六	萊特代表不列顛東印度公司，與吉打蘇丹簽約取得檳榔嶼，成爲殖民地。	檳城成爲英國在東南亞的重要貿易根據地，設置爲自由港。
一七九一	吉打蘇丹將檳城對岸的「詩布朗北賴」讓予不列顛東印度公司。	一八〇〇年改稱威爾斯利省，華語簡稱威省。
一八〇〇	檳城廣福宮奠基。	華人社群的主要廟宇。
一八〇一	義興公司成立。	往後四十餘年間，檳城華人陸續成立多個公司或會社。
一八〇九	檳城歐洲人共濟會（Freemason）第一座會所成立。	象徵歐洲人的在地力量生根。

一八一六	牧師哈菁在檳城建立馬來亞的第一所現代學校「大英義學」(Penang Free School)。	西方教育開始在馬來亞建立基礎。
一八一九	英國人萊佛士取得新加坡爲殖民地。	新加坡快速崛起，取代檳城的若干政治經濟角色。
	首座華人私塾「五福書院」成立。	華人教育或方言教育的濫觴。
一八二四	英國與荷蘭政府簽訂《英荷條約》，劃定兩國在東南亞的勢力範圍。	英國人撤回其對荷蘭占領勿里洞島（昔稱Billiton，今稱Belitung）的反對，荷蘭相對應撤回英國對新加坡的占領，荷蘭讓出馬六甲，以交換明古連。
一八二六	英殖民政府將檳城、新加坡、馬六甲整合爲海峽殖民地，以檳城爲首府。	英國實質掌握了馬來半島的這三座重要貿易港。
一八三二	新加坡取代檳城，成爲海峽殖民地首府。	檳城在海峽殖民地的行政地位下降。
	庇能打金行成立（庇能爲檳城舊稱）。	檳城首座業緣社團。
一八四二	清國與英國簽訂《南京條約》，割讓香港島予英國，開放五口通商。	形成華人合法前往香港、新加坡，進而移居檳城及馬來亞的重要管道，檳城華人人口快速增加。
一八五七	檳城騷亂（Penang Riot of 1857），殖民地警察意圖拆除廣福宮戲台而引爆華人的衝突反擊。	政府更加認可與寬容華人的宗教傳統。
一八六七	檳城暴動（Penang Riot of 1867），馬來人紅旗會與白旗會，與華人同街區的會黨結盟，彼此鬥毆。	英國政府加強對會黨的調查與控制。

	海峽殖民地轉移給英國殖民部直接管轄。	英國政府及其文官體制更直接控制海峽殖民地。
一八八六	「平章公館」落成。是爲檳州華人大會堂的前身。	純粹世俗性的華人事務機構出現。
一八九〇	英政府頒布施行《危險社團壓制法令》，勒令所有已註冊的會黨解散。	誓盟會黨活動被迫由公開轉入地下，成爲名符其實的祕密會社。
一八九二	張弼士獲任命爲清國駐檳城副領事。	檳城地方仕紳取得清國官銜。
一九〇一	康有爲寓居檳城。	保皇黨勢力建立。
一九〇三	「華人商務局」成立。	中華總商會的前身。
一九〇四	中華學校三校成立，是馬來西亞最早開辦的正規華文學校之一。	設於平章公館，由張弼士創立。一九一〇年後更名「孔聖廟中華學校」。
	極樂寺竣工，此寺爲妙蓮法師自一八八九年展開籌建，爲東南亞規模最大、建築最宏偉的華人佛寺。	翌年慈禧太后御賜兩部大藏經《龍藏經》、紫袈裟與「欽命方丈」、「奉旨回山」等。
一九〇七	孫中山在平章公館演講，籌募革命經費。	革命黨與保皇黨分庭抗禮。
一九〇八	醫學博士伍連德前往中國，任教於陸軍軍醫學堂。其歷任清國、北洋政府、國民政府的醫學要職，直至一九三七年才返回檳城。	一九一〇年起在中國東北研究並防制鼠疫。推動中國的醫學教育。
	孫中山創立檳城閱書報社。	此一組織團結華僑、支持革命，成爲孫中山在南洋推動革命的臂膀。

一九一〇	孫中山等人創立《光華日報》。	原爲革命黨機關報，至今仍在發行，爲北馬最大的華文報刊。
一九一一	中國辛亥革命，清帝遜位，中華民國成立。	一九一二年元月一日，孫中山就任第一任臨時大總統。
一九一七	鍾靈學校成立，爲檳城鍾靈國民型中學與鍾靈獨立中學（兩校共用校地）的前身。	該學校由檳城閱書報社發動成立，早期具中國國民黨色彩，之後參與抗日、共產黨、反殖等運動。
一九一九	閩僑會議決議興辦福建女校，一九二〇年起招生。一九五一年易名爲檳華女子中學。	鼓勵女子就學，一九六二年接受改制爲國民型中學，董事部秉持發揚中華文化的辦學理念，繼續保留獨立中學。
	檳城樹膠貿易公所、檳城椰肉貿易公所成立。	有效管理橡膠貿易各項事務。
一九二三	檳城米商公會成立。	
一九二六	廣商公所成立。	
一九二七	檳城建造行、萬錦商會成立。	
一九二八	北馬酒商公所、檳城福州咖啡公會、中醫聯合會成立。	中醫聯合會一九三六年更名爲「中醫中藥聯合會」。
一九二九	檳城咖啡茶商公會所成立。	
一九三六	潮商公所成立。	
一九三七	中國抗日戰爭爆發。	

一九三八	檳城華僑籌賑祖國傷兵難民委員會（簡稱檳華籌賑會）成立。	推動抗日與賑濟災民工作。
一九三九	南洋華僑司機和技工（南僑機工）參與中國抗戰。	協助滇緬公路運輸作業，三千兩百餘人參加。一九四六年設「檳榔嶼華僑抗戰殉職機工羅難同胞紀念碑」。
一九四一	日本占領馬來亞。	檳城洋人逃離，日人進行肅清，推動日文教育。
一九四六	海峽殖民地解散，檳城合併到馬來亞聯邦（Malayan Union）。	聯邦制英國皇家殖民地，遭到馬來民族主義者反對。
一九四八	馬來亞聯邦解散，成立馬來亞聯合邦（Federation of Malaya）。	恢復馬來統治者原先象徵地位。
一九四九	中華人民共和國成立，馬來亞共產黨活動導致英國宣布緊急狀態。	英國與中華人民共和國建交，但採取反共政策。
一九五七	馬來亞聯合邦宣布獨立，檳城成爲其中一州，因華人占人口優勢，其首席部長由華人擔任。第一任首席部長爲王保尼，馬華公會，任職於一九五七～一九六九年。	在新的民主體制下，華人在檳州取得政治主導權。 馬華公會爲政黨聯盟「華巫印聯盟」（UMNO-MCA Alliance）（一九五七～一九七四）的成員黨。
一九六三	新加坡、砂拉越、北婆羅洲（沙巴）脫離英國殖民統治，與馬來亞聯合邦合組馬來西亞聯邦。	此政治體系延續至今。

一九六五	新加坡獨立建國。	華人占全馬人口比例大幅下降。
一九六九	馬來西亞理科大學於檳城建校。	建立本土社會科學。
	五一三事件。	吉隆坡發生嚴重的種族衝突，政府頒布緊急狀態。
	檳城第二屆首席部長林蒼佑，民政黨，任職於一九六九～一九九〇年。	民政黨爲政黨聯盟「國民陣線」(National Front)（一九七四迄今）的成員黨。
一九七〇	馬來西亞政府頒布國家原則、推動新經濟政策。	重寫社會契約，政策偏重馬來人。
一九七〇年代	旅遊成爲檳城主要經濟來源之一。	
一九七四	馬來西亞與中華人民共和國建交。	恢復官方交流。
一九八九	馬來西亞政府開放公民與中國往來。	對中國的僑外直接投資、尋根問祖的文化交流激增。
一九九〇	許子根擔任檳城第三屆首席部長，民政黨，任職於一九九〇～二〇〇八年。	
一九九九	韓江學院成立。	提供中文系文憑、本科學位、碩士學位。
二〇〇一	孫中山檳城基地紀念館成立。	位於喬治市打銅仔街一二〇號。
二〇〇二	檳城閱書報社孫中山紀念館成立。	位於喬治市中路六十五號。
二〇〇三	韓江華人文化館成立。	設有以下主題的展示廳：社會組織、經濟、政治、教育史及三校校史、宗教及峇峇娘惹與華人社群。

二〇〇八	喬治市與馬六甲同時獲聯合國教科文組織登錄爲世界文化遺產。	彰顯喬治市的多元族群、多元宗教及多元文化並存的傑出普世價值。
	林冠英當選第四任檳城首席部長，行動黨，任職於二〇〇八～二〇一八年。	行動黨當時爲在野黨人民聯盟的成員黨（二〇〇八～二〇一五），之後爲希望聯盟成員黨（二〇一五～二〇一八）。
二〇一〇年起	多次入選「亞洲最適宜居住城市」、「最佳旅遊地點」等殊榮。	
二〇一三	韓江學院升格爲韓江傳媒大學學院。	
二〇一四	檳城第二大橋通車。	全長二十四公里，爲馬來西亞第一長橋。
二〇一五	檳島正式升格爲市（City）。	檳島市政局（MPPP）升爲市政廳（MBPP）。
二〇一八	曹觀友當選第五任檳城首席部長，行動黨，任期二〇一八迄今。	行動黨爲希望聯盟成員黨。希盟於二〇一八年第一次政黨輪替成爲執政黨，二〇二〇年因土著團結黨退出而下野。二〇二二年國會大選，希盟與國陣等政黨聯盟合組團結政府，再度成爲執政黨。
二〇二三	檳島市政廳自二〇一九年推動「後巷提升計畫」，獲世界遺產城市組織（OWHC）「二〇二一年～二〇二三年Jean-Paul-L'Allier」榮譽獎。	街屋後巷的景觀大幅改善，於三百多個世遺城市中脫穎而出。

三、重要關鍵詞

歸屬之儀與歸屬之權

本書的英文書名Rites of Belonging，直譯爲「歸屬之儀」，實爲范基尼「通過儀式」（Rites of Passage）的類比。通過儀式是各族群用來標示個人地位或生命階段轉換的儀式，例如成年禮、婚禮、葬禮等；歸屬之儀則指中國華南地區男子來到檳城，隨即參與各社群誓盟會黨的入會儀式。誓盟會黨成爲各社群維持公共秩序、團體利益的主要力量。作者從象徵人類學與歷史人類學的角度，探索誓盟會黨如何透過新成員（新丁）參與的入會儀式過程，對其灌輸華人的宇宙觀模型與社會記憶，特別是反清復明的歷史願望。

本書依據歷史脈絡區分爲兩部。第一部「殖民地時期檳城的宗教與社會」，從歷史人類學角度探討檳城華人社會的在地化。華人十八世紀末移居檳榔嶼，一七八六年開始受英國統治，人口逐漸增長的華人建立廟宇（如海珠嶼大伯公廟與廣福宮）以及誓盟會黨，作爲群體內部治理與衝突調解的機構。然而華人喧囂熱鬧的宗教節慶，卻與英國的基督教沉靜宗教概念與公民禮儀產生衝突。歷經多次衝突之後，一八九〇年，英國政府頒布《危險社團壓制法令》，致使誓盟會黨的活動轉爲地下。

白瑨的獨到透視就是提出華人、英國人與馬來人在早期接觸過程中，各自的誓盟會黨在象徵結構、儀式細節有諸多相似性與採借，並有某種程度的結盟。例如，華人天地會與英國人共濟會的相似性使得早年的英國人採取自己對共濟會的認識，來理解華人天地會的特色。馬來人的誓盟會黨則是與同一街區的華人天地會結盟，捍衛其共同利益，對抗其他街區的誓盟會黨。然而，此一相似性並不足以成爲三個族群並肩發展的基礎，其功能也隨著英國殖民政府爲了加強直接統治、收緊誓盟會黨所發揮的社群功能，而設置華人共同的社群機構「平章會館」(華人大會堂)，與一八七七年設置專司華人事務的「華民護衛司署」而被取代。

在本書的第二部，第五章篇名是Rights of Belonging: Citizenship and Ethnic Nationalism，中譯爲「歸屬之權：公民權與族群國族主義」。作者巧妙運用rites的同音異義字rights(權利)，與第一部恰成對比。第二部的討論聚焦於另一個轉折——在一九六三年脫離英國殖民的新加坡、北婆羅洲、砂拉越各邦，與馬來亞聯合邦共同組建馬來西亞聯邦。華人面臨一九六九年爆發五一三事件後，國家重新制定社會契約，以馬來民族主義爲基調來推動國家原則與新經濟政策。華人透過提出「國家文化政策備忘錄」，重申華人文化作爲國家文化一部分的重要性；檳城華人並從傳統文化節慶裡面，找出中元普度作爲提升華人共同意識的載體，建立共同慶典與年度共同籌款目標。馬來西亞各地的華人試圖以維護華文獨立中學、推動華人大團結與國家文化運動等，試圖讓國家政策重回地域國族主義的方向。

社會記憶

康納頓的《社會如何記憶》（一九八九）一書指出，紀念儀式與身體實踐是人們學習並傳承社會記憶的重要管道。紀念儀式針對歷史事件或重複的時序，宣示了人們從古至今的一脈相傳；身體實踐則是透過自己的身體來重演昔日的形象，也藉由繼續表演某項技藝動作的能力，進而完整保存昔日的記憶。白瑨運用了康納頓社會記憶（social memory）的觀點，討論十九世紀檳城華人社會的誓盟會黨如何透過入會儀式傳達反清復明的歷史與內部階序概念，新入會者（新丁）藉此取得共同歷史記憶與個人定位。入會儀式的儀式角色，包括先生與先鋒的對談（拜會互答）、新丁通過關卡並學習相關語彙，皆是透過身體實踐來達成社會記憶，讓反清復明的願望與歷史得以代代相傳。

白瑨將共同儀式視為社會記憶的載體，以農曆元月、中元普度、九皇爺誕為例，指出華人在檳城的時間空間再生產及宇宙觀的在地化。農曆元月的慶典活動是檳城華人重新確立一年之始，成為長期存在的根基；中元普度係由各個方言群、社區、廟宇神壇自行舉辦；九皇爺誕在泰國、馬來西亞、新加坡頗為盛行，在檳城則是強力發展，成為本土運動的一環，訴求個人救贖與身體力行的實踐。

星系政體與神聖中心

關於象徵人類學的討論爲譚拜亞所創建的東南亞「星系政體」（galactic polity）概念，這源自法國學者穆斯在一九三五年採用曼荼羅（mandala）一詞來稱呼吳哥窟（Angkor Wat）的壯觀建築物的格局與配置。星系政體以五或九爲重要的數字概念，以皇城爲中心點，加上東、西、南、北成爲五個方位，若是再加上東北、東南、西北、西南，則成爲九個方位（Tambiah 1985: 252-3）。帝制中國各朝代政權及意欲推翻政權的團體，也都採用了五或九的概念。

本書以星系政體的概念來分析華人神聖中心的確立，包括清朝皇帝的祭天儀式、廈門盛行的拜天公儀式、十九世紀誓盟會黨的祭天儀式，以及二十世紀興起的九皇爺誕。

地域國族主義與族群國族主義

國族主義研究的重要學者史密斯，探討了兩種國族主義：地域國族主義（territorial nationalism）與族群國族主義（ethnic nationalism），前者強調國家是「地域家園」，注重公民權利與社會權利；後者將國家想像成「文化與歷史的共同體」（Smith 1999: 190）。白瑨在本書第五章所述，馬來西亞在一九六九年五一三事件過後，一九七〇年頒布的國家原則，內容兼具這兩種國族主義的精神。在地域國族主義方面，強調公民捍衛和維護憲法的職責；然而，憲法維護了最高統治者（由馬來半島九個州的蘇丹輪值擔任）、伊斯蘭教作爲官方宗教，以及馬來人和其他土著的地位，則是彰顯以馬來人爲核心的族群國族主義，一九七〇年開始推動的新經濟政策與馬哈迪的《馬來人的困境》，更是側重於提倡與維持馬來人特權。

馬來西亞華人身爲少數族群，如何面對馬來族群國族主義的挑戰？白瑨在第七章與第八章就分別以中元普度與九皇爺誕爲例，說明華人的因應策略。檳城的華人政治人物與社群領袖試圖透過中元普度提倡華人團結，這同時帶有政治與宗教目的，展現華人整體力量以對抗馬來族群國族主義。九皇爺誕側重於個人的精神救贖，將導致混亂的力量趕出社區，但其對象並不是馬來社群。換言之，華人的各項文化復興運動並非全然以馬來族群國族主義爲對抗目標。

四、新馬華人社群的人類學研究

關於戰後歐美人類學的華人社會研究，台灣人類學家的回顧大多聚焦於一九四九到一九八七年之間，由於外國學者無法進入中國大陸從事研究，台灣與香港成爲中國鄉村研究的替代性田野地點。來到台灣的知名學者大多來自美國，包括葛伯納、焦大衛、武雅士、郝瑞等人（丁仁傑 2012: xxi）。

相較之下，馬來西亞與新加坡雖有大量華人定居，卻未立即成爲美國人類學家的替代性田野地點。戰後研究者以英國學者爲主，主因是英國對新馬區域的殖民統治維持到一九六三年，資源是由英國學術機構所掌握。陳志明指出，弗斯一九四六年出版其於一九三九到一九四〇年間撰寫的《馬來漁民：他們的鄉民經濟》之後，即向英國殖民地社會科學研究理事會建議，必須從事馬來社群、華人社群、葡萄牙裔（歐亞混血兒）與土著（原住民）的研究（Tan 2004: 308）。[*]

在戰後執東南亞華人研究牛耳的裴利民，二戰期間爲英國派駐印度的士兵，一九四六年進入倫敦政經學院就讀人類學研究所，早期研究聚焦於「種族關係」（race relation）。[†] 裴利民與妻子茱蒂絲・杰莫原受英國殖民地社會研究理事會委託，準備前往英屬馬來亞的馬六甲從事博士論文田野工作。卻因一九四九年馬來亞共產黨發動武裝革命，英國宣布馬來亞緊急狀態（Emergency），夫妻改往新加坡進行研究，裴利民的主題是新加坡華人家庭與婚姻，茱蒂絲則是馬來人家庭結構。他們於一九五三年將報告提交給新加坡政府，一九五六年取得博士學位。[‡] 裴利民的研究立基於東南亞華人，進而在香港新界做田野，推論到中國東南沿海福建與廣東兩省的華人宗族組織樣態（Skinner 1979: xi-xii）。

一九六〇至八〇年代，研究馬來西亞的美國與台灣人類學家開始增加，包括 William H. Newell、David H. Fortier、李亦園、Richard C. Filder、Judith Strauch、柯雪蓉、諾尼尼，以及白瑨等人。本土人類學家則有周福堂、陳志明、蕭威廉等人（Tan 2004: 313）。在馬來西亞持續研究族群關係的學者，則以茱蒂絲．永田爲代表，一九七〇年代在檳城喬治市與吉打州進行研究，呈現當代跨越族群界線的新興階級關係，稱之爲「職業及功能階層」（occupational and functional strata），包括商人（企業家）、公務員與勞工（Nagata 1979:164-172）。

台灣人類學家早年對於東南亞華人社會的研究，包括李亦園、陳中民一九六三至一九六七年間在馬來西亞麻坡（Muar）的華人社群研究，以福建人（閩南人）爲優勢群體，聚

* 東南亞在原生環境就已存在移民與原住民族群的族群多元性，再加上殖民主義所帶來的族群經濟與社會分工。例如，傅尼凡（John Furnivall）一九三九年就依據緬甸與印尼的資料，提出了「多元相斥社會」（plural society）的概念，各族群各自占據特定經濟活動，華人或印度人商業社群成爲歐洲人與當地原住民的中間人（Winzeler 2018: 102-103, King and Wilder 2003: 6）。

† 斐利民的碩士論文題目是：《東南亞種族關係的社會學研究：以英屬馬來亞爲重點》（*The Sociology of Race Relations in South-East Asia with Special Reference to British Malaya*）。

‡ 除了斐利民之外，弗斯也指導了兩本海外華人社會的研究，即田汝康的（T'ien Ju-kang 1953）《砂拉越的華人》（*The Chinese of Sarawak*）、Allan Elliot（1955）的《新加坡華人乩童儀式》（*Chinese Spirit-Medium Cults in Singapore*）（Skinner 1979: xi-xii）。

焦於華人社團組織、社群領袖網絡、家庭規模的演變等，陳中民記錄了潮州人主導的麻坡德教會濟新閣的組織與問乩的活動。

各國學者及馬來西亞本土學者逐漸建立本土的人類學體系，一九六九年在檳城創立的馬來西亞理科大學，設有社會科學比較研究學院（School of Comparative Social Science），下設「人類學與社會學組」，吸引多位外國甫取得人類學博士的學者前往執教。賽胡先阿里從英國倫敦政經學院學成返回馬來西亞，於馬來亞大學任教，即提議要成立一個獨立的人類學系，當時人類學僅在馬來研究系的文化學程底下當作一門學科。雖然人類學系於一九七一年成立，但沒有立刻獲得大學議會批准。

一九七〇年，馬來西亞國立大學成立，建立以馬來文授課（作爲教學媒介語）的大學體系，首先建立「人類研究與社會研究系」（Department of Human Studies and Social Studies），一九七四年更名爲「人類學與社會學系」（Department of Anthropology and Sociology）。[*] 因此領先馬來亞大學，成爲馬來西亞第一個人類學與社會學系。一九九二年砂拉越大學成立，一九九七年設置東亞研究所（Institute of East Asian Studies），二〇〇三年設立人類學與社會學系（Bala 2017）。

五、重要相關文獻

天地會研究

白瑨在田野研究初期，即已認識到檳城誓盟會黨在十八到十九世紀末的社會控制力。她透過文獻研究評述了前人研究成果，並從新加坡與倫敦的博物館及學院典藏，找出天地會的活動軌跡及其社會意義。白瑨所引用的早期歐洲人作品，例如施列格專注於揭開天地會儀式的神秘面紗（Schlegel 1971 [1866]）。二十世紀的作者，如瓦德與史特林，則試圖找出同為誓盟會黨但以歐洲人為主的共濟會（Freemason），其與天地會在儀式象徵方面的相似點（Ward and Stirling 1977 [1925]）。

白瑨特別提到近期三本有關天地會傳奇歷史與儀式實踐的書籍與文章，包括穆黛安與中國學者秦寶琦（Murray and Qin 1994）、王大為（Ownby 1996）以及田海（ter Haar 1998）。[†] 秦

* 人類研究與社會研究系的馬來文名稱是Jabatan Kajimanusia dan Kajimasyarakat，人類學與社會學系的馬來文名稱是Jabatan Anthropologi dan Sociologi。

† 穆黛安（Dian Murray）與中國學者秦寶琦所著的《天地會源起：傳奇故事與歷史之中的中國三合會》（*The Origins of Tiantihui: The Chinese Triads in Legend and History*）；王大為（David Ownby）的《兄弟結拜與祕密會黨：一種傳統的

寶琦對於天地會著述甚豐，包括《清前期天地會研究》（一九九八）、《清末民初秘密社會的蛻變》（二〇〇四）、《洪門簡史》（二〇一二）等。

關於馬來西亞華人誓盟會黨的發展，布萊斯在一九六九年出版《馬來西亞華人秘密會黨史》（廖格屏譯，二〇一九），這是布萊斯累積其於一九二一到一九五三年在馬來亞與新加坡擔任殖民地官員，特別是華人護衛司一職，以及在一九五三年退休後所蒐集的資料撰述而成，內容追溯祕密會黨的起源與歷史、十九世紀末期的鎮壓過程、二十世紀上半葉馬來亞祕密會黨的復興與鎮壓、戰後馬來亞的三合會與共產黨等等，直到一九六五年爲止。馬來西亞學者郭仁德在一九九二年出版《揭開私會黨眞面目》一書，扼要回顧對於洪門的研究、馬來西亞私會黨的派別、詩歌與手勢暗號、組織、入會儀式、寶訓與條規、私會黨在中國的歷史、傳入馬來半島的活動、戰後的轉變與共產黨活動、社會功能與消極功能等。

檳城的華人歷史

檳城華人的歷史研究是本地學者與學院學者的共同努力成果。本地學者以張少寬與陳劍虹爲代表。張少寬自一九七〇年代開始從事田野工作，陸續刊登於報章雜誌，結集出版《檳榔嶼福建公塚暨家塚碑銘集》（一九九八）、《檳榔嶼華人史話》（二〇〇二）、《檳榔嶼華人史話續編》（二〇〇三），主題包括檳城的宗祠家廟、寺廟故事、先賢事蹟、歷史研究等。二〇〇四年所著《孫中山與庇能會議：策動廣州三二九之役》（庇能爲檳城的早期名稱），爬梳孫中山在檳城的活動、檳城華人會館（平章會館）參與革命活動的過程，更收錄孫中山歷次在檳城的演講原稿。陳劍虹在二〇〇七年出版《檳榔嶼華人史圖錄》，脫胎於一九八六年出版的《檳城華族歷史圖片集》；二〇一五年出版《走近義興公司》則是分析檳城的誓盟會黨義興公司的生成發展。

檳城的韓江學院於一九九九年創立，二〇〇五年該校華人文化館與新加坡國立大學中文系合辦「檳榔嶼華人研究」學術交流會，共發表論文十四篇，由陳劍虹與黃賢強主編爲《檳榔嶼華人研究》（二〇〇五）一書。謝詩堅於二〇一二年編著《檳城華人兩百年：寫下海外華人歷史第一頁》，徵引詳盡史料及重要人物的訪談，匯集各大社團、寺廟的歷史記錄，並由黃木錦撰文記述登錄世界文化遺產的歷程。

形成》（*Brotherhoods and Secret Societies in Early and Mid-Qing China: the Formation of a Tradition*, 1996）（中譯本：王大爲，二〇〇九）；田海（Barend ter Haar）《天地會的儀式與神話：創造認同》（*Ritual and Mythology of the Chinese Triads: Creating an Identity*, 1998）（中譯本：田海，二〇一八）。

檳城的華人幫權

在十九世紀初期英國分而治之的間接統治制度下，華人的社群管治分由各個亞族群（sub-ethnic groups，方言群）及泛華人群體（廣東人與福建人）處理。後續學者的討論則以華人幫權爲主要分析概念。

吳龍雲在《遭遇幫群：檳城華人社會的跨幫組織研究》扼要回顧了新馬華人幫權研究的四個主題（2009: 5-10）。第一，幫權概念的提出與確立，陳育崧（1972）首先提出「幫權」概念分析新加坡恒山亭的碑銘；林孝勝〈十九世紀新華社會的幫權政治〉（一九七五）採用「幫權政治」一詞討論新加坡華人各幫的結構，在十九世紀，福建幫就遭遇廣東人、客人、潮人、瓊人所組的聯合陣線所抗衡。第二，幫的交往過程及彼此互動關係，麥留芳《方言群認同》（一九八五）討論方言群認同的形成原因與基礎，並反對方言群是華人社會分裂根源的看法。第三，幫權社會的區隔與相處危機，顏清煌《新馬華人社會史》（一九八六）探討幫權的組織架構，各幫內部尚有小幫，各自擁有地盤而區隔。第四，幫權政治的超越，楊進發《陳嘉庚——華僑傳奇人物》（一九九〇）闡明陳嘉庚以自身幫權爲實力地盤，進而超越幫權社會，晉身到中華總商會，成爲跨幫的政治領袖的過程。

關於檳城早期的華人幫權政治，張曉威的〈十九世紀檳榔嶼華人方言群社會與幫權政治〉（二〇〇七）的分析採取林孝勝的幫權政治角度，將檳城華人區分爲兩股相互抗衡與合作的勢力：「閩幫」（由操閩南語的五大姓〔邱、謝、楊、林、陳〕爲主）與「幫聯」（廣府、客家、潮州與海南等方言群聯合組成）。一八〇〇到一八六二年間的廣福宮董事全由「閩幫」所掌控，到一八六二年始有「廣幫」加入，以調解彼此糾紛。黃裕端*說明了「閩幫」五大姓在檳城建立根基，透過轉口貿易、鴉片餉碼（特許經營權）、錫礦爭奪、農產、苦力貿易等項目發展，進而與西方資本在種植業與金融業的競爭過程。

吳龍雲（2009）對於檳城跨幫組織的研究聚焦於一八八一年平章會館、一九〇三年「華人商務局」（中華總商會的前身）的成立，以及各幫的合作與分歧。

黃賢強的〈檳城華人社會領導階層的第三股勢力〉（二〇一五〔一九九九〕）從早期的廣幫（粵幫）與福幫（閩幫）在檳城華人社會的領導階層著手，指出客家人與潮州人雖被歸類於廣幫，但兩群的人數與勢力都不及廣府人。黃賢強提及檳城客家富商張弼士在一八九二年獲清國駐新加坡領事館總領事黃遵憲選任爲駐檳城的首任副領事，此後直至一九三〇年，檳城領事一職皆由客籍人士出任。形成了檳城華人社會的第三股勢力集團。

---

* 黃裕端（Wong Yee Tuan）的 *Penang Chinese Commerce in the 19th Century*，中譯本《十九世紀檳城華商五大姓的崛起與沒落》（黃裕端，二〇一六）。

在檳城潮州人歷史研究方面，據陳景熙的文獻回顧，先是有一九五〇到六〇年代對於新馬潮籍文化人的普遍介紹，一九九八年起謝詩堅、王琛發、陳劍虹等人出版檳城潮州人的歷史論述。陳景熙本人則於二〇一一至二〇一四年率領廈門華僑大學華僑華人研究院研究生到檳城從事文獻收集與田野調查。二〇一六年出版《故土與他鄉：檳城潮人社會研究》，詳述一九二〇年代以來，檳榔嶼潮州會館、檳城韓江互助會、檳城韓江學校、檳城德教會紫雲閣等重要社團、教育、宗教機構所發揮的社會文化功能與建構。

知識分子與檳城現代性

在檳城成為英國殖民地之後，現代性成為華人文化與歐洲文化分庭抗禮的主題。本書第一部分提及的西方教育透過大英義學（Free School）立基，早年華人男性與馬來女性通婚所產生的「峇峇娘惹」或海峽華人，對於檳城在地混合文化的接納程度較高，成為西方教育的第一批受益者，本書第二章就述及林文慶（一八六九～一九五七）的角色，他在推動檳城現代性、採行西方現代生活、揚棄傳統華人宗教的迷信、推動清國的立憲改革等方面作出的貢獻。李元瑾對林文慶的研究著力甚深（1990, 2001），彰顯了林文慶的改良主義思維，結合了西方思想、故國情懷以及海峽華人道德危機等，提出融合中西論、教育改革、社會改革等主張。

六、本書簡要評述

本書獲得多位東南亞研究知名學者撰寫書評共十一篇。* 在此舉其中三篇爲例，說明學者對於本書的評述。Lee Hock Guan（2007）以檳城本地人的觀點，說明本書探究了華人宗教的兩次本土化，一次是在十九世紀後半葉逐漸崛起的英國殖民城市檳城，一次是在一九七〇到八〇年代的後殖民時期的馬來西亞。白瑨正確指出族群政治對於華人文化與慶典的「重新發明」發揮了決定性作用。在英政府時代，對於華人慶典施予限制或提出改變建議，往往會變得政治化。面對以馬來至上主義爲基調的馬來西亞政府，檳城華人提出以中元節慶作爲團結的象徵，卻在無意中加強華人社群的分裂，例如改良派與傳統派、基督

* 本書的書評分別刊登於下列期刊：*Journal of Chinese Religions* (Somers Heidhues, 2004); *American Historical Review* (McKeown 2004), *Pacific Affairs* (Tan Chee Beng, 2004-2005); *Religious Studies Review* (Kirkland, 2004); *Journal of Southeast Asian Studies* (Goh Beng Lan, 2005), *Journal of Asian Studies* (Carstens, 2005), *International History Review* (Hefner, 2005), *Journal of Anthropological Research* (Scoggin, 2005), *Journal of Chinese Political Science* (Yeoh Seng Guan, 2005); *Canadian Journal of History* (Metzger, 2006); *Journal of Interdisciplinary History* (Dennerline, 2007), *Sojourn* (Lee Hock Guan, 2007)。

徒與佛教徒或「偶像崇拜者」。相對地，九皇爺誕是不具政治色彩的節慶，主要訴諸個人對神聖的認識，驅逐社會的不純淨、混亂與危險等。

據 McKeown（2004）的評論，白瑨指出華人透過對開拓者張理的崇拜，體現了儀式的本土化，爲華人在馬來西亞建立了歷史記憶，這連結到中元普度與九皇爺誕等等儀式。然而，本書提出了若干有趣理論與史學問題，特別是有關儀式及誓盟會黨的入會儀式的歷史連結，但並未充分引述文獻。

陳志明（Tan Chee Beng 2004b）認爲白瑨運用族群理論觀點分析中元普度與九皇爺誕，將華人宗教的振興來自對馬來人至上的政治或馬來種族主義的反應，是一種便於操作論證的方式，但可能會忽略馬來西亞的內在動力，比如地方社群常以寺廟翻新或盛大慶典來彰顯當地的繁榮。而在大伯公與虎爺的關聯方面，不見得是受到馬來人的影響，在中國與台灣也能見到相似的關聯性。換言之，大伯公信仰不見得融合了馬來泛靈信仰的象徵元素。

＊　＊　＊

綜觀白瑨對於檳城華人的研究，承接戰後人類學家斐利民與史琴納對於華人社會的興趣，並在她一九八〇年代受到象徵人類學與歷史人類學的影響後，藉由田野調查與檔案文獻的探討，理解檳城華人對於英國殖民政權及後殖民馬來西亞政權的抗爭與妥協，分析其社會記憶與身分認同的再生產與現代化歷程。本書展現了檳城華人社會的先驅角色、歷年演變及當代實踐，爲東南亞華人社會研究提供開創性的視野。

參考書目

丁仁傑
二〇一二　譯者導言。焦大衛（David Jordan）著，丁仁傑譯。神、鬼、祖先：一個台灣鄉村的民間信仰。頁xix-lxvi。台北：聯經。

王大爲（David Ownby）著，劉平譯
二〇〇九　兄弟結拜與秘密會黨：一種傳統的形成。北京：商務印書館。

布萊斯（Wilfred Blythe）著，廖格屏譯
二〇一九（一九六九）　馬來西亞華人秘密會黨史（*The Impact of Chinese Secret Societies in Malaya: A History Study*）。北京：中國社會科學出版社。

田海（Barend ter Haar）著，李恭忠譯
二〇一八　天地會的儀式與神話：創造認同（譯自：*Ritual and Mythology of the Chinese Triads：Creating an Identity*）北京：商務印書館。

吳龍雲
二〇〇九　遭遇幫群：檳城華人社會的跨幫組織研究。新加坡：新加坡國立大學中文系。

李元瑾
一九九〇　林文慶的思想——中西文化的匯流與矛盾。新加坡：新加坡亞洲研究學會。
二〇〇一　東西文化的撞擊與新華知識分子的三種回應：邱菽園、林文慶、宋相旺的比較研究。新加坡：新加坡國立大學中文系、八方文化企業公司聯合出版。

李亦園
一九七〇　一個移殖的市鎮：馬來亞華人市鎮生活的調查研究。台北：中研院民族學研究所。
一九八五　東南亞華人社會研究。台北：正中。

施列格（Gustave Schlegel）著，薛澄清譯述
一九七五　天地會研究。台北：古亭書屋。

秦寶琦
一九八八　清前期天地會研究。北京：中國人民大學出版社。
二〇〇四　清末民初秘密社會的蛻變。北京：中國人民大學出版社。
二〇一二　中國洪門史。福州：福建人民出版社。

張少寬
一九九八　檳榔嶼福建公塚暨家塚碑銘集。新加坡：新加坡亞洲研究學會。
二〇〇二　檳榔嶼華人史話。吉隆坡：燧人氏。
二〇〇四　孫中山與庇能會議：策動廣州三二九之役。檳城：南洋田野研究室。

張曉威
二〇〇七　十九世紀檳榔嶼華人方言群社會與幫群政治。海洋文化學刊三：一〇七～一四六。

郭仁德
一九九二　揭開私會黨眞面目。吉隆坡：馬來西亞華人文化協會。

陳景熙
二〇一六　故土與他鄉：檳城潮人社會研究。北京：生活讀書新知三聯書店。

陳劍虹
二〇〇七　檳榔嶼華人史圖錄。檳城：Areca Books。
二〇一五　走近義興公司。檳城：TAN KIM HONG。
陳劍虹、黃賢強主編
二〇〇五　檳榔嶼華人研究。檳城韓江書院華人文化館與新加坡大學中文系聯合出版。
麥留芳
一九八五　方言群認同：早期星馬華人的分類法則。台北：中研院民族學研究所。
黃堯
一九六六　星馬華人志。香港：明鑑出版社。
黃裕端著，陳耀宗譯
二〇一六　十九世紀檳城華商五大姓的興起與沒落。北京：社會科學文獻出版社。
黃賢強
二〇一五（一九九九）　檳城華人社會領導階層的第三股勢力。刊於跨域史學：近代中國與南洋華人研究的新視野，頁一二七～一四二。台北：龍視界。
謝詩堅
二〇一二　檳城華人兩百年：寫下海外華人歷史第一頁。檳城：韓江書院韓江華人文化館。
Bala, Poline
2017 “An Overview of Anthropological and Sociological Research at the Faculty of Social Sciences, Universiti Malaysia Sarawak” in Victor T. King, Zawawi Ibrahim, Noor Hasharina Hassan eds. *Borneo Studies in History, Society and Culture*, pp. 283-302. Singapore: Springer Science+Business Media.
DeBernardi, Jean
1986 Heaven, Earth and Man: A Study of Chinese Spirit Mediums. Ph. D. Dissertation. Department of Anthropology, University of Chicago.

2004 *Rites of Belonging: Memory, Modernity and Identity in a Malaysian Chinese Community*. Stanford: Stanford University Press.

2006 *The Way that Lives in the Heart: Chinese Popular Religion and Spirit Mediums in Penang, Malaysia*. Stanford: Stanford University Press

2008 "Commodifying Blessings: Celebrating the Double-Yang Festival in Penang, Malaysia and Wudang Mountain, China. " In *Marketing Gods: Rethinking Religious Commodifications in Asia*, edited by Pattana Kitiarsa, pp. 49-67. London: Routledge.

2009 "'Ascend to Heaven and Stand on a Cloud': Daoist Teachings and Practice at Penang's Taishang Laojun Temple." In *The People and the Dao: New Studies of Chinese Religions in Honour of Prof. Daniel L. Overmyer*. Ed by Philip Clart and Paul Crowe, pp. 143-184. Sankt Augustin: Institut Monumenta Serica.

2010 "On Women and Chinese Festival Foods in Penang, Malaysia and Singapore. " In *Journal of Chinese Ritual, Theatre and Folklore* in a special issue on "Women and Chinese Religion" edited by Daniel Overmyer. 168 (2010.6): 179-223.

2020 *Christian Circulations: Global Christianity and the Local Church in Penang and Singapore, 1819-2000*. Singapore: NUS Press.

ter Haar, Barend J.

1998 *Ritual and Mythology of the Chinese Triads: Creating an Identity*. Leiden; Boston: Brill.

Hutchinson, Francis E. ed.

2012 *Catching the Wind : Penang in a Rising Asia*. Singapore: Institute of Southeast Asian Studies.

King, Victor and William Wilder

2003 *The Modern Anthropology of South-East Asia: An Introduction*. London: Routledge Curzon.

Lee, Hock Guan

2007 "Book Reviews Rites of Belonging: Memory, Modernity, and Identity in A Malaysian Chinese Community. By Jean DeBernardi. Stanford, California: Stanford University Press, 2004. 318 pp. *SOJOURN: Journal of Social Issues in*

Southeast Asia 22(1): 131-34.

McKeown, Adam

2004 "Book Review JEAN DEBERNARDI. Rites of Belonging: Memory, Modernity, and Identity in a Malaysian Chinese Community. Stanford: Stanford University Press. 2004. Pp. xvi, 318. $55.00. *American Historical Review* December 2004: 1551.

Nagata, Judith

1979 *Malaysian Mosaic: Perspectives from a Poly-Ethnic Society*. Vancouver: University of British Columbia Press.

Nonini, Donald

1983 *The Chinese Community of a West Malaysian Market Town: A Study in Political Economy*. Ph D Dissertation, Department of Anthropology, Stanford University.

2015 *Getting By: Class and State Formation among Chinese in Malaysia*. Cornell: Cornell University Press.

Ownby, David

1996 *Brotherhoods and Secret Societies in Early and Mid-Qing China : the Formation of a Tradition*. Stanford: Stanford University Press.

Sagoo, Kiran

2006 *Colonial Construction of Malayness: The Influence of Population Size and Composition*. International Graduate Student Conference Series No. 27. Hanolulu: East West Center.

Schlegel, Gustave

1991 [1866] *Thian Ti Hui, the Hung-League or Heaven-Earth-League: A Secret Society with the Chinese in China and India*. Thornhill, Dumfriesshire: Tynron.

Tambiah, Stanley Jeyaraja

1985 *Culture, Thought, and Social Action : An Anthropological Perspective*. Cambridge: Harvard University Press.

Tan Chee Beng

2004a "Anthropology and Indigenization in a Southeast Asian State: Malaysia" in Shinji Yamashita, Joseph Bosco and J. S. Eades eds., *The Making of Anthropology in East and Southeast Asia*. Pp. 307-334. New York: Berghahn Books.

2004b " RITES OF BELONGING: Memory, Modernity, and Identity in a Malaysian Chinese Community. ByJeanDebemardi. Stanford (California): Stanford University Press.

Winzeler, Robert

2011 *The Peoples of Southeast Asia Today: Ethnography, Ethnology, and Change in a Complex Region*. Lanham: Alta Mira.

Yeoh, Seng-Guan

2019 "Domesticating Social Anthropology in West Malaysia" in Eric C. Thompson and Vineeta Sinha eds., *Southeast Asian Anthropologies: National Traditions and Transnational Practices*. Pp. 141-168. Singapore: NUS Press.

中文版序（二〇二三）

筆者在《歸屬之儀》這本書中追溯了檳城華人民間宗教的組織和習俗的歷史，時間從十九世紀的廟宇和誓盟會黨，橫跨到當代社群每年農曆正月、七月和九月的儀式。殖民時期，來自中國的新移民和土生土長的峇峇娘惹華人在自家的神明廳以及採用傳統風格建成的廟宇中，祭祀他們的祖先和神明。但他們進行這些儀式習俗的地點是在檳城，這個多樣化城市環境中同時也居住著穆斯林、印度教徒、來自斯里蘭卡和泰國的上座部佛教信徒、萬物有靈信仰者、天主教徒、新教徒和共濟會成員，他們各自建造了清眞寺、佛寺、路邊小廟、教堂和會所。華人移民在東南亞再生產了其傳統的社會結構，但政治革命家和改革運動者也提出了新制度和新習俗。

二次世界大戰後，英國殖民統治告終，馬來西亞成爲獨立的國族國家。華人被允許成爲該國公民，但馬來語言和馬來文化成爲這個新國族國家的核心文化認同，奠定了馬來穆斯林至上的霸權政治模式。在一九六九年的種族暴力事件之後，馬國於一九七〇年採行新經濟政策，並啟動了激進的社會重組計畫，以促進馬來半島和東馬土著（原住民）的經濟發展。在接下來幾年裡，包括受英語教育的海峽華人（他們將自己打造成中國和歐洲之間的橋樑），以及受華語教育者（他們在當代以華語爲教學媒介語的中小學接受教育），都擔心著他們的集體未來。

當我在檳城追尋民族誌的研究目標期間，有些檳城人問我，世人是否知道這些正發生在他們身上的事情，並建議我寫下他們所經歷的歧視。我繼續原定的華人民間宗教復振研究計畫，但聽從我的大學部論文指導教授史琴納的建議：「掌握你當下的時空。」檳城人實行其宗教傳統的空間並非是在中國大陸，而是在這個所謂的東方之珠，這裡曾是英國的海峽殖民地，富裕的歐洲人和亞洲人在此建造了融合東西方風格的華麗海濱豪宅。到了一九七〇年代，英國的影響力已告衰退，但沙烏地阿拉伯政府正在資助建造清眞寺和學校，以實現其軟實力，有人將這個現象描述爲馬來西亞的「阿拉伯化」（Tarrant and Sippalan 2017）。

對比於馬來穆斯林不斷加強其與伊斯蘭世界的聯繫，檳城華人在一九八〇年代之前幾乎沒有與中國大陸有任何直接接觸。我在《歸屬之儀》中所分析的民間宗教習俗並未在中國或其他地方成爲國家宗教的基礎。儘管如此，檳城的政治人物意識到他們可運用民間宗教習俗來團結檳城華人，以追求共同的公共利益目標，例如重建華人大會堂。

如今，中國已敞開旅遊和投資的大門，中國政府也試圖透過中國佛教協會和中國道教協會的領導人，與馬來西亞和新加坡的宗教信徒之間建立軟實力的連結。然而，中國政府僅承認五大官方宗教——佛教、道教、伊斯蘭教、基督教和天主教，民間宗教並不在其中。

二〇〇九年，「媽祖信俗與文化」被列入聯合國教科文組織人類無形文化資產名錄。據估計，媽祖崇拜的信徒有三億人，超過五千座廟宇遍布世界各地，包括福建省湄洲島的祖廟以及在台灣和東南亞各地的廟宇。但這項名錄將媽祖崇拜描述爲一種「信俗和文化」，而不是一種宗教。儘管媽祖崇拜具有全球性的影響力，卻不具有普世宗教的名望。

我在《歸屬之儀》所關注的華人社群活動——正月儀式、中元節和九皇爺誕——將佛教和道教元素與非華夏宗教傳統的當地儀式習俗結合在一起，包括東南亞的萬物有靈論和印度教的自我修行。九皇爺誕進一步融入了世界軸心的象徵意義，山岳位於宇宙中心，是古代政治中心性和統治正當性的表徵。喬治市的街道上，一根高高的竹竿代表著天地之間的神聖聯繫，一些檳城人在農曆九月初九登高，向神靈祈願。當民意調查人員問他們究竟信仰什麼宗教時，人們卻無法確定該如何回答，我們難道不會對此感到困惑嗎？

二〇一二年，皮尤研究中心一項關於民間宗教信徒的報告指出，全世界有百分之六（估計約爲四億五百萬人）的人是民間宗教或傳統宗教的信徒。該報告描述民間宗教信徒人數「難以估算」，並指出在有關宗教身分認同的調查中，民間宗教是經常被忽略的選項（Pew Research Center 2012）。即使把民間宗教列入選項，人們也可能選擇認同自己是普世宗教的成員，因爲他們意識到民間宗教普遍被視爲前工業時代迷信的殘餘。

正如歐洲社會學家樂格曼所觀察到的，社會學家往往認爲宗教一詞主要指涉的是制度性宗教，而忽略其他形式的宗教信仰。他建議宗教社會學家放寬視野，進而探詢各種超驗的、「彼此整合」的意義結構如何在人們的日常生活中發揮作用（Luckmann 2023 [1963]: 9-12）。哲學家斯洛特戴克進一步指出，宗教文化在現代社會中具有持續的相關性，是人們創造和傳播「象徵性免疫系統」的諸多實踐形式之一。如他所述，這套象徵性免疫系統爲個人提供了一種世界觀，使他們能爲遭遇各種潛在致命力量——從外國侵略者和有敵意的鄰居，到命運和死亡——做好準備（Sloterdijk 2013 [2009]: 3-9）。

無論人們是否堅信生命中有同時出現的有意義巧合、神聖力量的干預，或是幸運與不幸的輪替，他們依然追尋以下這些問題的解答：爲什麼這件事發生在我身上？爲何在這個時間？接下來還會發生什麼？在華人寺廟中，這些問題的解答往往以詩詞和故事的形態出現、以神明諭示的籤詩傳達，或透過乩童以詩詞表達其建議（參閱 DeBernardi 2006）。

詩人喬伊亞認爲，詩詞是一種古老的、普遍存在的人類表達形式，深植於宗教和巫術。他的結論是，「詩詞是表達人類意義最簡潔、最具表達力、最感人、最令人難忘的方式」（Gioia 2021: 20: 50）。中國民間宗教的根源在於詩詞和講故事。像是《西遊記》之類的話本文學、中國戲曲、道教科儀，以及善書等都教導人們所作所爲必有果報：善有善報、惡有惡報。正如《歸屬之儀》這本書所呈現的，華人民間宗教是歷史記憶、詩詞、哲學反思和各種藝術展現形式的豐富寶庫。

筆者想藉此機會感謝徐雨村教授在翻譯《歸屬之儀》所做的努力並讓這項計畫圓滿完成，感謝左岸文化的編輯孫德齡小姐，以及台灣國家科學委員會所提供的經典譯注及出版計畫的經費補助。

白瑨　於加拿大愛民頓
二〇二三年十一月

參考書目

DeBernardi, Jean.
2006. *The Way that Lives in the Heart: Chinese Popular Religion and Spirit Mediums in Penang, Malaysia*. Stanford: Stanford University Press.
Gioia, Dana.
2021. "What is Poetry? 10 Observations about the Art." Youtube posted March 5, 2021. https://www.youtube.com/watch?v=6R6m5vKvc_w Accessed July 12 2023.
Luckmann, Thomas.
2023 [1963]. *The Invisible Religion: The Problem of Religious in Modern Society*, edited by Tom Kaden and Bernt Schnettler.

London and New York: Routledge.

Pew Research Center.

2012. “Folk Religionists.” https://www.pewresearch.org/religion/2012/12/18/global-religious-landscape-folk/ Accessed September 30, 2023.

Sloterdijk, Peter.

2013 [2009]. *You Must Change Your Life*, translated by Wieland Hoban. Cambridge and Malden, Ma: Polity.

Tarrant, Tavleen and Joseph Sipalan.

2017. “Worries about Malaysia’s ‘Arabisation’ grow as Saudi ties Strengthen.” Reuters December 21, 2017. https://www.reuters.com/article/us-malaysia-politics-religion-analysis-idUSKBN1EF103 Accessed October 2, 2023.

LONG MAY HE REIGN
廣福宮慶祝英皇加冕之紀念
廣福宮

謝詞

筆者十分感謝在本書撰寫過程中，各方所提供的支持與協助。我在芝加哥大學就讀博士班期間，東亞研究計畫資助我在一九七八年前往檳城，從事當地華人民間信仰計畫的先期研究；此後，一九七九到一九八一年，傅爾布萊特－海斯基金會海外博士論文研究獎學金以及國家心理衛生研究院的訓練獎助金，資助我在馬來西亞檳城從事兩年題目爲「馬來西亞華人社群的儀式與變遷」的民族誌研究。一九九一年，我在康乃爾大學東南亞研究中心擔任盧斯研究員（Luce Fellow），開始對檳城華人宗教史進行檔案研究，其後我獲得美國哲學學會與亞洲研究協會東南亞理事會的研究經費，繼續在倫敦和新加坡從事檔案研究。我藉著這些後續考察所提供的機會加深對本書所探討的各項檔案和民族誌議題的理解，深深感謝下列各機構的研究經費支持：加拿大東南亞國家協會（ASEAN）中心，加拿大社會科學和人文科學研究理事會，溫納－格倫人類學研究基金會，以及亞伯達大學的研究生與研究學院、文學院和人類學系等。

在我幾次停留在馬來西亞與新加坡研究期間，位於檳城的馬來西亞理科大學社會科學系（一九七九~八一）、新加坡國立大學歷史系（一九九一、一九九三）、新加坡東南亞研究所（一九九五、一九九七、一九九九），以及新加坡國立大學進階研究中心（Centre for Advanced Studies）（一九九九）等，提供了學術機構的支持。就他們的實質與學術支持而言，我要特別感謝馬來西亞理科大學的Kamal Salleh院長與Wazir Jahan Karim，新加坡國立大學歷史系的Paul Kratoska與Edwin Lee，以及馬來亞大學人類學系的Raymond Lee。我也要感謝在下列各圖書館的人員協助我取得圖書與檔案典藏：康乃爾大學華森文庫（Wason Collection）、倫敦邱園（Kew Gardens）的公共文獻辦公室（Public Records Office）、牛津大學的羅德樓（Rhodes House）圖書館、亞非學院、英國外交部、新加坡國立大學、東南亞研究所、新加坡國家檔案館、馬來亞大學、雪蘭莪華人大會堂資源研究中心、新加坡共濟會堂，以及亞伯達大學史蒂芬肯特另類宗教典藏（Stephen A. Kent Collection on Alternative Religions）。

本書第四章的前一個版本曾發表於《語言形式及社會行動》期刊的「密西根人類學討論」（*Michigan Discussions in Anthropology*）專號（DeBernardi 1998），並從編輯Jennifer Dickinson的剴切評論及建議獲益良多。二〇〇一年我應廖建裕（Leo Suryadinata）教授之邀，在「新加坡與馬來西亞的族裔華人：傳統與現代之間的對話」（Ethnic Chinese in Singapore and Malaysia: A Dialogue Between Tradition and Modernity）研討會，發表題目爲「馬來西亞華人宗教文化：昔日與現在」（Malaysian Chinese Religious Culture: Past and Present）（DeBernardi 2002）。這個場合提供

了我與學者的對話機會，他們所給予的許多寶貴建議，有助於我對這本書的最後幾個版本的修訂工作。

我深深感激在研究期間提供協助的人們，包括（譯按：以英文姓氏排列，無法找到中文名者僅留英文姓名）：鄭永美（Chang Yong Mee）、庄恩惠（Ch'ng Oon Hooi）、庄耿熙（Chuang Keng Hee）夫婦及家人、Robert Goh、Philip and Miki（née W. A. Goh）Hoalim、許岳金（Khor Gark Kim）、柯嘉遜（Kua Kia Soong）、Lee Say Lee、Lim Peng Eok、林德宜（Lim Teck Ghee）、Low Boo Pheng、Low Boo Jin、Low Jiu Liat、Poh Eng Lip、Poh Teh Teik、Hardev Singh、Tan Gaik Suan、Twang King Hung、Wong Suchen、檳城古蹟信託會的邱思妮（Khoo Salma Nasution [Khoo Su Nin]）、檳州華人大會堂的林炎葵（Lim Yam Koi）和周子善（Chaw Check Sam）、新加坡共濟會館（Singapore Freemason's Hall）的E. F. Mullan及Yeo Tiam Siew、檳城馬來西亞道教文化研究中心的王琛發（Ong Seng Huat）、寶福社的人員、武漢長春觀女方丈吳誠眞及Wu Xinxuan、湖北省武當山紫霄宮住持李光富，以及諸多願意在百忙當中，答覆我對其社會與文化所提問題的人們。特別感謝廣福宮的Tang Hor Char先生分享了一九一〇及二〇年代的廣福宮與妝藝遊行（Chingay）的老照片，並授權我在本書使用這些照片。需要特別說明的是，儘管我已充分告知參與這項研究的每個人，我打算以書籍形式出版這項研究成果，但我仍依循學術慣例，更改了大多數受訪者的名字。

我從閱讀並評論本書稿的先前版本的Maire Anderson-McLean、Bernard Faure、D. J. Hatfield、Stephen A. Kent、Yeoh Seng Guan等人，以及匿名審查者處獲益良多。感謝Carol Forster, Maire Anderson-McLean、Jiang Xiaojin、以及吳旭（Wu Xu）在加拿大所提供的研究協助，並感謝Michael Fisher及Darren Shaw幫忙繪製地圖。我特別感謝史丹佛大學出版社的編輯與製作團隊，他們耐心帶領這個計畫從艱鉅的開始直到完成，而且我特別感激Muriel Bell，John Feneron以及Paul Psoinos所提供的專業協助。最後，我非常感謝老師、同事、學生、朋友和家人的鼓勵與一貫的支持，包括柯雪蓉（Sharon Carstens）、Paul Friedrich、Frank Reynolds、Cornelia Ann Kammerer以及Leo DeBernardi等人。

最後，我想要將這本書獻給兩位先人：我的外祖父約翰卡特（John Waldo Carter），以及歷史學家李文遜（Joseph Levenson, 1920-1969）。我的外祖父在年輕時「翻牆」逃往大海，此後成爲船長和偉大的航海家。儘管我從未見過他，但母親訴說他故事的點點滴滴，讓我對自幼居住的舊金山灣區以外的世界充滿好奇。我也未曾見過李文遜，但在讀大學時研讀他的睿智研究成果《儒家中國及其當代命運》。這本書跟我對於宗教與現代性之間張力的個人經驗，產生了深刻共鳴。假使我未曾讀過這本書，現在可能會過著非常不同的人生。

作者序

一九七九年，當我開始進行檳城華人民間宗教的民族誌研究時，還不太清楚這項研究計畫的挑戰竟是如此龐大。我知道檳城華人慶祝傳統農曆節慶活動的規模之盛大，整個馬來西亞無人能及，於是我選擇位於大都會地帶的喬治市作爲田野研究地點。然而，早在我住在馬來西亞的頭幾個月就已明確意識到，自己對檳城華人社會文化分析的寫作，永遠無法達到如同英國人類學家馬凌諾斯基描寫初步蘭群島令人難忘的專著，或是伊凡普里查對努爾人（Nuer）的經典研究那樣的程度。*事實上，檳城超乎尋常地複雜。對於要在這類多

* 譯注：馬凌諾斯基對於南太平洋初步蘭群島的經典研究是《西太平洋的航海者》（*Argonauts of the Western Pacific*, 1922）。伊凡普里查從一九四〇年代開始，撰寫了一系列關於非洲努爾人的書籍，包括《努爾人：對於尼羅河流域一個族群的生計模式與政治制度的描述》（*The Nuer: A Description of the Modes of Livelihood and Political Institutions of a Nilotic People*, 1940）、《努爾人的親屬與婚姻》（*Kinship and Marriage among the Nuer*, 1951）、《努爾宗教》（*Nuer Religion*, 1956）等。這些書籍都是英國社會人類學膾炙人口的作品，描寫的對象是南太平洋與非洲的無文字部落社會，並以長達一年以上與當地人相處的田野經驗爲其特色，因此也被視爲人類學民族誌的標竿作品。然而，本書作者面對的是更複雜、有各種文字傳統的檳城華人社會，寫作風格上自是有別於前二者。

樣化異質性較高的都市社群從事民族誌研究，或是書寫其在現代國族國家之下的文化政治運作，當時的我並沒有什麼能夠拿來借鏡的指導方針或理論模型。

在接下來的兩年，我開車走遍了檳榔嶼每個角落——從市中心的都會社區，到偏僻鄉間經濟作物種植園裡的乩童廟壇——以研究在當中依據時節週期所舉行的各項華人節慶活動，以及乩童定期的出神展演。我尋求各地某些重要人物的協助，他們容許我的現身，卻避免跟我互動交談；還有些人則是會向我提出挑戰辯論，彷如我就是那些先前曾攻擊他們「迷信」觀念、帶著批判的觀察者。然而，我所遇到的絕大多數檳城人最後做出的結論卻是，我來亞洲學習宗教神聖事物是個正確的決定，因為西方社會已陷入混亂且缺乏靈性。他們也提到我「吃中國」（福建話發音：*chiah Tiongkok*，意指吃華人食物），意思就是我跟華人家庭同住在檳城亞依淡社區一條後巷的家屋，先前從來沒有歐裔人士住過那裡，而且我還會說華語。

我為了從事這項研究而進行前期準備時，曾學習華語，但檳城華人說的語言不僅包括學校的教學媒介語（英文、華文及／或馬來文），更包括三種不同的華語區域語言（也就是所謂的方言，包括福建話、廣東話和客家話），而華人社群通用的是福建話。我還是繼續使用標準華語，但在檳城另外花了好幾個月時間，每天跟當地老師一對一學習檳城人慣用的福建話，這種是一種混合著馬來話和英語的福建話。等到我的檳城福建話說得比較流利之後，旁人認定我說話的樣子就像是個檳城人，跟馬來西亞其他地方說福建話的人不同時，就開始傳出謠言，說我根本就不是歐裔人，而是無從辨別口音的歐亞混血兒（Euroasian）*。

我的學術訓練是象徵人類學，我持續不懈地從占卜者、乩童、道士、廟宇信理會（委員會）人員到政治人物等許多檳城人那裡，找出各種敍事和注解意義。然而，直到一九八七年，我在台灣和福建進行暑期研究，才開始意識到多樣的歷史和政治究竟如何塑造了檳城社會，或是檳城華人傳統文化的轉變程度究竟有多大。我在這次暑期研究中認識到，台灣在日本統治的五十年與國民黨占領台灣、蔣介石丟失對中國大陸統治前後所發生的幾場創傷性事件，塑造了台灣閩南人所抱持的政治態度，就如同留在祖居地福建的閩南人，在更晚近的共產黨統治與近年快速發展下，已大幅改變了他們的生活形態。檳城歷經超過一百五十年的英國殖民政府以及創建於一九五七年的國族國家馬來西亞的統治，這也同樣塑造了檳城華人的社會記憶、儀式習俗和社會政治策略。因此，我決定進行文獻檔案研究，以深入了解英殖民時期的民間宗教文化的組織與活動。

雖然檳城華人喜歡形容自己是傳統、保守之人，但他們身處在這個世界性（cosmopoli-

* 譯注：歐亞混血兒主要指歐洲裔父親與亞洲裔母親所生育的子女。在種族分類上，介於歐洲裔與亞洲裔之間，但不完全屬於任何一方，因此單獨劃出一類。這裡意指旁人猜測白瑨的生母可能是檳城當地的亞洲裔。

tan）都會社群當中，卻以極具現代性的方式重新塑造他們自己，與他們的傳統文化。他們的做法首先是參與英國殖民統治所建立的「普世教會合一運動」（global ecumene）*，其後成爲後殖民國族國家馬來西亞的公民。但如今我帶著些許懷舊心境來寫這本書，這是由於近年新形態的社會運動已取代一九七〇和八〇年代檳城耀眼的本土宗教文化復振運動，在新的現代化浪潮下，高聳的摩天大樓與購物商場帶來威脅，可能會取代原有的兩層樓店屋、寺廟、以及昔日百萬富翁所擁有的老大廈。

* 譯注：提倡現代基督教內各宗派和教派重新合一的運動。該運動始於一九一〇年在英國愛丁堡舉行的世界宣教會議，如今因其追求合一、卻在信仰立場上有所妥協，不獲部分基督教宗派所接受。

福建話羅馬拼音對照表

福建話（Hokkien），語言學家稱爲閩南語（Southern Min），這個語言在任何一個使用它的地方都未能成爲國語——包括中國福建省、台灣和海外離散福建人所定居的東南亞國家皆是如此。這些福建人當中，通曉華文者往往學習過華語，即使大多數閩南話可用文字書寫，也同時存在幾套拼音系統，但閩南語在很大程度上依然是一種口頭語言（參閱 DeBernardi 1991）。

廈門大學的語言學家發展出一套新的福建話拼音系統，我在下面表格列出細節以供比較（*Xiamen Daxue* 1982）。由於東南亞尚未採用這套系統，因此我採取較常用的標準化教會羅馬拼音系統來抄錄福建話詞彙（Embree 1973, Chiang n.d.）。檳城人有其慣用、有時卻沒那麼有系統的方式，來拼寫他們的神祇、活動與社團的福建話發音，我也在書中注記幾種常見的形式。在我引述福建話的詞彙與名稱時，同時提供了羅馬拼音及普通話拼音。本書最後的引用文獻部分，我也在附錄納入檳城華人節慶一覽表，其中包括了寺廟、社團與神祇的福建話和拼音，以及依據標準華語發音排列的華文專有名詞對照表。

福建話羅馬拼音（教會版及廈門大學拼音）與國際音標（International Phonetic Alphabet, IPA）對照表

子音			母音		
教會羅馬拼音	廈門大學拼音	國際音標	教會羅馬拼音	廈門大學拼音	國際音標
p	b	p	i	i	i
ph	p	p^h	i^n	ni	i
b	bb	b	e	e	e
m	bb	m	e^n	ne	ẽ
t	d	t	a	a	a
th	t	t^h	a^n	na	ã
l	l	l	o	oo	ɔ
n	l	n*or*l	o^n	noo	ɔ̃
k	g	k	o	o	o
kh	k	k^h	u	u	u
g	gg	g			
ng	gg	η			
h	h	h (initial)			
h	h	ʔ (final)			
s	s	s			
ch	z	ts(ȼ)			
chh	c	ts^h(č)			
j		dz			

導言

當馬來亞於一九五七年獨立建國，先前在英國帝國體制下所組建的多族群且多元的社會即轉變成爲現代國族主義國家。* 殖民時代的馬來亞所發展的華人社群在建國時的人口數幾乎等同於土生土長的馬來人社群，† 但控制了該國絕大部分的商業財富。馬來亞的領

* 譯注：作者原文爲「馬來西亞在一九五七年獨立」，大抵是依據作者在出版本書時（二〇〇四年）馬來西亞的官方說法，以一九五七年爲馬來西亞獨立之年。然而就馬來西亞獨立建國的過程，有兩個重要時間點：首先是一九五七年八月三十一日，位於馬來半島的「馬來亞聯合邦」（Federation of Malaya）脫離英國殖民統治而獨立；接下來是一九六三年九月十六日，原屬英國殖民地的新加坡、砂拉越（Sarawak）、沙巴（Sabah）在短暫自治之後，與馬來亞聯合邦合組「馬來西亞聯邦」（簡稱馬來西亞）。一九六五年，新加坡宣布退出馬來西亞聯邦。在二〇一〇年之前，馬來西亞政府將八月三十一日稱爲國慶日（National Day），官方一向在該日慶祝馬來西亞獨立建國，九月十六日則無慶祝活動。二〇一〇年起，回應沙巴州與砂拉越州人民的訴求，除維持原有國慶日，另將九月十六日稱爲馬來西亞日（Malaysia Day），列爲「公共假期」（如同台灣的國定假日）。考量到此一歷史脈絡，故將此句的馬來西亞改爲馬來亞。

† 譯注：一九六一年，美國中央情報局根據一九五七年普查資料，推估出馬來亞、新加坡、沙巴、砂拉越四邦的人口，這是最接近馬來西亞獨立時的人口統計。一九六一年的人口一千零一十八萬七千人，馬來人人口爲三百九十九萬

導者擔心，馬來人即使居於多數，但仍可能被華人這個強大的移民少數群體所控制，因此下定決心透過政治運作過程來保護並提升馬來人的利益。於是，這個新獨立的國家以馬來語和馬來文化建立其國家認同，並以此爲基礎制定憲法，包括奉行伊斯蘭教以及保護馬來西亞「土地之子」或「土著」（*bumiputera*）的特殊權利。即使大多數華人都已取得這個新國家的公民身分，但馬來人心中仍持續存在一個揮之不去的刻板印象，認定華人是未被同化的外來者，華人心底深處的效忠對象其實是中國，而不是馬來西亞。

就像許多後殖民國家的處境，族群認同（ethnic identity）成爲馬來西亞這個新國家賴以建構政治體系的最主要原則，各族群創建了各自的「族裔政黨」（以族群後裔身分作爲黨員身分依據的政黨）——馬來民族統一機構（United Malays National Organization）、馬來西亞華人公會（Malaysian Chinese Association）、馬來西亞印度國民大會黨（Malaysian Indian Congress）*——來治理這個新獨立的國家。隨後，在一九六五年，以華人占多數的新加坡脫離馬來西亞聯邦，這使得馬來西亞的馬來人得以確保其多數地位，雖然僅有極微小的差距。

但一九六九年，大選成績揭曉，華人舉行遊行來誇耀其勝利†，馬來幫派分子四處遊走展開報復，在馬來西亞各大城市街頭縱火燒毀華人商店，爲數不明的馬來人與華人青年相互打殺，至死方休。歷經了不幸的五一三事件，這個新國家的領導人爲了有效提升馬來人多數群體的經濟與教育利益，進一步重新擬定社會契約（social contract），代價卻是犧牲其他少數群體的權益。馬來西亞華人開始憂心自己可能會在將來面臨文化流失與同化的處境。一九七〇年代，越南華人被迫逃離共產黨統治，看到這幅悲慘景象的馬來西亞華人開始揣想著，會不會有一天，他們及其子女也會被趕出這個早已落地生根的家鄉。

2

一千人，占總人口百分之三十九點二；華人人口爲四百三十萬兩千人，占總人口百分之四十二點二。當時華人與馬來人的人口比例大致相等，華人略高於馬來人。又，該年的新加坡華人人口有一百二十七萬九千人，占新加坡人口百分之七十五點二（Central Intelligence Agency, "Growth Rates of Chinese and Malay Populations in Malaysia," October 1964. https://www.cia.gov/readingroom/docs/CIA-RDP79T01019A000200320001-3.pdf）。若排除新加坡不計，那麼馬來亞、沙巴、砂拉越三邦在一九六一年的人口就變成：總人口八百四十八萬七千人，華人人口三百零二萬三千人（百分之三十五點六），馬來人口三百七十五萬三千人（百分之四十四點二）。因此，新加坡於一九六五年退出馬來西亞聯邦後，馬來人的人口比例便高於華人。

* 譯注：這三個政黨是馬來西亞政黨聯盟「國民陣線」（National Front, *Barisan Nasional*，簡稱「國陣」）的主要族裔政黨，馬來民族統一機構簡稱爲「巫統」，馬來西亞華人公會簡稱爲「馬華」，馬來西亞印度國民大會黨簡稱爲「國大黨」。這三個政黨的前身在一九五五年先組爲「聯盟」（Alliance, *Perikatan*），一九七三年組成國陣，並陸續吸納馬來半島、沙巴州、砂拉越州各地政黨爲其成員黨。國陣自一九七四至二〇一八年間的十一屆國會大選皆取得過半席次，長期居於執政地位。二〇一八年始由希望聯盟取得國會多數席次，首次完成政黨輪替。

† 譯注：當時馬來西亞舉行第三屆國會大選，反對勢力得票比例爲百分之五十點九，卻因選區劃分而僅得到百分之三十六的席次。即使如此，這個結果依然成爲反對勢力在歷屆國會選舉得票的新高峰，因此他們在五月十二日於吉隆坡舉行勝利遊行。十三日，執政聯盟的巫統也舉行勝利遊行加以反擊，華人與馬來人爆發種族衝突，隨即蔓延馬來半島各州，政府宣布戒嚴，但騷亂依然零星發生長達兩個月。這就是馬來西亞人所稱的「五一三事件」。

一九七〇與八〇年代，馬來西亞華人領導者致力找出團結華人社群的策略，試圖匯集力量影響政府改採更包容且更具多元文化色彩的政策。許多檳城華人也在這段期間將目光轉向民間宗教文化的組織策略與意識形態，視其爲力量及凝聚力的來源。這時，馬來西亞政治學家暨社會運動者詹德拉*提出警告，指出宗教的兩極對立已演變成「傳達族群恐懼與不安全感的新管道」（Chandra Muzaffar 1984: 124）。山蘇提及非馬來社群的宗教意識明顯高漲的情況，他表示：「在馬來西亞的政治當中，宗教因素的重要性已升高到前所未見的強度」（Shamsul 1994: 113）。

雖然我們可以將馬來西亞華人民間宗教文化的復振現象視爲他們對後殖民族群政治的本能反應，也許可稱之爲反應型國族主義（reactive nationalism）；但是，這一套運用宗教的神聖話語作爲建構認同、價值和歸屬感的方法，並不是晚近的新發明，早就深植在檳城華人的歷史經驗中。當華人從中國東南遷移到檳城這座殖民港口城市，他們加入的就是一個異質性、國際性的社群（cosmopolitan community），這裡不僅住了英國人與馬來人，還有緬甸人、爪哇人、阿拉伯人、淡米爾人、錫克教徒與帕西人（Parsis）† 等等。華人從他族身上自由採借了諸多文化要素，並因此改變自己的生活方式，只是依然有許多華人熱衷於實踐祖居地的宗教文化習俗，其中雜揉著祖先崇拜以及來自道教、佛教、儒家思想的宇宙觀與倫理架構。

在殖民統治時期，讓許多英國人深感不解的是，就算受過英文教育的華人依然奉行傳統習俗。例如，殖民地官員同時也是漢學家的巴素[‡]對於「大多數華人繼續遵行祖先傳承下來的宗教」深感訝異，他指出，即使是在英國大學受教育的華人，到最後依然是佛教徒（不會變成基督徒）（Purcell 1967 [1948]: 128-29）。他的評論呼應了警察督察長胡翰[§]的看法，胡翰指出在十九世紀的檳城：「華人十分遵循祖先的習俗，即使已經在海峽殖民地與來自各國的人們往來數個世代之久，他們依然積極遵守固有的風俗習慣」（Vaughan 1971 [1879]: 2）。巴素

* 譯注：詹德拉（Chandra Muzaffar）於一九七七年籌組「國民醒覺運動」（*Aliran Kesedaran Negara, Aliran*），並領導這個組織長達十四年。這個多元族群組織的總部設在檳城，致力於宣導司法、政治、政策和人權等改革運動。

† 譯注：帕西人是一千多年前由波斯遷移到印度次大陸的瑣羅亞斯德教（昔稱祆教）的教徒。他們在第八到第十世紀之間，因不願改信伊斯蘭教，而移居到印度西海岸古吉拉特邦（Gujarat）一帶。

‡ 譯注：巴素（Victor Purcell, 1896-1965）曾於一九二〇年代擔任檳城華民護衛司，一九四九年在劍橋大學擔任遠東歷史講師。從一九二八年至其辭世爲止，他曾撰寫多本關於檳城與馬來亞華人的著作，最後一本遺著於一九七〇年出版。

§ 譯注：胡翰（Jonas D. Vaughan, 1825-1891）是新加坡殖民時代的航海家、政府官員與知名律師，曾於一八五一到一八五六年擔任檳城的警察督察長（superintendent of police），一八五六年移居新加坡，曾經撰述關於檳城、威省、海峽殖民地的華人與馬來人的記事（Vaughan 1854, 1856, 1871）。（資料來源：Jonas Daniel Vaughan，Singapore Infopedia, http://infopedia.nl.sg/articles/SIP_1826_2011-08-11.html。擷取日期：二〇一三年十二月二十九日）。

與胡翰等作者假定華人民間宗教文化所具有的古老性質，但他們未能意識到，華人傳統文化已在殖民主義、全球化、現代化與國族主義的歷史脈絡下獲得了嶄新的形態與意義。

正如在大英帝國的許多地區，殖民時代的馬來亞所發展出來的族群意識（ethnic consciousness），是「其中各個群體相遇且相處」的結果，「他們會藉由文化手段，刻意標示彼此在權力、經濟地位、政治企圖心與歷史想像等方面的差異與不平等」（Comaroff and Comaroff 1997: 388）。正如我在本書第一部分所討論的，檳城華人的廟宇和節慶之所以被認定爲特別重要，是因爲它們是華人移民建立其社會存在感、組構社會生活，並展現其經濟實力的一種手段。這種符合儒家傳統記憶的崇拜儀式，絕非人們在欠缺自我意識的情況下盲目傳承、食古不化的傳統，其在今日，也因爲華人展現族群榮耀感的形式，而有了新的意義。在馬來西亞這個現代國家，這些早期華人移民的後代如今已成爲陣容龐大的少數族群，繼續捍衛著華人語言與文化。 3

身分認同與傳統的發明

王愛華與諾尼尼認爲，研究海外華人社群的學者往往會把「華人身分認同」加以具體化（reify），將重點放在「華人卽使身處非華人社會當中，依然維持的固有且永恆存在的華人文化特質」（Ong and Nonini 1997:8）。他們的推斷是正確的，由於華人的各種社會策略經常以傳統文化爲外衣，導致學者未能留意到這些華人社會策略的新穎之處。因此，王愛華與諾尼尼建議將「華人文化、華人家庭價值、社會關係、『儒家資本主義』（Confucian capitalism）」等概念，視爲「構建華人認同與跨國實踐」的「論述比喻」（discursive tropes），他們的結論是，這些論述本身及其與政治權力的關聯性，都是亟需深入研究的議題（Ong and Nonini 1997:9）。[1]

現在有許多學者強調領導人物會運用文化、歷史和語言的策略，建構出一套共享文化資產的經驗。[2] 霍布斯邦就曾創了「被發明的傳統」（invented tradition）一詞來指稱這種現象，他將之定義爲「一組實踐方式，它們往往受到外顯的或人們默會接受的規則所掌控，並具有儀式上或象徵上的本質。這個實踐方式試圖反覆灌輸某些特定的價值與行爲規範，其中必然隱含著（今天這一群人）與昔日的延續性」（Hobsbawn 1983: 1）。「被發明的傳統」這個詞彙可能過度誇大這種實踐的新穎之處，但它們並不是現代社會才出現，（而是）這個詞彙掌握了一項看似矛盾的事實，也就是人們經常重新設計甚至完全重新發明各種傳統，來呼應他們的需求。然而，我們或許會問，社群或政府究竟如何決定要選取並傳承哪些傳統或昔日的元素。包括國族主義、現代主義、多元文化主義與宗教原教旨主義（fundamentalism）等各種意識形態對於今日究竟應如何保存昔日元素，或者明確說，昔日元素究竟是否眞的具有任何地位，都提出了全然不同的結論。

現代主義者可能會責難或忽視國族主義者所提出的歷史主張，但對許多人來說，昔日元素確實提供了人們建構當代認同所需的材料，而當代認同形式也援引了傳統元素來取得其正當性。例如，遷移到檳城這類港口城市的華人就組建了像是天地會這樣的祕密誓盟會黨（sworn brotherhoods）來保護自己，新進成員必須經歷繁複的入會儀式（參閱第三章與第四章）。遵行這些根深蒂固傳統儀式的人們，採用了古代的亞洲政治權威象徵論，也就是將具有典範地位的皇城想像成宇宙中心，以合理化這個晚近建立的社會與政治安排方式。華人在這個過程中掌握了其宇宙觀，以及儀式過程的某些神奇力量。

在最近的宗教文化復振運動，華人社群領袖也將眼光轉向宗教文化的象徵與社會組織。舉例來說，當一些檳城政治人物運用中元節慶典的地域組織來提振華人的團結，以追求諸如教育、衛生計畫，以及重建檳州華人大會堂等共同的社群目標；另一群九皇大帝誕辰慶典的籌辦者也以儀式來界定他們的團結感，雖然其動員方式是以神聖與純淨的邏輯來區分自己（圈內人）和他人（對手或圈外人）。（可以說）檳城華人的宗教文化不僅再生產了傳統的思想與行爲結構，也進入了包括現代性身分認同計畫在內的社會過程。

社會變遷的儀式化過程

雖說殖民地時代檳城的民間宗教組織（例如天地會）的形成及當代民間宗教文化的復振運動，都具有傳統社會組織形態的根基，但我建議讀者可將這兩者視爲當地人用來創造與維持團結的社會運動。大多數的社會運動理論學者聚焦於當代政治運動，其展現了人們進行反身思考來尋求社會變革的能力。然而，學者用來理解這些社會運動的主要知識工具是意識形態，不是文化；而且這套意識形態的重要元素包括界定出行動者本身（圈內人）、找出與行動者群體相對立的一方（對手），以及人們發動抗爭所欲達成的目標（預期結果）。人們往往透過神話般地重申過往，以重生當下，梅盧奇下了這樣的結論：「（一場）運動聯結了昔日與未來，捍衛了一個要求變革的社會群體」（Melucci 1996: 351）。在此同時，社會運動理論學者在其研究中往往排除了宗教復振提倡者（religious revivalist）的元素，將其視爲一種逃避現實的抵抗形式，它能提供給運動參與者的僅僅是自我退縮的烏托邦或重新發明的儀式，而不是採取有效動員以創造新的政治秩序（Melucci 1996: 171-72）。

或許由於西方人傾向將現代性跟世俗主義畫上等號，因此只有極少數學者會將（具神聖性質的）儀式視爲一種現代性的形式。相反地，歷史學與人類學對千禧年運動（millennial movements）的研究卻顯示，這些運動往往是殖民強權，與因語言和文化差異導致互相敵對甚至分裂的當地社群之間，在共同面臨緊要關頭下的產物。例如，伍斯利對美拉尼西亞船貨運動（cargo cult）所做的研究結論顯示，千禧年運動往往會發生在某些像是原住民社群或鄉民社會之類的群體，他們親身體驗了來自另一個上位階級或國籍群體（例如殖民者）的壓迫（Worsley 1968: 227-28）。這些群體的領導者在面對這個威脅要吸收或擊敗他們的共同敵人時，決定透過打造嶄新的社會整合方式，找出策略來克服他們欠缺團結力量的困境。結果就變成以千禧年運動建立對抗共同敵人的關係，來讓整個群體團結起來。

正由於這些群體處於彼此區隔的分裂狀態，因此需要一套意識形態，作爲其追求團結的基礎；而在千禧年運動中即是採用了宗教形式的意識形態。領導者把群體的共同價值投射在超自然力量上，並試圖將這些共同價值從日常討論與論辯脫離出來。在此同時，他們發展出共同象徵，超越原本各自爲政的地方分歧，成爲整個群體追求團結的基礎。例如，華人發動的教派運動（sectarian movements）往往採用道教象徵來表達人們所想望的團結，有時會將萬物之始的「道」加以擬人化，轉變爲斗姆元君*。在這個追求華人象徵性團結源頭的過程中，原本分別由各地域群體與各社群所崇祀的衆多保護神，被吸納進一整套的神靈上下階層體系當中，人們把這些保護神想像成服膺於更強大、普世的神祇之下的地方官或助手。[3]

在此同時，某些群體（例如十九世紀的天地會）的意識形態將其敵人的形象投射在這個超自然螢幕上，塑造成原型的妖魔對手。如此，天地會的傳奇歷史與入會儀式結合了政治目標與千禧年運動的目標，把中國的「蠻族」滿清統治者視爲敵人，並加以妖魔化。確實，天地會的口號「反清復明」同時意指「棄暗投明」。參與入會儀式的會員加入了天地會的先賢與衆神行列，一起組建了五營軍（five divine army），團結起來對抗他們想像中的敵人（參閱 ter Haar 1998）。

但若想把普世的救難神及其妖魔化的對手，當成是整個群體在意識形態上的團結源頭，提倡團結的領導者就必須透過敍事、視覺再現與儀式過程，向人們傳達帶有深厚寓意的意義。誠然，儘管有許多作者將這類儀式視爲拘泥形式、欠缺彈性的社會行動形式，但它確實傳遞了傳統概念並肯定了傳統權威，也爲新社會運動籌畫者提供了推動改變與推廣新象徵和價值所需的載體。

例如在法國大革命期間，激進派發展出一套革命性的儀規，其中「一套嶄新的曆法、新意象與新形態的遊行就發揮了作用，藉著對人們的生活方式建立嶄新的社會基礎，從而

* 譯注：斗姆元君是中國道教的女神，北斗衆星之母。「斗」是北斗衆星，「姆」就是母。據《太上玄靈北斗本命延生眞經》記載，斗姆元君一日在花園裡遊玩時突發感悟，使得金蓮花溫玉池裡的九朵蓮花化生爲九位聖子，大兒子與二兒子就是勾陳大帝及紫微大帝，其餘七子則是北斗七星，號稱「九皇大帝」。

創造出嶄新的法國人」(Hunt 1988: 30)。爲了樹立這個嶄新的社會基礎，革命派創造出一套包括各個重要紀念日的嶄新曆法，廢棄了天主教的聖餐日，並在集會中強調平起平坐的空間與平權概念。他們也將革命誓約神聖化，此一誓約能讓人們親眼見證這場創造社會連結的行動，並成爲群體成員建立嶄新社會契約的基礎（Hunt 1988: 29，也請參閱 Ozouf 1976）。如同法國的革命者，天地會成員也透過口頭誓約將其社會契約神聖化。但天地會並未另外創建一套曆法，而是藉由恢復明朝的曆法來展現他們對清朝政府的反抗（Shanton 1900: 42）。

杭特對法國大革命的研究顯示，政治領導人運用儀式過程與神聖事物（重新）建構社群，正是因爲這些社群需要「嶄新的認知基礎、嶄新的定義範疇」(Hunt 1988:30)。儀式是個適合提倡這些新定義範疇的媒介，並確定個人所親身體驗的這些儀式是客觀且令人信服的。正如涂爾幹所指出的，在儀式實踐的集體歡騰（effervescene）當中，這些概念充滿了情緒能量，人們會將它們體驗成超脫凡俗並具有凝聚力的：

> 除非社會本身就處在行動狀態，否則人們就無法感受到社會的影響力；除非組成這個社會的個人被聚集起來，並採取共同行動，否則社會本身就不會進入行動狀態。正是藉由共同行動，使社會本身產生了自我意識，並理解它所在的位置；在所有其他事情發生之前就必須先做出主動的合作。甚至我們只能把這種集體概念與情感的源頭，

追溯到將它們加以象徵化的外在社會運動（Durkheim 1965 [1915]: 465-66）。

由於人們透過社會運動與共同行動來習得集體概念，宗教崇拜及其儀式實踐因而變得不可或缺：「宗教儀軌（cult）並不僅僅是一套符號體系，藉此將這套宗教信仰向外轉譯而已；它是各種定期創造與再創造手段的集合」（Durkheim 1965 [1915]: 464）。接下來，人們設計了這些被發明儀式的集體慶典，以確保這套嶄新的認知秩序，它構成了群體的共同集體表徵，能「對於這種思維」獲致「周延且長久的絕對控制（empire）」（Durkheim 1965 [1915]: 486）。

這項儀式實踐的「絕對控制」不僅由涂爾幹學派所稱的集體表徵（collective representation）所掌握，更是由領導者所掌握，他們試圖運用儀式實踐來對範圍更大的一群人產生情感凝聚力與身分認同（Collins 1988: 117）。例如，天地會的入會儀式就經過精心塑造，以灌輸新丁（新進成員）對領導者的尊敬、群體內部凝聚力的歸屬感，以及對於敵手共同的厭惡感。

在當代檳城，傳統形態的儀式與社會實踐確立了地方權威架構與社群界線，但這兩者又與現代形態的權威與歸屬對象——政黨、工作單位與非政府組織等——同時存在。在此同時，檳城的歷史又與全球資本主義發展的歷史相互交織，而這個多元文化殖民地是「現代文化運動」（modern culture movement）的早期參與者。薩林斯認為，這項運動是更大規模結構轉型的一個面向，在其中我們發現全球化導致傳統元素與現代元素的融合。結果變成，地方社群會揀選並彰顯其傳統的文化實踐——例如誇富宴（potlatch），或海峽殖民地華人的宗教妝藝大遊行（*chingay*）*——用以向他人展現自己的差異點與獨特性。這個互動融合過程導致了「由世界眾文化所構成的一套**體系**，也就是『由眾多文化所構成的一套文化』，帶有一套由各種差異性所構成的結構的一切特質」（Sahlins 1994: 389）。

例如，當檳城的華人社群領導者在一九七〇與八〇年代利用本地基層的中元節地域組織爲他們所提的社群共同計畫募款，像是採用集體祭拜與飲宴這類傳統的社群認同形式支持華文獨立中學的計畫，並利用這種傳統認同動員人們支持其現代性計畫，以及華人大團結的目標。然而，當這些領導者以社會改革者的身分在公開場合現身時，卻會公開批評鋪張且規模盛大的中元儀式是迷信且落後的，如同前幾個世代受過教育的檳城人譴責這個儀式爲毫無意義、過度鋪張浪費。他們寧可贊助在中秋節與元宵節舉行的音樂與武術等文化展演活動，在主題遍及世界各地的多元文化節慶當中，足以再現今日華人文化精髓的表演類型。

但檳城社會依然留下若干空間給予更傳統的文化實踐，包括儀式、神話與象徵，這些傳統文化實踐也用來鼓舞他們的認同感。檳城人透過這些實踐傳遞社會記憶，而那些喚醒人們記起昔日情景（包括集體不滿的記憶）的儀式，則爲他們提供了一個「記憶劇場」

（theatre of memory）（Feuchtwang 1992: 20）。誠然，康納頓主張，若社會記憶確實存在，我們就能在各個紀念儀式找到它，實踐這些儀式既傳達與維持了昔日知識，更對參與者灌輸了社會慣習（Connerton 1989: 4-5）。

8 當然，紀念儀式並不會全然被設計成宗教性的：一九八九年在北京天安門廣場的學生抗議者從紀念五四運動七十週年中獲得力量（Schwarcz 1991）；一九八七年許多台灣人紀念二二八事件四十週年，回想一九四七年國民黨政府用子彈驅離示威群眾，殺害許多台灣年輕知識菁英的事件。這些事件不僅由那些身歷其境者所回想，更被建構成集體記憶，傳承給新的一代（請參閱 Jing 1996, Halbwachs 1992）。

想要提倡社會記憶有許多方法，從口語敘事到歷史文本，從博物館展示到電視短劇。儀式行動是形塑社會記憶的有力方法，因爲它運用詩意且具戲劇化的形式，創造出昔日情景的生動圖像，並有系統地闡述人們對當時的歷史行動者與事件的態度。正如象徵人類學家特納依循威爾森的理路而指出的，人們經常將他們最長久存在的概念投射在展演中，因此儀式可能顯露出人們根深蒂固的價值觀（Turner 1969:6）。

* 譯注：妝藝大遊行係指在新加坡、馬來西亞地區於神明誕辰或觀音誕辰所舉行的花車大遊行。在檳城稱爲「眞藝」，在新加坡稱爲「妝藝」，意指有裝飾的舞台或花車。

華人民間宗教文化在時間空間之中的在地化

無疑地，檳城華人的現代性認同計畫必定包含對各種論述比喻（discourse tropes）的闡述，包括出於政治考量以中華文明的各種比喻建構社會團結的嘗試。但檳城宗教文化也涵蓋一套具有想像力與詩意的引人矚目之宇宙觀、神話學與神義論*，其中某些元素可追溯到數千年來的中國歷史。[4]這些持久存在的分類架構及行動結構，將檳城奉行傳統習俗的華人連結到一套社會、文化與經濟的生活方式，他們對此生活方式的接納與再生產，構成了維持身分認同的形式。

史密斯（Smith 1981, 1986, 1999）提出令人折服的觀點，展現了許多族裔群體如何從其本身的深層文化、歷史與領域根源，衍生出他們的認同感與共同命運感。結果就是，這種文化保守心態的傳統文化實踐所能達成的，遠遠超出當代認同政治所標示的社會界線：

> 確實就是這個較廣泛的傳統與生活方式，提供了「我群」的意象與語言，它的輪廓是藉由跟「他群」的接觸而變得更加清晰。這種傳統與文化的**全部**元素，包括神話、象徵價值與記憶等等，都被轉譯成法律、風俗、制度、宗教、藝術、音樂、舞蹈、建築、家庭行為與語言等符碼，有助於將許多家庭結合在一個共同祖源社群之中；這是

> 由各種表現形態與再現形式所構成的整體（而不僅僅像某些學者所說，語言符碼只不過構成了該群體用來對抗陌生人的象徵性「邊界衛兵」而已），隨著世代更迭，這個整體性益發顯著，並引發對祖先與昔日歷史的崇敬與尊重（Smith 1986: 49）。

在當代檳城，許多馬來西亞華人透過各種地方宗教文化媒介，包括廟宇、節慶、神聖文獻與儀式展演，對華人歷史、哲學與宇宙觀的理解方式進行在地化、展現、詮釋與傳承。

9

我的這項研究不僅將檳城華人宗教文化視爲結構化的再現領域，更將其視爲在地化的儀式實踐，以及由歷史情境所影響的社會過程。畢竟，象徵行動是「由無從逃避的（inescapable）昔日與無法復歸的（irreducible）今日所構成的雙重複合體」（Sahlins 1985: 151-52）。在檳城，「無從逃避的昔日」包括了深深刻畫在語言結構與日常生活慣習裡的象徵分類體系，更包括用來傳達儀式實踐、更拘泥於形式的分類體系。然而，昔日也包含華人離散社群的先人在中國與東南亞等地，身陷各種危險處境的衝突經驗記憶——如今檳城人憑藉神靈戰鬥的敘事與儀式紀念行動，重新喚起這些記憶。

---

* 譯注：神義論（theodicy）是神學和哲學的分支學科，主要探究上帝內在或基本的至善（或稱全善）全知與全能的性質與罪惡的普遍存在的矛盾關係。

當我探索馬來西亞華人在檳城的時空中，將華人宗教文化加以在地化的同時，我也試圖發展以一種更令人滿意的方式來探討華人菁英與大眾宗教傳統之間的關係。在華人宗教研究文獻裡，學者經常兩極化兩者的對比。許多學者使用「民間宗教」（folk religion）這個詞彙來描述在地宗教實踐，往往假定它們只不過是揉合了迷信實踐與即興儀式治療所構成的大雜燴。但我們與其將菁英與大眾的宗教形式做出兩極區分，反倒應該探索社會各階層與各族群的人們，究竟如何在其宗教制度、實踐與意識形態的基礎上來進行互動，並感知彼此的存在。[5]（參閱 Davis 1982）

即使檳城宗教文化可能是以儀式展演爲取向，但它深刻援引來自中國的循環宇宙觀，這種宇宙觀構成了《易經》與老子《道德經》所傳授「道」這個概念的基礎。寺廟也經常發送各種宗教神聖經典，例如《摩訶般若波羅蜜多心經》，或是古典道德經典《太上感應篇》。話本文學深刻傳達了這類宗教想像，話本小說則採用寓言故事來傳達宗教訊息，持續激發著奉行華人宗教文化者的想像（Dudbridge 1978; Elliot 1955; Esherick 1987; Shahar 1996, 1998）。[6]

儘管通俗話本小說的作者將其宇宙觀轉譯成寓言警世故事，各種儀式的發明者則採取視覺象徵與法術操作來展現其宇宙觀，試圖讓失序的世界恢復和諧與平衡。例如乩童在日常儀式當中「跳神」（*thiausin*）[*]，他們所跳的神祇包括了話本小說所描寫的英雄神靈：玄天上帝、三太子、關聖帝君、濟公與大聖爺（齊天大聖）。乩童受到這些威力強大的帝王、太

10

子、將軍、活佛的靈魂所附身，展開神靈戰爭，來對抗那些被想像成妖魔鬼怪的疾病與不幸等混亂勢力。

各類文獻來源或許能爲華人宇宙觀的傳承提供了最可靠的載體，但儀式專家，包括道士、佛僧、或神明附身的乩童，將這套宇宙觀的基本元素轉化爲人們可親眼見證的儀式實踐與展演。這些實踐把抽象的行動與感覺結構具體化爲個體經驗，包括地點與時間的經驗。例如，當代農曆循環中的各個節日界定了神聖的地理環境與曆法，並協調了人們舉行各種慶典、儀式、飲宴與團聚的活動，因此有助於「產生兼具空間時間性質的地方感」（spatiotemporal production of locality）（Appadurai 1996: 180-81）。

本書概要

在英國統治之下，來到檳城的華人移民透過發展自我管理機構，包括充當華人社群仲裁場所與議會的廣福宮，以及祕密誓盟會黨，爲其多樣分歧的社群建立了在地基礎。這些機構交雜著政治與宗教、神聖與世俗的元素，以建置完備華人宇宙秩序模型。[7] 華人社

＊ 譯注：跳神是馬來西亞的慣用詞，台灣多稱爲起乩、起駕。

群領袖運用儀式過程來組構他們的社會——有時藉由擲筊神選的事實來主張自己的領袖魅力——在檳城空間上畫出地理位置，再造神聖的地理環境，而華人對照英國人的時間觀，來跟他們的農曆節奏同步。華人移民確實在檳城再生產了他們的生活方式，然而，他們身處的空間卻是海峽殖民地，時間則是在英國殖民統治時期。

檳城的歐洲菁英有許多人是共濟會員（Freemason），他們肯定啟蒙時代的價值，包括四海之內皆兄弟、眞理與宗教寬容等等。然而，他們所信守的宗教寬容精神，有時卻與自己同樣信守的改革主義精神相矛盾。許多人認爲華人的地方宗教習俗是迷信，並且破壞了公共秩序，因此有些人主張理性與更大公共利益應該優先於宗教寬容。在此同時，英國人認識到華人社群運用其宗教文化再生產了一套足以與之抗衡的權威結構，殖民官員認定這是個「國中之國」（*imperium in imperio*）——大英帝國裡的另一個帝國。

在這項研究的第一部分，我將檢視檳城華人社群的異質化發展，以及英國人與華人社群的領導人彼此爭奪檳城這個都市殖民地控制權的情境。我將透過對兩場衝突事件的分析，即一八五七年的檳城暴動和一八九〇年對華人祕密誓盟會黨的鎮壓，來探究華人與英國人社群之間的對話，雙方都想將自己的正當性、權威與神聖性等概念深植於此地。[8] 正如摩爾指出的，這類「清楚表述的事件」（events of articulation），正是「許多迥異利益與對事情的不同看法，彼此交錯的十字路口」，可以對各個文化範疇注入嶄新的意義（Moore 1994: 364-65）。

當英國殖民政府試圖更強力控制華人的亞洲型劇場國家（Asian theater state）*之節慶展演與誓盟會黨形態，也想要將歐洲人的公共文明、道德、理性與權威等概念，強加於檳城這個由他們一手打造的異質化都市社群之上。儘管他們可能確實壓制了誓盟會黨及其繁複的儀式展演，但他們未能有效阻止檳城華人保持其宗教文化象徵與實踐，進而延續這個想像的帝國。

在馬來亞聯合邦獨立後，檳城華人社群將他們的英國公民身分轉換成新國家的公民。一九五七年發展的嶄新社會契約對於受特別保障的土著馬來人與移民外來者（華人與印度人）之間的區隔，提供了憲法層次的支持，並延續在殖民時代就已設定的族群區隔。十九世紀，英國人畏懼華人形成國中之國，這引發許多作者撰寫有關華人祕密會社的文獻；時至今日，研究後殖民時代的文獻則將中國政治疆界之外的華人社群稱爲「海外華人」（Overseas Chinese），有時暗指這些移民社群可能是亞洲共產主義的第五縱隊（fifth column）†，接下來就是檢視華人在東南亞各個新獨立國家的矛盾地位——華人是個經濟實力強大，卻在

* 譯注：亞洲劇場型國家係指國家重視在戲劇及儀式方面的展現，而不是更常規的目的。劇場國家的權威是透過共同紀念儀式而展現。

† 譯注：第五縱隊泛指潛伏在內部進行破壞，與敵方裡應外合，不擇手段意圖顛覆、破壞國家團結的團體。

政治角色被邊緣化的少數群體。[9]

後殖民的馬來西亞延續了先前英國時代的宗教多元主義與寬容政策，但伊斯蘭教成爲界定馬來族群乃至馬來西亞國家認同的核心。這導致許多非馬來人少數群體，包括華人在內，強烈感受到現行政策正試圖邊緣化他們的文化展現。在這個政治不安定時期，許多華人轉而鞏固自己的文化、語言及宗教制度。在本書的第二部分，我不僅探討檳城華人宗教文化的復振，更要探究這些連續性與持久存在的結構，它們是使得宗教文化成爲維繫認同的重要載體。我把焦點放在華人——至少是奉行地方宗教文化的人們——藉以產生凝聚力的儀式節慶循環，特別是在農曆正月、七月與九月；我同時將檳城華人宗教文化視爲一種結構化的宇宙觀、社會記憶形式與社會過程。現在讓我們進入本研究的第一部分，探討華人這個族群性質多樣的社群發展過程，以及宗教文化在族群衝突與競爭所扮演的角色。

第一部分　殖民地檳城的宗教與社會

據聞儒家改革家康有爲曾於1903年，在檳城亞依淡的淨土宗佛教寺廟極樂寺的石壁上，寫下「勿忘故國」這四個字。（攝影：白瑨）

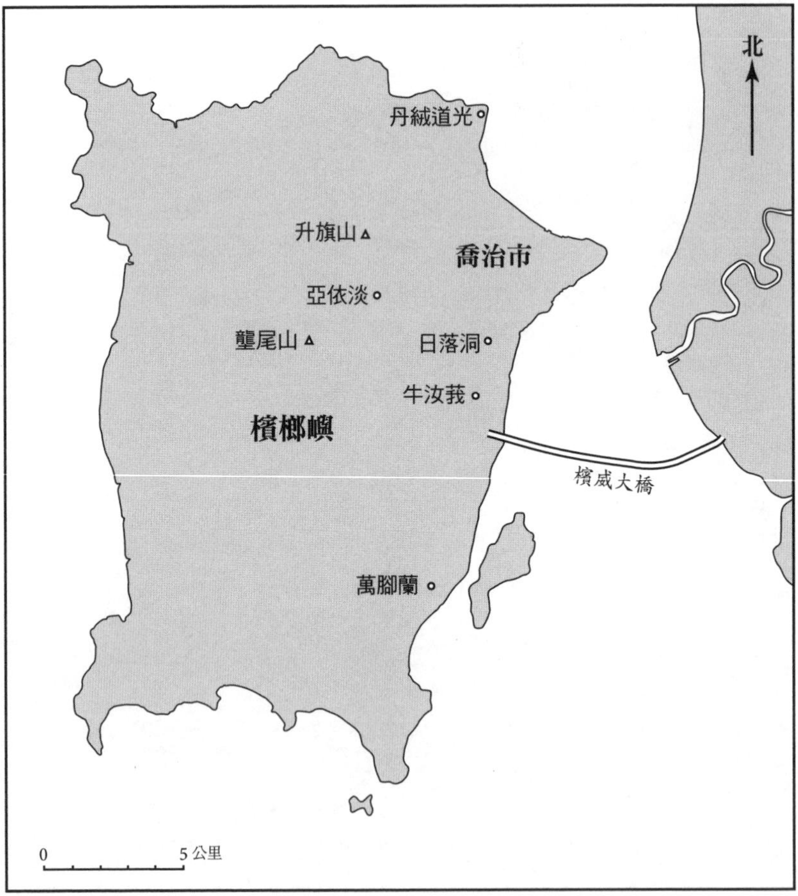

檳榔嶼地圖，約2000年。

第一章　華人社會在殖民地檳城的在地化

各地的亞洲人湧進喬治市（George Town，檳城的城鎮核心區）的景象真是太令人讚嘆了，華人、緬甸人、爪哇人、阿拉伯人、馬來人、錫克教徒、馬德拉斯人（Madrasse）*、吉寧人（Kling）†、淡米爾穆斯林（Chulia）‡與帕西人（Parsees）§，直至今日，他們依然搭著帆船、汽船，或是造型奇特的阿拉伯小船來到這裡，每個人都找得到工作維生，儘管過著奴隸般的辛苦生活，但不需要依賴任何人，從未陷入貧困的境地，能夠保留自己的服飾、習俗與宗教，而且井然有序。有人問道，究竟是什麼吸引這些皮膚黝黑、形形色色的人群從亞洲各地（紅海到黃海、麥加到廣州）來到這裡。我的一位吉寧人

15

* 譯注：馬德拉斯（Madras）是現今印度泰米爾納德邦的首府金奈（Chennai）的舊稱，昔日是英屬印度馬德拉斯省的首府。舊稱「馬德拉斯」依然由東南亞的僑民所使用。

† 譯注：吉寧人，英文拼音又作Keling，係指定居在東南亞的印度人後裔，特別是在新加坡、馬來西亞與印尼。

‡ 譯注：Chulia是檳城人稱呼淡米爾穆斯林的用語。

§ 譯注：帕西人是在第八到十世紀移居印度的波斯人瑣羅亞斯德教徒之後裔。

船夫回答了這個問題：「女王很好——我們苦力能賺到錢；而且能把錢存起來」[1]（Bird 1967 [1883]: 255）。

檳榔嶼（馬來語：*Pulau Pinang*，英文：Penang Island）是位於馬來半島西海岸外側的一座多山小島，南北長十五英里（二十四公里），東西寬九英里（十四點五公里）。島嶼東岸就是檳城港口的所在地，由檳榔嶼與馬來半島之間的狹窄海峽所構成。檳榔嶼的主要城市聚落是喬治市，緊鄰該島東北側的港口。土庫街（Beach Street）座落著許多殖民時期英國人從事貿易的大型商業建築，但其他主要街道也是繁忙擁擠的商業活動所在，街道兩邊的小巷充滿著兩層樓、設有「五腳基」*（騎樓）的店屋。儘管如今檳城有許多新興的購物商場，但華人小商家依然販售各式各樣絲織與混紡布料、平價服飾與行李箱、黃金珠寶，還有中醫草藥之類的商品。檳城擁有亞洲知名的海灘美景，馬來王室與華人富豪在喬治市以西的海岸道路沿線建築他們的奢華屋宇。再往北走，丹絨道光——昔日的小漁村，如今已被高聳公寓建築所包圍——一英里綿延著一英里，岸邊排列著一座座設備完善的度假飯店，競相

* 譯注：早期喬治市的房子多半爲兩層，樓下是店鋪，樓上是住家，稱爲店屋（shophouse）。店鋪前騎樓下設有走廊，法定的標準寬度爲五英尺，因此稱爲「五腳基」，其中「腳基」爲英尺的馬來語 *kaki*（腳）之音譯。

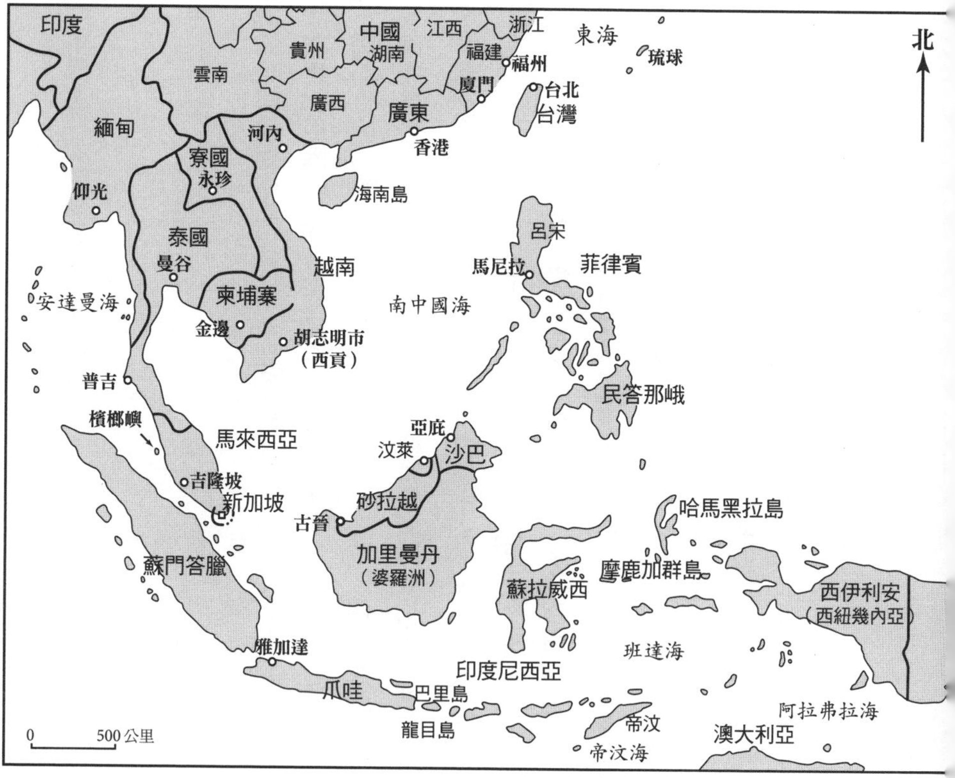
北
印度
中國
江西
浙江
東海
貴州
湖南
福建
福州
琉球
雲南
廣西
廣東
廈門
台北
台灣
緬甸
河內
香港
寮國
永珍
海南島
仰光
泰國
呂宋
曼谷
越南
馬尼拉
菲律賓
安達曼海
柬埔寨
南中國海
金邊
胡志明市
（西貢）
普吉
民答那峨
檳榔嶼
馬來西亞
亞庇
汶萊
沙巴
吉隆坡
新加坡
砂拉越
哈馬黑拉島
古晉
加里曼丹
（婆羅洲）
蘇門答臘
摩鹿加群島
蘇拉威西
西伊利安
（西紐幾內亞）
雅加達
班達海
印度尼西亞
爪哇
巴里島
阿拉弗拉海
龍目島
帝汶
澳大利亞
0
500 公里
帝汶海

東南亞與中國東南。

吸引馬來西亞本國遊客與國際觀光客的蒞臨。

檳城的創建

馬六甲海峽是印度與中國之間的航運樞紐，一七八六年，萊特船長開闢檳榔嶼，使其成爲大英帝國在馬六甲海峽北端的貿易重鎮。當時，英國在加爾各答到廣州沿岸沒有任何港口，一旦英國船隻因季風風暴被迫要找尋補給或修理時，便會面臨困境。萊特成功與吉打統治者拉惹達成協議，以每年六千英鎊的代價將檳城讓渡給東印度公司，並承諾東印度公司會在馬六甲海峽駐紮一艘軍艦，以保護檳城與吉打周邊的海岸。雙方同意准許自由貿易，任何人都可在吉打海岸從事貿易，且不會受到任何限制（Cullin and Zehnder 1905: 3）。

協議一簽署完成，英國船隻就靠岸了。第二天，一名來自吉打的華人，帶著幾位印度人基督徒去送了漁網給萊特，作爲見面禮（Purcell 1967 [1948]: 39）。大多數人都認爲此人就是來自清國福建省的辜禮歡，萊特描述他是「（當地）最受尊敬的華人」，並任命他擔任檳城的首位華人社群領袖或「甲必丹」（Kapitan）——這是來自荷蘭文的借字，英文、華文、馬來文都採用此字詞來稱呼由當權者所「委任」（委派）的當地社群領袖（Wong 1963a: 12-13）。[2]

17

檳城迅速成爲國際商業中心，包括「歐洲人、淡米爾人、孟加拉人、華人、緬甸人、阿拉伯人、馬來人與葡萄牙人」眾人雲集此地，以求得「英國旗幟的保護」（Purcell 1928: 26）。一七八九年島上居民已有一萬人，到了一七九五年又增加了一倍。

早期的英國定居者試圖吸引附近區域的華商來到檳城。有位作者在一七九四年觀察到，這些華商受到「與他們從事貿易的小蘇丹國拉惹（統治者）與荷蘭人所壓迫……被海盜所掠奪，而且無法得到當時實施鎖國政策的清國政府所提供的支援」。這些英國商人合理推斷，假使他們能保護這些馬來亞半島華商免於海盜和重稅，那麼在中國頗受歡迎的東南亞商品，就可經由檳城港口銷售到中國（Graham 1979 [1959]: 308-9）。

十九世紀初期，檳城的轉口貿易迅速發展。歐洲貿易商帶來英國與印度所生產的貨物，包括紡織品、鴉片、鋼材、火藥、鐵與瓷器等等。他們在檳城將這些貨物賣給經銷商，再由經銷商將這些貨物配售到馬來群島各地。歐洲貿易商購買名爲「海峽產品」（Straits produce）*的本地商品，包括來自馬來半島、蘇門答臘與緬甸的錫、米、香料、藤、沙金、象牙與黑檀木。整個貿易活動大多控制在亞洲商人，特別是華人手上，他們購進這些價值不菲的貨物運到檳城出售，然後在此買下英國與印度的貨物（Mills 1971 [1925]: 44）。在自由貿易政策之下，檳城這個新殖民地繁榮發展，一八〇五年，東印度公司將檳城升格爲「管

* 譯注：這裡的海峽意指英國的海峽殖民地（Straits Settlements）。

轄區」（presidency），地位相當於先前設立的孟加拉和馬德拉斯，並指派了二十六名薪資優渥的官員，萊佛士就是其中之一（Cullin and Zehner 1905: 23-24）。

然而，自從萊佛士在一八一九年於馬來半島南端建立新加坡，檳城的貿易便受到其影響而衰退。一八二六年，東印度公司將新加坡、馬六甲與檳城合組爲海峽殖民地（Straits Settlements），成爲英屬印度的「第四處管轄區」，並以檳城爲首府。然而，東印度公司認爲這個新設立的東側管轄區所需的治理費用過於龐大，於是在一八三〇年廢除這個編制，將其併入孟加拉管轄區之下（Turbull 1972: 55）。一八三二年，在這三處港口當中表現最優異的新加坡取代了檳城，成爲海峽殖民地首府。海峽殖民地依然維持其印度屬地的地位，須向加爾各答提交各項報告，直到一八六七年才轉移給英國殖民部直接統治，成爲直轄殖民地（crown colony）。

若是比起新加坡的成功，檳城確實讓英國人感到失望。由於行政負擔高昂且過於沉重，檳城這處殖民地年年虧損。雖然檳城是個良港，但英國人發現這裡並不適合建立造船廠，因此擱置了原先雄心壯志規畫的海軍基地建設計畫。更何況檳城島上的樹木並不適合造船，也不容易從緬甸運送木材到此。相對地，新加坡位居歐洲與印度前往遠東的最短貿易路線上，占據較理想的位置，且具備更有效率的行政體制與免稅港，因此一躍成爲區域的主要貿易中心（Mills 1971 [1925]: 189）。

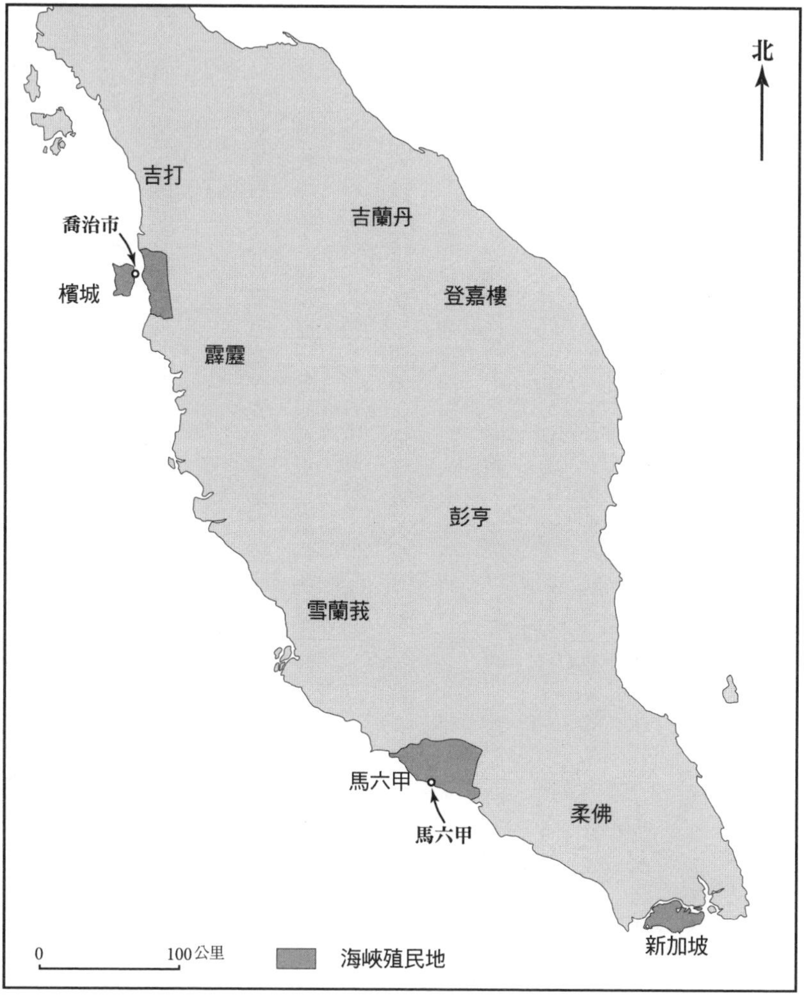

19世紀的海峽殖民地。

即使檳城的地位略遜於新加坡，但它依然繼續吸引來自亞洲與歐洲的移民與定居者，並保有海峽產品區域貿易中心的地位。許多來到檳城的人是找尋財富與名聲的旅居者，但檳城也吸引著其他希望享受天然美景、氣候、異國食物與悠閒生活風格的人們。一八一一年，有一位英國訪客描寫從升旗山向下俯瞰的美景：

> 我們穿越一大片濃密幾乎無法穿越的巨大森林，登上這座陡峭山巒，懷著愉悅的心情，將視線落在從山邊一路延伸到海濱的美麗平原上。美妙的山谷散布著漂亮別墅與風景如畫的小屋，交錯著令人心曠神怡的馬車路，山上流下的曲折溪水蜿蜒流入大海。這整個地方栽植濃密。園圃生產了最美味可口、保持在最佳等級的水果，胡椒園種植極為成功，儘管這是靠著園主投入大量照料與技術才得到的成果。在這個山谷裡有廣闊的胡椒園，也有許多稻米、棕櫚、檳榔與可可樹的園圃。向南眺望時*，可看到喬治市與港口區。在這座小城裡，以各類建築風格所建成的住屋產生了一種奇特的視覺效果——歐洲人宅邸、印度人小屋、馬來人農舍、華人店屋，以及緬甸人簡陋小屋交錯在一起，沒有規則且顯然沒有規畫，最初定居者各自依據其家鄉習俗來建造房屋……有四位東印度人坐在一個船錨上……同時有華人的帆船、馬來船、小船與舢舨往各個方向移動，妝點著我們向南眺望的風景（James Wathan，引述自 Purcell 1928: 101-3）。

馬來亞華人的事業

萊特將這座新占領的島嶼命名爲「威爾斯王子島」（Prince of Wales Island）（但本地人繼續採用原本的馬來語名稱*Pinang*〔意指檳榔〕來稱呼它，華人也因此稱之爲「檳榔嶼」），它吸引了大量移民與定居者，其中包括了許多華人。在整個十九世紀，華東華南地區艱困經濟政治條件所產生的推力，再加上東南亞所能取得的經濟機會的拉力，勸服或威逼許多華人從福建與廣東湧入此地成爲「苦力」（coolies，這是英國人對廉價契約勞工的稱呼）。到十九世紀末，新加坡的英國副華民護衛司（Assistant Protector of Chinese）觀察到「目前這座殖民地的大部分貿易（與）財產控制在華人之手，實際上所有的勞動階級也是華人。這座殖民地，除了它的名稱（馬來語：*Pinang*）之外，全都屬於華人」。[3]

20

巴素觀察到，若是將華人與殖民地時期馬來亞的其他亞洲人社群相比：

> 華人……就像頭戴著榮耀花環。年復一年，（彷彿）有數以千計的讚頌花朵妝點在華

* 譯注：升旗山坐落於檳榔嶼中部偏北，從山上眺望，喬治市及港口區位於東方，而不是南方。

裔商人與工匠頭上。萊特[*]說華人是「我們居民當中最有價值的部分」，李思[†]讚揚他們的勤勞，紐伯得[‡]認為他們是「海峽殖民地最有用的一群」，而米爾斯列舉了傑出英國人異口同聲的一長串讚揚。華人具備從事各式各樣工作的能力，從養豬到製鎖（以及開鎖），從綁繩結到採錫礦，從種豌豆到燒煮肥皂（Purcell 1928: 110-111）。

雖然許多華人以契約工的身分來到這裡，但他們大多簽的是短期契約，往往在工作一年期滿（償還渡海來到檳城的費用）後就可自由從事其他有利可圖的投資。英國作者經常提到，從勞工、工匠到富裕的企業家，華人在海峽殖民地各個社會層面的商業生活都扮演著重要角色。

爲了支應各類行政開銷的經費需求，英國人藉由餉碼制度（farming）將許多行業與商品的獨家經營權交予特定商人，以增加稅收，範圍涵蓋鴉片、烈酒、豬肉與當鋪等，有一段時間甚至還包括賭場。實際上，依據特洛齊的計算，在海峽殖民地所徵收的本地稅賦當中，鴉片所占比例「很少低於百分之四十，經常超過百分之六十」（Trocki 1990: 2）。富裕的華人企業家，往往成爲英國人筆下的「華人社群大亨」，無一例外地掌握了鴉片與烈酒的獨家經營權。但英國殖民政府在一九〇九年終結了餉碼制度，廢止鴉片與烈酒的特許經營權與銷售權，改爲政府專賣。另一方面，來自歐洲與亞洲的社會運動人士聯手推動了反鴉片群體，在這股壓力下，[4]英國政府採取了逐步禁絕鴉片的政策，但直到一九四三年日軍占領馬來亞之後，鴉片販售才正式成爲非法。在殖民時期，華人的祕密會社（secret societies）——英國人筆下的華人「誓盟會黨」（sworn brotherhoods）[§]，包括天地會（或三合會）與其分支組織——深深涉入了合法與非法的鴉片買賣。殖民地政府實施的鴉片專賣制度導致走私黑市蓬勃發展。更何況，在禁止買賣鴉片之後，這些祕密會社依然繼續牽涉其中。

華人也是海峽產品重要貿易的中間人，這個中間人角色催生了負面的族群刻板印象，且持續至今。例如泰國國王拉瑪六世[¶]認爲華人是該國境內的怪異少數群體，並相信他們是「無法同化、投機、兩面、欠缺公民美德、奸詐、躲躲藏藏、叛逆、財神信徒、經濟寄生蟲，以及『東方的猶太人』等等」（Tejapira 1991: 116-117）。即使華人在殖民地時期的馬來亞

---

* 譯注：萊特在一七八六到一七九四年擔任檳城總督。

† 譯注：李思（Sir George Alexander William Leith, 1765-1842）是一八〇〇至一八〇四年間的檳城副總督（Lieutenant-Governor）。

‡ 譯注：紐伯得（Thomas John Newbold）是英國軍官、旅行家兼東方學者，曾於一八三九年出版《馬六甲海峽英屬殖民地通典》（*Political and Statistical Account of the British Settlements in the Straits of Malacca*）。

§ 譯注：將 sworn brotherhood 譯爲「誓盟會黨」是依據檳城華人的用法所做的翻譯，secret societies 則譯爲「祕密會社」。

¶ 譯注：拉瑪六世（Rama VI, 1880-1925），一九一〇到一九二五年在位。

21

無疑扮演重要的經濟角色，但是只將華人視爲無法同化、唯利是圖的外人的這個刻板印象，確實必須受到挑戰。

海峽殖民地內部的文化多樣性

海峽殖民地的華人社群主要是來自中國東南沿海的移民，其複雜程度超乎我們的想像。這些移民自我區分爲幾個亞族裔社群（subethnic communities），各個社群各自擁有會館跟專門行業。實際上，有位作者主張馬來亞華人的異質性相當高，以至於並不具有共同的華人族群認同（Siaw 1981: 402）。人們在描寫各「方言群」（dialect groups）之間的關係時，往往凸顯其衝突，而非合作，像是新加坡商人瑞德就瞧不起這些方言群，稱之爲「不同的部族」，並深受「半文明的甚至完全野蠻的種族所具有的狂熱同族情感」所影響。[5]然而，這些移民確實組建了諸如誓盟會黨之類的團體，讓華人各個不同的亞族裔社群（sub-ethnic community）成員得以聚集在一起，調解彼此的衝突，並合作策畫舉辦廣福宮的主要慶典。廣福宮座落在喬治市中心，供奉的是觀音佛祖，其中包含兩組共同領導人，分別代表廣東人與福建人*社群，兩個社群內部也都非常複雜。

當瑞德這類的觀察者將華人描述成部落群體或種族群體，他們指的是由語言界線所劃分的群體，往往稱爲方言群。事實上，這些所謂的方言（dialects）涵蓋在三種區域語言（regional languages）之下，每一種區域語言都有各自的方言：閩南與閩北語系（包括在檳城俗稱「福建話」的廈門方言，也包括潮州、海南與福州方言）、粵語（廣東話），以及客家話。語言往往與這些移民的「祖居地」相重合[†]，構成移民群體的認同核心。不同亞族裔社群的成員往往會在經濟領域上競爭，有時也在檳城與新加坡的街頭爆發激烈鬥毆，讓歐洲人社群深感震驚。

華人的移民群體係依據所操持語言及其在中國的「祖居地」來區分，但這並非海峽殖民地華人多樣性的唯一來源。我們也可見到名爲「峇峇娘惹」（Baba Nyonya）的混合文化。「峇峇」、「娘惹」這兩個詞（無論是合在一起或分開使用）皆是用來描述華人男子與本地女子通婚所產生的華人-馬來人混合文化的後裔。在檳城出生的峇峇華人（Baba Chinese有時

22

* 譯注：以廣東人及福建人作爲族群類別，主要是十八到十九世紀英國殖民初期的分類，當時這兩群人所操持的語言分別爲廣東話及福建話，其中福建話即是閩南話。往後隨著華人各族群陸續遷入檳城，有了更細緻的分類。但這兩個族群類別及語言分類依然常見於當地日常生活及各種論述。晚近學者的研究，將這兩個類別分爲「閩幫」與「廣幫」（張曉威，二〇〇七：一〇九）。

† 譯注：這意指來自同一地方的人說同一種語言。祖居地是新馬地區對於祖先來源地的稱呼，日久他鄉成故鄉，若依然稱祖先來源地爲故鄉，則會有地緣認同的爭議。

稱爲「海峽華人」）透過其獨特的社會習俗與群體內婚，並與更晚移居至此的華人（immigrant Chinese，新客華人）保持距離。

這個華人本土化的過程從移民早期（在馬六甲可回溯到至少四百年前）就已展開，當時華人居民經常迎娶馬來女子或混血女子。這種通婚導致了獨特的混合文化。峇峇華人說的是「峇峇馬來話」（Baba Malay）——這種混合語參雜了馬來話與福建話的詞彙和語法（Purcell 1967 [1948]: 293-95; Shellabear 1977 [1913]）。他們過著馬來人的生活方式，包括以非常辛辣的烹調方式爲基底的娘惹菜餚、蠟染紗籠（batik sarong）、繡花短衫，以及專供女子佩戴的金飾。他們也拜跟馬來聖跡有關的神靈，馬來語稱之爲「拿督克拉末」（*Datuk Keramat*），他們則稱之爲「拿督公」（Natu Kong），這個名詞結合了兩種稱呼長者的字彙，即馬來語的「拿督」（*datuk*）以及華語的「公」。他們大多沒有改宗伊斯蘭教，而是維持祖先崇拜習俗，藉此確保他們延續了華人父系繼嗣親屬體系與華人民間宗教文化。許多峇峇華人依然穿著唐裝，留著滿清強制施行的辮髮，他們有時也會研讀華文傳統經典（不過峇峇確實拒絕爲女孩纏足，這一點有別於清朝漢族生活形態，參閱 Chin 1980, Purcell 1967 [1948]: 293-95; Tan Chee Beng 1988）。即使峇峇華人的生活已有極大轉變，但他們依然維持著華人認同感。[6] 然而，在十九世紀與二十世紀早期，英化（Anglicization）與再華化（re-Sinification）爲峇峇華人認同增添了新的面向。

英化

一八一六年，由殖民地牧師哈菁領導的一群人建立了馬來亞第一所現代學校「大英義學」(Penang Free School)，提供馬來文與淡米爾文教育，也提供英文教育（Cullin and Zehnder 1905: 36）。[7] 這所學校的宗旨就是，只要「思想與信仰自由」(freedom）存在一天，這所學校就是自由且免費的（free），無論其所招收的學生是哪種種族或宗教背景（Wu 1959: 150）。英語教育爲族群及語言多元的檳城居民提供了絕佳機會，因爲英語是行政與貿易的語言，嫻熟英語的畢業生能取得公職，以及更優渥的薪資。[8] 一八八五到一九一一年以及一九二四到一九四八年這兩段期間，大英義學有少數幾位優異學生獲頒女王獎學金，得以前往英國深造，接受專業訓練。[9*]

對海峽（或峇峇）華人而言，英語享有較高聲望，讓他們得以認同於自己所出生的這個英國殖民地，並與較晚來到的新客華人有所區隔。海峽華人也採用了許多歐洲生活方式，從語言到飲食，到車子、體育與房屋設計等（Lim 1899: 57）。海峽華人甚至會認爲自己是「白

* 譯注：從一八八六到一九一一年的海峽殖民地女王獎學金名額僅有一到兩名，受獎助者亦包括英國僑民子弟與當地各族子弟（薛莉清，二〇一五：一四九）。

人」（馬來語：*orang puteh*），正如巴素所指出的，這意味著「他們就是英國子民，並爲此感到驕傲」（Purcell 1967 [1948]: 61）。

在此同時，就算是英化的海峽華人，依然維持著華人的外表。再者，即使某些海峽華人可能自我認同爲白人，但由於膚色的障礙，殖民地的英國人並不會接納他們，也不會視之爲同類。一八六七年，海峽殖民地的控制權從英屬印度轉移到英國殖民部之後，又將這個身分認同的障礙抬得更高，此後殖民地官員改由倫敦直接指派。結果就演變成受過英語教育的海峽華人構成一群獨特的社會菁英，同時把自己跟華人貿易菁英、英國人區隔開來。這群菁英在《海峽華人雜誌》（*Straits Chinese Magazine*）*這類的出版品中繼續表達對維多利亞時代進步觀的仰慕之心，並深刻投入改革、更新與捍衛其文化傳統的工作。

改革、革命與再華化

直到二十世紀早期，華文教育在海峽殖民地才得以普及。在十九世紀，華人如果想讓孩子接受華文教育，可能會聘請私塾老師，或將孩子送到宗祠或回到中國學習儒家經典。中國科舉考試的基礎包括了古典文獻的知識，這項考試不僅是人民在中國科層體制的控制下取得官位的途徑，更是教養與地位的標誌。不過，即使某些海峽華人渴望取得這些有聲望的職位，也有些人花錢買到清國的官銜，但更多人只想生意成功，可想而知他們的華文程度就更低了。正如斐利民所指出的，在華人這個商業取向的社群當中，判斷個人社會地位的標準是財富，而不是教養程度。而且「目不識丁或略通文字的富裕人士所擁有的聲望與地位，並不會受到帶著文明仕紳標章的華人所挑戰」（Freedman 1967 [1960]: 21）。

二十世紀，當檳城華人社會受到日益高漲的中國民族主義、改革與革命的浪潮所激發，開始執行本身的社會改革計畫之際，華人識字的比例也變得越來越高。華人菁英，包括許多接受英語教育者，支持學校發展現代課程時以華語作為教學用語言。這些嶄新教育體制也帶來了新形態的政治主張與改革精神。

24

在這一波華人改革運動當中，祖籍廣東的康有為是領導清末維新運動的理論家，他不僅研讀儒家經典，也鑽研道教、佛教與西方思想。康有為重新將孔子詮釋為通往烏托邦理想未來（世界大同）的「進步先知」，將為中國帶來偉大的和平與統一（Levenson 1972 [1958]: 81）。一八九八年，光緒皇帝召見康有為，並採納他關於科舉制度、商業與農業的改革建議，然後頒布一連串諭旨迅速加以執行。但慈禧太后調兵終結了這場短命的改革，逮捕處決「戊戌六君子」（其中包括康有為的弟弟康有仁），並把光緒皇帝軟禁在宮中（Spence 1981:

＊　譯注：該雜誌僅有英文名稱，中文名稱為意譯。

48-53）。康有爲設法逃離中國，先在加拿大卑詩省的維多利亞短暫停留一段時間，然後於一九〇〇年在多位海峽華人富商的庇護下，寓居海峽殖民地。

康有爲停留在海峽殖民地期間大力鼓勵華人菁英建立學校（包括女子學校）、商業俱樂部、廟宇、專門研究儒家思想的學會，以及「保皇黨」（以支持光緒皇帝爲職志）的支部。一九〇一年，原本待在檳城的康有爲前往印度，其後造訪緬甸、爪哇與泰國等地的華人富商。他在一九〇三年回到檳城，參觀當時新建不久的佛寺「極樂寺」，並在花園的一塊圓形大石上面寫下四個大字：「勿忘故國」（參閱 Wong 1963b: 41）。從一九〇八到一九一一年，康有爲四處流離，期間多次停留檳城，持續撰文支持溫和的改革行動，強調中國必須建立君主立憲政體與國民議會（Wang 1953: 32-34, appendix B: 1-2; Spence 1981: 108-9）。

如同在中國的情況，在二十世紀初的檳城，態度溫和的改革派很快就與行動激進的革命派分庭抗禮。一九〇六年，孫中山造訪檳城並於華人大會堂*演講，爲其推翻滿清、建立共和的政治理想向華人募款。他在一九〇八年重訪檳城並停留了兩個月，一九〇九年將中國同盟會南洋支部從新加坡搬到檳城，於一九一〇年在打銅仔街（Armenian Street）的一間店屋召集會議，†在那裡策畫了一九一一年四月的廣州起義（Khoo 1993: 34）。

一九〇八年，幾位檳城人籌組了一個名爲「檳城閱書報社」（Chinese Philomathic Union）的讀書會，以擴展對孫中山革命運動的支持，但許多檳城菁英傾向支持康有爲所提倡這類溫和的儒家改革，提出了「光榮西方化」（Westernization with honor）的主張（Levenson 1972 [1958]: 77）。[10] 儘管如此，當檳城人得知清帝已於一九一一年十一月十一日遜位，華人大會堂的領導人還是立即召開了臨時會議，討論要如何在檳城動員支持革命，並於隨後發起募款，援助廣東與福建的難民。此外，華人大會堂的廣東籍主席與清國駐檳城領事率先剪去辮子，以示與清朝切斷關係。在一個月後召開的一場特別會議上，他們召集所有的檳城華人男子——包括華人大會堂作風保守、先前抗拒這項提議的福建籍主席——在農曆年前剪去自己的辮子（Chen 1983: 144）。[11]

透過間接統治的治理：甲必丹制度與祕密誓盟會黨

在檳城殖民地的早期，萊特採取間接統治制度，指定由每個語言社群中德高望重的領

* 譯注：當時稱爲「平章公館」，一九一四年改稱「平章會館」，一九七四年再改爲「檳州華人大會堂」。

† 譯注：作者提及中國同盟會南洋支部遷到打銅仔街的一間店屋，推測應是指一九〇八年孫中山創立「檳城閱書報社」，一九〇九年遷至打銅仔街一二〇號一事，惟南洋支部實際位置在柑仔園，因此譯文略有修改。孫中山於一九一〇年十一月十三日在柑仔園召集「庇能會議」（庇能爲當時檳城的華文通稱），翌日於打銅仔街一二〇號召開另一場公開的會議，當衆募款，籌畫廣州起義。該店屋自二〇〇一年起設置「孫中山檳城基地紀念館」。

袖出任該社群的甲必丹。換言之，甲必丹就是生活在異鄉土地的各社群中，受到統治者認可的首領人物。統治者賦予甲必丹行政權，有時甚至包括司法權；他們大都是政府與社群間的聯絡人（Wong 1963a: 1）。透過首領治理外來社群的措施可能源自九世紀的中國，唐朝政府運用類似甲必丹的制度管理定居在廣州的阿拉伯商人。在東南亞，葡萄牙人、荷蘭人、英國人等十六世紀後來到此地的歐洲殖民者，也採用甲必丹制度來統治如檳城這類殖民地複雜多樣的移民社群（Wong 1963a: i-iii）。

甲必丹依據自己的宗教律法來管理他們的社群，開庭審理案件，並記錄各社群的出生、婚姻與新到者等資料（Wong 1963a: 9-10）。一八〇七年，英國最高法院憲章支持以這種方式管治檳城多元複雜的族群，藉此容許每個族群繼續奉行自己的風俗習慣（〔在此之前〕英國人一度試圖以更合乎英國風格的法院體系取代甲必丹制度，但未成功）。即使甲必丹制度的重要性逐漸衰退，英國依然仰賴富裕、德高望重的華人來協助維持社會秩序，有時還會任命他們擔任太平局紳（Justice of the Peace）*。儘管有些華人社群領袖（包括誓盟會黨的首領）並未被正式任命爲甲必丹，政府依然希望他們管好自家群眾，並要求他們爲所有的失序事件負責。

華人勞工移民是在一個設計完善的勞工輸入體制之下來到檳城，但其中有些是清國異議人士與叛亂者。叛亂的歷史記憶融進了華人誓盟會黨的儀式之中，誓盟會黨不僅爲這些勞工提供了賴以生存的社會組織，更傳承了漢族遭受清國背叛的社會記憶，並支持其抗清的政治正當性。例如，首任華人甲必丹辜禮歡就是富裕且受過教育之人，據聞他曾參與由誓盟會黨——天地會——所籌畫的反清革命。他在清廷鎮壓革命後跟其他來自華南的華人移居泰國，然後到吉打，最後落腳在檳城。據說他移居泰國時有三艘「帶著三大箱各類主題書籍」的帆船隨行（Wong 1963a: 47）。[12]

東南亞的大多數誓盟會黨似乎是歐洲人所稱的三合會、天地會或洪門組織的分支。[13]依據這個團體的歷史傳說，華南的華人在一六七四年成立誓盟會黨，以反抗背叛他們的清朝政府。正如我們將在下文看到的，這個團體的入會儀式保留了遭到清國背叛的歷史記憶，並表達「反清復明」的政治意圖。然而，歷史學家一致認爲，這個誓盟會黨其實直到大約一七六〇年才成形，而且它所提出的反叛正當性的歷史論述是「從民間文化的諸多面向汲取元素揉合而成的大雜燴，包括文學、戲曲、宗教，甚至可能還有盛行於中國東南地區的鄉土救世信仰（messianic beliefs）」（Murray and Qin 1994: 169）。

十九世紀，許多英國與中國的作者主張，在海峽殖民地這些自我管治的移民群體之中，

---

* 譯注：Justice of the Peace是英國殖民體制下的微罪案件審判官。新加坡及馬來西亞的華文譯法多爲「太平局紳」，在香港及澳洲則譯爲「太平紳士」。昔日甲必丹的管轄範圍是整個城鎮的華人，目前的甲必丹依然是馬來西亞砂拉越邦與沙巴邦官方委任（派任）的社群領袖頭銜，但其管轄範圍已縮減到某個城鎮的個別方言群，甚至只有某個方言群的一部分。

誓盟會黨的革命目標是次要的，其實際的社會功能是爲海峽殖民地這些自我管治的移民群體提供了一個合法的權威來源。[14]儘管如此，在天地會入會儀式當中，有關該會組成過程的神話故事與儀式的展演，都延續著仇恨滿清統治的傳統。在此同時，一九一一年辛亥革命之前，這個反對立場甚至塑造了海峽殖民地與馬來亞殖民地華人喪禮的形態。例如，有位喪禮司儀在預先安排好的儀式中指揮在場的華人，提醒他們要繼續反對滿清統治：

> 某些喪禮儀式帶有隱而未顯的涵義，想讓亡者子孫牢記從滿人手上恢復漢族榮耀的責任。一旦有某位華人去世，其友人會為亡者穿上明朝風格的古裝。最年長的男子作為代表，站在椅子或凳子上，然後司儀說道，亡者不會站在清朝的土地上。禮儀師將一頂草帽戴在亡者頭上，宣布亡者跟清朝不共戴天。接下來，會由這位最年長代表一件接一件穿上準備給亡者穿的衣服，然後再全部一起脫下來穿在亡者身上。這個習俗盛行於馬來亞全境，永遠提醒著人們必須推翻滿清政權（Lim 1917: 878）。

海峽殖民地的華人持續支持中國的反清運動，包括爲孫中山的推翻滿清、建立共和的運動提供大量的金援。

清朝政府認爲一七六八到一七六九年在台灣爆發的林爽文事變跟天地會有關，因此接下來試圖消滅天地會在中國的所有勢力（ter Haar 1998: 19-22; Murray and Qin 1994: 18-19; Ownby 1996）。然而，在海峽殖民地，殖民地政府卻容忍天地會的存在，直到一八九〇年因控制賭博而引發衝突，進而決定壓制「危險社團」爲止。我將在第三章討論歐洲人共濟會與華人誓盟會黨同時存在於十九世紀檳城的這個危機關頭，以及導致當局壓制華人祕密會社的一連串事件。

廣福宮與華人大會堂

許多殖民時期作者探討了祕密會社的神祕儀式，但鮮少提及另一個強而有力的華人機構，也就是檳城華人社群的主要廟宇。[15] 一八〇〇年，檳城華商在其經營店屋的主要街道椰腳街（Pitt Street）街尾爲廣福宮（Kong Hok Keong）奠基。[16] 馬六甲華人參與了這項新建廣福宮的工作，建造範本就是一百五十年前（卽一六四五年前後）所興建的馬六甲青雲亭（Cheng Hoon Teng）。依據陳禎祿所記載的馬六甲當地歷史，明朝覆亡之際，來自中國的難民李爲經爲逃避滿清統治而逃到東南亞，建立了馬六甲青雲亭，並受荷蘭人委派擔任甲必丹（Tan 1949: 5-6）。[17*]

* 譯注：馬六甲青雲亭是馬來西亞最早的華人廟宇，始建年代存有爭議。荷蘭時代首位華人甲必丹鄭芳揚（Tay

依據廣福宮碑文記載，該廟由四百四十九位福建籍與廣東籍商人所捐資興築，位於面海的中心位置，因此具有絕佳的風水影響力（Wang [Ong] 1999: 5）。雖然現在較廣爲人知的廟名是「觀音亭」，但興建這座廟宇的廣東與福建商人將之命名爲「廣福宮」，這個廟名是個雙關語，一方面指稱其社會成分正是廣東人與福建人社群的結盟（「廣東福建宮」的縮寫，*Kngtang Hokkien Keong*），另一方面則指出其宗教角色是尋求超自然所賜予的恩惠：「廣泛受到神靈保佑的宮殿（Palace）」。[18][*]

廣福宮的信理會[†]包括十位福建人代表，分別由五大公司[‡]（謝〔*Cheah*〕、邱〔*Khoo*〕、林〔*Lim*〕、陳〔*Tan*〕、楊〔*Yeoh*〕的姓氏團體）各派兩位，十位廣東人代表則由「廣汀會館」派出（Lim 1990: 13; Loh 2002: 5）。[19] 廣福宮既是個人或團體祭拜的場所，也是華人社群的調解機構與議會所在。一如其利用誓盟會黨的領導人，殖民政府一樣利用這些社群領袖維持華人社群內部的秩序，直到一八八六年建立的華人大會堂，以及一八九〇年由政府指派成立的華民參事局（Chinese Advisory Boards）接掌這些社會政治功能爲止（Khoo 1993: 150; Chen 1983: 136）。

一八七〇年代，各個祕密會社及其他利益團體之間所爆發的敵對衝突使檳城社會陷入兩極化。當時廣福宮有多位理事與捐款者分屬不同敵對社團的成員，使得該廟本身就陷入極深的分裂，無法調解其中的衝突（Wang [Ong] 1999: 112）。因此，當海峽殖民地總督威德[§]在一八八〇年造訪檳城，爲新建的歐洲人大會堂（European Town Hall）舉行落成啟用典禮時，就有幾位社群領袖向其提議，由他們爲檳城華人創建一座全世俗性質（不具宗教色彩）的領導結構。威德表示同意，並在一八八一年由政府發出一份地契，撥出位於廣福宮與聖喬治教堂之間的一塊土地，用以興建華人大會堂。[20] 這座新的大會堂採用類似廣福宮的組織結構，選出相同人數的廣東人與福建人代表參與其信理會，但其章程明文規定嚴格排除任何

Hong Yong）又名啟基，其生卒年代有作者主張是一五七二至一六一七年，然而阮湧俰依據日人日比野丈夫一九六九年記載的青雲亭內所存的華人甲必丹牌位，考證鄭芳揚之父Notchin（鄭我愼，又名鄭貞淑）生於一五八六年、卒於一六四八年，鄭芳揚生於一六三二年、卒於一六七八年。李爲經生於一六一四年、卒於一六八五年，在鄭芳揚過世後受委任爲馬六甲第二任華人甲必丹。鄭芳揚與李爲經共同修建青雲亭，其年代約爲一六七〇年代，於一六七三年建成（阮湧俰，二〇一九：六四～六七）。

* 譯注：廣福宮一八二四年的《創建廣福宮碑記》：「檳榔嶼之麓，有廣福宮者，閩粵人販商此地，建祀觀音佛祖也，以故宮名廣福……」（原載陳鐵凡、傅吾康，一九八五，《馬來西亞華文銘刻彙編》（第二卷），吉隆坡：馬來亞大學出版社，頁五二六。引自宋燕鵬，二〇一五：一一〇）。

† 譯注：信理會是檳城華人對「信託理事會」（Board of Trustee）的慣稱，爲在政府註冊立案的信託團體。就組織架構來說，相當於台灣的財團法人或社團法人宗教團體的理監事會。

‡ 譯注：「公司」一詞在十八、十九世紀的東南亞華人社會，普遍用於指稱誓盟會黨、同鄉組織、同宗組織等，例如一七七〇年在婆羅洲由客家人羅芳伯創立的「蘭芳公司」、洪門組織的「義興公司」，或是此處提及的檳城五大公司。至十九世紀初，漢語的「公司」一詞漸漸限定於商業組織，即現在所普遍認定的意義。但檳城五大公司則繼續沿用昔日先賢創立之名號。

§ 譯注：威德（Frederick Weld）於一八八〇至一八八七年任職海峽殖民地總督。

非法或政治團體參與（Chen 1983: 136; Wang [Ong] 1999: 112-13）。

一八八六年，陳設優雅的華人大會堂「平章公館」落成啟用，由檳城福建人與廣東人社群共同管理，而且將政治事務與宗教神聖事務加以區隔（至少跟宗教事務拉開距離）。這個大會堂的正式名稱——「平章公館」——顯示了創建者對和平與社會團結的渴望。「平章」二字源自《書經》堯典：「九族既睦，平章百姓」——意指各家族都能親睦融洽，再行明辨各級官員的職守，*寓意平民與官員都能知曉禮儀與規範，因此彼此能和諧相處（Chen 1983: 137）。英國殖民政府在一八九〇年廢止誓盟會黨，創立了職能更廣泛的「華民參事局」，由殖民官員

廣福宮與原先的華人大會堂。喬治市，1928年前。（照片來源：廣福宮檔案資料）。

「華民護衛司」（Protector of Chinese）擔任主席，成爲政府與華人社群之間進一步的溝通管道。儘管如此，新建的華人大會堂依然持續扮演仲裁角色，並提倡華人的文化與教育活動（Chen 1983: 138）。

二十世紀初期，華人大會堂的領導者也支持儒家思想復興運動；這是一場民族主義的社會運動，透過實行儒家思想以維持華人認同，從而促進科學理性與現代性的採用。檳城人林文慶[21]爲一接受英文教育的海峽華人，得過女王獎學金，亦曾在愛丁堡大學修習醫科，他受到康有爲與其他改革者所刺激，在《海峽華人雜誌》撰寫多篇文章，大力提倡儒家改革運動。林文慶將儒家的記憶儀式詮釋成（華人的）種族榮耀，他提到儒家思想「教導每個人必須記住自己國家的傳統，就好比他必須崇敬其祖先的記憶。……盎格魯薩克遜人的種族榮耀感，可以在儒家思想原則中得到合理解釋」（Lim 1905: 76）。華人的種族榮耀感也同樣得到合理解釋，民族主義從傳統當中找到了支持。再者，林文慶的結論是，儘管基督教與科學處於彼此衝突的態勢，儒家思想與現代科學思想卻是相容的。[22]

林文慶提倡儒家思想，但也鼓吹儒家思想的改革與理性化。儒家思想既是哲學，也是

29

* 譯注：原文直譯爲中文是「九個世代的親族都能和睦相處，並明辨他們的姓氏與氏族」。此一英譯本可能有誤，且與後面兩句話的詮釋不符。茲參酌原有的《書經》內容加以調整爲目前中譯。

社會實踐，在日常生活中以祖先崇拜的形式出現。他支持儒家思想的社會實踐爲「提倡美善倫理的記憶儀式」（Lim 1905: 76），但他警告祖先崇拜近乎偶像崇拜（Lim 1900: 28）。他特別批評對祖先祭拜食物與線香的做法，因爲這暗指死後生命依然存在的宗教信仰。一如今日檳城改革運動者所做的，他認爲「目前的祖先崇拜，除了讓蠟燭、線香與金銀紙的製造商得利以外，沒有任何人得到好處」（Lim 1900: 29）。他提倡舉行簡化與理性的儀式更合乎儒家理想（Lim 1900: 52）。

儒家改革運動在檳城也有本地的提倡者，像是伍連德醫生這樣的改革派即數度公開發表演說，包括在華人大會堂宣揚其理念。[23]伍醫生是林文慶的表哥，生於檳城，也和林文慶一樣是女王獎學金得主，並曾在劍橋大學修習醫科。伍連德在其自傳中寫道，他於一九〇四到一九〇八年在檳城自行開業期間：「在社會服務工作中扮演要角，並努力爲人們引進各項改革，例如女子教育、剪去辮髮、反賭博與反鴉片運動、組織文學社團，並提倡男女學童的健康體育運動」（Wu 1959: 232）。

受到儒家改革運動所影響，新建華人大會堂的領導人提倡各項自我覺醒的社會改革運動，試圖減低具傳統色彩的宗族、親屬與祖居地等等連結關係，以團結華人致力推動各項社群計畫，其中包括募款籌建南華平民醫院（Lam Wah Hospital）與現代華文學校，並在華人大會堂籌組文學社團以支持儒家復興運動（Chen 1983: 139）。最後，當勢力日漸壯大的英國殖民政府試圖對華人商業與社會行爲施加新的控制手段，大會堂的領導人遂邀集檳城華人各社團的領導人開會，團結衆人反對其提出的法案。[24]

在此同時，這些領導人認爲許多民間宗教習俗是封建迷信，甚至在一九〇五年的檳城報紙上刊登廣告，試圖規勸華人不要捐款興建更多寺廟，而應捐款提升華人社群的福利事業：

> 檳城位於亞洲，但受到歐洲的影響，聚集了來自廣東與福建的人們，在西方與東方都享有盛譽。檳城的現況很好。但人們卻依循舊有風俗，並盲目信仰著神佛。這種迷信司空見慣，每年光是花在迷信行為的費用就超過叻幣一萬元。這確實是華人的弱點，也因此受到外人嘲笑。所以我們希望凝聚大眾的看法，建議不要再興建新的寺廟，已建好的佛寺與神廟也都擱置。所有想捐錢給寺廟的人請停一停！這不值得你再浪費一分一毫。嘿！世上的事情，沒什麼可歸因於運氣。做善事會有好報，其他人因為天道昭彰會受到報應。無論你拜的是什麼神，你都會得到回報。我們為何要依循人（而不是鬼魂）的指示行事，理由顯而易見。我們華人應該從他人的錯誤中學習，不要把黃金虛擲到空蕩蕩的河谷中（換句話說，把錢浪費在無用事物上）（Chen 1983: 141）。

在一九〇七年的一場會議中，與會者進一步提出決議，檳城廣福宮每隔一段時間舉行的「妝藝」——爲榮耀觀音而舉行的大規模遊行——並不「符合科學事實」，他們主張，由於中國正在轉型，其本身與其人民正在變得「開明」，檳城應該發展自己的文明並且停止敬拜神明的習俗（Chen 1983: 142）。

儘管在大眾改革方面做出了積極的努力，華人大會堂依然跟廣福宮維持著緊密關聯，也仰賴廣福宮所提供的經濟支持。這兩個機構更在一九一一年、一九一八年與一九二八年聯合主辦妝藝遊行，爲華人社群祈福，祈求驅除疾病瘴

一部整備妥當，有著隆重裝飾以榮耀觀音佛祖的花車，準備參加廣福宮主辦的妝藝大遊行。喬治市，1928年。（照片來源：廣福宮檔案）

癘。但在檳城的殖民地情境下，妝藝大遊行也得到了嶄新的意義。例如，一九一一年，檳城爲慶祝英皇喬治五世的加冕典禮，舉行爲期四天的妝藝大遊行，隆重裝飾的車輛、旗隊與樂儀隊長度超過一英里，全部由廣福宮出發，估計花費約在十二萬叻幣（約合當時的一萬四千英鎊）（Ashdown 1911: 329）*。華人大會堂的福建籍領導者率領這項活動，熱心捐輸，主要執事人員競相爭取領導角色，爲觀音及其他神祇——包括天上聖母、神農大帝、保生大帝與關聖帝君等——準備祭台，並恭迎這些神祇（Chen 1983: 142；也請參閱 Wang [Ong] 1999: 25）。[25]

華人大會堂與廣福宮的領導人在一九一八年合辦另一場繞行檳城全境的妝藝大遊行，以因應當時爆發的流行性感冒、天花與瘟疫。這個事件也結合了華人的宗教與英國的政治意義：籌辦者主辦這項遊行的目的不僅是爲了驅除疫疾，更是應英國之邀，慶祝第一次世

32

* 譯注：叻幣是一八九九至一九四〇年間由海峽殖民地政府所發行的法定貨幣，華文全名爲：「叻嶼呷國庫銀券」，以海峽殖民地的新加坡（石叻埠）、檳城（檳榔嶼）和馬六甲（嗎六呷）三個重要港口爲名。依據英國國家統計局（Office for National Statistics）的資料，英鎊從一九一一到二〇二三年的平均通貨膨脹比例爲百分之四點五五，換算下來，一九一一年一英鎊的購買力相當於二〇二三年的一百四十五點二六英鎊（https://www.in2013dollars.com/uk/inflation/1911? amount=100）。另據二〇二三年十月三十日台灣銀行牌告匯率計算，一英鎊現金的賣出價爲新台幣四十點三元（https://rate.bot.com.tw/xrt）。因此，我們可估算一九一一年這場妝藝大遊行的開銷一萬四千英鎊相當於二〇二三年的二百零三萬三千六百零九英鎊，換算成新台幣爲八千一百九十五萬四千四百二十七元。

界大戰結束巴黎和約的簽訂。就人們記憶所及，一九二八年兩個機構聯合主辦的妝藝大遊行則是面對全球大蕭條，祈求經濟復甦（Wang [Ong] 1999: 25）。雖然華人大會堂的影響力在二次大戰後逐漸衰退，但檳城華人社群於一九八〇年代重建華人大會堂，如今這座華人社群現代象徵建築物的高度超過了廣福宮（參閱第七章）。

廣福宮與極樂寺

一八八六年之後，新建的華人大會堂將廣福宮的政治角色邊緣化，殖民政府亦干預廣福宮的經營，挑戰了它的自主性。一八八七年，某些人向政府投訴，表示廣福宮的僧侶從事無關該廟的事務，政府爲此指派了一批新的信理會成員——包括一名太平局紳、一名州議員、一名邱氏宗族的領導人以及一名富商——並賦予他們任免僧侶的權力。[26]這個新的信理會解僱了原先的駐廟住持，並從福州請來新任僧侶妙蓮（Meow-Lean），其後他在檳城募款重修自己的寺院，以取得住持的地位（Wong 1963b: 9）。

新任住持妙蓮發現位於喬治市區的廣福宮過於吵雜，不適合靜修，因此在檳榔嶼中心位置的山區找尋興建新寺院的地點。他在亞依淡找到一塊「靈地」，命名爲白鶴山，然後勸說來自檳城、新加坡和蘇門答臘棉蘭的五位華人富商擔任核心成員，支持籌建一座莊嚴的淨土宗佛教寺院。[27] 一八九一年，第一座佛殿大士殿落成。由於這座寺院位於白鶴山頂，面向大海，眺望遠處的景色賞心悅目，人們將之比擬於阿彌陀佛所稱的西方極樂世界，因此命名爲「極樂寺」(*Kek Lok Si*)(*Jile Si* 1993: 3)。

極樂寺最初設立的殿宇將觀音像跟其他女性形象的神祇（包括天后聖母、地母娘娘與註生娘娘）供奉在同一座壁龕內，猶如觀音在中國東海主要廟宇所在地普陀山的縮影。[28] 其他至今尚存的幾個主要殿宇則供奉著貼滿金箔的佛像、菩薩像、羅漢、護法、四大天王（四大金剛）等。[29]

大清國駐檳城副領事梁碧如[*]向清政府提交了新廟興建報告，妙蓮法師隨之在一九〇四年受召前往北京。妙蓮法師帶回了光緒皇帝所贈送的七千卷「御賜藏經」，光緒皇帝同時頒布聖旨，敕封妙蓮法師爲檳城的「欽命方丈」，這使得「亞依淡的這座華人廟宇成爲檳城衆華人廟宇之首」。華人社群籌辦了一場從廣福宮徒步走到極樂寺的盛大遊行，將聖旨安放在轎子裡，七千卷經書則是用小馬車運送。檳城的新任住持跟隨在後，旁邊伴隨著當時檳城「權傾一時的華人仕紳」，其中幾位還穿著清國官袍（*Straits Echo Mail Edition* 1995: 42）。[†]

* 譯注：大清國駐檳城副領事梁輝，字碧如，檳城人慣以梁碧如稱之。任期自一九〇二至一九〇八年。

† 譯注：文中並未說明穿著清朝官員服裝者的名字。另可參考一九〇六年極樂寺功德碑記載，當時有官銜捐銀者包

極樂寺馬上得到了歐洲遊客的讚揚。《亦果西報》* 其中一位作者就描述了令他印象深刻的美景（雖然他將這座廟宇誤認爲儒教廟宇）：

> 我們必須先登上一段石階，才能抵達這座廟宇，一旦進入它的神聖院落，人們就會被眼前如此多關於儒家思想的證據所震懾。有一口運用水力推動的大鐘，每隔一段時間就送出宏亮莊嚴的聲響。各處散見著最頂級的木雕與石雕作品。有各種形狀與尺寸的神像，有些極大，有些小巧。神像前面都放置著拜墊；壯麗的中國畫卷令人讚嘆；頭頂上的燈台燃著令人驚嘆的蠟燭，眾多的僧侶與參佛者忙著讓每件事都井然有序，凡此種種都吸引了參觀者的注目。**這些是令人信服的證據，證明（華人）社群是為了彰顯自己的財富與影響力而建造了這座廟宇**……這座廟宇壯麗且獨特……所費不貲，主要來自檳城與海峽殖民地華人的捐資，對這些人來說，這是一項難得的功德（*Straits Echo* 1904，重點為我所加）。

在接下來的二十世紀，新增的建築結構使得極樂寺更添宏偉壯麗。一九一五年，暹羅國王拉瑪六世布施鉅款給極樂寺興建七層萬佛寶塔，並爲這座結合了華人、緬甸人與泰人建築元素的佛塔奠基（Poh 1971: 35）（爲此又稱爲「拉瑪六世寶塔」）。這座寶塔在一九三〇年落成後已成爲檳城這座城市與檳城華人的標誌性紀念形象。此後許多新計畫緊接著展開（包括我將在第六章討論的巨大觀音像）。

隨著這座超凡佛教寺廟的興建——時至今日依然獲得檳城許多富裕華商與受華文教育的知識分子所支持——較老舊的廣福宮確實喪失了原先的首要地位。儘管如此，座落在椰腳街的廣福宮依然是檳城華人的神聖精神中心，觀音依然是華人社群的象徵，結合了正統佛教徒以及採行地方化、綜攝型佛教的信眾。[30]

宗教、政治與社會榮耀

殖民時代的作者經常提到，新加坡與檳城的各個華人宗教文化機構主張它們持續得到

35

括張振勛、張煜南、謝榮光、張鴻南、鄭嗣文、戴喜雲（又稱戴春榮）等人（宋燕鵬，二〇一五，《馬來西亞華人史：權威、社群與信仰》，頁一一八。上海：上海交通大學出版社）。

* 譯注：《亦果西報》（*Straits Echo*，又譯爲《海峽回聲報》），爲代表亞洲人觀點的英文報，由檳榔嶼華人集資創辦於一九〇三年，迄一九八六年停刊，前後發行了八十三年之久。（資料來源：PenangMatchBox Facebook page，網址：https://www.facebook.com/233940673660491/photos/ a.253586051695953.1073741828. 233940673660491/314391828948708/）。此處譯作《亦果西報》係採檳城人士慣用稱法。

1930年代的風景明信片，呈現當時亞依淡極樂寺新建的萬佛寶塔。

亞依淡極樂寺，2001年。
（攝影：白瑨）

來自華人菁英（也就是英國人所認定的「可敬」華人）所提供的贊助與領導。就如同猶太人離散群體這個擁有強大經濟實力、卻往往無法享有政治權力的社群所顯現的，[31]當菁英分子想將其財富轉換成社會榮耀資本，宗教就提供了管道。[32]因此，在十九世紀，許多富裕的華人透過公開的慈善行動展現他們的榮耀，並聲稱自己的功德。檳城的菁英為建造像是廣福宮與極樂寺這樣的社群機構提供財力上的支持。他們也透過諸如檳城的天地會與日後成立的華人大會堂等共同的社群機構，提供興建痲瘋病與平民醫院需要的領導與支持。

然而，檳城華人菁英依然遭遇阻礙，無法透過其他公共領導權尋求社會認定（或「面子」）。在中國，科層體制的官職往往是最受尊崇的職業生涯。馬來亞的華人菁英也期望參與殖民政府的科層體制，來獲致社會榮耀。雖然有幾位華人菁英參與政治，擔任殖民政府的顧問或在一八九〇年之後參與華民參事局（Chinese Advisory Boards），但英國人不願意讓他們擔任馬來亞公務體系中較高層級的官職（Yong 1992 [1985]: 301）。

記者必連金報導，英國人反對華人參與殖民政府的公務體系，主要是基於他們判斷華人沒有治理能力。他總結這種判斷如下：

華人本質上就是陰謀家。（如果他們擔任更高職位）公務體系將會充斥著貪汙與腐

> 敗，就如同他們目前受僱擔任低階官職（跟其他亞洲人一同擔任防衛人員的職務）所發生的情況一樣。
>
> 想在馬來亞擔任公職者，就必須在各種族之間保持完全無私。要是華人自始至終都抱持著（偏袒自己的）種族意識的感情，如何能在各國籍的人民之間維持公平？歐洲人是無私的，因此能公平對待每個人。馬來人可能會偏袒馬來人，但這裡是他們的家鄉。我們英國人僅僅是管理者，只要馬來人對我們提出要求，我們就渴望去引導他們（成為管理者）（Bilainkin 1932: 234）。

正如許多學者曾提及的，英國的政策就是在這個多元社會當中，在英國人指引下，對華人與馬來人各自分派依其種族而區隔的角色。這些政策賦予華人自由發展其經濟角色，同時以英國人菁英的教育與政治制度爲模型，塑造嶄新教育與政治制度培植馬來人菁英，以進行政治控制。[33]

一八九六年，副華民護衛司黑爾觀察到「出生於英國屬地富裕且有地位的華人，渴望追求清國政府所賜予的頭銜、頂戴花翎」，清國政府尋求富裕海峽華人的效忠與經濟援助，而這正是出自殖民當局未能充分肯認這些海峽華人在檳城公共服務與慈善的貢獻。[34] 黑爾的結論是，華人菁英並不僅僅滿足於商業的成功，還渴望獲得社會的認同：[35]

> 或許看來奇怪但卻真實的是，如同華人具有比其他民族更強大且與生俱來的商業本能，他們也發展出**強烈追求凶狠惡名的渴望**。殖民政府迄今並未充分考量的是，這種對於名聲的合理渴望，可能尚未得到某種程度的滿足。

再者，相對於殖民政府對某些受過英語教育的傑出華人所賦予的榮譽及頭銜，只有極少數的華人社群領袖能得到這類肯定（Yong 1992 [1985]）。英國人將華人排除在海峽殖民地正式領導角色之外的政策，不僅確保了華人會在自己社群機構內（包括廟宇與類似華人大會堂這樣新建的機構）爭取社會榮譽，更助長了在華人群體內部日益增加的民族主義情緒。[36]

正如薩林斯所呈現的，世界體系的歷史顯示，來自不同社會的菁英會把他們所習得的新知與機會，拿來跟自己原有文化邏輯所衍生的價值相融合（Sahlins 1988: 4）。即便海峽華人是大英帝國的次等公民，但他們依然從歐洲人那裡學到了嶄新技術與意識形態，這同時促使他們偏向於英國人的世界主義以及華人觀點的族群民族主義（ethnic nationalism）。海峽華人參與了中國的改革運動，這也促進了選擇性結合歐洲人與華人的元素，融合成為嶄新的社會形式。在中國一九一一年辛亥革命推翻滿清之後，幾位最有天分的海峽華人，包括受英文教育與受華文教育者，移居中國參與改革及現代化，直到退休後才返回海峽殖民地終老。[37]*在此同時，身處中國境外的檳城華人領袖運用其財富，創造了新的宗教習俗、教育與政治參與形態。

小結

在檳城這個由全球資本主義發展所創造的世界主義（cosmopolitan）接觸地帶，歧異多樣的華人移民社群改變了他們的生活形態。早期移民建立了混合馬來人與福建人語言文化的「華人－馬來人交融文化」（峇峇娘惹），稍後海峽華人融合了英國人與華人的語言與文化，產生屬於檳城人的次文化，認爲自己是「華人心態，卻是英國人思維」（Ong 1995: 139）。許多海峽華人，包括峇峇娘惹與英化的華人在內，依然奉行傳統華人習俗，用來跟其他族群劃下毋庸置疑的社會邊界。實際上，父系繼嗣、祖先崇拜、入會儀式與華人節慶時的共同慶祝活動，爲那些已與中國失去聯繫的人們，提供了各種類型的華人認同。在此同時，海峽華人培養其世界主義，讓他們能夠跟更晚來到檳城的大批華人移民，也就是林文慶所稱的「螞蟻大軍」，有所區隔（Lim 1910: 159；也請參閱 Yao 1987: 223）。

在十九世紀的檳城，傳統文化習俗的展現或許能夠將華人跟其他族群區分開來，但這些習俗並未自動對華人這個多元語言、分裂的社群，賦予內在的文化一體性。在一開始，

37

這些移民並不具有一種共同的華人認同，而是依憑各自的祖居地、方言與宗族來建立自我認同。但在檳城，天地會與廣福宮之類的機構提供了更廣大的共同群體基礎——至少維持到英國政府在一八九〇年宣布誓盟會黨爲非法組織爲止。天地會與廣福宮都運用華人對於普遍的救世神祇的崇拜，建構了一體性的意象，也都執行集體儀式，採用神聖語彙來劃定其社群邊界。

廣福宮與天地會也運用神選語彙來建構檳城華人社群領導人的權威——即使是現代主義的領導者，也不願拋棄這些神選象徵。直到一八九〇年爲止，檳城的殖民統治者透過間接統治制度，支持了這種權威，但也懷疑檳城的社群領導者建立了與之競爭的國中之國。在下一章，我將會探究檳城華人宗教文化的在地化（包括節慶循環），以及英國人對華人社群傳統生活方式再生產所提出的挑戰。

---

* 譯注：伍連德在一九〇七年應清國政府聘請出任天津陸軍軍醫學堂副監督（副校長），一九一〇年赴東北處理鼠疫，任東三省防疫全權總醫官；一九一五年參與成立中華醫學會；一九三七年因日軍侵華與夫人去世，返回馬來亞開業，在吉隆坡創辦吉隆坡醫學研究中心；一九六〇年逝世，享壽八十歲。

第二章 「非常欠缺正信*且最迷信的一群人」

海峽殖民地對華人的信任、寬容與控制，一七八六~一八五七

（我們）也必須記得的是，每個種族在其古老的宗教與社會儀式中都是一個有機的整體。對於這個種族所做的任何壓制，即使出自善意，都可能使這個有機體陷入混亂，並產生（試圖改革的）實驗主義者未曾設想過的災難。最睿智且最人道的規則，就是盡可能讓每個群體在不受干擾的情況下各過各的生活。當不同種族在同一處殖民地定居，相互調和就成為最大的社會法則（Logan 1857）。

38

本章我將會探究十九世紀檳城的英國人與華人社群之間持續進行的對話，英國人在這段期間親眼見證了許多華人宗教文化活動。大多數歐洲觀察者並不熟悉檳城華人所說的各

* 譯注：此標題的原文爲irreligious，就其文脈，應是洋人將基督宗教視爲正信宗教，對堅持華人傳統宗教者則視爲迷信。

種不同語言，因此對華人的文化習俗只能得到粗淺認識。許多人僅僅根據他們所知的粗淺資訊就輕率地做出結論，認爲華人宗教的儀式習俗與其外顯形式就是不理性、奢侈浪費，也並未對神明表現出應有的尊敬。事實上，華人宗教對於宗教與神聖的概念顯然有別於英國人，導致許多歐洲觀察者認爲華人只不過是魔鬼崇拜者（demonologist）*。

再者，華人的節慶循環將空間和時間納入其社會概念當中，成爲一套他們的文化邏輯，這套邏輯與英國人所認定合宜的公共行爲和文明概念是衝突的。基督新教信徒認爲宗教就是沉靜的儀典，宗教儀式是在教堂神聖的內部空間舉行。相對地，華人宗教活動會吸引大批群衆聚集在市集與街道上，節慶具有狂歡或「熱鬧」（福建話：鬧熱〔*laujoah*〕）氣氛。英國人抱怨每當華人占住整條街道舉行喪禮或宗教節慶遊行時，他們就得忍受嘈雜與不便。這批具有暴力潛力的群衆也引發了人數較少的英國人的恐懼，有人有時會說出如下的驚人之語：「華人應該被我們這些少數的歐洲人嚇嚇看，但他們反而可能輕而易舉就把我們趕到海裡去了」（Read 1901: 114）。即使殖民統治者在一開始採取了宗教寬容政策，但很快就試圖加以控制。

「符咒、著魔與荒謬的補運」

萊特在一七八六年建立檳城時提出「每個種族都有權保留其風俗與宗教的特殊性」（Logan 1857）。即使一八〇七年檳城通過的憲章援引「英國法制」（Law of England），但殖民統治者繼續尊重「各個奇特教派與民族所採行的宗教與習俗」，並承認要將英國法制套用在非基督教徒身上，確實有其侷限。[1]結果演變成檳城華人因而享有額外的宗教自由，他們能夠按照自己的想法興建廟宇、籌組運作宗教社團、遊行慶祝神明慶典、舉辦盛宴，並聘請戲班連續幾夜演出酬神戲。再者，由於殖民行政體系是透過華人社群組織（像是廣福宮與誓盟會黨）的領袖來統治華人社群，進一步將權力下放給這些組織與其領導人。

英國人也運用檳城多樣的宗教文化來協助司法審判。他們知道非基督教的信仰者都會採取具宗教意涵的宣誓保證自己所言爲眞，一八〇七年發布的憲章就要求出庭證人必須「以法庭所認定最能合乎他們良心的方式」來宣誓。[2]因此，穆斯林、印度教徒、佛教徒會分別依據「各自宗教的儀式」宣誓（Maxwell 1859: 41）。[3]

* 譯注：魔鬼學（demonology）是指研究魔鬼或關於魔鬼的信仰，特別強調召喚或控制魔鬼的方法。這裡依據文脈，將demonologist 譯爲魔鬼崇拜者。

羅維中校在他一八三六年對檳城所做的研究中，列舉海峽殖民地需要宣誓的群體，並依據誠實程度量表所測量的結果高低排列等級。[4] 在他的排序中，誠實等級最高的是一神教的「基督教各教派的英國人、其他歐洲人與美洲人」，而誠實等級最低的是佛教徒，他將之描寫爲「無神論者，在某種程度上是唯物主義者」（Low 1972 [1836]: 275）。羅維主張，基督教的誠實行爲源自歐洲人社群的富裕，且他們也渴望維護令人信賴的名聲，但他卻不認爲富裕的華人佛教徒在成功、聲譽與道德之間會有類似的關聯性。

事實上，羅維甚至無法確定華人究竟是不是佛教徒。他引述古茲拉夫的輕蔑陳述，稱華人是「欠缺正信且最迷信的一群」，再補充道：「就如同顱相學者（phrenologist）* 可能會說出——他們崇敬神祇的器官有所缺損，裡面只剩下實爲恐懼的迷信」（Low 1972 [1836]: 282）。因此，他對於華人宣誓保證提出誠實證詞的有效性，抱持著懷疑態度：

> 雖然佛教（作者恐怕有錯）是中國的國教，中國也崇拜幾種守護神與其他神祇，但是看起來這一大群華人佛教徒，似乎比魔鬼崇拜者跟精靈崇拜者好不了多少；他們根深蒂固地相信帶有審判意味的占星學、占卜、風水、向亡靈問卜，他們還拜土地神、風神與水神，以及符咒、著魔與荒謬的補運。
>
> 華人身陷在這個由各種錯誤所組成的迷宮當中，我們要如何指望他們晦暗的心靈能

40

夠體會（宗教）真理的神聖呢！（Low 1972 [1836]: 282）

羅維精準觀察到檳城華人崇拜許多神祇，並運用風水、占卜與占星學等靈性的技術。然而，在歐洲人眼中，這些習俗中沒有任何一項具有一神論普世宗教的尊嚴，許多英國觀察者發現自己很難截然劃分華人宗教習俗的神聖面與世俗面。華人的定期節慶會以酬神戲、宴會、賭博與飲酒來慶祝，而這在他們眼裡就欠缺宗教正信成分。英國人也注意到華人對奢侈品的享受，並赫然發現華人相信死者靈魂到另一個世界後依然會保留對音樂、美饌、賭博與飲酒的享樂。

十九世紀檳城的華人地方宗教文化

在十九世紀的檳城與新加坡，華人社群籌辦盛大慶典來宣示社群自豪感，並以此獲得

* 譯注：顱相學認爲能依據頭顱形狀來判定個人的心理與特質，比方說，某個人負責掌管「記憶」的區域如果較突出，記性就比較好。雖然它的根據其來有自，包括大腦爲人類行爲的根源，且不同大腦區域可能負責不同行爲表現或認知功能，但由於缺乏實質證據，因此被判定爲僞科學。

社會榮譽。他們在農曆節慶紀念諸神的誕辰，包括華人社群的共同保護神觀世音菩薩、保佑子孫的祖先、當境土地神，也撫慰了危險的「餓鬼」。在這個殖民地創立的最初幾年，許多這類儀式都在廣福宮舉行，這是檳城福建人與廣東人的主要社群廟宇。正如第一章所討論的，廣福宮早先的任務除了宗教事務，也充當華人社群的仲裁所與議會，直到一八八六年華人大會堂落成，廣福宮的宗教跟政治功能才得以分離。

好奇的歐洲人能在多族群的檳城觀察到「亞洲大多數宗教的儀禮」，像羅維這樣的作者提到，富裕的華人社團以極盡奢華的規模慶祝每年的節慶活動（Low 1972 [1836]: 298-99）。許多人在殖民地馬來亞賺得財富之後，就會競相爭取社群領袖的榮銜，並在具競爭意味的儀式排場彰顯自己事業的成功。例如，廣福宮是舉行儀式的場所，檳城華人菁英就會在這裡展現其崇高地位。華人在農曆六月十九日慶祝觀音成道日，此時華人菁英就會穿著儀式禮服——頭戴頂端略平的圓形藤帽，上面飾有「染成紅色的馬鬃」，身穿白色的長袍。一八二九年，檳城華人的領導者就穿著同一套衣服，「恭迎印度總督班廷克蒞臨檳城」（Low 1972 [1836]: 307-8）。檳城華人社群領袖藉由穿著傳統仕紳服飾表達對神祇的尊敬，同時也藉此展現自己的地位，完全如同他們在正式場合表現尊重與地位的方式（參閱Ahern 1981）。

胡翰在描述新加坡福建社群一場類似「華麗」且所費不貲的遊行時，他納悶的是「這麼務實的一群人，他們把每分每秒都用來賺取錢財，怎麼會把金錢浪費在這麼荒誕的事情上」。他的結論是，這些奢侈浪費的遊行十分類似「在文明城市倫敦所舉行的怪異遊行」，他還補充自己曾「親眼目睹了一八七四年的『倫敦市長大人秀』*，並赫然發現它竟與海峽殖民地的華人遊行如此相似」（Vaughan 1971 [1879]: 49）。正如同峇里島劇場國家（theater states）的皇家儀式，這些政治場面公然以戲劇手法呈現「社會的不平等與地位自豪感」（Geertz 1980: 13），放大了華人社群領袖在一般大眾眼中的重要性。

十九世紀領導檳城的公民們，透過競爭擔任檳城社群組織（包括廣福宮在內）的信理會成員，尋求他們取得神選的證明與象徵資本，藉此為自己、家人與所屬社群主張其所擁有的社會榮譽。雖然五大福建公司與廣東暨汀州會館都已分別選出代表出任廟宇的信理會成員，但他們還是透過擲筊的方式，繼續從這些成員當中選出爐主（*lo·ju*）與四位頭家（*thau ke*）：

---

* 譯注：倫敦市長大人秀（Lord Mayor’s Show）是倫敦的年度盛事，相傳源自一二一五年，約翰國王為了拿下倫敦，同意倫敦選出自己的市長，但堅持每位新任倫敦市長必須離開倫敦城池的保護，到上游的西敏寺，宣誓對國王的效忠。這已成為倫敦八百年來的重要年度傳統，每年都會選出一位只限於參與這場活動的「倫敦市長大人」，在十一月的第二個星期六舉行倫敦市長大人秀，隊伍長達三點五英里，沿途約有五十萬名觀眾圍觀（參閱官方網站https://lordmayorsshow.london與英文維基條目Lord Mayor’s Show）。

> 早已有人觀察到，這場盛大慶典期間所必須完成的最重要事情，就是在神明的監督下，擲筊選出一群人，在接下來一年當中負責保管這座廟宇的神像（*tokong*）與財務，其擲筊過程於是呈現出有如競選活動一般的狂熱景象。但並非每個人都能依其自主意願成為候選人，來爭取這項榮譽與責任。每一家華人公司會先透過內部推舉，產生各街區的代表，總數一般為十人。再由這些代表指派專人，負責為這些受到公司會員所擁護的當選人造冊。這些代表隨即前往廟宇，由該公司去年選任的主席手持竹根製成的兩片神筊（*shing k'hao*），依據名冊擲筊，每位代表各擲三次。若是擲筊結果確定由這十位中選出五位，則繼續針對這**五位**以同樣方式擲筊選出該公司未來一年的主席，也稱為爐主。其餘四人則稱為頭家（「頭人」或「老闆」），擔任這座廟宇的執事人員（Low 1972 [1836]: 303）。

因此，社群領袖的選舉可說是民主制度的普選與擲筊神選的結合——即便其普選仍是一種有利於公司富裕成員當選的程序。

關於空間控制權的議題：地方宗教文化與公共空間使用方式

華人菁英可透過華人社團所賦予他們的職務，來主張自己在社群當中享有的社會榮譽，但檳城的殖民統治者往往不會給予這些領導人或社團同等的榮譽或尊重。實際上，許多英國人主張對華人宗教習俗的寬容或尊重，應該僅限於英國人依其理性與公共秩序概念所認定的合理範圍。那些支持對海峽殖民地施行較多控制的人經常提及班廷克在一八二八到一八三五年擔任英國印度總督時所實施的改革措施。班廷克採取許多步驟廢除了寡婦殉葬（*sutte*），並查禁殺嬰、活人獻祭，與英國人稱之為「惡棍」（thugs，源自印地語的*thag*）的組織化強盜集團，這類強盜集團類似華人的犯罪性誓盟會黨，利用誓約與儀式來連結成員。[5] 新加坡的華民護衛司必麒麟舉這些禁制為例，主張要援引「更優位的法則，也就是廣大社群的福祉」，來對華人的宗教風俗施加類似的限制。[6]

42

這裡有許多例子，先舉其中一個：英國人在一八八七年試圖施行墓葬法令（burial ordinance），就曾引發英國人與華人之間的衝突。這項法令將會限制華人設置墓園的區域，並可能迫使華人挖出先前的墓葬，讓英國人的地方行政官員得以在浮羅山背（Balik Pulau）風景如畫的山坡上興建房屋。華人將墓園放在風景秀麗高處的風水概念，與英國人的衛生和土地合宜利用方式在這裡發生了衝突。在後續的爭論中，當時檳城最有名望的海峽華人

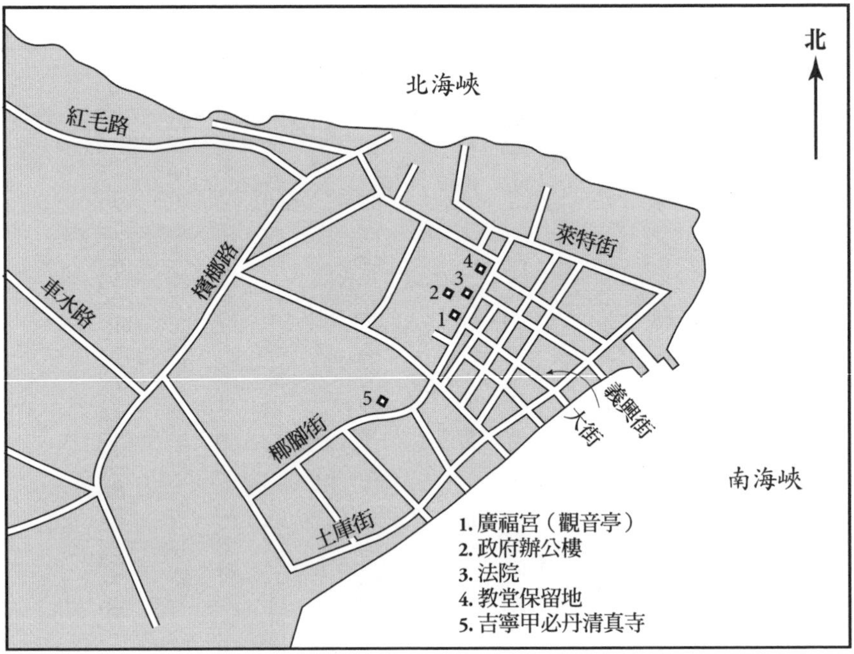

喬治市地圖，1807-8年。

甲必丹辜禮歡的玄孫辜尙達（生於一八三三年）援引羅馬法，主張檳城的華人墓園應是永遠神聖不可侵犯的（Koh 14 October 1887）。[7]

但或許這項議題的關鍵在於，海峽殖民地究竟是屬於英國人的城市，還是屬於華人的城市？檳城華人在市街上舉行盛大的喪禮與婚禮遊行，展現其強大的社會網絡；較注重隱私的英國人則在教堂、家中或會員專屬俱樂部舉行生命儀禮，設法限制並控制這些華人的遊行。華人慶典充滿了節慶氣氛，邀請各方賓客（也包括神明與鬼魂）在廟旁的街道上饗宴、飲酒、看戲與賭博。至少曾有一位英國人輔政司（colonial secretary）* 在脖子上掛著茉莉花環，帶領一支淡米爾人隊伍參與遊行，但其他歐洲人明確表示討厭甚至畏懼這些大型公開活動。[8] 華人將墓園設在山坡上，提供亡者從墓園望出的賞心悅目風景；英國人則比較喜歡把如畫的風景保留給生者。雙方對公共行為規則的觀點存在許多分歧。

* 譯注：殖民地大臣也稱爲Colonial Secretary，但這裡不可能是指殖民地大臣，而是指地位僅次於總督的殖民官，稱爲「輔政司」。

一八五七年檳城騷亂

華人移民將時間加以社會化，以符合他們習慣的農曆循環韻律，其中包括各項定期聚會與節慶。他們將空間加以社會化，以符合典型的神聖地理環境意象，將廟宇設在山洞或海岸旁，將墳墓安置在可清楚遠眺大海的山上。一八五七年，殖民政府利用頒布新法令的機會，試圖強推一套跟華人傳統相抗衡的時間空間社會化概念，但其基調卻是基督教神聖時間節奏與英國人的公民道德概念。當檳城警方開始積極執行這項新政策時引發華人激烈抗爭，差一點就讓殖民地總督丟了官職。

華人在一八〇〇年建立廣福宮，穆斯林居民於一八〇一年創立了吉寧甲必丹清真寺。英國人直到一八一七年才終於在緊鄰其濱海的行政建築群建造了聖喬治教堂，而這也是此區歷史最悠久的聖公會教堂。這座教堂與華人的廣福宮之間的距離，僅僅投石可及之遙。

當華人在廣福宮舉辦慶祝節慶的活動時，英國的聖公會信徒抱怨「華人的煙火爆竹所導致的極大干擾」害他們在禮拜時分心（*Pinang Gazette* 1863）。華人基於和諧相處的精神，重新安排了節慶時間，避免跟英國人的星期日教會禮拜撞期，但英國人還是會在星期內的其他時間舉行禮拜，衝突也就在所難免。然而，正如經常在法律方面協助華人進行交涉的羅根所指出的，英國人根本就是故意選在廣福宮旁邊興建教堂，而不選在其他地方（Logan

1857）。

一八五六年，當時統治檳城的英屬印度政府實行新的警察法令，賦予警察充分的權力來控制遊行，以避免造成街道阻塞，並有權對公開的音樂表演核發許可證。華人的社群領袖，也就是人們所知的那些「有頭有臉的華人」，獲悉英國人正在制定新規則，便去向總督請願，反對這些控制措施。這些領袖主張，自從華人來到檳城，政府就允許他們在不受警察干預的情況下，舉行儀式與遊行。

時任總督布蘭德爾曾被華人青年將鞭炮丟到他的馬下取樂，他因此被激怒，於是毫不留情地回應道：

聖公會聖喬治教堂。喬治市，2002年。（攝影：白瑨）

45

> 這裡是英國殖民地，受英國法令管轄，依法不容許其他居民具有不同的信仰和習慣，燃放鞭炮或遊行隊伍敲鑼可能導致街道上四輪馬車或騎馬的乘客發生危險，或者說，各個街角半夜的酬神戲會干擾到這座城鎮的平靜、安寧與良好秩序（*Straits Times*, 11 November 1856）。

此外，華人主張戲劇表演是神明祭祀的重要面向，布蘭德爾對此提出質疑，並拿新加坡與檳城相比，指出新加坡在下午六點過後就禁止戲劇表演，進而反對檳城在廟宇慶典時通宵達旦的表演。

實施這項新法令的時機，恰好就在先前廣受華人社群領袖喜愛且敬重的警察督察長（Police Superintendent）暨業餘漢學家胡翰離職之後。繼任者是年輕的副警察總監（deputy commissioner）羅伯森，他也是海峽殖民地總督布蘭德爾的女婿。羅伯森在許多場合的行爲冒犯了華人的情感。警員主要都是淡米爾人與馬來人，華人開始抱怨他們受到壓迫，比如警員會在沒有搜查令的情況下就闖進有頭有臉的華人家中，並粗暴地試圖趕走在五腳基（騎樓）做生意的小販——這是另一項改革公共空間的嘗試。[9]

一八五七年，羅伯森嘗試在檳城實施這套新法令，於是拒絕核發表演許可給廣福宮打算在一八五七年三月十四日（農曆二月十九）爲觀音誕辰舉行的酬神戲。這是檳城在農曆上最重要的慶典之一，副警監宣稱他已經放寬了規定，而且核發了一張有條件的許可證，僅僅要求華人必須在星期六晚上拆除戲台。依據布蘭德爾的說法，此一做法其實在廣福宮已行之有年，也就是在星期日前拆除戲台，星期一再重新搭建。[10]假使確實如此，那麼這個慣例就代表華人自願調整，以符合英國人的社會節奏，畢竟教會與廟宇相距不遠。

但這次，這位年輕氣盛的副警監親自率領警察到廣福宮，要求立刻拆除戲台。然而，在廟地上搭建戲台並未觸犯任何法令，這塊土地是東印度公司交付給華人社群作爲宗教用途，不是公共空間。[11]廣福宮的兩位領導人——一位廣東人、一位福建人——當場就警告警方，強硬拆除戲台是輕率之舉。就在這兩位領導人所提的訴求尚未得到回應的當頭，警察開始親自動手拆除戲台。在場群衆展開反擊，衝突隨即蔓延到市區各地，暴動分子攻擊了一間警察局，並從兩位印度警衛手上搶走兩把毛瑟槍。警方只受到輕傷，卻有幾名華人重傷，更有一名華人因而死亡。第二天，檳城華人立刻回敬此事，罷市關閉他們的商店——這項集體行動對華人而言「或多或少相當於投書給《泰晤士報》」（譯按：意指表達最嚴重的抗議）（Mills 1971 [1925]: 204）。

殖民地警察想在節慶當頭拆掉戲台，就等於粗暴攻擊檳城華人在當地統治權的核心象徵——廣福宮與其廟埕。[12]透過這場騷亂、罷市與緊接而來的正式投訴，華人社群對這種不尊重的冒犯表達不滿，抗議殖民當局侵犯華人齊聚祭祀其神明慶典的神聖時間與空間。英國人則是相信所有方言群和社會階層的華人聯合起來對抗他們，因而感覺自身安全受到威脅。

不到兩個星期，廣福宮的領導層向檳城的參政司兼警察總監路易斯提出申請，希望申請另一個慶典的音樂表演許可，這次慶典的時間定在一八五七年三月二十八日，也就是農曆三月初三的玄天上帝誕辰。就如同觀音誕辰，這次的慶典也落在星期六。[13]路易斯一開始先是拒絕核發許可證，但當華人社群領袖爲同鄉做出如此惡劣的表現而表達「羞愧」，並表示會就遺失毛瑟槍與印度士兵受傷事件做出賠償，他也就讓步了。[14]而就在預定舉行玄天上帝誕辰慶典的當天早晨，人們在海邊找到其中一把被偷走的毛瑟槍。

四月三日，布蘭德爾總督親自前往檳城調查情況。他的結論是警方的行動違法，儘管如此，他還是拒絕聽取一群「有錢有勢」的華人代表對於警方作爲的投訴，也不接受他們的解釋——他們說這場騷亂是由「壞人」引起，不該歸咎於社群領袖。[15]布蘭德爾反而（十分錯誤地）堅持，華人社群領袖確實在背後策動這次騷亂，他把這些領袖對警方提出的警告，當成是他們勾結暴徒的證據，認爲他們預謀計畫「威脅地方政府，進而除去最近對華人慶典所施加的限制」。[16]他也將華人的集體罷市行動詮釋爲勾結的證據，進而提出結論：「在這整個事件中，華人表現出來的就是在這些領袖與祕密會社的影響與指引下，一場有組織的群體行動，而且這整件事可視爲一場有組織的對抗行動，對抗的是執政當局爲了維繫這座城鎮與國家的安寧與良好秩序，而採取的必要限制措施。」[17]

此外，布蘭德爾堅持，華人搶走兩支毛瑟槍作爲華人戰勝英國統治者的有力象徵，就好像華人就是這場戰爭的勝利者。他試圖讓這些華人「主要家族」的首領牢記這次「搶走並扣留毛瑟槍」的事件是個「國恥」，並拒絕在兩支毛瑟槍全部歸還前處理他們的不滿。[18]他甚至相信，檳城華人計畫將其中一支遺失的毛瑟槍送往中國——當地媒體認爲他有這種想法相當可笑。他表示在全部的毛瑟槍被歸還之前，他拒絕爲所有的酬神戲發出許可證，而且不考慮接受由華人提出的任何投訴。[19]

在這場爭論中，布蘭德爾及其女婿對三項有爭議的事物做了錯誤詮釋。布蘭德爾試圖縮減華人在廟宇慶典時用以款待神明與大衆的戲劇表演，此舉否定了酬神戲的宗教意義，將其貶低成「吵雜的娛樂」。然而，羅維早在二十一年前就已提出解釋，廟前的酬神戲是爲了告訴人們這些神明的故事，而且與布蘭德爾不同的是，羅維認爲這些酬神戲相當適合當時爲神明與聖者所舉行的慶祝儀式：

> 在此同時，對華人來說，在主要祭祀場所表演的酬神戲，就好比西方古代民族經常將戲劇融入其宗教儀式當中。實際上，這些戲劇表演往往展現這些受人祭拜的神祇與

47

流芳百世聖者的英勇事蹟，相當適合作為榮耀兩者的儀式（Low 1972 [1836]: 299-300）。

這位想要落實新法的副警監也沒有認清這一點：當他試圖拆除戲台時，他攻擊的廟地雖然不像廟宇本身那麼具有神聖性，但其意義也並非全然是世俗的。

布蘭德爾總督不僅愚蠢地低估了在節慶期間演出的華人戲劇所具有的文化意義，他過於誇張地高估了那把遺失的毛瑟槍的重要性，將它想像成戰爭的戰利品。實際上，在布蘭德爾對華人社群的指控中，他寫得就像是他相信華人已經祕密組成一支組織良好的軍隊，來反對新法令。布蘭德爾將廣福宮領導人視爲這支軍隊的領導者，認爲他們應該對廟裡的爭鬥、關店罷市，以及毛瑟槍的丟失負責。這些社群領袖在回應中提到，殖民政府應該把遺失毛瑟槍事件單純視爲竊盜案處理，應該負責且受到懲罰的是那個盜賊，而不是整個華人社群。[20]分別代表福建人與廣東人社群的邱菊與王阿春（音譯自Ong Acheun）*，在寫給參政司路易斯的信中總結道，他們爲了這起事件蒙受政府的強力指責，好像他們自己就是盜賊似的，布蘭德爾針對這件強盜案對華人賦予集體責任與集體懲罰，就是對整個華人社群貼上汙名的標籤。[21]

總督斷然拒絕在毛瑟槍被歸還前考慮華人菁英的立場，而華人菁英則是受到檳城的歐洲人社群支持，在羅根律師的協助下，直接向英屬印度政府的大總督（governor general）提出請願。大總督得知此事，立即斥責布蘭德爾在答覆華人請願時，採用了「不明智的冒犯」語氣，並指示布蘭德爾：「即使那時調查尚在進行，希望在警察法令之下核發許可，讓華人得以適當地舉行宗教慶典活動……而不是斷然予以拒絕。」大總督也回應了一個問題，就是這項警察法令尚未翻譯成華文，並對布蘭德爾表示，他「希望能夠做一些安排，將這些由立法議會所制定、未來會持續影響海峽殖民地的法案與法令，都翻譯成華文」。22

然而，在此同時，有人歸還了第二把毛瑟槍，布蘭德爾於是按照華人社群領袖先前的要求啟動調查，但依然堅持他對這個問題的處理方式是正確的。布蘭德爾指責羅根忽視了華人的一個「明顯特徵」，也就是祕密會社具有「不受政府控制」的影響力；布蘭德爾認爲祕密會社「自始至終的組織目標就是對抗統治權威，只要這項對抗符合領導人的觀點與目的」。羅根則是強調檳城華人社團的多樣性——指出在檳城的衆多華人社團當中，只有五個是祕密誓盟會黨——布蘭德爾卻堅持：「無論華人的社團數目有多少，每位在請願書上簽字的華人，還有每個住在這裡的華人，都有註冊成爲某個祕密團體的會員。」在此同時，布蘭德爾繼續辯解他對戲劇表演與遊行的限制，這些活動「伴隨著不間斷的鑼鼓聲響」，而且

* 譯注：譯者對於文中列出姓名的華人，均設法找出其慣用之漢語姓名，如無法找到，則依其所屬方言群的慣用發音，採取音譯來拼寫其漢語姓名。

遊行隊伍使得「這座城鎮的公共街道……幾乎寸步難行」。他質疑：「在夜晚的大部分時間，這些百姓都聚集到公共街道上」，要怎樣才能「維持安寧與良好秩序？」[23]

這場衝突對於在檳城的華人與歐洲人雙方來說都是個「清楚表述的事件」（event of articulation）——彼此相互競爭的各種觀點與利益，得以交會並競爭的十字路口（Moore 1994: 364-65）。這場衝突迫使檳城華人領袖捍衛其社群宗教表達自由的權利，而發現英屬印度政府逐漸加重統治力道的歐洲人利用了這個事件，來推動海峽殖民地應該直接向倫敦殖民部報告（也就是直屬倫敦殖民部），而不是英屬印度政府。實際上，許多非官方的社群成員——包括新加坡與檳城的商人、出版商與律師——此時紛紛開始支持將海峽殖民地移轉到倫敦殖民部的方案。羅根也利用此次衝突事件，倡議成立代議制政府，以取代布蘭德爾及其女婿在此一事件所展現的專制統治。最後，我們發現歐洲人社群內部有一個漸趨明顯的分裂趨勢，一方是政府行政官員，試圖對華人社群施加更大的控制措施，另一方則是歐洲人，主張寬容並捍衛華人在不受干預的情況下繼續追求自己生活方式的權利。

在政治改革與宗教寬容方面，最具影響力的提倡者之一是羅根。一八一九年，他出生於蘇格蘭東南角的貝里克郡，在愛丁堡大學研讀法律，一八三九年與哥哥亞伯拉罕．羅根*一同來到檳城。在檳城，羅根因爲幫助一位印度小園主（自家經營小型種植園的園主）對抗東印度公司進行辯護而贏得大眾關注。他在檳城律師公會（Penang bar）尚未接納他成爲會員之際，就在報章上詳細陳述此案。不久，他跟哥哥亞伯拉罕．羅根都成爲檳城律師公會會員，兩人隨後在一八四二年前往新加坡執業。一八四六年，亞伯拉罕．羅根成爲《新加坡自由報》的編輯，羅根則在一八四七年創立了《印度群島與東亞學報》。一八五三年，羅根回到檳城繼續執業，他經常擔任華人社群的法律顧問，協助他們處理跟殖民政府之間的衝突。他也接掌《檳榔嶼牙塞報》[†]的編輯工作，直到一八六九年去世爲止。羅根跟哥哥亞伯拉罕．羅根聯手，運用報紙這項新媒體宣傳並論辯公共議題，對於維持海峽殖民地作爲一個活躍公共場域，具有卓越的貢獻，終其一生都躋身檳城最知名學者之列。[24]

布蘭德爾在寄給印度大總督的信中抱怨，華人在僱用羅根爲法律顧問的同時也獲得了檳城「獨家地方報紙」《檳榔嶼牙塞報》的支持，雖然布蘭德爾也質疑這家報紙是否足以代表整個歐洲人社群發聲。[25]羅根運用他身爲《檳榔嶼牙塞報》主編的影響力爭取對華人社群的支持，他主張這是個時機，歐洲人得以更近距離觀看華人，並可能讓各個「可敬且具影響力的本地社群」在市政府發揮作用。羅根質疑布蘭德爾能否勝任這個職位，印度的報

* 譯注：亞伯拉罕．羅根（Abraham Logan）生於一八一六年，卒於一八七三年。

† 譯注：《檳榔嶼牙塞報》（*Pinang Gazette*）是檳城華人對此刊物的慣用名稱，牙塞是採用 Gazette 一字的音譯。又譯爲《檳榔嶼公報》，但此譯法可能會將此刊物誤認爲政府刊物。

紙也緊接著猛攻布蘭德爾的遮掩閃躲以及他拒絕跟媒體合作的態度。《檳榔嶼牙塞報》將這項辯論拉高到對海峽殖民地缺乏代議制政府的嚴厲批評，認爲布蘭德爾的所作所爲根本就是暴君行徑，並期望這些事件能讓海峽殖民地的居民團結起來，爲自由與代議制政府而戰（Turnbull 1958: 121-124, 138）。或許讓人感到諷刺的是，即使非官方的歐洲人社群團結起來支持華人菁英，依然有許多歐洲人支持將檳城移轉到殖民部，因爲他們希望英國政府對華人施加比英屬印度政府當時所允許的更多的控制，包括限制誓盟會黨活動的法令。

捍衛華人使用公共空間的權利

大總督任命組成「騷亂調查委員會」，其成員包括警察裁判司（Police Magistrate）布拉岱爾、太平局紳布朗，以及華人社群領袖聘請的發言代表馬修。委員會同意讓羅根與兩位華人社群領袖——福建籍代表邱菊與廣東籍代表王阿春——參與會議。雖然委員會成員並未達成共識，但他們提交了一份報告，結論是華人對警方的投訴完全成立，並建議免除羅伯森的副警察總監職位（*Singapore Free Press* [Supplement] 1857）。

在調查委員會的討論過程中，羅根討論了海峽殖民地支持宗教寬容的司法判例，並記錄廣福宮的各項慶典，特別提到有哪些社團參與了年度的遊行或在街道上擺設供品。他將研究成果提交給委員會，並刊登在《新加坡自由報》的政府紀錄附件（Government Records Supplement）。羅根的報告贏得了官方對檳城各式各樣的「宗教與友誼社團」、姓氏宗祠與廟宇慶典的認可，這份報告構成在檳城持續對華人公開慶典活動保持寬容政策的基礎。

羅根創造了一個支持宗教寬容的司法判例，而且他一再想要說服歐洲讀者，應該更尊重華人長久以來的（儘管也是「腐敗的」）傳統。[26] 羅根讚揚華人社會結合了共和體制與家長制的「社會國家」，他宣稱華人沒有世襲階級，在中國唯一的社會晉身之階就是讀書並考取科舉。他進一步讚揚中國政府會印製並廣發國家律令，因此鄉村人民也能研讀其內容——這毫不遮掩地暗指海峽殖民地政府在實行新的警察法令前，並未先翻譯並分發給人民。羅根也覺察在華人自願組織（像是廣福宮）的共和精神，也就是由會員自己選出代表他們的理監事。（然而，他確實忍住未提的是，最終的選舉是在神明面前擲筊產生爐主。）他的結論就是華人重視個人功績勝於財富，並指出領導人透過熱心公益的行爲，將他們的財富轉換爲「聲望」。

羅根追溯英國宗教政策的歷史，指出海峽殖民地的和解是建立在「對各個階層的亞洲人的宗教與生活習慣的充分寬容」的基礎上，這些人有權保有他們的「民間習俗與宗教的特殊性」。他主張檳城華人已享有這些權利長達七十年之久，更何況在檳城，歐洲人只是旅居者，華人社群的居住時間反而更長久。他下了這樣的結論：「不想讓亞洲人取得的社會特權，歐洲居民也不應取得。」雖然他將英國人描述成「主導種族」，但他仍認爲英帝國的統治政策是族群間的相互包容，而非同化。接下來，他總結道，當某一個社群的「（其中）部分群體幾乎把一年到頭的每一天都視爲神聖之日（每天祭祀）」，就沒有任何其他群體有權把「特定的幾個時段」列爲禁忌。同樣地，沒有任何群體有權把某些公共空間列爲禁忌，禁止在那裡舉行宗教慶典，除非這些慶典對該社群構成「冒犯」。

羅根在他的報告結尾，列舉一份在檳城主辦公開遊行與音樂表演的詳細社團清單，其中包括十個姓氏團體、[27]十九個福建籍與八個廣東籍的「宗教與友誼社團」，它們都會在年度慶典時舉行遊神活動。此外，福建社群與廣東社群慶祝的五個慶典會在戶外擺設供桌並燃放爆竹（包括整個農曆七月會在不同地點慶祝的中元節），另外還有十四個「一般神明慶典」，全都會在廣福宮慶祝（參閱本書附錄）。雖然羅根的這張表只列出社團名稱與其主神，但比起先前檳城華人宗教的觀察者，他提供了華人社群更複雜的圖像，至少是其中福建人與廣東人方言群體的圖像。羅根送交這份報告之後，調查委員會隨即建議，應該將這些按照時令舉行的慶典列入警方的資訊清單，並理所當然地發給宗教慶典、婚禮與喪禮遊行等活動許可證。羅根也建議廣福宮的四周應以圍牆圈起，並在裡面建造固定戲台。

布蘭德爾總督起草核發節慶與遊行許可的規章，包括禁止在星期日舉行儀式活動、規定所有的戲劇表演與煙火應在晚上八點停止，以及遊行只能在特定幾條街道舉行。雖然這些措施是限制性的，布蘭德爾也建議警方參閱羅根的研究報告來決定允許哪幾個社團舉行慶典。因此，羅根這份報告的直接結果就是政府承認了二十七個福建籍與廣東籍的「宗教與友誼」社團、十個姓氏社團（或「宗族」），以及十九個定期舉行的慶典，並允許華人在羅根所列舉的日期運用公共空間舉行遊行或擺設祭品。[28] 雖然總督繼續責怪檳城的五個祕密會社應爲這場騷亂負責，檳城的其他社團卻也因此贏得面子，檳城華人顯然是贏家。

或許布蘭德爾認定自己秉公處理這件事，但當他在一八五八年二月離職時，盛傳就是因他處理檳城騷亂不當所致（Comber 1959: 99）。再者，他想要對檳城華人施加限制，已被證實是窒礙難行。一八六〇年，新任副警監提出報告，即使他認爲這些遊行是對歐洲人的嚴重騷擾，已有法令可加以約束，但華人「十分愼重看待」他們從英屬印度政府所獲得的遊行權利，他們「往往會抵抗任何一絲絲對遊行隊伍的冒犯，特別是在法律顧問已告知華人有立場繼續舉行的情況下」。[29]

在一八五七年檳城騷亂過後將近二十年，有位服膺基督教「弟兄運動」（Brethren Movement）的華人錢錦凱（音譯自Chiam Kim Kak）在「許多人崇拜偶像的一日」於廣福宮前的廟埕宣道，這裡很適合讓福音傳道者找到聽講的群衆：

> 大約有三十五人站著聆聽這場宣道，那時有個人從廟裡衝出來並質問我：「你宣揚的

是什麼教義？」我回答：「上帝的教義。」他說：「你宣揚的是洋人的教義。」我回答：「我的書是用華文方塊字印製，裡面寫的是上帝跟耶穌基督的名號，不是洋人名字。這個宣教是關於上帝的，祂是天地的主，同時護持著華人與洋人。」這個人指向我們所站的地方，也就是廟前一處有鋪面但未有圍牆圍起的寬大空間，用以焚燒金紙，觀眾在此圍觀廟宇的酬神戲等等，然後他說：「**這塊地是這個偶像（意指主神觀音）的土地，並不是總督或公眾的**。」（Chaim 1875: 168；重點為作者所加）。

福音傳播者錢錦凱依據以現代主義爲基礎所建構的一種共同族群認同（華人），宣稱他有權在廣福宮宣教。但對於那位從廟裡衝出來，依據傳統主義觀點提出反駁的這個人而言，他必定知曉先前華人對抗殖民地總督的這場勝利，而廟宇的地面空間讓華人得以採用神聖語彙來想像其自主性，並以精神力量與受神明保護的語彙，明確劃定出華人歸屬感的界線。

小結

儀式往往藉由賦予時間空間「名稱與屬性、價值與意義、表徵與易於識別性」，以再生產地方性——有時是在不確定與容易發生改變的情況下（Appadurai 1996: 180-81）。殖民統治者禁止華人於星期日舉行儀式，試圖將歐洲人的神聖時間與公共秩序概念強加於海峽殖民地所有居民之上，而羅根正確地指出這就是一場「同化運動」。然而，這項作爲威脅了華人神聖曆法與神聖地理的再生產，於是就發生了突如其來的騷亂、遍及整個華人社群的抗議活動，以及一場規模不小的政治危機。但是，當這位殖民地總督與副警察總監侵犯了廟地範圍，並爲了兩把遺失的毛瑟槍汙名化整個華人社群，以輕蔑粗魯的態度對待華人社群領袖時，他們正好顯現華人菁英爲何要往自己社群內部尋求社會榮譽與名聲。

我們可能將這些政治努力，詮釋成英國人想透過對神聖時間與公共空間的控制，以建立對華人社群的主控權。然而，此處讓我們感到驚訝的並不是殖民政府強加的控制，而是英國人根本就無力控制華人社群，因爲華人領袖有權力、有錢，而且嫻熟如何跟統治科層體制打交道。藉由羅根的協助，他們成功捍衛自己身爲英國子民的權利，並在幾乎不受限制的情況下再生產華人的生活方式。

一八五七年檳城騷亂的結果就是檳城華人的宗教習俗贏得了政府更大的認可與寬容，包括在廣福宮舉行的各項慶典。然而，在接下來數十年，他們面臨殖民政府的法令、控制與鎮壓，卻無法保住華人的誓盟會黨與其照本宣科的入會儀式。在下一章，我將探討誓盟會黨領導者跟檳城的英國統治者（其中許多人本身屬於共濟會「祕密會社」）的對話，以及持續發生的衝突，而這最終導致殖民政府在一八九〇年做出壓制祕密誓盟會黨的決定。

第三章　歸屬感與族群界線

歐洲人共濟會與華人誓盟會黨

華人是我們這個地方最有價值的居民。有男人、女人與孩童，人數超過三千人。他們從事木匠、石匠、鐵匠等等各式各樣的營生，他們是貿易商、雜貨店老闆與種植園主。他們派出勇於冒險的人，駕著小船到週邊鄉村地區做生意。在（這個殖民地的）東方人之中，華人是唯一不需仰賴政府出資並投注額外心力，就能收取其稅收的一群。

華人是一群有價值的生力軍，卻說著其他群體無法聽懂的語言。他們能以最祕密方式組織幫派，對抗任何他們反對的政府法令規範。如果他們智勇雙全，可能就會成為危險人物，然而由於他們欠缺勇氣，總是承受許多壓力，直到最後關頭才起而反叛。他們追逐金錢毫不懈怠，就如同歐洲人一般，把賺到的金錢用來購買滿足其欲望的東西（Light 1793，引述自 Cullin and Zehnder 1905: 9）。

54

十九世紀檳城的英國統治者，像是萊特爵士，發現當地這群華人居民排外且神祕，會運用自己的組織來對抗他們不願接受的法令規範。由於面臨不受華人尊重的窘境，加上在推行英國體制的公共秩序時遭遇到諸多問題，英國人經常把責任歸告到華人的誓盟會黨，也就是英國人所稱的「祕密會社」（secret societies）。英國人指控誓盟會黨提倡許多受大眾歡迎但非法的活動，像是賭博，根本就不把英國法律看在眼裡，他們還擔心誓盟會黨具有鼓動人們抗拒政令的能力。英國人也注意到在誓盟會黨精心設計的入會儀式過程中，新丁（initiates，入會者）有時會在口誦誓詞裡提到他們要保護彼此不受殖民地法庭與政府的操縱。即使入會儀式裡的符碼化儀式象徵使英國人感到著迷，但這些儀式象徵的排他性（正好與英國社會的排他性相互對照）卻也激怒了英國人，於是英國人努力想要破解誓盟會黨的祕密，包括其儀式意義與社會實踐。[1]

在十九世紀的檳城，這些英國人所謂的祕密會社複雜多樣，包括採取類似天地會（或三合會）的方式[2]所組成的三個團體：義興（*Ghee Hin*，可能是由華人在一八〇一年從緬甸或泰國帶進檳城）、[3]和勝（*Ho Seng*，創立於一八一〇年），以及海山（*Hai San*，創立於一八二三年）。[4]福建人社群在一八二六年組成了存心公司（*Chun Sim*）（Blythe 1969: 54），而海峽殖民地出生的福建人（峇峇娘惹）則是在一八四四年跟義興分道揚鑣，自立門戶組成了建德堂（*Kian Tek Tng*）（PRE 1868: 20; Blythe 1969: 75）。*

即使殖民統治者將華人所謂的公司（kongsi）（或是「會」〔*hui*〕）稱為「祕密會社」，但這些公司卻是處在一種十分公開的祕密狀態。[5] 政府當局認識其領導人，誓盟會黨也會在農曆節慶公開號召大批群眾舉行與參加儀式。然而，他們的入會儀式確實在圈內人與外人之間劃出一條明確的界線——至少在殖民當局動用法律程序，要求進場觀看這些通宵達旦舉行的儀式之前是如此。早期的漢學家施列格透過警察的突擊搜查，取得了一份儀式文本的副本，他認爲其中所記載的各種暗示、聯想性的象徵符號具有密碼性質，確實阻礙了歐洲人對於儀式內在意義的理解。就算是當時駐在馬來亞的殖民統治者得以進場觀看儀式，但要同時嫻熟華文的書寫文字與方言（像是福建話）確實有困難，這意味著只有極少數歐洲人以自己所能理解的程度，來研究華人的儀式過程。如同萊特一般，許多歐洲人懷疑華人特意塑造這種艱澀難懂的內容，並利用歐洲人較無法理解華人方言的優勢，來維持彼此的社會界線。

* 譯注：檳城的誓盟會黨，除了作者所提的這五個，後期創立者尚有和合社（*Hok Hock Seah*，一八六〇年代初）、全義社（*Choon Ghe Seah*，一八六〇年代初）與義福公司（*Ghee Hok*，約一八七五年）。一般將義興、建德、和勝、存心、義福和海山合稱爲六大誓盟會黨。

當代對於誓盟會黨的觀點

有一群學術背景非常迥異的作者，分別提出他們對中國的祕密誓盟會黨的洞見。由於天地會反抗中國的最後皇朝清朝，民族主義政黨「中國國民黨」的成員認爲其組織跟天地會具有關聯，中國的馬克思主義學者則認爲誓盟會黨的原型就是革命團體（Murray and Qin 1994: 133-35）。馬克思主義學者採用霍布斯邦的前現代政治異議模型，將誓盟會黨視爲「原始的叛亂者」與社會盜匪（Hobsbawm 1959, 1969；參閱，例如 Davis 1977, Lust 1972）。[6]

許多作者將這些誓盟會黨賦予傳奇色彩，視爲反清的政治運動，但晚近有一群學者則強調誓盟會黨實際上也參與了社員互助、企業經營、復仇與犯罪等面向（Murray 1993: 177；也請參閱 Heidhues 1993, Ownby 1996）。台灣歷史學家莊吉發總結認爲，天地會這類誓盟會黨的組織策略源自福建廣東一帶移民到台灣的異姓兄弟組織，這些組織的創立目的是滿足自己的社會需求，後來對其所處的社會經濟處境做出回應，才發展出反清的政治主張（引述自 Murray and Qin 1994: 142-43）。尤其是，這些移民透過策略性的團體結盟組織起來，進行自衛與經濟合作。[7]

雖然晚近許多學術研究強調天地會的務實目標，但有幾項研究轉而探討該團體的傳奇歷史與儀式實踐，這些儀式實踐保護新丁免於敵人與惡靈的傷害，而且都採取描寫邪靈的詞彙來想像這兩股敵對力量（Murray and Qin 1994, Ownby 1995, ter Haar 1998）。天地會自述其形成過程是反政府的結盟關係，爲他們的反清立場提供了一種令人著迷的歷史特許權利，團體成員崇敬天地會的始祖，如同崇敬自己的祖先保護神。但歷史學家現在一致認爲這個故事是虛構的，因爲天地會大約在這個傳說故事所回溯的歷史事件的一個世紀之後，也就是一七六〇年代才首見於史籍（Murray and Qin 1994: 16）；而且這個傳奇歷史本身直到一八一〇年才獲得證實（ter Haar 1998: 368; Murray and Qin 1994: 152）。穆黛安與中國學者秦寶琦的結論是「故事的作者從豐富的歷史文獻與民間傳說中獲取靈感，編造出一套跟天地會眞實歷史幾乎無關的故事」（Murray and Qin 1994: 175）。[8] 我在第四章將討論更多關於這個極富想像力的文化發明。

殖民政府對祕密誓盟會黨的觀點

從英國人一七八六年開闢檳城殖民地到一八九〇年壓制誓盟會黨爲止，這段期間我們見證了東方學（Orientalist）學術體系的成長，寇恩（Cohn 1996）描述這是（對於東方的）「知識征服」，其中有許多研究聚焦於破解華人誓盟會黨的神祕儀式。實際上，關於馬來亞華人的殖民文獻之所以如此詳盡，正是因爲「長久以來，祕密會社讓英國人跟馬來人感到費解、著迷且警覺」（McIntyre 1976: 269）。這些會社基於慈善與自衛目的而成立，包括提供保護，防範來自具潛在惡意的鬼神世界所侵擾，運用一套令人印象深刻的入會儀式與誓詞來吸收新會員。殖民地的執法者最擔心的是誓盟會黨參與像是賭博這類非法活動，但無論在一八九〇年這些團體被宣布爲非法之前或之後，他們也會找尋有關這些祕密儀式的資訊。他們之所以渴望取得關於這些誓盟會黨的知識，無非是想要更深入理解並掌控華人，但他們的興趣遠超過了這些務實的目標。

誓盟會黨有諸多神祕難解的面向，這讓殖民地官員感到既著迷又惱怒。他們一再希望透過刑法審判過程，並翻譯出版誓盟會黨的神聖文本，來解開這些神祕面向。海峽殖民地的歐洲共濟會員一再注意到他們的儀式竟與華人誓盟會黨的儀式有著驚人相似性，有些人進而主張天地會與共濟會有著共同的遠古歷史根源。這兩個組織在海峽殖民地幾乎可說是同時並存，檳城的首個華人誓盟會黨是在一八〇一年正式成立，共濟會則是在一八〇九年建立首座正式會所，而新加坡則是直到一八四四年才建立會所。[9]因此在檳城，華人與歐洲人的誓盟會黨並存將近一世紀，直到一八九〇年政府壓制華人社團爲止。

來到檳城的共濟會成員相當熟悉啟蒙時代的價值，包括政治改革、宗教寬容以及支持現代教育制度等。支持共和體制的共濟會成員意識到，誓盟會黨反對中國的清朝帝制，並相信華人誓盟會黨跟他們共享其根深蒂固的價值觀，也就是自由、友愛與平等。在此同時，共濟會成員爲保護自己組織的祕密狀態與排他性，以揭露華人誓盟會黨的祕密爲主題，積極發表文章並出版書籍。

即使有些共濟會成員想要呈現華人誓盟會黨所傳達的是道德健全的教義，並支持採取寬容態度來對待他們，但其他人則認爲這只不過是表面的相似罷了。其中，爭議最大的是天地會的反帝制政治目標，某些共濟會成員基於這一點，擔心會因此受政府壓制，於是與天地會保持距離。再者，有別於共濟會，華人誓盟會黨組織串連了菁英與非菁英會員，犧牲階級排他性（共濟會的特性），以強化整個（方言）社群成員的垂直聯繫。最後，這兩個誓盟會黨顯然具有不對等的權力。歐洲人採取其集體社會力量與影響力來保護共濟會，並確保其隱密性；然而，相對地，華人誓盟會黨經常受到警方調查與審訊，而蒙受將其儀式祕密公諸於世所帶來的屈辱。

共濟會與亞洲諸宗教

在十八世紀最初三十年間，共濟會創造了一個具有社會內聚力的組織，以結合大英帝國的三種主要族群——英格蘭人、愛爾蘭人和蘇格蘭人。[10]十九世紀初，共濟會的社會包容力變得更強了，社團本身及其儀式都進行「去基督教化」，以便接納其他宗教成員——包括猶太人——成爲共濟會成員（Cryer 1984: 55; Shaftesley 1979）。共濟會要求入會者只需展現自己對「宇宙偉大建築師」（Great Architect of the Universe）的信仰，並採用各自奉行宗教的傳統神聖經典來進行莊嚴宣誓。[11]

共濟會確保一種嶄新的、全球資本家菁英能具備的儀式手段，以神聖化該會的權力與確保其社會榮耀，並建立社會組織，藉此認定這些超越族群、宗教與國家界線的新興社會網絡的存在。然而，在此同時，共濟會成員在意識形態與實踐方面，將道德、教育與社會階級區隔串連在一起，並在文明紳士跟欠缺教養的平民之間劃出重要的社會疆界（Bullock 1996a: 59）。檳城與新加坡的歐洲人菁英擁護共濟會，因爲他們發現這個組織有助於拓展他們的社交網絡，並確保自己受到他人的尊敬與信賴。共濟會去基督教化後，將會員資格延伸到他們所認定的可敬亞洲菁英，從而重新劃定這個團體的邊界。藉由這麼做，他們創造了一種世界主義（cosmopolitan）的團體——至少在理想上——超越了族群與宗教的區分。然而在亞洲，共濟會成員這種排他社會行爲的改變過程卻較爲遲緩，成員依然大多限定於英國的平民與武官（即使如此，早在一七七五年，印度的一個共濟會團體就爲了尋求地方王室的庇護，同意讓第一位印度人——卡納蒂克的地方官〔the Nabob of the Carnatic〕*——加入共濟會）。

共濟會在印度的第一座會所是在一七三〇年建於加爾各答，而東印度公司的某一位荷蘭商人則在一七六二年在巴達維亞（現在的雅加達）建立了印尼第一座共濟會「神選者」（La Choisi）會所。接下來陸續建立了多座會所，包括一七六五年建於蘇門答臘明古魯（Bengkulu）的英國人會所，以及一八〇九年建於檳城的「海神會所」（Lodge Neptune）（McDonald 1940, van der Veur 1976）。而在檳城，早在正式會所成立之前，原先已入會的共濟會成員就已舉行了好幾年非正式的聚會。到了一八〇九年，檳城海神會所終於由英格蘭「古典總會所」（Ancient Grand Lodge）的總導師（Grand Master）阿索爾公爵所冊立（Cheesman 1951: 12; Frisby 1958: 17）。檳城是東印度公司建立的貿易中心網絡中的一個站點，海神會所一八一〇年的會員名冊包括四名商人，再加上測量員、會計、警察裁判司、代理商、倉庫助理、海軍中尉、船醫、英國軍艦威廉明娜號（H.M.S. *Wilhelmina*）的水手長、砲兵中尉各一名（Frisby 1958: 22）。

在共濟會去除基督教色彩之前，檳城海神會所每年固定慶祝兩個慶典，從當天的日升到日落——十二月二十七日的「使徒約翰與福音傳播者日」（St. John the Apostle and Evangelist's Day）、仲夏時節的「施洗者約翰日」（St. John the Baptist's Day）（Dix 1933: 155）。共濟會成員慶祝這兩個聖者日就好比華人慶祝廟宇慶典，他們會舉行一場公開的儀式遊行，目的地是聖公

* 譯注：卡納蒂克是舊地名，位於印度半島的東南側，約在現在印度的泰米爾納德邦（Tamil Nadu）、安得拉邦（Andra Pradesh）、卡納塔克邦（Karnataka）境內。

會聖喬治教堂（St. George's Church），在那裡崇拜其保護神、舉行奢華的團體盛宴。然而，這兩個組織的相似性可能比表面所見更爲深刻，正如華人會分別在年初與年中，針對天地兩股互補力量，慶祝上元節與中元節這兩個主要慶典（參閱第六章），共濟會兩位約翰聖者的節慶，其根源可追溯到基督教創立之前的太陽神崇拜：在接近冬至的十二月二十七日舉行的使徒約翰日，令人想起「太陽神生日」——太陽的回歸——而施洗者約翰日正好是夏至前後，人們有時會在該日前夕升起營火，慶祝這個太陽慶典（Mackey 1927 [1884]: 202）。

有些人認爲共濟會強調博雅教育、世界主義與公民道德，是啟蒙時代的宗教——即使這是一個極度排他、全屬男性菁英的團體。共濟會提倡科學進步的理念，並信奉眞理，體現他們對科學理性理念的信守（參閱 Jacob 1981: 142）。依據共濟會的意識形態，這個「無邊界兄弟會」的成員要遵循三項普世原則：「友愛、施捨與眞理」——作爲達成「生命的更高標準」的一種方式（*150 Years of Freemasonry in the Archipelago* 1995: 27）。

共濟會透過帶有寓意的儀式，對新入會者傳授這個理念，儀式的目的在於塑造入會者的價值與道德實踐。布拉克考慮到共濟會對儀式展演的重視，因此質疑兄弟會主要目標是世俗層面的這個主張：

> 讓共濟會與眾不同之處並非它的特許權利，而是宗教特性及其與公共榮譽的連結。

> 這個兄弟會將其價值與實踐置於一場充滿激昂情緒、宣稱能直接連結到終極價值的儀式場合之中。這個場合有一部分包含了狹義的宗教。共濟會在各地的聖約翰會所聚會，經常在那裡慶祝他的聖餐宴會，同時在教堂舉行宗教儀式，並在章程上排除無神論者。他們的儀式再現了與建所羅門神殿的場景（Bulluck 1996b: 88）。

在強調象徵、儀式與誓盟會黨的連結關係方面，歐洲共濟會與華人誓盟會黨非常類似，其領導者也透過儀式過程以獲得公共榮耀，這些儀式過程教導各自團體的道德守則，並神聖化他們的社會連結。

擴大誓盟會黨的領域邊界

如同在印度一般，帕西人（Parsis，瑣羅亞斯德教徒）與穆斯林成爲檳城最早加入共濟會的一批亞洲人，檳城海神會所的文獻紀錄顯示，早在一八二三年，這個會所就有穆斯林成員。[12]然而，就算有名望的華人擁有財富，但很少會有人建議讓華人加入海峽殖民地共濟會的會員。信奉一神教的穆斯林、瑣羅亞斯德教徒與錫克教徒（Sikh），甚至印度教徒，[13]都能合乎共濟會「信仰一位宇宙偉大建築師」的入會要求，並手按他們各自宗教的神聖經典

60

宣讀神聖誓詞，許多共濟會成員因此做出結論，華人的佛教徒與多神信仰者未能符合共濟會成員信仰唯一至高無上神這項會員資格的要求（Haffner 1988 [1977]: 72）。[14]

十九世紀的共濟會展現出世界主義與逐漸增強的包容精神，先是擴大了會員資格範圍，讓英國各地的多樣人群（包括因宗教教派而彼此區隔的人們）結合在一起，其後將共濟會員資格範圍擴展到奉行一神論的亞洲人。儘管如此，一神論依然劃定了共濟會的絕對邊界，因此將大多數華人排除在外（但在印尼的某些共濟會，確實同意讓不符合這項資格的孔教人士〔Confucian moralists〕入會）。[15] 然而，其他人則試圖展現共濟會儀式與華人誓盟會黨之間深厚的共同根源，以克服一神論者與多神論者之間的這條無法撼動的成員資格界線。

無疑地，人們所認定的這些相似性，（實際上）有一部分是透過翻譯過程而產生，歐洲人想要「以他們熟悉的認識架構定位陌生的事物」（Cohn 1996: 53）。歐洲作者將天地會的集會場所翻譯爲lodge（會所），將華人的會社兄弟稱爲Chinese Freemason（華人共濟會成員），並試圖在華人道德價值當中找出足以呼應法國大革命與美國革命口號的「自由」與「平等」的成分。歐洲人也將天地會的祭「天」（玉皇大帝）儀式視爲一種帶有政治煽動意味的行動，以此作爲華人本質上是一神論的證據。這些作者一旦從歐洲人共濟會所發現跟華人誓盟會黨相同的事物，就有可能過度高估彼此的相似性。再者，共濟會成員急欲證明他們儀式形態的神聖歷史年代，他們認爲華人誓盟會黨儀式的存在就是支持共濟會具備原初古代性質的證據。

雖然我們可能對天地會與共濟會所提出的歷史主張抱持懷疑態度，但或許依然可用其他方式來解釋兩者的相似點。在現代早期，歐洲人與華人都精心援引了傳統象徵來發明並合理化這些具世界主義色彩的誓盟會黨組織，也就是世界資本主義成長下的產物。對共濟會成員而言，其源頭來自近東的古代傳統，其中某些也會影響了中國民間宗教文化的發展。結果就是，至少在這些相似點中的某幾項，無疑就是共濟會朝向世人普遍具有的二元與三元象徵論發展，並採用星體象徵來再現政權的天命的結果。

但華人與歐洲人在現代早期的接觸也可能導致了雙方相互影響與採借。歐大年提到十八與十九世紀的華人祕密會社有著「艱深難懂的入會儀式，明確的反清政治企圖，以及精心製作的祕密符號，包括各種手勢與經過改造（而不易解釋）的書寫文字」，然而，這並非華人民間佛教傳統的特色，佛教的皈依儀式比較簡單，並公開（而非祕密）宣揚他們的宗教訊息（Overmyer 1976: 5, 56）。再者，田海得出的結論是，三合會的儀式展演象徵性的死亡與重生，這在許多文化是司空見慣的，但並未見諸於先前的中國文獻紀錄（ter Haar 1998: 12-13），至於把穿過刀門旅程作爲歃血爲盟儀式的一部分，他也未曾在華人文化中發現任何前例——然而，他主張三合會可能是從非漢族團體那裡採借了這項儀式（ter Haar 1998: 168）。相對地，儀式性的死亡與重生是共濟會寓意儀式的核心，而且通過劍門儀式是公開舉行的。再者，共濟會成員運用非口語的認證手勢，共濟會作者經常主張他們有能力指認出三合會成員的手勢——當然，他們是極其謹慎地在解釋這些相似性。

雖然在十九世紀中葉之前，清國嚴格限制歐洲人入境，但在南亞與東南亞有許多能讓中西兩個「共濟會」傳統的會員彼此接觸的地點。東印度公司成員在十八與十九世紀開始在沿著印度東南部的烏木海岸（Coromandel）、印尼群島的城市和種植園，以及馬來半島的海峽殖民地建立會所。到了一七九〇年，只要是軍隊駐紮之處，包括加拿大、直布羅陀、牙買加、美洲與印度等地，設立軍事會所的情況也相當普遍。這些會所採用流動的會員憑證，讓會員「無論在哪裡遇到自己人都可自由聚會」，無論這個地點是在糧倉、營帳，還是小酒館（McDonald 1940: 182）。不幸的是，這些流動性強、未建立在地根基的團體，所能留下的文獻資料非常少。

共濟會在大英帝國東印度公司建立勢力的這一整個地區是相當重要的社會組織，當時生活在這些殖民地城市（像是檳城）的華人很難不對共濟會產生興趣與好奇心。即使某些共濟會員無法確認華人的宗教屬性是否符合入會資格，但亞洲的共濟會在實際操作方面經常偏離了拘泥形式的指導方針。我推測，在東南亞或其他地方，即使在共濟會正式去除基督教色彩之前，共濟會就有可能鼓勵華人菁英加入其會所，或組建獨立的華人共濟會會所。假使在南亞或東南亞某處的華人確實組建了獨立的華人會所，那麼他們就有可能將共濟會的各種成分，透過翻譯、選擇性的採借與融合的過程，適應於華人的文化與語言傳統。最重要的是，他們可能必須爲了符合共濟會的儀式實踐，而建立一神教的基礎，而這項儀式或許只能從昔日由皇帝獨攬的祭天儀式當中找到（這讓基督教的宣教者感到沮喪），然而，他們發現天地會創始者依據歷史神話挪用了祭天儀式，放進他們的入會宣誓當中。

假使上述採借過程確實影響了天地會的發展，可想而知的是，天地會也可能曾向共濟會採借了通過劍門儀式、充滿寓意的拜會互答、採用儀式地標作爲通過認定的符號，甚至包括神話歷史情節等等。天地會這套被發明的歷史直到一八一〇年才見諸文獻記載——這顯然非常類似共濟會關於聖殿騎士團（Knights Templar）創建的歷史敘述。在兩個分別由天地會與共濟會所敘述的故事中，（都出現了）武僧爲了保衛自己的國家，前往遙遠異國土地征戰，但返回家鄉後，卻面臨旁人的不信任與國王的背叛。在遭受迫害的情況下，他們組成了祕密團體：共濟會組成了四個會所（其中一個在愛丁堡），以傳承他們在占領耶路撒冷聖殿（Temple of Jerusalem）和所羅門王王座（King Solomon's throne）期間，所習得的東方古代知識；天地會則是在華南組成五個會所，共濟會的導師與天地會的先生都會教導成員律法與行爲規範。這兩個誓盟會黨都誓言會在時機成熟時復仇（Pickering 1878; Roberts 1972: 180）。

即使能用來支持我這個假設情況的證據極其稀少，但有個令人矚目的線索顯示，海峽殖民地的歐洲人確實試圖將共濟會引介給華人菁英。十九世紀中葉，海峽殖民地有一位傳教士感嘆道，雖然華人誓盟會黨反對基督教，但其領導人確實回應了英國人共濟會主動傳達的訊息。他指出：「英國人非但沒有摧毀這些誓盟會黨，反而試圖把共濟會引進華人當中；許多有名望的華商經常造訪當地的共濟會會所。」[16] 這顯示在海峽殖民地，共濟會成員容許華人菁英造訪他們的會所，而這可能是因爲他們加入了未獲正式認定的華人共濟會。這些華人共濟會當然不是我們已知的檳城五個誓盟會黨，而是新創立的團體。

有鑑於檳城華人可能已經成立新形態的共濟會團體，十九世紀北美地區的共濟會於是主張他們與更傳統的華人誓盟會黨擁有共同的歷史根源，從而開啟了雙方誓盟會黨相互承認的大門。因著這層關係，北美的某些華人誓盟會黨就直接採用共濟會的名稱，甚至開始在其會所刻上共濟會的角尺圓規標誌（Lyman 1964）。但在美國早期歷史曾發生另一起事件，與我在這裡所提出的假設更爲相似。一七七五年，駐波士頓英軍的愛爾蘭軍團內的共濟會霍爾王子會所（Prince Hall Lodge），接納十五名已解放的非裔美籍士兵入會。即使該會所跟母會的脆弱關係在一八二七年完全終止，但它開始發執照給新會所，到十九世紀中葉，已在美國的十四個州與加勒比海地區設有分會的會所（Williams 1980: 44）。[17]

但假若華人共濟會團體**確實是**在跟歐洲共濟會接觸後，才創造了新的儀式與社會實踐，因著這項接觸而新產生的混合團體，後來也就演變成了整個歐洲人共濟會組織不願承認、甚至與之斷絕關係的產物。假使華人誓盟會黨從共濟會採借了儀式實踐或歷史論述的某些元素，一旦這些儀式與論述納入華人文化之中，且祕密進行，這些元素反而變得不易被歐洲人社群所接近，並有待透過漫長的解析翻譯過程，才得以被發現。

早期歐洲人對祕密誓盟會黨的敘述

在海峽殖民地，早期歐洲人對華人祕密誓盟會黨的討論，總是強調華人祕密會社與專屬於歐洲人的共濟會組織之間的異同。例如，海峽殖民地的傳教士兼漢學家米憐，在擔任馬六甲英華學校（Anglo-Chinese College）校長期間，曾翻譯一本天地會文獻。米憐對這些祕密會社的評價不高，他提到即使它們曾經提出高尚的道德論述，但「在海外殖民地，這個會社的目標是掠奪與互相防備」。然而，他承認天地會「對外公開宣稱其意圖（professed design）」是慈善性質的，並做出結論：「無論在何時何地，只要透過這些標誌認出彼此是兄弟，他們就會互相幫助」（Milne 1845 [1826]: 60）。[18]

米憐留意到，天地會與共濟會之間有六個驚人相似性：兩個團體都自稱關聯到偉大遠古時代；兩者都強調慈善跟「社會道德」；他們的入會儀式有著驚人的相似性，包括通過劍門的儀式，這在華人祕密會社則再現爲通過象徵性的「門」或「刀門」；天地會由三位「兄弟」治理，類似「共濟會的學徒（apprentice）、技工（fellowcraft）與石匠（mason）三個等級」；

兩者都以手勢暗號（特別是「手令」〔motions with the fingers〕）作爲辨識身分的標誌；最後， *64*
米憐宣稱兩者都具有「自由與平等」精神，某些人稱之爲「共濟會的偉大祕密」（Milne 1845 [1826]: 68）。

一八四一年，海峽殖民地的軍官紐鮑特中尉和馬德拉斯軍團（Madras Army）的威爾森少將，在《皇家亞洲學會學刊》發表了一篇討論天地會的文章。[19] 如同米憐，紐鮑特與威爾森的結論提及天地會與共濟會之間的相似性：

> 天地會所奉行的某些儀式跟共濟會的相似性、它們在世界各地的互助原則、習慣的相認符號、在集會中被觀察到的神祕性、將自己塑造成兄弟、祕密誓約，以及三這個數字所具有的神祕重要性（紐鮑特與威爾森曾深入探討這項議題），都令我們想到西方的共濟會系統（Newbold and Wilson 1840-41: 157）。

雖然紐鮑特與威爾森對入會儀式的描述非常有限，但他們依然生動描述入會者在「高舉的刀劍或短彎刀」所交錯組成的「閃閃發亮的拱門」下方宣誓，並嚴肅誓言遵行該團體的三十六條誓約。他們接下來描述了更多細節，包括紐鮑特「獲准進入」的馬六甲天地會的「集會所」；但當紐鮑特想描述在祭壇所崇拜的偶像與儀式奧祕時，卻不知該如何下筆

（Newbold and Wilson 1840-41: 144）。然而，這兩位作者提到誓盟會黨是基於政治目的而組成，經常參與某些顯然有違共濟會屬性的活動，像是強盜、謀殺、屠殺與叛亂等。他們的結論是，就算這些祕密會社在社會混亂年代確實是維持秩序的手段，但在「由正義與公正法律所治理，且這些法律一體適用於所有受保護居民的文明國度」，祕密會社就轉變成「可怕的異類」（Newbold and Wilson 1840-41: 157）。

雖然檳城警方對天地會入會儀式只有最粗略的描述，但他們早在一八二五年就知道義興集會所經常變成「由該公司的頭人就座擔任法官的法庭」。檳城的警察督察長從一位金匠學徒那裡了解到這一點，他的師傅想要招募他加入天地會的其中一個分支義興（這位學徒宣稱他拒絕加入）。警方發現想要起訴他們的案件非常困難，於是這位督察長得出了一個結論——華人是個「耍陰謀的種族」，有著「祕密的結合關係」，並設法「在任何情況下保護自己的兄弟」。[20]

一八五四年，胡翰依據他在華人社群執行警務工作時所遇到的這位學徒的雇主，也就是義興公司頭人文科（Boon Appoo）* 的經驗，提供了關於文科所擁有的權力與權威的親身觀察。胡翰從一八五一到一八五六年擔任檳城警察督察長（superintendent），他如同許多執

* 譯注：譯詞參考陳劍虹，《走近義興公司》，頁九七。

法人員一樣，也是共濟會的活躍分子。（然而，文獻記載僅有他在新加坡的參與紀錄，因爲在他任職於檳城期間，該地並無任何活躍中的共濟會會所。）[21]他所著的《海峽殖民地華人的風俗習慣》（一九七一〔一八七九〕）是早期華人民族學研究作品，也是共濟會成員探討華人「祕密誓盟會黨」的文獻。

胡翰極度推崇與尊敬文科，將其描寫爲一位以社群福祉爲念的慈善家，受到所有人的尊敬：[22]

> 在前述事件遭到逮捕的這個人（文科）是義與最有影響力的人，他是出生於孟加拉的華人，以鐘錶業維生。他來到檳城五、六十年了，特別因樂善好施而為人所稱道。他設立一座小型醫院，診療痲瘋病人與受其他疾病所苦的窮人，平日這間醫院都會收容十五到二十位病人。他捐出大量金錢投注於慈善工作，為那些不隸屬任何會黨（社團）或公司（或未付會費）的窮人提供葬禮用品，為此他隨時備妥幾口薄棺。他對於手下群眾所施展的影響力令人驚嘆。有一天晚上十點，我走向該會所，發現會所前面的馬路擠滿了華人兄弟。我擔心會引起騷亂，於是走向文科，告訴他最好把這些人帶進屋裡並讓他們安靜下來。他立刻下令要他們進去並關上會所的大門，五分鐘內，街道就淨空了，一、兩分鐘前這裡還充滿噪音跟混亂，現在卻聽不到一絲聲音。他受各階層人們所

尊敬。他是唯一戴著海狸帽的華人，因此隨時都可認出他來（Vaughan 1854: 110）。

胡翰認爲義興的頭人值得尊敬，甚至可能是共濟會的公共精神慈善工作的化身。多年之後，他下結論道：「這處殖民地的和平多半是歸功於祕密會社的影響」（Vaughan 1971 [1879]: 98, 110）。

胡翰同意米憐的評價，認爲華人祕密誓盟會黨看起來就像共濟會：

> 他們甚至假裝用另一個名字將該會的起源追溯到遠古時代。這些會員在入會儀式時宣誓要友愛與慈善，這呼應了共濟會成員的誓詞。另一個相似點是它們的入會儀式、誓詞與其行政組織的莊嚴性。米憐博士觀察到手勢，特別是手指的運用，無論是已知的或推測可能有的手令，似乎都非常相像。某些人確認共濟會的大祕密存在於「自由與平等」這些字眼當中；而且假使是這樣，三合會的「兄弟」一詞必定可被解釋成隱含著相同概念（Vaughan 1971 [1879]: 97）。

胡翰從和勝的成員那裡得知三合會的起源故事，並從一位離開和勝的馬來人那裡取得其祕密入會儀式的詳細內容。他所提供的資訊雖然有趣，卻不夠完整，因爲他並未取得和勝的第一手文獻或儀式資料。

因此，在檳城殖民地創立後的最初幾十年，歐洲人對華人誓盟會黨所知甚少。他們發現它跟共濟會有許多驚人的相似性，並相信華人「共濟會」成員跟歐洲人具有相同的政治價值。然而，無論華人與歐洲人的誓盟會黨之間有著多大的相似性，都由於彼此在語言、文化、歷史與道德之間的差異仍有所區別，這維持了兩個團體之間的界線——兩者都遵循著保守祕密與社會排他性的準則。

因此，歐洲人對華人誓盟會黨的認識依然非常有限。歐洲人被阻擋在「公司厝」（華人對誓盟會黨會所的稱呼）之外，無法直接觀察華人在裡面的活動，也無法理解在任何一個場合所使用的華人語言，他們充其量只能猜測裡面正在進行什麼活動。儘管如此，他們認定義興老大在華人社群享有權威，這是胡翰所描述的近乎神奇的權威——文科只用幾句話就壓下了一群「華人兄弟」，讓這群騷動且危險的群眾從街道上消失，並讓安靜取代了噪音與混亂。即使檳城的殖民統治者對於這些團體內在運作方式欠缺理解，但他們繼續透過社群領袖實行間接統治，他們猜測其中有幾位有可能是祕密會社的頭人。

施列格對天地會儀式文本的翻譯

一八六六年，荷蘭人施列格撰寫的《洪門》是天地會研究的一項重大突破。施列格在巴達維亞（今日的印尼雅加達）的荷蘭東印度公司政府擔任華文翻譯員期間，將天地會文本譯爲英文，以便讓更廣大的讀者得以閱讀。英屬馬來亞的殖民官員很快就採用這本書作爲認識誓盟會黨的基礎，並在調查報告、政策報告與後續研究中普遍加以引用。先前他們對這個團體的儀式過程只能獲得最簡要的描述，現在他們擁有一本非常清楚的神祕儀式文本譯本，得以熟讀一番來找尋線索，探究這個會社的內在目的與價值。[23]

即使施列格顯然並非共濟會員，但他在對這本儀式翻譯與評論所撰寫的詳盡引言中，討論了共濟會與誓盟會黨的相似點。例如，他觀察到天地會成員在其規章與法令之中，提出並教導一套道德的世界觀，他們教導會員要在「友愛、奉獻、長幼有序與篤信神明的精神」之中「遵守天命、行爲端正」。他指出，「友愛與信實」也是共濟會員的責任，而且「共濟會成員認爲每個男人都是兄弟，不會把任何信仰天神、道德與不朽精神的人排除在外」（Schlegal 1991 [1866]: xii）。據他的觀察，這兩個團體的構成都是世界主義的。在三合會，這種世界主義反映在這個團體的名稱「洪門」。洪這個字意指「洪水」，帶有「宏大」、「拓展」、「無邊無界」等意涵，施列格的結論是，洪門成員想要「讓世界瀰漫著基本道德的恩

67

賜」(Schlegal 1991 [1866]: xii)。

施列格主張共濟會與華人都有「單一且不可分割的天神」概念，但也下結論說華人的陰陽概念表達了與共濟會成員所稱的「兩個神聖字彙與支柱——賈欽與鮑亞茲（Jachin and Boaz）*」相同的連結關係。就如同華人的陰陽概念，共濟會成員的這套二元論具有雙重意義，首先是宇宙論的，其次是倫理道德的。他引述共濟會成員的演講片段，解釋了宇宙論意義再現了自然法則，表現在「光明與黑暗、夜晚與白晝、冬季與夏季、寒冷與炎熱、死亡與生命之間，恆久持續的變遷與抗爭，這構成了生命的各種形式，以及上帝創造世界的法則」。倫理道德意義則再現了「美善與邪惡、純粹與不純粹、眞實與虛假、正確與錯誤之間的倫理或道德的二元論，這構成了個體與全人類的生命」(Schlegal 1991 [1866]: xiii-xiv)。

施列格在他的引言最後，寫了一段常被引用的論述，主張華人是理性的子民，當他們受到良好統治，只要向其解釋政府管治的需要，他們就會安靜接受。他批評英國人在新加坡管治華人所遭遇的困難，是出於其管治形式的缺陷，而非華人「共濟會」團體的影響力，他也建議殖民統治者採用如同對待歐洲人共濟會的寬容態度來對待「天地會」(Schlegal 1991 [1866]: xl)。

馬來亞的英國殖民統治者援引施列格的作品長達數十年之久，將其視爲討論天地會的**唯一**權威作品，他們有信心最終能夠破解天地會的各種祕密。他們特別注意到施列格對誓盟會黨歷史神話的翻譯（將在第四章繼續討論），這個傳說描述誓盟會黨是在遭受清國政府背叛之後形成，這爲他們的反政府立場提供了特許權利。許多英國作者往往會將天地會想像爲反對與抵抗清國統治的革命同盟，並被這個概念所吸引。英屬馬來亞的統治者經常擔心的是他們無法控制誓盟會黨的活動，包括賭博與竊盜，但他們對於在海峽殖民地與馬來亞的華人社群相當具有信心，認爲他們在政治上不會反對英國的管治。實際上，英國統治者的論調往往有一股溢於言表的自信，認爲「華人傾向於」支持英國人的行政管理與自由放任的經濟政策，英國統治者安心讓華人免除行政方面的責任，而「留給他們充分自由，按照他們的選擇，賺越多錢越好」（Mill 1971 [1925]: 210-13）。

68

正如同殖民時期其他廣爲人知的社會運動（例如美拉尼西亞的船貨崇拜〔cargo cults〕），在面臨殖民者的「文明教化」計畫時，祕密會社最終會被殖民者界定爲「犯罪性的失序狀態」（Kaplan 1995: 202）。但與船貨崇拜不同的是——歐洲殖民官員認爲船貨崇拜非常不理性，甚至可能是一種瘋狂的舉動——馬來亞的英國人在華人祕密會社中，看到他們自己共濟會的誘人鏡像。[24]

雖然某些學者研究了這兩個誓盟會黨傳統的相似性，包括具有深刻寓意、教育性質的

＊ 譯注：即所羅門神殿的兩根銅柱。

儀式，以及祕密手勢，試圖證明這些團體具有深刻的共同遠古歷史根源，但大多數學者卻認爲，天地會中那些會被某些歐洲人認定是享樂主義、物質取向甚至是反社會的非菁英成員，其實並未遵守他們自己的責任感與道德標準。以下我將探討寬容與控制等議題所引發的衝突與爭辯，包括最終導致政府壓制「祕密會社」的對話與衝突。

華人的「享樂主義」與道德控制的議題

一八八〇年代早期，擔任海峽殖民地總督的華爾德爵士曾帶著悲傷口吻說道「在我看來，一般的華人會感覺我們英國人——這個古怪種族——是被創造來管治與照料他們，就如同馬夫照料馬匹一般，而華人則是被創造來變成有錢人，享受世上的美好事物」（Weld 1983 [1884]: 46-47）。華爾德的言論點出了英國人與華人之間的重要差異，也就是華人欠缺禁欲主義的「新教倫理」，公然享受「世上的美好事物」。社會學家韋伯呼應了歐洲人一種普遍的感覺，他指出華人「根本就是拒絕背負『罪惡感』（sin）」（Weber 1968 [1951]: 228）。

例如，羅維對於華人性格做出如下觀察，他發現華人性格是物質至上主義的：

> 華人跟外國人相較，十分明顯的是，華人就是自私自利、冷淡無情、利欲薰心、具

> 有遠見與滿足感官，就算沒有那麼絕對，也是其性格的堅實底蘊。……華人社會的習性都傾向奢華，幾乎必然隨之而來的是，華人要求其社群成員不斷辛勤工作，讓他們得以享受這種奢華；正因為身體享樂是他們的終極目標，致使只有極少數華人——至少在我們這裡的——能藉由嚴肅思考的心理專注，讓他們的心靈擺脫這個享樂目標（Low 1972 [1836]: 248-49）。

他指出，這種物質至上主義影響了華人的宗教實踐，因爲「華人的欲望傾向，強力顯現在他們祭品的性質上，他們富於幻想的信仰認爲，鬼魂會將他們的外顯熱情和享受這些物品的能力，一起帶到冥府（*Sizzha*）」（Low 1972 [1836]: 301）。

在檳城這個多元族群的社會，華人並不會像歐洲人基督徒一樣，認爲某些不道德行爲是有罪、不道德或有損名譽的。某些歐洲人就會譴責華人勞工欠缺基督教道德，盡情滿足自身對奢侈品、酒類、性交與賭博的欲望。例如，米憐就以貶抑口吻描寫天地會成員大多是「無所事事、不停賭博、一直抽鴉片的華人（特別是下層階級）」（Milne 1845 [1826]: 60）。這些非基督教徒移民的享樂主義，使他們成爲排華情緒以及政府試圖加以控制的目標（Siaw 1981: 400）。

在整個十九世紀，關於如何管治惡習出現了兩派不同角度的支持者，彼此持續存在著

69

緊張關係。頭一派提議貫徹英國的法律（也正好就是基督教道德），並禁止他們不欲見到的社會行爲。這個觀點在關於賭博的討論上相當盛行，但由於彩票與賭博遊戲是華人的大衆娛樂，這項禁令根本只會導致警方收取賄賂。另一派則提倡務實接受當地人的道德觀，但試圖透過政府的管控、專賣制度與課稅來控制他們所認定的當地不良行爲。

殖民政府實施餉碼制度，將鴉片與烈酒的銷售分包給特定的華人代理商，政府也確實「藉由主動鼓勵鴉片吸食、抽菸與飲用烈酒」獲得了「四分之三的歲收毛額」（“Gambling and Opium Smoking in the Straits of Malacca” 1856: 74）。政府的專賣制度往往助長黑市的興起，而且政府刻意抬高鴉片價格，導致海峽殖民地的非法貿易暴增。由於那些標下鴉片餉碼的商人都有誓盟會黨當靠山，他們拜訪這些會社來幫忙壓制走私。然而，走私者也有自己的靠山，當檳城的一群福建商人控制了鴉片專賣權，另一群敵對的廣東幫商人就在海山會支持下開始走私（Yen 1986: 122）。可想而知，鴉片的餉碼制度賦予誓盟會黨具備警察功能的潛力，並爲這些誓盟會黨造就彼此競爭權威的形象。[25]

英國統治者在一開始透過獲利豐厚的賭場餉碼來控制賭博行爲，並將合法化的賭博視爲英國法令不適用檳城這個東方殖民地的另一個例證。到最後，大衆越來越不能接受這個觀點，爲此檳城的賭場餉碼在一八一八年之後遭到廢除。然而羅維提到，儘管有這項禁令，警方依然容許華人在節慶時公開賭博，因爲賭博被認爲是其宗教節慶的一部分。羅維對此不表贊同，說道：「這根本就是宣稱，這項有害而受到法律所排斥與禁止的行爲，在被廟宇（*Tokong*, Joss-house）的香薰過之後，就變成了非常無害的東西」（Low 1972 [1836]: 259）。對非法賭場的保護與控制於是落到祕密誓盟會黨手上，他們建立了一套「從賭場抽成，向警方行賄，以免遭到警方逮捕」的制度（Jackson 1965: 104）。

許多人認爲賭博所能造成的傷害極小，但警方收賄貪汙的事實卻深深困擾著殖民政府。一八八六年，政府試圖透過壓制某幾個祕密誓盟會黨來控制賭博，接下來陸續披露的一連串事件，直接導致政府在一八九〇年對祕密誓盟會黨實施全面性的壓制。即使警方收賄是更棘手問題，但在這場導致壓制祕密誓盟會黨的爭辯中，海峽殖民地總督金文泰（一八八七~九三年在任）主張，誓盟會黨頭人不會輕易服從英國人的控制，因爲他們「多年來一直靠賭場跟妓院，以及從無知且迷信的同鄉所榨取的金錢，過著舒服日子並養肥自己」。[26]道德責難的語調顯而易見——然而弔詭的是，殖民政府藉由銷售鴉片與烈酒養肥了自己，這也是事實。

控制手段

就連在海峽殖民地支持宗教寬容態度的歐洲人也必定同意，誓盟會黨是華人社群的一股強大力量，而且英國人控制不了它們。其實，在歷經多次暴力交鋒之後（包括在第二章與第四章討論的一八五七年與一八六七年的檳城暴動），許多人做出的結論是，華人根本就視英國法律爲無物，他們的祕密會社已經形成強大的國中之國。於是，一八六九年，也就是檳城統治權由東印度公司移轉到倫敦殖民部（Colonial Office in London）的兩年後，新成立的檳城立法議會通過了《危險社團壓制法令》（Dangerous Societies Suppression Ordinance），該法令要求每個擁有十名以上會員的社團都必須註冊（股份有限公司與共濟會除外），每場集會都必須向警方提出申請，並允許任何法院推事（magistrate）、太平局紳或警官參加（Blythe 1969: 149-55）。然而，當必麒麟在一八七二年抵達新加坡接任華文翻譯官（後來成爲首任華民護衛官），他很快就下了定論：這套社團註冊制度根本是一場鬧劇。

此外，必麒麟又做出結論：「華人社群的更大且更危險的部分」是英國法律管不到的，也就是「取決於誓盟會黨頭人的意志的統治」（Pickering 1876: 439-40）。他將這部分歸咎於政府的輕忽和無知：

> 良好的政府有一個不可或缺的條件，就是具備對他們所管治人民的知識；這麼說並不誇張，過去五十年，我們英國人對在我們遠東殖民地中人數最多、絕對最重要的這群華人的語言、習俗與情感一無所知，而我們竟是滿足於此種狀態，任由各種事情自

然發生（Pickering 1876: 440-41）。

值得一提的是，直到必麒麟在一八七二年被任命爲華文翻譯官爲止，從未有任何一位在海峽殖民地任職的歐洲官員能說華語（Jackson 1965: 18）。[27]如同米憐、紐鮑特、威爾森、施列格、胡翰等人，必麒麟在討論天地會歷史根源時，視之爲「共濟會體系」（Pickering 1878: 64），但他主張天地會頭人參與賭博與娼妓的這類情事，就是其不良性格的證據：

> 祕密會社……並沒有良善的目標，它們的恐怖主義與邪惡的力量十分強大。它們的頭人毫無例外都是性格最惡劣之人，例如妓院或賭場的老闆，對策動陰謀具有極高天分，還有一定程度使用粗暴話語的流利口才。在他們的命令下，會社成員都準備好犯下任何的暴力行為（Pickering 1876: 440）。

必麒麟的結論是，華人需要儒家思想的「聖王」，他對英國人演講時，將這一點詮釋爲「正直而堅毅」的政府，這樣的政府「不會容許其人民自由向下沉淪變成放蕩」（Pickering 1876: 443）。

一八七七年，殖民政府針對控制的議題，創立了「華民護衛司署」（Office of Chinese Protectorate），並任命必麒麟爲駐新加坡的首任華民護衛司。[28]必麒麟成功將自己的形象塑造成「以華人之道行事的權威人物……一位好官員，堅毅且公平執法」（Lee 1991: 274）。必麒麟的華語能力爲其贏得華人社群的尊敬：他能說流利的福建話與廣東話，也通曉客家話與潮州話。必麒麟在英國統治權威的支持下，以滿清官員的角色與態度，成功擔任了歐洲人與華人社群的橋樑。華人稱呼他爲「大人」（*Thai jin*）以表示尊敬，這個名號通常只用來稱呼滿清大官。[29]

必麒麟依據這個新角色著手管治華人。一八七八年，他在年度報告中得意洋洋指出：「在這一年，殖民地輔政司（Colonial Secretary）、警察總監鄧路普（共濟會員）、副華民護衛司（Assistant Protector of Chinese）以及本人，已多次造訪數個不同的誓盟會黨，並全程見證一場入會儀式（從晚上十點到凌晨三點）」。他們也參與了在新加坡梧槽（Rochore）會所的審判，有「九屬總會」的代表聚集在那裡，審判某個會黨的頭人。再者，必麒麟指出華民護衛司署經常召喚誓盟會黨頭人來到辦公室，協助調解數百起「雞毛蒜皮的爭執與債務」。[30]

必麒麟在一八七八年與一八七九年出版第一份歐洲人對天地會入會儀式的見證報告。他對儀式的描述內容詳盡且直白，提供了關於殿堂的外觀、內部構造與各項活動的次序等等資訊。必麒麟會說福建話，他也聲稱曾訪問主持儀式的先生，還讀了「許多手冊或拜會互答（catechism）」，因此他站在特別有利位置來詮釋所見所聞（Pickering 1878: 64）。在此同時，他現身當場這件事情對誓盟會黨領導人構成了壓力，逼使他們承認英國人的統治權。例如，必麒麟在報告中指出，當他在現場時，先生就會提到英國統治的優越地位：[31]

> 當我現身在誓盟會黨會所的會議場合時，先生接下來就會對聽眾有如下的訓示：「我們有許多誓詞與儀式是不必要且過時的，這是由於在英國政府統治之下，已沒有必要執行其中的某些規則，而國家法律也不容許我們執行其他規則；我們保留儀式僅僅為了依循舊有習俗。」「你們加入我們會社所能得到的實質利益就是，假使外頭的人欺壓你，或是你遇到麻煩，只要向頭人提出請求，如果是小案，他們就會帶你去管理祕密會社的社團註冊官、警察總監與華民護衛司那裡，幫助你獲得補償；假使是嚴重的案子，我們就協助你尋求法律建議。」（Pickering 1879: 9）

然而，有許多人懷疑這些領導人是否像他們所說的那樣，確實接受英國人的社會契約，以取代誓盟會黨先前提供的那一套，也懷疑他們持續舉行入會儀式是否確實只爲了「依循舊有習俗」。

一八七八年，必麒麟指出有許多華人移民在遭遇問題時，並不會想要求助於英國殖民政府，而是求助於誓盟會黨的頭人。他對誓盟會黨精心設計的入會儀式印象深刻，頭人透過這項儀式，在新到移民中樹立起自己的權威，並教導這個團體的行爲守則，必麒麟爲此建立了一套正式迎接新移民的作業程序。其目標是「把這些初來乍到的華人帶來立刻跟政府接觸，讓他們感受到政府這個政治權力的存在，既能保護他們，也能讓他們過著有秩序的生活」，而且勸告他們沒有必要加入祕密會社來尋求保護。[32] 必麒麟注意到，雖然這項新措施在新加坡成功壓制了祕密會社頭人的權力與權威，但在檳城卻無法奏效。在檳城，華人菁英分子持續參與誓盟會黨，這些富裕社團擁有可觀的房地產投資——這些團體的領導人依然有權有勢。[33]

必麒麟早先的論點是「承認三合會或天地會的地位，對我們政府來說是不光彩之事」(Pickering 1876: 440)，他卻在一八七九年突然有個出人意表的翻轉，結論變成有效管治華人的唯一方法就是承認祕密會社，然後同時訓練一批官員，使他們具備說華語與掌握華人「思維模式」的能力，以期更能「監督與控制華人」(Pickering 1879: 10)。如同許多英國觀察者曾沾沾自喜地認定華人傾向於接受英國統治及其自由放任的經濟制度，必麒麟認爲在海峽殖民地的天地會會所並未涉入政治事務，而只是個「大型的友誼社團」(Pickering 1879: 2)。顯然他也修正了對祕密會社菁英人士的看法，提到新加坡的天地會（義興）擁有可觀的房地產投資，在一幢「高級建築」裡開會並舉行慶典。[34]

必麒麟主張透過誓盟會黨而非透過英國法律來治理華人是合理的，他提出的理由是基於演化論的觀點，認爲社會先進的英國人對自由的熱愛歷經了一千餘年的發展，很難在短短數十年內就受到亞洲人採用（Pickering 1879: 10）。任職於華民護衛司署的漢學家暨共濟會員德呢克（Beavis 1934: 188）也得出結論，認爲歐洲人的法治或契約統治的理想無法在亞洲實現。[35]德呢克提議，政府想要成功的話只有一條路可走，就是讓華人「自我管治，免受英國法律的條文所束縛」，並建議政府「免除派不上用場的法律條文」（引自Weld 1983 [1884]: 82）。但並非每個人都同意英國法律是「派不上用場的法律條文」，而且官員經常主張，既然誓盟會黨在中國與香港都屬非法團體，那麼在馬來亞也應屬非法。儘管有這些爭論，華民護衛司署實際上採行的是藉助華人頭人的間接統治政策。

一八八六年，必麒麟向政府報告，英國人試圖控制賭博的做法已導致普遍存在的警察貪汙。[36]必麒麟的報告促使政府進行調查，結果顯示誓盟會黨不僅繼續經營非法賭博場所，他們還向許多警察行賄，包括土著與歐洲人警察在內。[37]必麒麟發現自己夾在他與誓盟會黨的衝突以及他與警方的衝突之間，進退維谷。一八八七年，有位華人木匠朝著必麒麟身上扔斧頭，致使他身受重傷。這位木匠跟義福公司有關聯，而隨著這個暴力事件的發生，政府翻轉了必麒麟透過祕密會社治理華人這項頗具爭議的政策。[38]

壓制祕密會社與撤銷中元普度慶典

在這場攻擊必麒麟的事件之後（即使他繼續擔任政府顧問，但這起事件終結了他擔任華民護衛司的職業生涯），總督金文泰迅速撤銷新加坡人在中元節舉行集體祭祀慶典的許可。殖民地總督布蘭德爾曾在一八五七年檳城騷亂後要求歸還遺失的毛瑟槍，如今金文泰採取相同策略，宣稱直到「這項對於公共秩序的重大侵擾完全獲得彌補為止」，華人將不被允許「像以往的許多情況下所獲得的政府大方給予的特權，獨占使用公共街道，將這個社區的其他所有族群排除在外」。[39] 殖民地輔政司表示，這並未侵犯到華人的宗教自由，並指出他們可在「自己房子與庭園的範圍內」依自己意願舉行任何儀式，但由於中元節這個用來安撫好兄弟的儀式兼具家庭與社群的面向，這項撤銷命令所帶來的限制，意味著人們不能舉行集體祭祀或飲宴。

有一位華人寫了匿名信寄給代理華民護衛司，在信中很禮貌地提出建議，這些鬼魂可能會盼望得到中元節的犧牲供品，因爲「在每年（農曆）七月，善良且有道德的人們都會籌募善款並建立祭台，以解決這些鬼魂的需求，這些鬼魂的期待就會得到滿足」。這位寫信者宣稱，對於必麒麟的這場斧頭攻擊是個「大禍」，他判斷老天爺將會站在必麒麟這一邊，然後舉出六位義福公司領導人的名字，指控他們是這項罪行的禍首，祈求老天爺與政府降怒於他們。他在信末很有禮貌地請求政府允許舉辦中元儀式，「以便讓這些無祀孤魂，不致因著某人的惡劣行爲而被剝奪一整年的食物」。[40]

政府將義福公司頭人以及被懷疑涉及經營賭博的四位執事逐出新加坡（Jackson 1965: 108）。金文泰總督也起草一項法案，宣布祕密會社是犯罪組織，並在一八九〇年正式宣布誓盟會黨及其令人印象深刻的入會儀式違法。英國人迅速實行完全壓制的政策，使得間接統治時代嘎然告終。[41]（參閱 Lee 1991: 134-54）

在這場壓制發生前的爭論中，檳城義興提交了一份長篇累牘的備忘錄，這份備忘錄也由會員簽名，成爲提交給政府的請願書。這份備忘錄指出，義興的角色既是由英國人的政策所造成，也是華人本身意向的產物。此外，請願書也主張「這些殖民地在物質方面的繁榮進展，大多可歸功於大量的華人移民」，[42]並指出誓盟會黨爲華人移民提供了支持與保護，且認爲移民被吸引來到海峽殖民地，主要憑藉英國人的「認可，以及這些誓盟會黨的管理」（這個說法讓總督大爲惱火）。請願者也強調義興所從事的慈善工作，包括在Muntri Street建立一座醫院*、募款興建第二座醫院，並將幾座收容窮人與麻瘋病人的醫院捐給政府。最後，請願者提到這些團體既是「幫派中心，……用來支持與增進其成員所來自的特

* 譯注：即南華醫院。華人因此把 Muntri Street 稱爲南華醫院街。

75

定宗族或幫派」，更是仲裁調解爭端的中心，但這並非英國人能夠輕易勝任的任務。[43]

倫敦殖民部的高階職員費爾菲爾德對於殖民地政府提議廢止先前他們賴以管治華人的誓盟會黨的這項政策提出質疑。他指出，在大英帝國治下的所有地方，英國人都是透過頭人（無論頭銜爲何）來處理「當地人」的事務，因爲很少有官員能熟悉他們所管治社群的語言與文化。[44]他準確預測這項廢止政策只是徒增這些團體的祕密性，卻不能剷除它們。然而，那時殖民部的其他官員只是把他的評論當成笑話。

在檳城，政府找出幾個特定社團準備實施壓制，包括義興、建德（或大伯公）、海山與和勝。這些團體依靠經營集體產業而長久存在，這些產業提供了集會與慶祝集體活動的場所，其數量之大令人嘖嘖稱奇。當一八九〇年《危險社團壓制法令》使得他們解散社團之時，檳城義興的信理會與頭人估計，當時他們的財產價值三十萬元（以墨西哥與其他外國銀元計算）。[45]政府允許他們保有廟宇，但強迫他們賣掉其他產業，而檳城各個誓盟會黨爲了完成這項工作，光是付給最高法院的規費就超過十萬元。[46]然而，政府允許建德（大伯公）與和勝繼續保有他們先前總部所供奉的神明與已故成員牌位。這項特別許可，再加上義興將他們用來象徵身分的信物送往馬來屬邦的吉打（在當地的誓盟會黨依然合法），使得檳城華民護衛司感到憂慮（Blythe 1969: 240）。在這些誓盟會黨全都成爲非法之後，他們轉入地下，可能在偏僻山區的廟宇舉行入會儀式。

就在廢止「危險社團」之後不久，殖民政府在新加坡與檳城建立了華民參事局，負責華人社群與政府之間的聯繫工作。在新加坡，來自五個主要方言團體（或「幫派」）的華人領導者獲選擔任該局成員。在檳城的參事局成員有閩幫（福建人）八位、潮幫（潮州人）三位、廣幫（廣府人）四位以及客幫（客家人）二位，還包括一位華民護衛司或副華民護衛司作爲當然成員（Ng 1961: 95）。

在檳城與新加坡，頭人們將信物、註冊證明書與印章交給英國人。[47]因此，新任華民護衛司親眼見證的並不是入會儀式，而是解散儀式：「來自六個三合會分支的頭人們正式宣告廢會，焚燒當年他們成爲母社團——義興——其中一支時所簽訂的文書正本。」[48]英國政府並不是執行懲罰罪犯的法令，而是宣布某個形態的社團違法，藉著這個作爲使得「十萬人變成輕罪犯」。[49]這項壓制措施否定了誓盟會黨的合法性與公開活動，此後海峽殖民地的誓盟會黨不再能夠透過舉行公開的入會儀式，而得以爲人們所見。

在壓制這些祕密會社之後，這些團體雖然持續存在，但成爲汙名化、犯罪的團體。英國人成功破解了入會儀式的密碼，能輕易辨識出天地會與其分支的儀式物品與文本。即使英國人持續壓制誓盟會黨與其入會儀式——甚至人們只要擁有儀式密本就可能遭到逮捕——但政府所採行的宗教寬容政策卻不允許壓制其他的儀式表現。

建德堂（大伯公會）將總部重新命名爲「福德正神廟」（*Hok Tek Cheng Sin Bio*），也稱作

76

「福德祠」（*Hok Tek Si*），轉型成數個合法登記的社團，設址在同一幢兩層樓的建築物裡。福建公司代表五大姓氏公司（謝、邱、林、陳、楊），管理五座公廟，並設置三個社團分別負責掌管有關這些廟宇神明的儀式。首先，清和社（*Cheng Hoe Seah*）運用先前的建德會所，作爲喬治市祭祀俗稱蛇神的清水祖師（*Cho·su Kong*）的基地，並每年在農曆正月初六前夕在蛇神廟舉行「請火」（*Chia*^{n} *hoe*）儀式。其次，同慶社（*Tong Kheng Seah*）管理清龍宮，專司祭祀醫療神保生大帝（*Po Sin Tai Te*），以及農業神神農大帝（*Sin Long Tai Te*）。也許因爲神農大帝擔任火公（火神）的角色，也有些人認爲祂是建德堂（*Kian Tek*）的保護神。最後，先前的建德堂會所現在是寶福社（*Poh Hock Seah*）的社址，這個社團掌管大伯公的祭祀。

寶福社維繫著建德堂的宗教傳統，包括每年農曆正月十五前夕的請火儀式。他們依然在農曆與陽曆的歲時慶典聚會，從一九〇五年起聯合了檳城其他大伯公廟舉辦妝藝大遊行，高舉著檳城獨特的高旗與精心裝飾的花車（Baofu She 1990; Lim 1990; Khoo 1990, 1994:32；也請參閱附錄與下文）。正如我將在第六章討論的，檳城人採用跟拜天公（玉皇大帝）與大伯公祭祀有關的紀念儀式，來回想他們的誓盟會黨歷史。

小結

韋恩在一九四一年提交給馬來亞殖民政府的機密報告的結論表示，許多華人「祕密會社」並未在一八九〇年解散，僅僅換個樣子罷了。誓盟會黨對外以會館社團的名義，重新命名爲「社」(社團)，或選擇「委身在當地廟宇小廂房內」祕密舉行入會儀式（Wynne 1957 [1941]: 396-408）。接下來在二十世紀，華民護衛司署的官員只有在警方突擊檢查時，才得以親眼瞥見這個儀式。誓盟會黨也繼續參與地下經濟活動，包括幫派強盜、保護妓女、鴉片買賣與賭博，從而加深了他們的汙名化（Blythe 1969: 279-323）。布萊斯和巴素兩人都在二十世紀的馬來亞任職，受聘於華民護衛司署，他們的結論是即使英國人試圖壓制誓盟會黨，但英國人的統治無法「治癒」感染了誓盟會黨「病毒」或「癌症」的華人身體政治（Blythe 1969: 7; Purcell 1967 [1948]: 164）。

由於英國人的壓制，因此我們不大可能知道關於誓盟會黨接下來發展成犯罪組織三合會（Triad）的過程。然而，正如我們前面所看到的，海峽殖民地與馬來亞的天地會（或三合會）所具有的強大力量，在某種程度上是英國間接統治政策的產物，因爲殖民政府委任華人社群的某些領袖來承擔管理華人職責，其中有些人本身就是三合會類型組織的頭人。英國人進一步支持這些強力團體的發展，他們的餉碼政策將鴉片銷售外包給華人，而這些餉

78

碼承包商會僱用誓盟會黨的打手（或稱流氓〔*samseng*〕）來保護他們的獨占事業。當鴉片銷售跟使用在二十世紀變成非法，祕密會社持續涉足非法毒品的散布，而近來已有新增的通俗文獻探討了天地會的當代類型三合會（或稱「華人黑手黨」〔Chinese Mafia〕）在國際毒品交易中的角色。[50]

在戰後的緊急狀態（Emergency）時期，（在二次大戰期間曾敗給日本而丟失馬來亞的）英國人懷疑誓盟會黨挑起許多反殖民活動。[51] 一九四六年，檳城的天地會公然恢復招募新成員的入會儀式，並在湖內山（Relau Hill）舉行多次儀式。一開始的幾場儀式約有三、四百名新丁參加，接著人數節節攀升，到了最後的儀式據稱有超過三千人在場（Blythe 1969: 344）。[52] 布萊斯的結論是，無法藉由法令來消滅天地會這類的誓盟會黨，因爲其具有深刻的「歷史、傳統、儀式背景」（Blythe 1969: 11）。[53]

我在下一章將會探索十九世紀天地會的傳說歷史與入會儀式。在一八九〇年的壓制之前，檳城的誓盟會黨存在於帝制中國的軌道之外，但它們運用繁文縟節的儀式表現形式，讓自己變成「英國官方世界的某種反面形象」，藉此跟官方形成對比（Simmel 1950 [1908]: 360）。在檳城這個社會脈絡，儀式的重要目的在於建構一個正式團體，來對抗新移民的漂蕩無根狀態，以及這個多樣化社群朝著脫序狀態發展的傾向。

這些儀式在極度自由的情況下發展，因爲它們並非由宗教正統所決定，而是被發明的——或可能由神明附身於乩童而創造出來。入會儀式挪用了中國帝制的形式與實踐，發明了一套宣示其宇宙中心位置的儀式，並深刻運用華南地區的神靈附身崇拜，來神聖化天地會的社會契約。在下一章，我將探討在十九世紀的海峽殖民地華人誓盟會黨的入會儀式展演所具有的「歷史、傳統、儀式背景」。

第四章　歸屬之儀

華人誓盟會黨的入會儀式

所有從先人流傳到現在的傳統，竟然是如此沉重，彷如世人腦子裡頭的一場惡夢。就在世人想為自己與各項事物發動革命性的改變、創造某些前所未有的東西時，也就是在這種革命危機時期，他們急忙召喚先人的老靈魂來符應其需要，並從這些老靈魂借用了名號、戰鬥口號與服裝，以假裝的歷史悠久外表與這種採借話語，呈現一個嶄新的世界史景象（Marx 1963 [1869]: 15）。

天地會的創會者發展出一套令人敬畏的入會儀式，來對群體成員灌輸行為規範，並敬重其領導者的神選權威。在精心編排的儀式展演中，天地會深刻援引了華人的傳統材料與實踐，包括淨土宗佛教、道教宇宙觀，以及華南地區的神靈附體宗教傳統，以創造出歷史延續性、團結與保護等等的意象。然而，誓盟會黨是在殖民時期各個異質化、世界主義港口城市的高度流動人群當中，才變得格外興盛的。在十九世紀的東南亞，在旅行、變遷、族群間相互接觸與衝突的情況下，華人移民如何能夠組成具凝聚力、和平相處的社群，對他們來說非常重要。正如我們在前一章所看到的，誓盟會黨提供了華人自我管治的體制。

與清國政府相反，海峽殖民地的英國政府直到一八九〇年才開始壓制誓盟會黨，而且誓盟會黨能夠蓄積財產，包括充當集會與舉辦集體祭祀飲宴場所的香堂（會所）。就算在一八九〇年之後，英國政府依然允許這些團體保留他們的廟宇，以祭祀祖先與慶祝節慶，包括在農曆七月集體安撫孤魂野鬼的儀式。

在遭受政府壓制之前，誓盟會黨的規章要求會員捐資支應清明節、中元節、農曆七月廿五日該會成立紀念日，以及「達宗」*誕辰。[1]例如，胡翰描述檳城義興慶祝農曆七月中元節的情況，宣稱至少有三千名會員來到義興香堂與鄰近街道上，齊聚參加集體宴會（Vaughan 1854: 21）。[2]施列格補充道，天地會成員也齊聚慶祝農曆正月十五的元宵節、土地公誕辰、關聖帝君誕辰（某些人認定祂就是天地會的達宗）、端午節，以及農曆八月十五的中秋節（Schlegel 1971 [1866]: 52）。[3]即使歐洲觀察者往往提到這些活動的規模極其盛大，但他們的興趣與注意力並不是放在這些依據時節舉行的節慶展演，而是放在天地會的神祕入會儀式。

這一章我分析華人誓盟會黨的入會儀式，主要是依據十九世紀海峽殖民地觀察者所描述的內容。當時有許多傳教士與殖民官員（其中有不少人是共濟會員）蒐集並翻譯這些誓盟會黨的文本，他們往往是在無法取得理解文本的各種編碼意義所需的詳盡注釋下，來進行這項工作。施列格這類的漢學家煞費苦心地翻譯這些照本宣科的儀式（Schlegel 1991 [1866]），往後的作者像是瓦德與史特林則嘗試從這項儀式裡面的橋樑、船舶與宇宙樹等等的象徵，找出其與他們自己共濟會傳統的相同點（Ward and Stirling 1977 [1925], Ward 1977 [1926]）。[4]

殖民政府針對一八六七年檳城暴動所做的調查報告，爲了解義興與建德（大伯公）誓盟會黨等地方組織提供了有用的洞見（Penang Riots Enquiry 1867, 1868）。我們也有來自文西．阿都拉的第一手觀察，他在一八二五年從新加坡的一處隱密位置觀察了天地會的一場入會儀式，而他對這個事件的敘述透過布拉岱爾的翻譯，發表於《印度群島與東亞學報》（別稱《羅根學報》）（Abdullah 1852）。必麒麟稍後運用他身爲新加坡華民護衛司的行政權力，親自公開見證了義興的入會儀式（Pickering 1878, 1879）。最後，馬來人與印度人觀察者及參與者似乎並不擔心將誓盟會黨機密洩漏給充滿好奇的英國作家如胡翰（Vaughan 1854, 1971 [1879]）等人，究竟會給自己帶來什麼麻煩。儘管這些早期敘述對儀式過程的描述有諸多缺漏，但它們依然是探討此段歷史極具價值的文獻。[5]

---

* 譯注：根據施列格（Schlegel 1991 [1866]: 23）的記載，這尊神祇爲「達宗」，下文會將作者所提到的「大宗」或「達宗」統一稱爲「達宗」。

許多當代探討天地會的學術研究往往強調誓盟會黨的實際角色在於提供其會員的互助與自我防衛手段（Heidues 1993, Murray 1993, Ownby 1996）。不過，近來有三項歷史研究探索了這個團體的傳奇歷史與儀式實踐。首先，穆黛安與秦寶琦記錄了這個團體的創始者發明該會歷史的過程，他們總結道：「這篇故事的作者從豐富歷史文獻與民間傳說的田地裡汲取養分，編織出一套與天地會的眞正歷史幾乎沒有關聯的故事」（Murray and Qin 1994: 175）。[6] 其次，王大爲探究了清朝早期與中期華人誓盟會黨的宗教與意識形態面向，推測天地會的儀式過程並不盡然是個「提升組織凝聚力」的手段，更像是透過戲劇化的儀式，「讓新丁從先生那裡學會超自然保護的祕密，從而得到保護與安全」（Ownby 1995: 1041）。最後，田海在令人由衷敬佩的詳盡研究中，分析了天地會豐富複雜的神話與入會儀式，試圖在華南的宗教文化當中找出他們象徵實踐的脈絡（ter Haar 1998；也請參閱 ter Haar 1993）。

田海（ter Haar 1998）提到，天地會傳奇歷史與入會儀式的發明者援引了許多他所稱的「魔鬼信仰的救世主典範」，這是他對十八世紀的重新建構。田海相信天地會傳說的許多成分源自這個傳統，包括遭逢野蠻且邪惡之敵人——對十九世紀的天地會成員而言就是清朝統治者——的傳奇故事、將祖先與會員區分爲五支神軍、長壽象徵、追求讓年幼的明朝王子恢復帝位、以一座想像中的巨大城市爲安全庇護所，並期望明王（明朝王室）來拯救漢族脫離災難等等。

在本書的分析裡，我探究誓盟會黨的發明者如何運用歷史敘述與儀式過程，來建構一套社會契約。我聚焦於他們儀式實踐的神靈附體面向，這種儀式深入援引了亞洲的政治中心性與權威的模型，我也探討他們對歲時節慶的慶祝，這些慶典旨在展現他們的宇宙世界觀。[7]我的結論是，這個團體的保護神顯然類似當代檳城人奉祀的神祇，祂們會附身在乩童身上以拯救世人（「救世界」）。

例如，在當代檳城每年有七座廟宇與多達五十位乩童會在農曆九月的頭九天，聯合舉行九皇大帝送瘟儀式。檳城人懇求皇爺、將軍與哪吒（據信祂是統帥神軍的三太子），趕走華人社群當中的災難、疾病與危險。在中國，農曆九月九日關聯到禳災除難的儀式，有某些天地會香堂就在超自然力量格外強大的這一天，祭祀他們的達宗。

將天地會的規約神聖化

天地會的創立者將其組建成一套由諸多「香堂」共同構成的網絡，具有同一套歷史、意識形態與組織架構。雖然天地會的規約、組織架構、入會儀式都有明文記載，確保了該團體的組織具備某種程度的固定性，但在整套傳統內部依然存在著各地的變異。以下我將引用檳城暴動調查委員會的報告，內容包括約談檳城義興與建德誓盟會黨的頭人與新丁，以探究它們與兩個馬來人誓盟會黨在一八六七年爆發的衝突。

這個儀式過程使得一套堅定的社會契約變成具體的存在。由神明所核准的行爲規範強化了這個團體，入會儀式相當於認可誓盟會黨領導者所具有的神聖權威。事實上，當海峽殖民地的英國人調查一八六七年的檳城暴動時，他們認識到檳城誓盟會黨在多大程度上被打造成地方自衛組織，核心領導人受託調解跟其他團體的衝突；若是發生更高層級的區域衝突，就由核心領導人召喚區域領導人來動員地方支持力量。

這場衝突始於兩個彼此敵對的馬來人誓盟會黨（紅旗會與白旗會）之間的爭鬥，但這兩個團體迅速召喚各自的盟友，也就是華人誓盟會黨義興以及建德（大伯公），而使衝突局面升高。政府任命的調查委員會做出結論，華人誓盟會黨——特別是義興——是「國中之國」（*imperium in imperio*），他們試圖建立獨立於「殖民地政府」之外、屬於自己的政府。[8]

委員會同時調查了義興與另一個較晚成立於一八四四年的誓盟會黨「建德堂」（*Kian Tek Tng*），其成員是義興內部心懷不滿而分裂出來的土生華人。這個「建」字有可能是「福建」的簡稱，也就是在檳城創建這個誓盟會黨的方言群體。大伯公是建德堂的保護神，爲此歐洲人經常稱他們爲「大伯公會」（Tua Peh Kong Society）。

大伯公這個名號結合了兩個尊稱：「大伯」意指「父親的大哥」；「公」意指「公爵」——這個名稱往往用來尊稱神明。某些說英語的檳城人將大伯公這個名號翻譯成Eldest Grand

Uncle，但許多人稱這尊神明爲「福德正神」。東南亞華人也將「伯」這個尊稱用於公司的創始者，奉爲該公司的保護神（Wong 1994: 73），大伯公這個名號就用來指稱這些不同群體複雜多樣的保護神。例如，有許多檳城人將大伯公認定爲華人先驅張理的神靈，他是來自華南客家地區的政治難民，早在英國人來到檳城之前就已抵達，他的墳墓依然在海珠嶼大伯公廟旁受人們崇敬（Chung and Yeoh 1986: 35；參閱下文與本書第六章）。

委員會翻譯了建德堂領導者對成員的指示（這份文件可能寫於一八四四年），這支持了委員會的詮釋，也就是天地會採用一套帝國模式，並將它運用在當地的法律、命令與治理等議題。我們在這裡可從另一個面向，清楚看到這些誓盟會黨被發明的本質。海峽殖民地吸引了來自中國東南沿海港口城市的移民，結果造成來自不同方言群體（殖民者偶而稱之爲「幫派」）的華人在這裡並肩生活，各自說著無法互通的語言，而且他們在經濟上彼此競爭，經常發生爭執。如同天地會的香堂，建德堂爲其會員建立守則、設計刑罰條款，以解決華人領袖在檳城這個社會性質複雜的社群中，爲了維持和平與互助所面臨的各項挑戰：

> 建德堂在此建立並頒布規約如下：古代君王執法力求諸事清明。其臣民遵守彼此的口頭誓約。貴族與平民知曉他們的地位。現有許多華人居於檳榔嶼；偏差日增，人心日變，正義不彰。富者想要吃盡窮者，強者恃強凌弱，鰥寡孤獨求助無門。雖然人各

> 有心，但從未同心思考。這是為何總是存在著衝突與不滿，而且為何謀生手段總是被迫中斷（PRE 1868: app. 2: 20）。[*]

這個團體的規則包括禁止「姦淫同盟兄弟妻女姊妹」[†]或在住處非法種植鴉片，這會導致其遭到逮捕；並威脅任何想要涉足自己未曾從事的行業者[‡]，違者施以鞭刑。他們也承諾要協助被外人欺負或遭到任何法律問題的會員（PRE 1868: app. 2: 20-23）。

在他們二十三條規章列表的最後，作者們提到這些規章「模擬皇帝管治帝國的模式」（PRE 1868: app. 2:23）。可見建立這個團體的人們試圖創建並實行一組公平規範，而且我們甚至可將這個文件視為華人的歷史特許權利聲明。他們的明確目標就是維持秩序，如此他們才得以和平地經營「謀生餬口」的生意。

這些作者描述建德堂於一八四四年在檳城的日落洞（Jelutong）創立，在那時：

> 成員們宣布他們是同父同母兄弟，有難同當，有福同享，強者護弱，救急扶傾，且彼此告誡。為了不讓自己犯下不正當之事，一個人不應自吹自擂是個強者，並欺負弱者。**在任何情況下必須無私執行規約，沒有幫派之別**（PRE 1868, app.2: 20；重點為我所加）。

總結來說，他們承諾奉行善事者將被「記錄下來且萬世流芳」（PRE 1868, app. 2: 20）。如此，他們強調了誓盟會黨的普遍性質、道德基礎、承諾「保護弱者」與公正無私：他們司法律令的執行「沒有幫派之別」。爲了支持這項世界主義的主張，調查委員會得出結論：「這個會（社團）的頭人……可能來自任何幫派，而且同一幫派的人經常出現在不同的會裡。」[9]

一八六七年的檳城暴動使得華人的兩個誓盟會黨——建德與義興（天地會）——進一步對英國人揭露其內幕，每一個都跟另一個馬來人誓盟會黨結盟：建德跟紅旗會，義興跟白旗會。顯然比種族因素更重要的是，相互結盟的誓盟會黨往往占據了檳城的同一個角落，而且彼此同意要友善相處。在正式調查中，建德堂頭人描述他跟紅旗會頭人的「友善」關係如下：「我所說的『友善』是這樣的：（馬來人的誓盟會黨領導人）仄隆（Che Long）[§]跟我彼此事先商量好，要是我這邊的人傷了他的人，我應該向他道歉並負責調解；如果情況反

* 譯注：由於原文無華語版本，因此這段翻譯採用意譯。
† 譯注：參考郭仁德，一九九二，《揭開私會黨真面目》，吉隆坡：馬來西亞華人文化協會。頁一五五，洪門卅六誓第九誓。
‡ 譯注：同上注，頁一五七，洪門卅六誓第卅六誓：士農工商，各執一藝。
§ 譯注：Che是馬來話的encik，即指Mr.（先生）。檳城華人用仄來拼Che。

過來，仈隆也應該做同樣的事」（PRE 1864, vol. 1: 1）。紅旗會與白旗會的創立者都是採取華人誓盟會黨模式來打造自己的社群，而且從一開始這些團體就具備非常類似的宗教功能，包括入會者的通過儀式。

依據史特林一九二〇年代在霹靂（Perak）對這些馬來人祕密會社的調查，馬來人新丁（入會者）的宣誓方式有別於華人：

> 在馬來人的宣誓儀式中，《可蘭經》*就放在宣誓者的頭上，他雙臂懸空舉著，複誦如下誓詞：「假使我背叛了這個會的祕密，就讓《可蘭經》吃光我的內臟。」有一個杯子收集割破宣誓者食指所取得的幾滴鮮血，有時會混在牛奶裡面，象徵著母乳與義兄弟情誼（Stirling 1925: 60）。

當宣誓者聽到「誰是你的母親？」這個問題時，就要準備回答「紅旗會」（Stirling 1925: 58）。在誓盟會黨將會員範圍延伸到馬來人時，這些誓盟會黨意識到，有必要將儀式實踐翻譯成馬來語言及其象徵形式。最重要的是，他們修改了誓盟會黨的誓詞，以確保它對穆斯林馬來人來說同樣具有神聖性和凝聚力，就好比華人新丁在神祇面前宣誓一般。此時，他們運用了英國人在法庭與共濟會所採用的方式，讓這些人手按他們各自宗教傳統的神聖經典宣誓，藉以確保新丁（或馬來入會者）的誠實。

檳城委員會的成員爲準備執行職務，閱讀了施列格當時最新出版的天地會研究報告：《洪門》（Schlegel 1991 [1866]），也訪問了義興的儀式「先生」，他自稱是團體的主要領導者。在委員會的詰問下，這位義興先生描述其職責：「他們會把新進會員帶到我面前。我教他們本會的規矩，但我只會教他們好的規矩，不是壞的規矩。我也保管這個會的印章，但並不保管帳冊。」當委員會直截了當問他：「你在這個會裡頭是不是擁有最大的權力？」他回答得一樣直接：「沒錯，我確實是，而且在大哥之上」（PRE 1867, vol. 1: 36）。依據這位先生所說，「大哥」擁有的權力包括調解衝突與宣戰媾和。其他職位包括「二哥」、「三哥」，與負責執行懲罰的「紅棍」。當他被問到是否還有其他職位，先生回答說「先鋒」負責在入會儀式中引介新丁，但這不是永久職位，而是「有需要時才臨時指派」（PRE 1867, vol. 1: 36）。這個團體的主要領導者是先生，他的穿著像個道士，對新進成員教導這個團體的道德規範（PRE 1867, vol. 2: 135），另外就是負責宣戰媾和的「大哥」。掌握團體印章的這件事攸關先生的權威：在這個以帝國統治爲模型的體系，成員必須服從任何一道蓋有會章的命令。

* 譯注：依據檳城譯法，爲《可蘭經》。

檳城義興的入會儀式

這些調查紀錄也包括對天地會（或義興）入會儀式的詳盡描述，這是由一名叫沙慕（音譯自Shamoo）的見證者所提供，他是來自印度納加帕蒂南*（這座小城位於馬德拉斯〔Madras，現稱欽奈Chennai〕南方）的印度移民，住在亞依淡，他之所以加入義興是「因爲（他就）生活在義興兄弟裡頭」（PRE 1867, vol. 2: 132）。他向警方報案表示他遭到五名馬來人毆打，卻得不到滿意的回應。有兩個人來找他，建議他加入另一家會黨（公司），他們提到：「你如果這麼做，我們整個會黨的人都會幫你。」他們帶沙慕去見華人首領，隨後沙慕就決定參加在浮羅山背舉行的下一場入會儀式：

86

> 當我們到達那裡時，已有很多人聚集在那裡，我應該說在那間公司厝裡有三百人，包括會員跟其他人。從六點到十一點，義興的祕書（先生）梅耀廣跟其他兩個人，我不曉得他們的名字，正專心抄寫那些興致勃勃的參與者名字並收取入會費。華人三元六角，馬來人與吉寧人（印度人）一元六角。我並不清楚為何會有這種價格差別。到了十一點，他們把我們兩個兩個地帶進了公司厝，穿過相連續的四道門，在每道門都要被詢問某些問題，每道門有兩名衛士把守。在第一道門，以及接下來的三道門，我

們被問到：

問：你從何地來？

答：從東方來。

問：你來做什麼？

答：來這裡會兄弟。

問：要是兄弟吃的米飯裡頭混著沙子，你是不是也會吃下去？

答：是的，我們會吃。

（然後把關者拿出一把寬刃刀並問道）

問：你知道這是什麼嗎？

答：刀（馬來語：*pisau*）。

問：這把刀能做什麼？

答：我們可以拿這把刀跟敵人或仇家打鬥。

問：這把刀有沒有比脖子硬？

答：脖子比較硬。

* 譯注：昔稱Nagapatam，現名Nagapattinan。

旁人會告訴我們怎麼回答（PRE 1867, vol.2: 133-134）。

這個活動從晚上六點持續舉行到清晨六點，主要儀式在午夜舉行。即使這位新丁無法理解這場儀式的主要部分，也就是長達兩小時的儀式經文念誦，但他走過這趟儀式旅程，以表達對這個團體的許諾。新丁在同意跟「兄弟」一起吃下混著沙粒的米飯時，就意味著他承諾要同甘共苦；在進行刀劍測試時，他允諾一定會跟兄弟齊力對抗敵人或仇家。

新丁下一步就面對站在桌上的「先生」（英國人經常翻譯爲「祕書」，新丁有時稱他爲「母親」）獻出他的鮮血。在這個旨在再現一場象徵性死亡與重生的儀式中，他接下來就匍匐爬過第二張更高一層的桌子底下，這張桌子上安奉著一尊神像。[10] 爲了強調這個象徵內涵，這個團體明文規定要求會員將其年齡從入會之時重新起算（Schlegel 1991 [1886]: 143）。

接著有個人給他三枚銅錢，然後讓他通過火與水的試煉，這個團體的歷史特許權利聲明中有描述過類似的內容。首先，他跨過一個炭爐上方，先跨左腳，代表安全過火（也是淨化）。這個動作讓人想起清朝政府縱火焚燒少林寺時，五祖奇蹟般逃脫的情景。接著，他踩過三塊花崗岩踏板，同樣是從左腳先踩，代表安全通過水。這個動作則讓人想起五祖受困在水中時，奇蹟般出現了一座銅製（或青銅製）與鐵製的橋樑，讓他們安全過關。

當這位新丁最後到達太平墟（*Tai Peng Hu*）*，他用手上三枚銅錢交換三樣東西——香菸、荖葉與蜜餞——可能是從賣果老（譯按：賣水果的老人）那裡拿到的。田海提到，在這場儀式的某些展演場合，他確認爲土地公的這位賣果老帶著幾籃水果，把一顆桃子賣給新丁。據田海推斷，桃子不僅代表長壽，也代表這位新丁重生成爲誓盟會黨的會員（ter Haar 1998: 140）。相比起來，檳城的新丁拿出三枚銅錢，卻是交換三種帶來歡愉的消費品：香菸、荖葉與蜜餞，對於跟這尊神明建立互惠關係的這些人，這可能象徵著未來繁榮生活的許諾。[11]最後，這場儀式的高潮是歃血爲盟，全部人再次聚集於神壇前面，共同飲下混著來自每位新入會兄弟幾滴血的水。先生隨後換上道士服裝，並誦讀儀式經文，這裡是整個儀式中新丁沙慕無法通曉的部分。然而，這個團體領導者確實讓所有的在場者清楚明白會員的職責，沙慕也理解他必須要「獻金」（亦即捐款給這個團體），一旦獲邀就必須參與會員共同舉辦的宗教儀式，而且一被召喚就要參與戰鬥。

從會員所獲取的捐款往往用來支應誓盟會黨的歲時慶典。例如，司徒文提到，天地會三十六誓的第九誓就要求所有會員必須捐錢支持在農曆七月廿五的慶典（這個團體創立日的週年慶），支持提供「紙衣來拯救孤魂」，並支持「達宗公在農曆九月初九的誕辰慶典」†

* 譯注：太平墟是這項儀式的重要地點，作者將之譯爲Marketplace of Universal Peace。

† 譯注：此處原文是大宗公，依據施列格的記載，改爲達宗公。

（Stanton 1900: 62）。依據紐伯得與威爾森的報導，馬六甲天地會也在農曆九月舉行「年度會員大會」，以慶祝其守護英雄的誕辰（Newbold and Wilson 1840-41: 143）。由此可見，天地會的儀式活動不僅是入會儀式，也包括同歡慶典，動員其會員依據時間循環來參與集體祭拜與飲宴。在此同時，這些節慶也滿足這個社群在中元普度期間安撫具潛在威脅鬼魂的需求（參閱第七章）。*

88

想像中心性與權力

我在導論中提到，我們不僅必須將宗教視爲結構化的再現領域，更要將之視爲地方化的儀式實踐，以及處於歷史情境中的社會過程。我們在之前的段落已經看到天地會的某些儀式實踐是如何在檳城進行地方化。現在讓我從亞洲中心性模型與權力對天地會的象徵實踐所具有的影響開始談起，探討這些儀式實踐與結構化的再現領域之間的關係。天地會入會儀式的發明者深刻援引了中心與四方的象徵，這是古典的亞洲宇宙觀模型。依據其傳說歷史的說法，他們將自己組織成依據地域基礎而建立的「五房」†，將各個團體分別認同於五方的神軍，保護著宇宙四個角落以及位於宇宙中心的聖城。天地會的儀式中深刻充斥著這種跟強大神軍相關聯的五方象徵論，因此田海總結道，三合會團體應被詮釋爲「由神將所率領的神軍（其隊伍結合了生者與亡者），將戰勝邪靈（以及中國的『蠻族』滿清統治者）視作他們的天命」（ter Haar 1998: 289）。

然而，這五重曼荼羅（mandala）‡也可被當成用來解釋亞洲王國的典範模型，爲譚拜亞所稱的「星系政體」（galactic polity）提供了一套「幾何、地形、宇宙論和社會的藍圖」

---

* 譯注：中元普度爲儒釋道三教的孤魂救濟儀式。請參閱李豐楙〈普度〉，全國宗教資訊網（https://religion.moi.gov.tw/knowledge/content?ci=2&cid=202）。近人亦寫成中元普渡，正如作者所引用的Teiser的渡船之義。爲求符合經籍所載的正式用法，本書將此儀式皆譯爲「普度」。

† 譯注：五房是天地會傳說當中，在創立之時，由少林寺五位和尚與五位馬販分別到中國各省建立祖堂與會堂。依據薛澄清對施列格的譯本，五房分別是：

1. 長房，和尚蔡德忠到福建建立祖堂「清蓮堂」；馬販林永超到甘肅成立「鳳皇郡」的會堂。
2. 二房，和尚方大洪到廣東建立祖堂「洪順堂」；馬販李色智到廣西成立「金蘭郡」的會堂。
3. 三房，和尚馬超興到雲南建立祖堂「家后堂」；馬販吳天成到四川成立「建章郡」的會堂。
4. 四房，和尚胡德帝到湖南建立祖堂「參天堂」；馬販姚必達到湖北成立「福浦郡」的會堂。
5. 五房，和尚李色開到浙江建立祖堂「洪化堂」；馬販洪太歲到江西成立「隴西郡」的會堂。（薛澄清譯，頁六六～七）。

‡ 譯注：曼荼羅（mandala）意譯爲「壇」、「壇場」、「壇城」、「輪圓具足」、「聚集」等，原是印度教爲修行需要而建立的小土台，後來也用繪圖方式製作。這個傳統被密宗吸收而成許多不同形式的曼荼羅。依照曼荼羅的各種含意，它就是各個宗教爲描述或再現其宇宙模型，或顯現其宗教所見之宇宙的眞實。（資料來源：https://zh.wikipedia.org/wiki/%E6%9B%BC%E8%8D%BC%E7%BE%85）

（Tambiah 1985a: 253）。[12]這種國家實行令人印象深刻的宮廷禮儀，想像了皇帝所處的中心地位和權力，並尋求奇蹟般確保其統治領域的福祉。然而，如同紀爾茲在其對於峇里島「劇場國家」的分析所指出，當地的地景上充滿了許多普世王權，每個王權都宣稱自己是宇宙軸心，並透過競爭性的儀式展演來證明其中心地位和優越性（Geertz 1980: 124-29）。

華人教派運動的領導者經常將其組織描繪成曼荼羅模式，將自己組建爲由五個、八個或九個團體所構成的聯盟。例如，我們發現白蓮教統合了幾個分立、散布各地的教派，藉由將這些教派整合進入更高層級的架構之中，將八個團體分別以《易經》的八卦命名、組合在一起，或將九個團體分別以天文學劃分天空的九宮來命名（Naquin 1976: 18）。例如，叛亂團體八卦會的領導者就把八位追隨者命名爲「卦主」，目的在推翻清朝後，建立新的「劫波」（kalpa）*，屆時他和八位卦主的頭銜就會更改爲「宮主」（Naquin 1976: 217）。若說天地會創始者在一開始將這個團體組成五房（依據曼荼羅模型塑造出中心與四方），那麼它在東南亞的會員則有可能援引類似的九重宇宙論模型，將自己組成九個分支。

雖然人類學對這種教派運動的研究很少，但托培理在一九五〇年代的新加坡針對名爲「先天大道」的團體從事了引人矚目的民族誌研究。她認識到先天大道的組織是由「五公」輪替領導，這五公是較高層級的成員，他們轉變爲神祇，其中包括這個團體的最高神祇無生老母。他們將五公與五行、五個朝代與五方相連結。這五位持有這個等級者依據他們的五行，稱爲「木公」、「土公」、「金公」、「水公」或「火公」。他們的最高領導人成爲團體的守護神，也成爲「無生老母的人間代表」。即使他們經常變換這尊神祕神祇的名稱，以維持其神祕性，但他們有時指明祂就是斗姆元君，代表著太極——也就是不動的北極星，銀河的眾多星系就圍著它旋轉（Topley 1963: 378）。[13]

天地會、白蓮教、先天大道這些祕密教派團體，將宇宙論的架構複製在自己的組織架構當中。此外，那些協調儀式展演的領導者——其中有些人的行爲舉止跟言談就像神祇一樣——宣稱自己擁有超凡神奇力量，包括號令神軍的能力。他們以這套令人信服的星系政體的宇宙象徵論，再生產了自己的中心性與權威。[14]

神聖化權威：神靈附體與神明儀式

一八七九年，必麒麟出版了一本關於天地會入會儀式的敍述，裡頭交雜著第一手觀察描述與對書寫文本的翻譯。必麒麟身處一個異常有利的位置來觀察這些儀式，因爲他會說

* 譯注：八卦會的叛亂即是一八六二至一八六四年發生在台灣的戴潮春之亂。Kalpa的中文翻譯包括劫數、劫波等，簡稱「劫」，是印度教與佛教宇宙觀術語，意思是一段對世人來說極長的時間。一劫過後宇宙毀滅並重新開始。

福建話且能讀華文——這些能力更使他從一八七七年到一八九〇年爲止，獲英國政府委任爲新加坡的華民護衛司。他運用這個職務的角色，偕同其他幾位殖民地官員親眼見證了入會儀式。必麒麟的敍述提供給我們某些線索，讓我得以做出這樣的結論：在誓盟會黨的神聖化方面，有另一個重要面向是那些非華人見證者未必能完全理解的。我認爲，天地會領導者扮演著靈媒角色，爲這個誓盟會黨創始者的神靈附身而發言。因此，這個儀式過程融合了神聖權威與世俗權威，這對新丁的儀式經驗產生極大影響。

天地會的新丁來自華南，在那裡，神靈附體是一種常見的文化習俗。天地會的先生和乩童——由保護神師尊與武師靈魂附身——將他們所設計的採用綜攝手法的教派道德規範，以及衆神所使用的戰鬥技術爲模型的武術體系，傳承給弟子。[15]透過這種方式具體展現的衆神力量，對那些受協助的對象提供了預言、安慰，也對那些被認爲是由邪靈所引發的痛苦（包括瘟疫與其他災害）提供了療方。乩童也參與整個社群的驅除惡鬼活動，以趕走「不潔之物」——鬼魂和萬物的精靈——它們被認爲會導致疾病和不幸（參閱第八章）。

在當代檳城，華人依然經常請神祇附身在乩童身上以「救世界」。人們說神明的靈魂「蓋過」了乩童的靈魂，而且他們相信神祇透過乩童來行動，從而轉變了男性乩童或（較少見的）女性乩童的性格、言語和行動方式。因此，人們以極其敬重與尊重的態度，來接近這個「被附身」的乩童——他們認爲他是神明的化身。乩童的例行工作包括使用靈符來醫治那些跟無形力量（鬼魂和萬物的精靈）發生「沖到」（精神碰撞）而受苦的人。在廟會慶典期間，附身於乩童的神明有時也會派發護身符，以保護人們對抗看不見的危害，並舉行改運或「補運」的儀式。

許多當代乩童將那些據信會附身的神祇區分爲「武」神或「文」神，他們援引一套古典權威模型，其中文人領導者的正規權力受到軍事領導人的強制力所補足——這種二元論也呈現在民間宗教的諸神意象上。當像是關聖帝君、玄天上帝或三太子這類武神附身在乩童身上，這些神明會要求給祂們武器，並在鑼鼓聲伴隨下展開武術表演形態的展演。武神會在廟會慶典上自我毀傷來展現其耐受能力，包括過火、下油鍋、過刀橋、用刀劍或刺球擊打背部、用點燃的香支「擦澡」、用匕首或矛刺穿臉頰，還會割破舌頭，將具有強大神力的鮮血點在紙符上。

相對地，當文神附身時，乩童的行動就較爲收斂，並展現出優雅與學問。這些附身神明透過口頭背誦宇宙論、創造詩詞，以及傳授從昔日流傳至今的道德觀念，讓信衆得以確認祂們的身分。例如，太上老君是《道德經》作者老子的神格化靈魂，祂穿著形似道士的衣服，向我講述祂的哲學體系的基本前提。另一位乩童，人們認爲他完全是神祇的化身，則是教導他的弟子如何解讀《道德經》與《易經》的文本，同時也告訴我們，老子透露給他的訊息。當一位像老子那樣「不朽的保護神」附身在乩童身上時，乩童不僅如同靜態文本

91

裡的固定內容所傳達的那樣傳達老子的想法，更聲稱他提供了身體給神靈，讓祂的人格能再度與人間世界有所聯繫。人們不僅將祖先保護神體驗爲神祇，也將祂們體驗爲充滿感情、富有洞察力的個體。

天地會入會儀式中的神靈附體

正如必麒麟所描述的，天地會儀式展演的主持人是「先生」和「先鋒」，兩人都是該會傳奇歷史中的英雄。這個歷史敘事指出，先生就是道教隱士陳近南，他在退出清廷之前曾擔任兵部官員（Pickering 1879: 81）。[16] 瓦德和史特林提到，誓盟會黨創始者選擇這位道家隱士成爲他們的先生，是因爲他的「品德高尚、個人實力強大，以及無庸置疑的神奇能力」。基於這個原因，他們補充道：「在洪門（天地會），先生這個稱呼向來就是稱呼陳近南」（Ward and Stirling 1977 [1925]: 41）。

如同必麒麟一般，司徒文也指出，香港天地會的領導人藉由採用創始者名字，再現昔日的歷史場景：

> 在入會儀式以及香堂舉行會議時，大哥* 被視為（天地會）第一任大哥萬雲龍的代

> 表，並使用他的名字。同樣地，香主代表陳近南，先鋒代表天佑洪，第一道門的護衛代表萬道龍與萬道芳，第二道門的護衛代表鄭志與鄭丁，第三道門的護衛代表吳漢宜和吳錦雷（Stanton 1900: 42）。

司徒文補充道：「有時在文獻紀錄上，這些人全依據其職位被描述成六部的尚書、明朝太子的太傅或少傅之類，彷如明朝實際上統治著這個國家」（Stanton 1900: 42）。司徒文還觀察到，爲了進一步維持明朝統治的假象，他們在文件上塡寫日期時，使用了明朝皇帝統治的曆法，而不是清朝統治者所設定的曆法。†

儘管歐洲人的敘述顯示，天地會的領導人只是透過世俗角色扮演來「再現」其創始者，然而華人參與者無疑認爲，那些採用天地會神聖創始者名號與屬性的個體，在入會儀式中確確實實變成了那些神聖的創始者，並獲得他們的超凡力量。對他們來說，先生和先鋒是

92

* 譯注：這裡原文是Great Elder Brother，由於引文所提是香港天地會，不可能是檳城常用的「大伯公」，因此譯爲大哥。下文「香主」就是主持入會儀式的「先生」。

† 譯注：據新加坡的天地會志士神位內容顯示，生於一七九〇年之前的志士神位多採用清朝年號與干支；一八六〇年之後亡故者的神位所寫年號大多以「天運」爲主，稱號則有輔明義士、皇明義士、候明義士等等，皆有明字（饒宗頤，一九九四，《新加坡古事紀》，頁三五三～三五五。香港：中文大學出版社）。

以神明和先烈的權威與信譽在說話的。

再者，正如文西．阿都拉對他在一八二五年所見證的新加坡入會儀式的描述，儀式中會有一位助理（或許有時被認定是「先鋒」的其中一位參與者）爲新丁翻譯先生所說的話：「站在他身旁的那個人將先生所提的每個問題，翻譯給那個磕頭在地的人知曉」（Abdullah 1970 [1849]: 211）。這也是神靈附體的體現——至少從當代宗教實踐的角度看來是如此。人們經常形容神明的語言非常「深」，充滿從古代文言文所援引的話語；而且他們經常恭敬地稱道這尊神明的流利口才。向乩童請教問題的人們可能會發現，神明所說的古代文言文太難理解，需要依賴一旁的詮釋者將神明的話語解釋給他們聽。然而，神明說著深奧的福建話，使得他們得以確認這場恍惚出神儀式的眞實性，並將神明定位爲來自不同時代的個體。

歷史學家的結論無疑是正確的，天地會成員和會黨很少主動積極試圖反清復明。但他們的領導人至少在行政作爲上透過恢復明朝曆法來象徵他們反抗清朝統治。再者，在入會儀式的展演中，傳說歷史中的各個角色（包括先生和先鋒，他們在天地會的某些傳說版本中被認定爲明朝最後一位皇帝的侍衛）得以再一次地被訴說與展現。於是，參與者透過儀式展演，集體再現了明朝的時空體（chronotope），[17*] 試圖讓昔日場景在舉行儀式的當下再次重現。

文學原型和附身展演

我們經常在華人民間宗教文化中發現，文學和民間故事（其中許多讚揚武俠和「遊俠」〔Liu 1967〕）爲華人的神明信仰提供了重要且令人信服的來源。正如人類學家埃利奧特在一九五五年對新加坡華人乩童的研究報告中指出：

> （那些）比較老練世故的華人認為這些故事有趣、是適合輕鬆閱讀的材料；對許多文盲而言，這些透過口語或戲劇展演傳達給他們的故事，構成了歷史事實的根本。……此外，這些傳說故事的英雄往往不僅是歷史事實，更有能力將他們神奇的影響力帶到後世的生活（Elliott 1955: 166）。

93

沙哈爾也指出：「在大多數情況下，一般的華人並不是透過背誦經文來了解神明，而是透過讀白話小說、聆聽說書人講的故事、觀看戲劇等」（Shahar 1998: 221；也請參閱 Shahar 1996）。小說、口語敘事和戲劇都是神靈崇拜廣泛傳播的載體，這三者共同塑造了人們對神

＊ 譯注：時空體是指透過語言及論述所再現的時間與空間配置。

祇與其力量的想像。[18]

對天地會成員而言，他們的傳奇歷史不僅爲其反清立場的明文記載歷史特許權利（正如許多人所強調的）提供了支持，更提供了祭祀神明與創始祖先的獨特神殿，對於神靈的崇拜祭典成爲其儀式實踐的核心。讓我簡單回顧這個傳奇歷史的各個主要事件，其中講述了一個背叛和英雄的故事，充滿了許多不尋常的巧合、宇宙論上的重要日期，以及超自然力量的干預等等。儘管有諸多版本，我在以下的綜合提要將以必麒麟一八七八年的敘述爲基礎，這是他從新加坡與馬六甲所收集的數本天地會指南手冊中綜合而成。[19]這個神話歷史裡有少林寺的武僧和神奇武器——這像極了華人戲劇或香港歷史功夫電影的情節，而且無疑啟發了幾部這樣的戲劇或電影。[20]

這個故事講述在一六六四年有一群武僧自告奮勇，想要解救中國免於蠻族侵略。一開始，皇帝獎勵他們的成功事蹟，但朝廷官員說服皇帝相信僧侶已與某位將軍共同組成了誓盟會黨，可能會聯手發動叛亂。皇帝相信了這項潛在危險的存在，（因此）授權這些造謠的官員摧毀僧侶和寺院。有位官員在新年帶著御林軍前往少林寺，假意要將皇帝賞賜的禮酒送交給僧侶們。方丈用他的神劍測出該酒有毒，但御林軍已放火燒了少林寺，百餘名僧侶死於這場大火。有十八位僧人保護了神劍與先前因爲戰功而獲得的御賜印章，並祈求佛祖的保護。隨後，有位「天神」命令助手「打開黑色和黃色的道路」，這十八僧人藉此逃出被烈焰吞噬的少林寺（Pickering 1878: 76）。

在御林軍追殺之下，這十八僧人又有十三人遇害，僅餘五人逃到高溪廟避難，又從那裡逃到靈王廟。他們走在溪邊發現有個白瓷香爐，底部寫著「反清復明」四字。他們將這個香爐解讀成一個預兆，天上預示他們應該對抗滿清以平反清廷對他們的不公，於是他們「仿效古人劉備、關羽和張飛，對天盟誓，插草爲香」（Pickering 1878: 78-79），這個誓約由天地所見證（Schlegel 1991 [1866]: 15）。[21]

然而，御林軍迅速追上了僧侶。他們當時受到五虎將軍的協助在龍虎山避難。在那裡，他們與三個名爲「五合」（五合而爲一）的團體結盟，包括五虎大將軍、五位馬販、以及陳近南和他的四位隨從。* 農曆七月廿五日，他們在紅花亭集結成軍，另有一百零七人和一位自稱是明崇禎皇帝孫子朱洪祝的青年加入。他們向這位皇太孫鞠躬，稱他爲新主人，並任命陳近南爲總舵主與先生（Pickering 1878: 81-82）。這支新組建的軍隊隨後歃血爲盟，立誓推翻滿清政府。接著有一位新來者——據旁人所述，他是明朝末代皇帝侍衛的靈魂（參閱如Williams 1849: 293-94）——加入他們，並獲任命爲軍事先鋒。他們在農曆八月十五（即中秋

---

* 譯注：五虎大將是吳天佑、方惠成、張敬昭、林大江、楊文左。五位馬販是吳天成、洪太歲、李色地、桃必達、林永招，在浙江或山東各省販馬維生。陳近南曾任兵部尚書與翰林院學士，被仇人所害而棄職。

節，這是該團體的團聚日之一）出征時，遇到佛教武僧萬雲龍，於是請他擔任大元帥和大哥。正如先鋒和他們的一百零八名結義兄弟一般，萬雲龍看起來也是個不凡之人。

農曆八月十五日，這支新組建軍隊與清軍交戰，並取得了勝利。然而在農曆九月初九的最後一戰中，萬雲龍墜馬身亡。陳近南看出這是他的命運，指示僧人火化萬雲龍的遺體，並將骨灰埋在山腳一座九層八角寶塔下，朝向西北——在指南針上這是立冬的方向。先鋒立起一座碑塔，把刻在墓碑上的字都加上（關聯到冬天和北方的）「水」字邊。*陳近南隨後指示他們分散到各地，但必須繼續「盡可能爭取更多勇士，加入這支正義隊伍的行列」（Pickering 1878: 84）。[22]

根據這個傳奇歷史，天地會創始者隨後再將天地會區分爲「五旗」或「五房」，先生陳近南針對這五房，分別給予各自獨特的稱號、旗幟、數字和口令。福建這一房是在黑（烏）旗之下，這無疑導致福建人將「祕密會社」稱爲「黑社會」（*O·hsia hoe*）。先生還發明了「詩句、字符和通關暗語，使其成員可透過這些東西相認，直到他們最後推翻清朝，完全恢復明朝成爲其合法帝國爲止」（Pickering 1878: 84）。天地會傳奇歷史另一個版本的結局是先生陳近南「歸隱白鶴山，他在那裡爲各房做了錢包、長袍和短袖束腰外衣」（Williams 1849: 291）。這套服裝帶有隱喻：在天地會的暗語裡頭，「衫仔」（衣服）所指的是會中律法（Schlegel 1866 [1991]: 233），這是新丁在入會儀式時必須學會，並發誓服從的。[23]

這個關於天地會軍隊形成過程富有想像力的敍述——由萬雲龍、先生和先鋒領軍上陣——除了透露這套傳奇歷史所提供的天地會律法和章程，也爲這個社團的領導權提供了持久存在的模板。在入會儀式中，先生和先鋒再次返回，在一場精心策畫的儀式當中讓新丁入會，許多儀式中的地標都來自其傳說歷史，並由該團體的大哥（具有宣戰媾和的權力）承擔萬雲龍的角色。

讓我探討一下跟天地會傳奇歷史有關的兩個角色的故事：萬雲龍和先鋒（天佑洪，寓意「上天保護洪門」），我推測他們是具有保護神角色的神聖盟友。依據天地會的傳奇歷史，萬雲龍曾殺過一個人，他因而出家成爲萬雲山的佛僧。然而，他外表看似一尊神明：

> 萬雲龍身高丈餘、頭大如斗、濶面紅髮、手用雙龍棍，力敵萬人，無人可擋……當御林軍逼近，萬雲龍受一股正義之氣所感動，慨然說道：「皇子殿下，如果你不執行天道並導正所有加諸於殿下身上的不公不義，你就不是真漢子」（Pickering 1878: 82-83）。

* 譯注：據《天地會文件》，這個墓碑對聯爲十一個字，原字爲「地鎭高崗一派江山千古秀，門朝大海三河合水年萬流」，除了原已有水字旁的派、江、河、流等四字，全部都加上三點水字旁。

這支軍隊認定萬雲龍的力量，尊他爲大元帥，並同意服從他爲大哥（Pickering 1878: 83）。他在一場反清戰爭中帶領這支軍隊對抗清軍，卻不幸墜馬而死。在他去世後，西北方出現一團五彩雲朵，五祖因此宣布，雖然萬雲龍凋零了，但他依然是他們的「達宗」（Ward and Stirling 1977 [1925]: 44）。

瓦德和史特林得出結論，紅髮赤髯的萬雲龍再現了如烈日般死去並再度升起的太陽王原型（Ward and Stirling 1977 [1925]: 44）。假使他們的猜測是正確的，達宗在農曆九月九日的神祕注定死亡，代表著他的**陽氣**力量隨著秋季轉變成冬季與日落，而呈現季節性的衰退。在天地會裡，「大哥」採用了萬雲龍這個名字和角色，並在每年一度的節慶團聚中紀念他的悲慘死亡。[24]

除了這個故事暗示了的萬雲龍神聖屬性，這個團體的傳奇歷史也認定先鋒是明朝末代皇帝侍衛的靈魂。例如在某個版本的天地會入會儀式中，先鋒帶著新成員到了香堂的外門並告訴護衛，他是天佑洪，想要帶這些新丁加入軍隊。看門人將這個訊息傳遞給先生，先生質問：「從盤古開天以來無人姓『人』，怎麼可能會有人姓『天』？告訴他要說出眞實姓名，因爲假使有一絲絲的欺瞞，他就會被拒於香堂門外，而且我們就會毫不遲疑地砍掉他的頭」（Williams 1849: 293）。

先鋒回答時講了一個故事，確定自己是明朝末代皇帝的侍衛，他在主子死後忠心自盡，

96

並跟隨主子去了太廟。他被指控爲反叛者之後，就被剝奪了留在主子身旁的榮譽，爲此他離開太廟而在天庭半路的中介空間遊蕩。達摩（禪宗佛教徒與少林寺武僧認定他是祖師）拯救了他，將他的靈魂裝在葫蘆裡。達摩「屈指一算」，隨後就建議這個靈魂應該要幫助衆人爲火燒少林寺一事報仇。

先鋒繼續講述這個故事，在農曆七月廿五日——也就是天地會成軍之日——有兩個人在高溪廟舉行降靈會。[25]這個靈魂進入了靈王廟裡頭的蘇洪光身上，給他一雙鐵片鞋底的草鞋。[26]這個靈魂依然附在蘇洪光身上，然後來到高溪廟，在那裡兩兄弟賜予他「先鋒」這個崇高稱號。在這場儀式展演中，先鋒最後將他的「牌」拿給「大哥」，指出「天」就是他眞實姓氏，「洪」就是他的眞名，從而結束這個故事。先生聽完先鋒講述他的故事（讓新丁確定他是一個靈魂）之後，就請他脫下盔甲並進到門內（Williams 1849: 293-94）。

由此可見，先鋒不僅是個歷史人物，他在入會儀式的表現強烈暗示其藉由神靈附體現身。事實上，根據這段傳說歷史，當他在靈王廟附身、或至少借用一個有吉祥名字的人（蘇洪光〔再生、大光明〕）的身體時，他就**已是**一個靈了。如同許多在乩童附身儀式受到崇敬的神靈，他是個四處遊走、危險的鬼魂，但在世人賦予適當尊崇的情形下，他願意回到世間來幫助他們。天地會的創始者尊崇先鋒，而他也運用自己的超自然力量帶領他們從事反清運動作爲回報，並在入會儀式裡回來帶領新丁。

田海也指出先鋒是個謎樣人物，但他將其視爲一場準戲劇儀式展演中，以華人傳統戲劇手法爲本的演員（ter Haar 1998: 137-46）。但可確定的是，田海詮釋這個事件的角度過度世俗化。神靈附體是華南地區常見的文化習俗，其中**乩童**（*kitong*）陷入精神恍惚，並且「**跳**」（*thiao*）著具有強大驅邪力量的大帝、王爺、將軍和太子等等的神靈。在天地會入會儀式的行動者扮演創始人的身分時，他們以合乎文化與禮節的方式，具體展現了這些靈魂的精神，而不僅僅是模仿祂們而已（也請參閱DeBernardi 1993）。

入會儀式

正如我們前面所看到的，天地會的傳奇歷史不僅爲這個團體提供了歷史特許權利，更向追隨者傳達該會創始英雄的故事。我的結論是，這些創始者爲天地會的領導結構提供了一個模板——一個由道家隱士、佛教武僧與軍事先鋒所組成的聯盟。此外，當該會領導人舉行入會儀式時，他們採用了社團先祖的姓名和身分。現在讓我們回到入會儀式和必麒麟在一八七九年描述這項儀式的見證紀錄。他的敘述僅僅是片面的，聚焦於社團儀式項目的準備工作、參與者對這場儀式展演的準備、象徵性通過每一道門的儀式，以及先鋒的拜會互答展演。我也從新加坡歷史博物館威廉．史特林特藏（William Stirling Collection）的一幅畫中取得了若干細節，這幅畫描繪了在義興香堂舉行的入會儀式（Lim 1999: 94; Ward and Stirling 1977 [1925]: fig. 3）。

準備參加這場儀式的新丁先沐浴，並穿上最近清洗過的乾淨衣服。新成員支付會費後，「櫃匙」（財政）會在一張紅紙上記錄他的名字、年齡、出生地與生辰。新丁隨後把辮子披散開來，表示他已「完全擺脫對現有王朝（清朝）的效忠」，並袒露右肩（Pickering 1879: 6）。必麒麟提到，新丁不准保留任何原本佩掛在他們身上的東西——這是對於每一位當天要進入恍惚出神狀態的人所要求的儀式準備。

先生在幫助新丁完成儀式準備之後回到香堂的廂房，並安排主祭供桌上的各項物品，其中包括紅斗（*ang tau*），這個儀式用品是馬來西亞與中國華南等地的華人經常用來淨化與驅魔的有力工具。[27] 先生把幾項東西放進紅斗裡，包括一把米、一個裝著一百零八枚銅錢的紅包，以及幾面彩色小旗。[28] 他又加上一支代表皇權的小型黃色遮陽傘（黃羅寶傘）、帶隊官的令旗以及五祖牌位。他在牌位左邊放上「寶劍」、剪刀、算盤以及「寶鏡」；右側放上寶劍的劍鞘、一把尺、尺規與砝碼、「文房四寶」，以及白、黃、紅、綠、黑五色絲線（Pickering 1879: 7-8）。

除了這些物品，先生再加上一個紅花亭（*Ang Hoe Teng*）模型，它有三道門，門前有兩個玉皇大帝燈和一個縮小版的九層寶塔。紅花亭的左右門上寫著十六字對聯，每個字都加上了水字旁。必麒麟並未提供在這階段所使用的文字，但他指出紅花亭再現了天地會達宗的埋葬地點（Pickering 1879: 8-9）。根據施列格對天地會歷史所提供的版本，先生陳近南在萬雲龍離奇死亡之後，在他的墓碑刻上類似的十六個字，天地會創始者又在其前方建立一座九尺寶塔（Schlegel 1991 [1866]: 18）。把這些字的水字部首去掉之後，這十六字就是：「受職少林寺，開山齊壹也，達宗公和尚處。」可以翻譯爲：「在少林寺領到正式職位（的那些人）創立了這個門派（開山）並經營它；（這裡是）達宗公和尚的墳墓（Pickering 1879: 8–9; Schlegel 1991 [1866]: 18）。* 在視覺效果上，紅花亭和九尺寶塔令人回想起天地會的創立時刻，其形體包括紀念碑以及明朝風格的墓碑與方尖碑，儘管其採取的是縮小模型的形態，以及對天地會創始英雄的崇敬，但提供了促進團結的聚焦點。

接下來，先生放置供品來完成祭壇準備，包括：五杯茶、五杯酒、五碗飯、五雙筷子、三牲（豬、雞、鴨）、菸草、一包茶葉、七星燈（代表北斗七星）、一對大紅燭、一張淨符，以及一個白瓷香爐（重現了五祖在小溪所發現的神奇物品）（Pickering 1879: 9）。

先生做完這些準備工作就回到正在等候的新丁那裡，向他們解釋天地會的傳奇歷史，並傳授天地會的祕密手勢和暗語。他披散頭髮，穿著明朝衣飾風格的純白新衣和白頭巾。他像新丁一樣袒露右肩。六位將軍則是穿著白衣、紅頭巾，草鞋裡面穿著白襪。先生隨後通過香堂的三道門（這在繪畫中看起來像是暫時設置的獨立結構），並在穿過每道門的時候誦讀經文。他從洪門（*Ang Mui*）進入，然後通過忠義堂（*Tionggi Tng*）大門，穿過標記著「木楊城東門」的另一道門進入香堂，最後回到祭壇（Pickering 1879: 11-12）。

在那裡，先生點亮了玉皇大帝燈和七星燈，並燒化一張符咒以驅趕香堂裡頭的惡靈。他在祭壇的四個方位灑水以淨化供品，然後在五祖的供桌前點燃五枝草稈。他隨後拿了十五枝香，下跪請求衆神降臨，召請祂們見證這場兄弟歃血爲盟、成爲「洪家」一員的儀式：

> 今夜我們承諾，在整個宇宙的弟兄應如從同一子宮所生，如同由唯一天父所生，由唯一天母養大；我們會崇天行義；——我們的忠貞之心永不改變。如果蒼天讓明朝光復，那麼幸福就會回到我們的土地（Pickering 1879: 12）。

誦念這個祈願之後，先生以酒和茶奠祭。[29]

他將道袍掛在祭壇北側，隨後便令六位將軍分別把守三道門，分給每道門一面小旗，這代表著先生的授權，以及一把劍。在當代乩童科儀中，被將軍和武師靈魂所附身者也會

＊　譯注：這裡依據薛澄清譯本，頁六六。其他版本有作：「受職長林寺，開山第一枝，達宗公和尚塔。」

背著一面旗和一把劍，旗子代表上天賜予的權威，後者用來驅趕邪靈。[30]

先生命令紅孩兒（手持長矛、有著圓臉和圓形光環）站在火坑（*Hekhin*）中的「紅爐」（*Anglo*）旁，他在那裡評斷新丁在入會儀式最後階段的心態。先生命令賣果老謝邦興（意指感謝國家繁榮）前往太平墟。義興香堂的繪畫顯示太平墟位於香堂後方的祭壇，其中兩個紅色彩繪標誌爲福德祠（*Hok Tek Si*）與太平墟。所謂紅爐就是放在祭壇前方地上一個冒著煙的香爐（Lim 1999: 94）。

這些角色在這場儀式劇中的展演，強烈暗示了恍惚出神的神靈附體狀態。例如，洪（紅）孩兒的表現類似現在的哪吒（所謂的嬰兒神），他帶著祂的法寶火尖槍和乾坤圈；賣果老就是檳城人所稱的福德正神（*Hok Tek Cheng Sin*）或大伯公（*Tua Pek Kong*）。天地會的儀式文本進一步確定賣果老就是「南山老翁」（Schlegel 1991 [1866]: 83），而他可能是紅頭髮的星宿神「南斗」，代表**陽氣**能量的精華。祂的標誌是長生仙桃，人們祭拜祂以祈求長壽和富貴。

等到先生分派這些儀式角色給社團職員之後，在外面跟新丁一起等著進入的先鋒向先生請求謁見五祖，以請求五祖幫助恢復明朝。一旦得到先生允許進入，先鋒就跨過大門，然後跪在紅花亭的祭壇前背誦三百三十三行天地會教義，並透過回答先生的提問（拜會互答）來描述天地會的歷史和儀式。[31]

在先生和先鋒之間的拜會互答中，先鋒採用以文學風格精心寫成的詩句，來「證明」

100

他所說答案的正確性。即使正在等待的新丁也許未能充分理解先生和先鋒所誦讀詩句的意義，但他們無疑同時認識到文言文的權威寫作風格，以及這些儀式角色的文學造詣。此外，如果新丁相信領導者已由先生、先鋒和隨同他們前來的將軍所附身，那麼他們具有濃厚古意的說話方式，就是顯示了這個恍惚出神展演的眞實性，以及天地會的眞正領導者——眾神——所具有的崇高地位和魅力。[32] 於是，神選的領導者同時具有魅力與通達古文——這種技能本身就具有神奇力量——兩者共同確立了誓盟會黨領導者的權力。

在耗時約一小時的拜會互答結束後，先生給予先鋒一把寶劍和一支授權旗幟，請他把那些在外等候的忠實且眞誠的新丁帶進木楊城。在洪門前，他們停在萬道芳（*Ban To Hong*）和萬道龍（*Ban To Leng*）兩位將軍之前，這兩位將軍舉起誠信和正義之劍，構成一座拱門。這些新丁兩兩成對跪著，手上拿著香，把點燃的那一頭朝地。將軍向每位新丁詳細詢問他們的身分問題，每位都發誓服從天地會的三十六誓。新丁進一步發誓說，他們如果沒有履行誓言，「就會像這支香一樣被熄滅」，隨即把這支香插進土裡。* 然後他們通過刀門，繼

* 譯注：據郭仁德的記載（1992: 139），誓詞歷經時代演變，而有所改進，其中一則：「余誓以至誠，加入洪門，奉行五祖遺教，遵守洪門法規，服從大哥命令，互信互助，精誠團結，如有越禮反較，願受嚴懲，並敬砍紅香爲證。此誓。」將手中之香「一斬兩段」爲證。

續往忠義堂的大門前進。從這裡開始，這些新丁在第二扇門的將軍面前重複舉行這項宣誓儀式，然後到了木楊城東門再重複一次（Pickering 1879: 16-17）。

進入木楊城之後，新丁走向紅花亭東側，這裡的高壇上面放著紅斗與其他祭品。他們在祭壇前跪下，祭壇的頂部和桌腳部分形成的開口所界定的空間被畫上一個半圓形的弧圈，弧圈頂端邊緣有個書寫標記，說明其名爲「乾坤圈」。乾坤是《易經》裡面兩個最基本的卦象：**乾**是自然界的創造力量（天、男性與時間，由圓圈所象徵），**坤**是接受者（地、女性與空間，由正方形所代表）。這兩個詞合在一起（**乾坤**）也用來稱呼宇宙。

但這種名稱的用法顯示，天地會將這張四腳桌子想像成天的拱頂，由四隻桌腳所畫出的方形地面是地。因此，天地圈就是高壇拱頂再加上其下方地面的方形空間，後者是福建人傳統擺放土地公祭壇的位置。在祭壇旁邊的蔣結興負責分配「三河」（黃河、京河、黑河）的水（在丁山之下合流，流入五湖四海）*，以其諧音意指「三合」（三者合一）。因此，在紅花亭，新丁遇到三等分的道家宇宙象徵——天、地、水——並在這三者前面宣誓跟結拜兄弟結合在一起。[33]

依據必麒麟的描寫，新丁接下來走到這個祭壇西側，前往另一處祭壇，其招牌標示爲「二板橋」（*Jipan Kio*）。左邊的桌腳是必麒麟所稱的「橋頭堡」，由萬雲龍的牌位所把守，當新丁通過桌子下方並穿越呈三角形排列的三顆石頭，就跟他們的達宗神靈有了緊密接觸。

102

儀式的這個部分重演了少林武僧奇蹟般逃脫清兵的追殺，並登上一座由天神助手送來的鐵銅橋樑，跨過開闊海洋；但它也可能象徵著通過幽冥世界和轉世重生。接下來，新丁抵達火坑之中由紅孩兒所護衛的紅爐，裡頭燒著香末，他們把腳跨過紅爐，藉由穿過香煙來進一步淨化自己。在這場象徵旅程結束時，新丁在太平墟用銅錢向賣果老買果子（Lim 1999: 94; Pickering 1879: 4-5）。

天地會的宇宙觀大多源自佛教淨土宗，他們的人生最後歸宿可能是阿彌陀佛的西方極樂世界，那裡是一個精美愉悅的天堂，一切不好的東西在那裡盡皆消除。在新丁前往極樂世界的儀式旅途中，他們跨越了水（由三塊花崗岩所再現），並跨越了火（香爐）。這兩個動作不僅暗指天地會神話歷史的故事情節，更設計用來確保新丁的福祉，以對抗北方（水）和南方（火）的危險隱患。最後，他們見到了賣果老謝邦行（南山老翁、福德正神的化身），他賣給他們象徵永生的五色桃，以換取他們的獻錢二十一枚。

＊ 譯注：薛澄清譯本，頁一二九。另據陳劍虹，《走近義興公司》，頁三十九，分配者爲詹吉興，三江是「漳江、南江、蔗港」。

神祕旅程

根據其他關於入會儀式的記載，先鋒進一步將新丁帶進一段神祕旅程，有的成爲拜會互答的一部分，或成爲在新丁完成通過儀式後的一場單獨展演（Schlegel 1991 [1866]: 57-113; Ward and Stirling 1977 [1925]: 77-101）。據瓦德和史特林所述，先生爲新丁做好心理準備，指示他們在這部分儀式當中必須認定自己經歷了先鋒所描述的「危險且艱苦的旅程」（Ward and Stirling 1977 [1925]: 76）。

這套文本的篇幅冗長且充滿著複雜的典故，因此需要詳盡的注解。在這裡，我只聚焦於其中一段故事情節。在這段充滿寓意的旅程中，天地會被視同爲普度帆船（洪船），將先鋒和洪門兄弟擺渡過河，前往木楊城和太平墟。先鋒精確描述了結拜兄弟所搭乘這艘帆船的細節，它有三桅、五帆，分爲五個船艙。船長（艄公）站在帆船的前段，他有個吉祥的名字，叫桃德大；船長的妻子（艄婆）站在這艘船的後半，名爲蔣柳青。

諸多線索顯示，這對夫妻再現了道家陰陽互補的二元論，人們認爲他們的互動同時產生了晝夜與一年四季的循環。例如他們的生辰恰好是相反的：桃德大出生於（正月十五元宵節）半夜（子時），陰氣最強的時刻，那時陽氣從谷底開始往上增強；蔣柳青是在（八月十五中秋節）日正當中（午時）出生，那時陽氣達到最高峰，此後陰氣也開始日復一日增加（Schlegel 1991 [1866]: 70-71）。他們的出生日期也與施列格所報導的天地會的兩個節慶——元宵節和中秋節——有關（Schlegel 1991 [1866]: 53）。這套二元架構顯示，我們必須對這兩個節慶配成一對，看做是一套互補的二元論，其中元宵節再現了太陽年復一年的重生，中秋節則是再現了陰性月亮的氣勢上升。將「日」、「月」兩個字合在一起，就構成「明」字，也就是他們想要恢復的王朝名號，更是再現了宇宙秩序與和諧。

先鋒在描述完艄公和艄婆之後，接著提到渡船所裝載的其他東西。其中包括華人宗教文化的許多神祇，他們爲這艘神祕渡船護航，保護船上的結拜兄弟免於一切災厄。[34] 船頭放著華光大帝（火神）的神像（關聯到南方與**陽性力量**），配祀神爲千里眼、順風耳。在渡船中間站著戰神，在這裡確定是關聖帝君，配祀神是其子關平和周倉將軍。船尾有高溪天后聖母（關聯到北方、海洋、複雜的**陰性力量**）站在船尾，並有兩位將軍（哼哈二將）配祀，總共有九位神祇。船肚有觀音菩薩跟洪門兄弟與十八羅漢在一起，這些羅漢的現身顯示他們以佛教證道者的特殊角色，從極樂世界回到世間來拯救世人。*

據這項儀式的匿名創作者所述，四大金剛爲這艘船「撐篙」——這或許是個雙關語，暗

* 譯注：本段描述內容的中文翻譯，參照施列格著、薛澄清譯述，一九七五，《天地會研究》，頁一一八～一二七。

指祂們的角色是須彌山（Mount Meru）*的保護神。須彌山就是連接天地的世界軸心，華人有時以一支竹篙來代表（見第八章）。這艘神祕船舶航向木楊城裡頭的太平墟，在農曆十二月二十四日啟航，並於農曆正月初四抵達（Schlegel 1991 [1866]: 74-76）。十二月二十四日就是人們舉行儀式恭送神靈回到天庭的日子，而有些華人會在正月初四舉行接神祭典，迎接神明從天庭返回世間。這些重要日期再加上先鋒對其經歷的報告，顯示這趟渡船的旅程就是通往天堂和救贖的通道。[35]

這趟由四大金剛撐篙的想像旅程爲新丁提供了神明的拯救和保護。此次神靈附體旅程的終點是天地會的木楊城，這個神話城市的四座城門由四位英雄護衛所保護。但在天地會慣用的術語中，新丁會把紅斗或它所在位置的祭壇稱爲木楊城。紅斗裡裝滿了民間秩序和軍事秩序的象徵物以及五神軍的旗幟，將人間秩序的意象跟宇宙秩序的意象相融合。如此一來，成員會將代表宇宙的木楊城指認爲這個團體最神聖的儀式物件，並藉由轉喻延伸到香堂本身所具有的保護性神祕力量。[36]

就如同皇帝建造宮殿來宣稱自己的宇宙中心地位，發明這一套天地會儀式的人試圖在儀式實踐中掌握有關星系政體的神奇力量。他們將權威的神奇意象濃縮在斗燈裡，裝在裡面的物品再現了人間和宇宙的權威與秩序。事實上，這個神聖斗燈——包含五行旗、五方（東南西北中）、四季、天、地、日月、北斗七星和八卦——就是宇宙本身的縮影（Ward and

104

Stirling 1977 [1925]: 94-108）。

在洪軍中重生

前述天地會先生和先鋒的拜會互答展演是個照本宣科的活動，它運用語言來傳達並維持強大的無形世界的圖像。這個儀式文本邀請了新丁陪著先鋒——至少是在他們的想像中——展開一場神靈附體的旅程，他們共同經歷了一段精神地景，把原先熟悉與不熟悉的神祇、寺廟、河流、聖山和海洋全部收攏在一起。儀式發明者透過將這些元素結合起來的過程，創造了一套與天地會有關的象徵星系，爲人們熟悉的神祇、神聖場所與重要的農曆日期，賦予了嶄新意義。這場文本旅程爲儀式提供了前提，新丁也在這場儀式當中參與了一場轉變爲洪門大家庭一員的象徵旅程。這項儀式以一場「表示實現願望性質」（performative）的宣誓儀式作爲總結，新丁在其中以象徵方式重生來取得他們的新身分，也就是成爲洪門家族的兄弟和成員。儀式提供了一種有效手段，透過它來實現這項目標，因爲正如譚拜亞所指出的，儀式既是表示實現願望之行爲，也是一場展演（performance）：[37]

105

* 譯注：須彌山是佛教、耆那教、印度教的宇宙論中，最高的神山，日月之所迴泊，印度衆神的居所。

> 就其構成特性而言，儀式行動以下三種意義顯示出其為表示實現願望之行為：首先，就英國日常語言學的奧斯丁學派的角度所闡述的表示實現願望之行為，只要某人說出某件事情，也就等於他正在做某件事情；其次，舞台展演具有完全不同意義，參與者可藉由使用多媒體深入體驗這個活動；最後，就「指標性價值」（indexical values）*的意義而言——這個概念是我從皮爾斯論述中所衍伸而來的——展演過程當中，這些儀式會依附在行動者身上並推衍出意義（Tambiah 1985b: 128）。

正如我們所看到的，入會儀式是一套完全照劇本演出的戲劇展演，新丁在其中獲得了對於天地會的神聖象徵、成文規約和權威結構的強烈體驗。

宣誓效忠就是一個表示實現願望的言語行動，而這構成了這場儀式的核心，但儀式也表現出社會結構。入會儀式普遍採用了「指標性價值」，來劃分在領導者與新丁之間、圈內人與外人之間的社會身分差異。在儀式中，天地會領導者透過他們穿著的獨特服裝、空間象徵，並採用頗負盛名的文學話語，指出他們跟菁英文化的緊密關聯，以及他們與社團創始者的神祕同一性，從而展現他們的地位，並確立他們的權威。新丁本身則通過身體和認知指引，獲得了成員資格，包括「腰憑」（certificate of membership，會員證）以及關於天地會的祕密標誌和暗語的知識。

這些新丁透過在洪家之中象徵重生爲兄弟，「變成以他們爲基礎的隱喻」，從而實現他們的身分「轉換」（Fernandez 1986: 43）。在儀式的這個階段，新丁也接受了這個團體的社會契約。他們在神明面前確認了天地會的規約，然後學會它的祕密手勢與暗語——許多取自拜會互答——以及社團的行話。

雖然新丁在入會儀式的過程中學會了天地會的行話與手勢暗號，但這些都是用來讓成員進行祕密通信的日用符號。對於這個跟大社會存在著緊張關係的社團而言，行話是共通的祕密暗語，是一種隱語。在這套行話當中，「對頭」意指「官府」，「風仔」是「間諜」或「警官」，而「有風」則是指有「外人」† 在現場（Ward and Stirling 1977[1925]: 129-31）。由於天地會參與非法活動且行使一套獨立於政府的權威體系，它的成員發展出一套詳盡的反語（antilanguage）——這種暗語透過重新組合舊有的意義，重組了社會價值（Halliday 1978;

---

* 譯注：皮爾斯符號學理論所提到的「指標性」（indexicality），係指在某件事物的發生脈絡當中，運用一個符號去指出（或指標）這個事物。以指標性方式表示的符號就稱爲「指標」（index）。在人文領域的社會指標性（Social indexicality）就包含任何用來指向與協助創造社會認同的符號（例如：服裝、言語差異、餐桌禮儀）。（https://www.liquisearch.com/indexicality）

† 譯注：這裡所列舉的行話的華文字詞，引自施列格一書（Schlegel 1991 [1982]: 230），薛澄清譯本，頁二七四。

DeBernardi1987, 1998, and n.d.）。

正如同歐洲人的共濟會，共同儀式是天地會成員在行走各地時用以識別彼此的符號來源：

> 今晚承諾要友愛兄弟的這些人，一定要記住這張桌子（祭壇）上面的每樣東西，紅斗裡頭各項東西的顏色與先生的長袍，因為，當他們行走在中國或其他國家時，一旦遇到兄弟詰問，就必須正確回答（PRE 1868: 79）。

106

諷刺的是，這些祕密標誌竟成爲引人矚目的東西，從而吸引外人關注這個團體，並試圖破譯它們的含意（參閱Simmel 1950 [1908]: 338）。這項事實的最佳證據就是歐洲人所撰寫的多部天地會研究，試圖破解天地會寓言文本的祕密符號。

小結

華人誓盟會黨的儀式展演透過許多管道，向新丁教導天地會的共享意義。香堂充斥著各種象徵符號，包括紅斗及其鮮豔彩色旗幟、天地會創始者的牌位、佛教與道教的神祇，以及一套空間象徵——將香堂裡面的各個相關點連結到先鋒在神靈附體旅程所到之處，包括木楊城的太平墟。天地會的各種象徵符號始終強調著武德——也就是勇氣、忠誠、正義——將這些抽象概念包裝成爲天地會歷史英雄和神祇所具備的性格，並呼籲新丁參與一項「神祕認同」(mythical identification）的行動（Connerton 1989: 63）。新丁在經歷這項儀式的過程中，也透過高層空間與低層空間的親身體驗，學會了天地會的階層結構。

正如康納頓指出的，在儀式經驗裡，一如往昔，意義就寫在人們的身體上：

> 我們不能把意義化約為存在於身體行動領域以外的另一個「層次」之上的符號。習慣存在於人們的雙手與身體當中的知識和記憶；在這個習慣培養過程中，能夠做出「理解」的是我們的身體（Connerton 1989: 95）。

當先生對他們宣讀團體守則時，這場盛大隆重的儀式就融合了世人與衆神、昔日與現在、再現與經驗，將新丁帶進一場邁向嶄新「智慧王國」的旅程（Durkheim 1965 [1915]: 485）。

我們可能會問，假使在一般世俗場合對新丁教導社團守則，能否跟在儀式場合教導具有同樣效力。原本的成文守則就是足以充分解釋其認知內容的載體，把儀式用來作爲具教育意味展演的載體則是爲這個文本增添了新的意義面向。由於每位新丁的宣誓行爲都受到集體管控與見證，這項活動的集體性質於是產生了深刻的社群感。再者，儀式過程是對新丁施加社會壓力的手段，團體領導者與其神明所施加的約束，強化了這個團體的社會契約。[38]

儀式過程也確保了社團領導者的領袖魅力。這項儀式要求新丁在這座再現著天地會創始者的祭壇前崇拜其牌位——當領導人採取了創始者的名字和身分時，這些英雄又復活了。這些領導人採用社團創始者的人物角色，同時也建構了自己的權威——聲稱對他們的尊重和服從，就要如同對待神明一般。他們讓新丁成爲洪家成員，也因此提供了新身分，在象徵著安然通過水火的儀式中，提供了超自然的保護。不僅社團領導人確實享有這項展演所賦予的魅力和地位；這場儀式也確保了社團的聲望，因爲儀式過程再現了天地會是個持久存在的社會結構，帶有反抗清朝的源頭，並許諾一個理想上的烏托邦未來，勝利和救贖終將屬於他們。

這項儀式突顯了社會結構的這些面向，並不會令人感到驚訝，因爲儀式溝通往往爲行動者提供一種後設語言（metalanguage），用來從反身角度理解他們的群體，也就是這個群體的價值、上下層級，以及它用來再現其自身存在的神聖標誌。事實上，布洛赫曾主張人類學家往往偏重儀式溝通的研究，他稱這是人類學家在試圖理解社會結構的過程當中所建立的「民間社會理論」。他指出，「**通過儀式**是難得一見的場合，其中確有可能聽到人們宣讀一長串的權利和義務，甚至毫不誇張地在這場儀式所穿著的禮儀服裝或施行的身體毀飾（如刺青）的例子中，看到社會加諸於個人的角色」（Bloch 1989: 13）。儘管相較於對日常生活互動的研究，人類學家可能確實偏重於儀式過程研究，但我們依然可一窺儀式展演在闡明社團的價值觀與確認其社會秩序方面令人印象深刻的力量。

一開始，新丁是個被動的觀衆，隨後轉變爲積極的參與者：他們認爲自己在誓盟會黨裡重生，恭順跪在神聖英雄和創始者的神殿前面。先鋒帶領新丁從團體外的社會位置開始，走過木楊城的門檻進入香堂，象徵他們整合進入天地會之中。這個儀式的每個階段皆具有教育意涵：天地會這場充滿寓意的拜會互答旅程中，向新丁教導了這個團體在精神上的理解方式，而歃血爲盟儀式則對新丁傳授了該團體的互助社會契約。即使說，毋庸置疑的是，新丁對於入會儀式各個面向的理解極其有限，但這項展演對於歃血爲盟這個表示實現願望之行爲，賦予了威望和嚴肅性。在儀式展演方面，透過這場具有象徵意涵的旅程當中的敍述、儀式模仿與戲劇展演，先生和先鋒向新丁呈現了舊日風采和神威，從而在世間創造了新天堂。

第二部分　當代檳城的宗教與族群復振政治

廣福宮的石獅與喬治市居民。喬治市，2001年。（攝影：白瑨）

第五章　歸屬之權

公民權與族群國族主義

那麼，國族主義似乎讓人滿足的歸屬感，究竟是什麼？還有，人們對這種歸屬感的需求，究竟是什麼？當國族主義者宣稱，在一切的歸屬感當中，國家歸屬感的重要性凌駕於其他，他們的意思就是，假使沒有國家來保護你，對你的家庭、工作或朋友而言，就不會有其他任何一種歸屬感是安全的。……你所歸屬的地方就是你的安全之地；而且你的安全之地，也就是你所歸屬的地方（Ignatieff 1993: 10）。

在殖民地檳城這個族群接觸地帶，華人的各個生活面向——從食物、衣著、建築、首飾到語言——都混雜著許多東南亞與歐洲文化的元素。儘管如此，華人謹慎維護著自身的宗教文化，並依據其儀式習俗，在圈內人與外人之間劃上一條界線。在英國間接統治時期，諸如廣福宮、誓盟會黨與華人大會堂等機構，爲華人社群生活提供了維護此界線的架構，成爲社會榮耀與種族自尊心的源頭。

111

在當代的檳城，[*] 華人宗教文化的習俗與教義依然採用華人文明的形式與內涵，連結著這個離散社群的成員。這些習俗組構了華人的時間與空間，再加上廟宇與定期舉行的節慶循環，界定了他們的空間與時間秩序。儘管如此，兼容並蓄的多樣性定義了檳城的社會與文化，華人廟宇與節慶跟伊斯蘭、印度教以及基督教的聖地與儀式活動，並存於檳城的都市地景之中，有時甚至彼此競爭、互別苗頭。近年來，檳城風景明信片的主題逐漸變成了現代性與國族國家的象徵符號——新建的檳威大橋、高高聳立的光大購物中心、州立清真寺——再也不是早年所見的極樂寺萬佛寶塔（Pagoda of Ten Thousand Buddhas）或蛇廟（Snake Temple）。但是，「鬧熱」（福建話：*laujoah*）的節慶活動與遊行隊伍讓公共街道上擠滿了興奮的群眾，鑼鼓聲、令人眼淚直流的煙霧與神靈附體的乩童，檳城華人依然透過儀式節慶循環，繼續公開宣示華人社群的存在。

在本研究的第二部分，我探討檳城華人社群在一九七〇與八〇年代對農曆節慶循環的復振——特別是慶讚中元（Hungry Ghost Festival）與九皇爺誕（Nine Emperor Gods Festival）。檳城歐洲人與華人在十九世紀的對話，傳達了歐洲啟蒙時代所提倡的進步、理性、德行與兄弟友愛（儘管是狹義的）等觀念。而當代馬來西亞國家，透過憲法保障與國家政策而實行的族群國族主義（ethnic nationalism）則是明確傳達了馬來西亞多樣性族群之間的關係。我在本章將採用華人「歸屬之儀」（rites of belonging）在後殖民的馬來西亞國家中所引發的各項議題，來探討這場華人傳統文化的復振運動。

當代馬來西亞的政治與認同

當代馬來西亞是個多元種族國家，其中馬來人約占總人口百分之六十，華人約占百分之三十二，其餘則是印度人與其他族群。† 實際上，有鑑於馬來西亞華人在經濟上的優勢與人口數量居次的情況，許多人不會將他們描述成一支少數弱勢族群。英國殖民時代遺留至今的是一個未經整合的多元社會，至少就人們的刻板印象而言，馬來人菁英分子控制了政府與行政體系，非菁英的馬來人從事農耕，華人主導了商業與經濟，印度人則從事公共服務或農業勞工。一九七〇年以來，政府致力重新組構這套族群勞力分工，也就是將改善馬

* 譯注：本書所指的當代，係以作者完成本書的年代二〇〇四年為準。

† 譯注：依據馬來西亞二〇一〇年人口普查結果與人口增加率推估，二〇一七年該國的馬來人與其他土著約占總人口百分之六十八點八，華人百分之二十三點二。在馬來亞聯合邦建立時的一九五七年，華人人口占全國百分之四十，當時人口有兩百四十萬，二〇一七年有六百六十萬。馬來人的人口在一九五七年有三百一十萬（總人口百分之五十一點七），到了二〇一七年已增加五倍，成為一千五百五十萬（以上人口數字均以百萬計）。（資料來源：英文維基百科條目Demographics of Malaysia）

來人多數族群的經濟與社會環境，列爲最優先的施政項目。

早年馬來亞領導人用來建構這套嶄新聯邦體制的方式，決定了許多接下來發生的事情。馬來亞聯合邦（Federation of Malaya）在一九五七年獨立，新政府依據「屬地基礎」（屬地主義〔*jus soli*〕）提供在聯合邦出生的華人公民權。有許多人也藉由登記或歸化而取得公民權，到了一九五七年底，已有三分之二的當地華人成爲公民。但此後，這項屬地主義原則受到了限制，一九六二年九月之後出生在馬來西亞的人，只有雙親至少其中一方在她或他出生時是公民或永久居民，或者並未在出生時取得其他國家公民權的情況下，才有資格取得公民權。[1] 儘管如此，對於該國少數群體的成員而言，公民權的取得還是比其他國家相對容易許多。

然而，馬來西亞憲法也試圖確保馬來人不會遭受像北美原住民一樣悲慘的命運——他們把土地控制權拱手讓給了移民優勢群體歐洲人。爲此，馬來西亞憲法保障了「馬來人與其他土著」的特殊地位、權利與特權，並保證他們能在馬來亞聯合邦取得主導地位。馬來西亞憲法的第一百六十條最初將馬來人定義爲「任何信仰伊斯蘭宗教、習慣說馬來語並且奉行馬來傳統習俗者」。政府後來將特權範圍擴大到非馬來人原住民群體，他們跟馬來人都被稱爲「土著」（意爲土地之子，馬來語：*bumiputera*）（Andaya and Andaya 1982: 302）。[2]

在馬來西亞將公民權延伸到少數群體成員的同時，這套後殖民時代的社會契約也強調要將馬來人界定爲該國的核心民族。結果，馬來西亞的政治進程延續了殖民時代所建立的族群區隔，明顯區分了居於政治主導地位的圈內人所組成的統治社群，以及居於政治從屬地位的外來者社群——也就是移民及其後裔（Gross 1999: 3）。馬來西亞也採用以種族爲基礎的政黨（族裔政黨）模式，有些人相信此舉延續了殖民時期的具體化種族差異的做法，強調馬來人特權以及馬來西亞的族裔政黨制度，孟斯總結道：「這套族群方程式在塑造政治結盟、決定制度的結構和作用，以及界定公共政策的基本優先順序等方面，已成爲主導因素」（Means 1991: 310）。

然而，在殖民時期，移民和當地人之間長期通婚與互動，已產生了幾種混合的交融文化（hybrid intercultures）。當馬來西亞獨立時，政府要求這些群體的成員和種族通婚的混血後代，在幾個截然劃分的種族分類範疇當中，選擇其一。混血的印度-馬來人（*jawipekan*）*社群選擇認同自己爲土著。相對地，華人跟馬來人混血後裔的峇峇華人（Chinese Baba）——說馬來話，但依循華人民間宗教習俗並使用華文姓名——卻在獨立時選擇認同自己是華人社

* 譯注：一般拼爲Jawi Peranakan，這是居住在新加坡與檳城的族群之一。係指在本地出生，祖源有印度人與馬來人混血的說馬來話的穆斯林，其中也包括具阿拉伯祖源者。他們在十九世紀中葉曾是英屬馬來亞社群中的菁英群體。

群。正如史琴納所指出的，峇峇華人繼續篤信華人民間宗教文化，不願改信伊斯蘭教，確保了他們會加入華人族群這個區塊（Skinner 1996: 92）。但是到了一九九〇年代，峇峇華人抗議他們既不是完全的馬來人，更不是完全的華人，並試圖要重新自我歸類爲馬來人，以便主張取得政府提供給「土著」的特殊權利。政府當局對此做出回應，表示已在一九五七年提供給峇峇華人選擇取得土著地位的機會，但他們最後選擇自我認同爲華人，並加入華裔政黨「馬來西亞華人公會」（Malaysia Chinese Association, MCA，簡稱馬華公會或馬華）（*Straits Times* 1993a, 1993b；也請參閱 Nagata 1979, Skinner 1996）。

獨立後，馬來西亞華人接受了繼續在政治領域扮演次要角色，雖然他們預期政府會維持先前由英國採行的自由放任經濟政策，但事與願違。一九六九年五月十三日的種族騷亂（通常稱爲五一三危機）之後出現了一個重要轉折點。在歷經競爭激烈的第三屆國會大選之後，非馬來人的反對黨陣營爲了慶祝從執政聯盟所贏得的國會議員席次，在首都吉隆坡舉行勝利遊行。馬來人回應這項具挑釁意味的活動，而策動了一場親政府示威，馬來人的領袖對群眾發表演說，將這場勝利遊行詮釋爲對於馬來人至上政治權威的挑戰。此後不久，武裝的馬來人襲擊華人，焚燒搶掠他們的商店和房屋。有些華人做出抵抗，有些華人則發動反擊。四天後社會秩序才告恢復（Means 1991: 4-8）。

任何一位親身經歷過一九六九年五月暴亂的檳城華人，對於他們所感受的恐懼、親戚的商店被焚毀，或是朋友膽敢外出而遭到馬來青年幫派分子所攻擊等等，都有許多故事可講。實際死亡人數可能永遠不得而知，但可確定的是，這個事件重創了馬來西亞華人，讓他們對馬來人留下了長久存在、揮之不去的不信任感。瓦希爾總結道：「自從獨立以來，馬來西亞這個國家在各個種族群體之間創造了一定程度的信賴感和信心，這段期間所獲得的微小進展，在短短幾天就被完全摧毀」（Vasil 1971: 312）。

國家原則

在五一三危機發生過後十五個月，馬來西亞的立憲君主——國家元首（Yang di-Pertuan Agong）頒布一項意識形態原則，稱為「國家原則」（*Rukunegara*），或可翻譯為「國家基本原則」或「國家意識形態」。這個馬來語是個複合詞，其中 *Rukun* 是衍生自阿拉伯語的詞彙，意指基本的信條（fundamental doctrine），並經常用來描述伊斯蘭教的五大支柱；*negara* 是衍生自梵語的詞彙，意思是「城市」、「市鎮」或「國家」。雖然 *negara* 這個字現在指稱當代的馬來西亞國家，但它也令人回想起傳統的東南亞印度教王國：「由傳統城市所構成的世界、由這個城市所支持的高級文化，以及以該城市為中心的超凡政治權威體系」（Geertz 1980: 4）。因此就詞源學來看，國家原則這個詞彙令人想起馬來西亞政體的兩個基礎——居於主導地位的伊斯蘭教，以及持續效忠於馬來西亞聯邦各州擔任象徵性統治者的王室家族。*

因此，這些原則與其官方詮釋同時確認了（廣義的）公民責任和權利，並支持已成爲馬來西亞憲法重要成分的馬來族群國族主義。正如我在第七章所討論的，這種國族主義也對少數族群（像是華人）產生深刻影響。

115

讓我在此複述國家原則——政府提出的五項基本原則的原文，這爲馬來西亞社會契約提供了一個基礎：

> 我們的國家**馬來西亞**決心致力：
> 達致全體人民更緊密的團結；
> 維護民主生活方式；
> 創造一個公平社會，以公平分享國家的財富；
> 確保國內各種不同而豐富的文化傳統獲得寬大的對待；
> 建立一個基於現代科學和工藝的進步社會。
> 因此，我們——馬來西亞的人民，誓言同心協力遵照以下原則來達致上述目標：
> 信奉上蒼（*Kepercayaan kepada Tuhan*）
> 忠於君國（*Kesetiaan Kepada Raja dan Negara*）

維護憲法（*Keluhuran Perlembagaan*）
尊崇法治（*Kedaulatan Undang-undang*）
培養德行（*Kesopanan dan Kesusilaan*）（Means 1976: 401）。

政府在一九七〇年頒布國家原則時指出「公民的神聖職責就是捍衛和維護憲法」，此舉強調憲法維護了「最高統治者的特殊地位、伊斯蘭教作爲官方宗教的地位，以及馬來人和其他土著的地位」。在此同時，政府對國家原則的解說又強調對「其他宗教和信仰」的寬容，並宣稱每位公民在法律之前人人平等（Means 1976: 401-2）。

如同馬來西亞憲法，國家原則混合了兩種不同類型的國族主義元素，即史密斯所標示的「地域」（territorial）和「族群」（ethnic）國族主義。依據史密斯所說，「地域」國家的定義是「一個明確的、緊湊的地域家園；共同的法律規範和法律之前人人平等；公民的社會權利和政治權利；以及一套共享的『公民宗教』和群眾、大眾文化」（Smith 1999: 190）。在對國

＊譯注：根據馬來西亞聯邦憲法第三十二條，國家元首由九位世襲統治者所輪流出任，每一任的任期限制最高爲五年。世襲統治者是森美蘭州、雪蘭莪州、玻璃市州、登嘉樓州、吉打州、吉蘭丹州、彭亨州、柔佛州及霹靂州九個州的蘇丹，由男性繼承與擔任。

家原則第四條（「尊崇法治」）的詳盡解說中，我們可看到強力肯定所有公民一律平等，而第五原則（「培養德行」）則顯示，公民身分應該凌駕於個別的社群身分認同。

然而，我們也在國家原則中看到它強力肯定了族群國族主義。相較於地域國族主義，族群國族主義將國家想像成一個文化與歷史的社群，帶有一種幾乎像是家人一般的凝聚力：

116

> 在這裡，一套共同祖先的神話取代了居住在歷史悠久祖國，成為取得國家成員資格的條件；用來界定這個民族國家的根據是系譜關係，而不是地域。同樣地，本土文化（特別是語言和習俗）比法律平等更受到重視；全民動員也比公民權更受重視。最後，族群國族主義所歌頌的是土著（native）的歷史，以及更限定範圍於土著的民族文化，卻不是公民文化、大眾文化（Smith 1999: 190）。

即使國家原則肯定了「其他各社群的合法利益」，這些社群成員在這個新的國族國家也享有公民權，然而界定這個國家的是馬來人的語言、文化和宗教，而不是一個共享的公民宗教（civil religion）*。

政府在頒布國家原則之後，緊接著提出兩項重要的憲法修正案。第一修正案顯然限制大眾對「敏感議題」的討論，禁止人民對業經國家原則所確認的憲法原則提出批評，包括馬來人的特殊權利、伊斯蘭教的官方宗教地位，以及馬來語的國語地位等等。雖然禁止討論這些敏感問題，意味著馬來西亞將嚴重削弱議會民主，但許多爭辯這些議題的人們提出解釋，主張這些限制是朝向消除族群政治的重要一步。政府更進一步提議要擴大馬來人的特權，以增加馬來人進入某些專業領域的機會，例如科學、工程與醫學。馬來西亞的下議院（Dewan Ra'ayat）在一九七一年通過了這兩項修正案（Means 1976: 402-3）。隨著第一修正案的通過，憲法和國家原則實質成為神聖文件，其基本原則在政治舞台上已不容加以挑戰。

同一上蒼，諸多路徑？

一九八〇年，總部設於檳城，由詹德拉所領導的一個超黨派、多元族群改革團體「國民醒覺運動」（*Aliran*）籌組了一場會議，探討國家原則的第一個原則——「信奉上蒼」——與

* 譯注：公民宗教的觀念源自法國政治思想，並從一九六〇年代由貝拉（Robert Bellah）所採用，成為美國社會學的重要議題。這意指國家隱約表現的宗教價值，透過在神聖日期與神聖地點（例如紀念碑、古戰場或國家公墓）所舉行的公開儀式、象徵（例如國旗）來表達。這種宗教存在於教會之外，而即使是公民宗教的實踐，有時亦會有教會人員與儀式加入其中。

馬來西亞多元宗教社會的關聯性。該會議籌辦者試圖找出足以讓這些宗教結合起來的共同價值，會議名稱訂爲「同一上蒼，諸多路徑」（One God, Many Paths）。國民醒覺運動的籌辦人邀集學者與宗教領袖共同討論馬來西亞的主要普世宗教——伊斯蘭教、佛教、基督教和印度教。[3]

若干與會者發言提到，儘管國家原則提倡以同一上蒼的信仰爲基礎，來建立國家團結，但宗教實質上導致了分歧和種族衝突，而不是團結。與會者提到多起攻擊寺廟或廟祝的事件：一九七八年，穆斯林馬來人褻瀆了印度神廟（Kua 1987: 91），一九八〇年，一位酒醉的馬來人在華人廟宇天后宮砸毀數尊神像（*The Star* 1980a: 1）。[4] 穆斯林領袖公開譴責這些暴力行爲，並向華人社群做出保證，穆斯林認定任何以暴力侵犯宗教廟宇的行爲都是褻瀆（*The Star* 1980b: 6）。[5]

有些人將這些事件歸因於支持伊斯蘭教復興的社會力量——「伊斯蘭復興運動」（*dakwah*）——的興起。這項運動最顯著的視覺表現就是追隨者改變了外在的打扮：女性採取伊斯蘭的女性矜持理想，穿著中東風格的服飾，甚至用面紗遮蓋頭髮，有些男性則穿著阿拉伯風格的頭巾和長袍。這些伊斯蘭身分的外顯形態連結到意識形態上的承諾，包括「採用伊斯蘭的反文化形式來反西方」，以表達對科學與技術的失望，以及對西方藝術和娛樂的不滿（Nagata 1984: xxii）。很多馬來人也認爲伊斯蘭復興運動是個有用工具，同時從馬來社群內部與外部來提升伊斯蘭教的角色，使之成爲馬來社群的象徵（Nagata 1984: 213）。從他們的觀點來看，伊斯蘭教支持馬來人習俗，使得馬來人團結起來聯手對付不崇信伊斯蘭教的人，並給了他們彈藥來對抗馬來人社群內部的「宗教偏離者」（Nagata 1984: 213）。在此同時，馬來西亞政黨之一的馬來西亞伊斯蘭教黨（Malaysian Islamic Party，馬來語 *Parti Islam Se-Malaysia*，簡稱 PAS）[*]，持續試圖在馬來西亞建立一個伊斯蘭國家，並公開讚揚伊朗何梅尼所建立的伊斯蘭原教旨主義政府，此舉讓華人少數族群感到相當擔憂（Nagata 1984: 228）。[6]

如同許多馬來西亞人一樣，有些與會者擔心宗教復振運動將會成爲增強族群認同的手段，就像他們已在伊斯蘭復興運動所看到的。國民醒覺運動主席詹德拉指出，儘管許多普世宗教擁護普遍性和寬容的理念，但「實際上種族、宗教、語言和文化的差異，已緊緊掌握住世人的情感，遠比宗教思想所提倡的世人一體性更爲強大」（Chandra Muzaffar 1980a: 13）。另一位發言者代表著佛教觀點，提到「最近的趨勢，就是利用宗教作爲社群自我主張的手段」：

* 譯注：該黨的華文舊稱是「泛馬來亞回教黨」（Persatuan Islam Sa-Malaya / Sa-Tanah Melayu），華文簡稱「回教黨」，一九七一年正式全稱改爲「泛馬來西亞伊斯蘭教黨」，至二〇一一年改稱「馬來西亞伊斯蘭黨」。

> 在這方面，很不幸地，伊斯蘭教復興運動加劇了穆斯林好戰的排他性格，在極端情況下甚至導致褻瀆廟宇等舉動。另一方面，非穆斯林的反應就是緊抱他們各自的宗教以尋求心理庇護，但這助長了衝突氣氛（Gan 1980: 41）。

數年後，馬來西亞政治學家和政治人物柯嘉遜總結道，「最近幾年的宗教復振運動，非但沒能促進和諧與共同價值，反而創造了分歧和不信任」（Kua 1987: 91）。[7]

這些來自各種不同背景的與會者試圖採用「信奉上蒼」的國家原則來尋求團結與共識，卻發現並不是每個人都擁護這項原則。事實上，傳言有一位重要參與者在得知會議主題是「同一上蒼，諸多路徑」時，差一點就決定退出。正如一位發言者的解釋，佛教並沒有「預設一個至上神或創造者的存在」，釋迦牟尼「從未被信徒視爲上蒼」。因此他得出結論，佛教並不是「植基於上蒼的啟示，也不信仰或獻身於任何形式的上蒼」（Gan 1980: 35）。另一位發言者補充說，儘管佛教徒確實信仰神靈、神和半神人（deva）的存在，但他們並未「服膺於單一創造神的概念」——就算他確實讚揚在馬來西亞這個多元宗教、多元種族社會，信仰上蒼對於產生寬容與理解所具有的價值（Teh 1980: 129）。即使信仰單一上蒼可能成爲追求宗教普遍性的基礎，然而對佛教徒而言，國家原則的基本原則卻將他們排除在外，而不是把他們涵納進來。

118

另一位與會者大膽挑戰了國家原則的基礎前提，也就是信仰上蒼能爲馬來西亞人提供團結的源頭。首先，他認爲信仰上蒼應是優於其他四個原則的最高原則，它應該優先排在全部原則的頭一項，包括對總統（president）和哈里發（Caliph，穆罕默德的繼承人）的效忠。但他也指出，有許多人認爲這項原則會變成伊斯蘭原則：

由於國家原則僅僅是依據伊斯蘭觀點來看事情，似乎把其他宗教信仰全都排除在外，因此人們會把國家原則看成穆斯林單方面提出的原則。它並不具有激勵國內各個不同族群朝向團結和諧的力量或內在活力，因為信仰上蒼這個原則的界定方式，並不是對各種不同宗教都具有吸引力（Ariffin Omar 1980: 32）。

他也指出，馬來西亞人堅持自己的宗教，並不是因爲信仰上蒼，而是把宗教當作「一個標記，來代表（他們）所屬的族群」：

在馬來西亞，現在人們都採用社群角度來看宗教，無論這個宗教是伊斯蘭教、印度教、佛教或其他任何宗教。因為在所有的馬來人都是穆斯林，大多數印度人是印度教徒，大部分華人是佛教徒、道教徒或儒教徒的情況下，必然會這樣。（無論是）馬來人

> 與非馬來人，一向把伊斯蘭教視為馬來人的宗教，而馬來人會把每一位印度人或華人都視為非穆斯林（Ariffin Omar 1980: 34）。

他總結說，馬來西亞所推行的這些「不良」經濟政策、社會不平等和不正義，只會加強族群偏見，接下來則變成各族群在自己所認同的宗教裡頭找到表達各種偏見的方式，導致穆斯林和非穆斯林之間的鴻溝越來越大（Ariffin Omar 1980: 34）。

會議籌辦人詹德拉在總結評論時，承認在伊斯蘭教、印度教、佛教、基督教和道教之間存在著神學與儀式層次的差異，但他依然宣稱，「上蒼，至上的存在，存乎於一：唯一發生分歧的是人們對祂的理解」（Chandra Muzaffar 1980b: 140）。然而，他質疑爲何傳統宗教無法「將人們從壓迫與剝削中解放出來，以創造並維持合乎道德理想的環境，從中孕育滋養具備道德性格的人」（Chandra Muzaffar 1980b: 141）。他指責宗教菁英運用了「這種脈絡性、特殊性、儀式性與來世性」的宗教實踐面向，以「增進他們的權力和權威」，並提出疑問，能否藉由改採科學理性來幫助「創造有道德的人和有道德的社會」（Chandra Muzaffar 1980b: 142）。

新經濟政策

儘管國家原則可能試圖神聖化馬來西亞的社會契約，但構成「一九六九年後政治體制的主導意識形態架構」卻是新經濟政策（New Economic Policy, NEP），試圖找出克服馬來人「落後」的務實策略（Khoo 1995: 27）。一九七〇年以後所採取的這個新政治方向，既強化了社群區隔，也以不容非馬來人輕易挑戰的方式，確保了馬來人的主導權。

一九七〇年，由首相敦拉薩（Tun Abdul Razak）所領導的馬來西亞政府提出新經濟政策，以解決被認爲是導致五一三暴力事件的根本原因：馬來人對其社會經濟處境的挫折感。新經濟政策試圖在此後二十年（一九七〇至一九九〇年）達成兩項目標：第一，不論種族身分，消滅貧窮；第二，「重新組構社會，廢除以經濟功能來區別種族的情況」（Khoo 1995: 103）。然而，在實行過程中，新經濟政策將「馬來人支配轉變成馬來人霸權」，從而重新組建的馬來西亞多元社會契約，變得不利於非馬來人（Shamsul 1998: 146）。

新經濟政策透過各種措施提升土著地位，包括設計某些規範來確保馬來人取得更大比例的經濟財富（Jomo 1986: 263）。爲達到這項目標，政府設定了「依據族群類別而制定的企業資本所有權的比例目標、就業機會配額、社會服務和發展撥款的分配，這加劇了土著–非土著之間的區分」（Khoo 1995：105）。例如，政府設定的目標是到了一九九〇年，土著在經濟的企業部門的參與比例是百分之三十（Kunio 1988: 60-62）。儘管有這項雄心壯志的經濟重組計畫，據估計在一九九二年，馬來人在經濟部門的所有權僅達百分之二十點二，遠遠落後於新經濟政策所設定的百分之三十目標，相較之下華人依然控制了百分之四十四點九（*Straits Times* 1992）。

新經濟政策也試圖透過建立一套大學入學名額的種族配額制度（quota，馬來西亞華人稱之爲「固打制」）來提供馬來人更多的教育機會。例如，大學錄取人數的長期政策是百分之五十五的名額分配給土著，百分之四十五的名額分配給非土著。但馬華公會發表的報告指出，一九八六年華人學生人數僅占五所大學新生總數的百分之二十七點一，大大偏離了新經濟政策所預估的數字（Malaysia Chinese Association 1988: 67）。再者，馬來西亞大學內部另有一套非正式的配額制度，像是工程和經濟學這類熱門科系會保留較高比例的名額給馬來人。結果造成許多華人學生被排除在他們所選擇的學習領域之外，反而進入他們根本就興趣不大或根本沒有興趣的科系。[8]

這套教育配額造成許多馬來西亞華人前往外國的學院與大學留學。事實上，到外國留學的馬來西亞華人學生比在本國就學者還多（Heidhues 1992: 14），馬來西亞「（海外）留學生的比例是世界上最高的」（Kua 1992: 80）。在無法確定能否在馬來西亞社會找到一席之地的情況下，許多具有才華和雄心壯志的馬來西亞華人學生，因此一去不回頭（Strauch 1987: 145）。

120

在此同時，缺乏財力資源出國留學的人只能留在國內，怨恨自己實現雄心壯志的機會遭到剝奪。[9]這類故事不勝枚舉，每個都是獨一無二的案例，但每個都同樣確信存在著不公平，他們的機會遭到剝奪。[10]

馬來西亞華人經常指出政府做出了承諾，新經濟政策的實施過程將符合憲法保障，也就是沒有任何一條關於馬來人特權的法令會導致「剝奪或授權去剝奪人們被賦予或持有的任何權利、特權、許可證或執照」（參閱Tan 1987: 251-52）。即使政府做出了這些保證，但就中產階級的馬來西亞華人的親身體驗，這項支持馬來人多數群體的肯認行動計畫根本就是種族歧視。他們經常抱怨自己被當成次等公民，並主張自己就像土著一樣是馬來西亞人，也應當得到平等的權利（Nonini 1997: 208）。

再者，儘管許多非馬來政治人物肯定新經濟政策的原則，但他們抗議固打制的實施已過度狂熱。正如馬來西亞人類學家山蘇的觀察結果：

> 當然，馬來人所控制的國家政府也做出許多努力來滿足非馬來人的利益，但由於馬來西亞脈絡下的國族主義走到了極度馬來化，其在日常的表現也變得極度族群化。由於馬來西亞行政體系以馬來人占絕大多數，國家政策在基層和日常生活的施行細則與相互連結，用來解釋這套政策的話語，不可避免地變得非常具有馬來種族色彩，且深

121

深偏袒馬來人（Shamsul 1998: 141）。

因此，許多學者所提出的結論就是，實施新經濟政策加劇了族群分裂，無法促進社會團結。[11]

新經濟政策原定的執行期限是一九九〇年，隨著這個日期的逼近，非馬來人開始呼籲政府檢討在二十年前所制定的這套偏袒特定族群的政策。政府確實做出了回應，組建了多元族群的「國家經濟諮詢理事會」（National Economic Consultative Council, NECC），裡面的一百五十名成員分別代表各個不同的利益群體，同時也邀請他們針對一九九〇年之後的經濟政策提供建議。值得一提的是這些分歧多樣的理事會成員確實有達成共識，並送交政府一篇長篇報告。雖然該理事會提議對政策進行深遠的改革，但最後政府並沒有採納他們的建議。讓許多非馬來人感到失望的是，政府最後提出的「新發展政策」（New Development Policy）依然堅持「新經濟政策的基本目標、特性與策略」（Mauzy 1995: 86），即使新發展政策確實強調經濟增長，而不是新經濟政策所側重的財富重分配（Heidhues 1992: 13；也請參閱 Lim 1992）。

新經濟政策在種族經濟重組計畫方面確實是成功的，但許多人付出極高代價。然而，一九九八年印尼在嚴重經濟衰退之後，引爆全國各地的反華人騷亂，馬來西亞卻依然相對和平。爲此，首相馬哈迪聲稱新經濟政策成功，他的結論是：「印尼之所以會發生針對華人商店的騷亂搶劫，就是由於大多數企業控制在華人之手，印尼也欠缺如同馬來西亞的新經濟政策，因此未能在原住民與非原住民印尼人之間進行財富比例重分配」（*Utusan Malaysia Online*, 22 July, 1998）。

馬來人的困境

儘管許多華人認爲，馬來西亞政府對馬來人多數群體所制定的肯認行動計畫確實是個歧視，但馬來人卻採取不同觀點來看待這項社會重構。也許最有說服力和影響力的馬來人代言人是前首相馬哈迪，他在一九七〇年出版頗負爭議的《馬來人的困境》一書，提出他對馬來西亞歷史和社會的獨到詮釋，以及他設想的馬來西亞族群問題解決方案。雖然馬哈迪醫生在政治流亡期間寫了這本書，但馬來西亞政府決定予以查禁，直到一九八一年他就任首相的那一年才解禁，邱武德如此總結：「許多馬來西亞人從《馬來人的困境》這本書裡，找到支持土著經濟參與計畫的最強力依據與合理化理由」（Khoo 1995: 108）。

馬哈迪醫生試圖在這項研究解釋五一三暴動的原因。他問道：這個「多元種族、多元語言和多元宗教的國家」究竟出了什麼問題，使得原先存在於不同種族成員之間的寬容和理解嘎然終止了？而他的結論是，其實眞正的種族和諧從未存在（Mahathir 1970: 4）。即使馬來人與華人比鄰而居，各方最終都退回到「自己的族群和文化的聖地，彼此都沒有眞正侵犯對方」（Mahathir 1970: 5）。再者，他指出在馬來西亞獨立之後，政治人物繼續認定「華人只關心做生意和聚斂財富，馬來人只想要成爲政府公務員」——這套族群分工是英國殖民統治所創造的。政府做出這些認定時未能認識到華人的政治抱負，以及馬來人有興趣增加他們參與經濟的比例。結果就演變成「一九六九年五月十三日爆發的殺人、放火和無政府狀態」（Mahathir 1970: 15）。

馬哈迪醫生依據馬來人與華人這兩個社群在種族、環境、歷史與社會的差異，解釋爲何馬來人農民會缺乏經濟發展，而華人卻在商業獲得成功。他認爲，由於土地生產力豐沛，馬來人並沒有盡其所能來獲取食物或展現其創造力。就算是「最衰弱和最懶惰的人也能過著相對舒適的生活、結婚與養育後代」（Mahathir 1970: 21）。相較之下，華人移民來自「災難頻仍」的國家，在那裡他們爲了奮鬥求生存而變得堅強。由於貪官汙吏控制著中國，華人變得善於討好官員，也學會組建祕密會社來保護自己。因此這一群離開中國遷移到馬來西亞的華人意志堅強、富冒險精神且足智多謀（Mahathir 1970: 25）。馬來人在面臨這群「勤勞且有堅定決心的」華人移民的競爭時，由於天生和環境因素而積弱不振，於是就退出了商業經營的部門（Mahathir 1970: 25）。

就如同英國在海峽殖民地的殖民官員也曾注意到的，馬哈迪醫生犀利地指出華人的排他性。例如，他在檢視華人的商業行爲時就提出結論：「他們緊密的社群商業連結關係、普遍掌控批發和零售業、對運輸業的控制、強大的銀行和自己擁有的財富，構成了堅不可摧的障礙，在自由的企業社會中，這足以用來對抗其他社群對其經濟獨占領域的實質侵犯」（Mahathir 1970: 56）。他指出：「身在這個處境的馬來人抱持著各種不同態度，從自我滿足並接受被排除在商業和工業的經濟領域之外，到深刻怨恨並羨慕華人所享有的經濟主控權」（Mahathir 1970: 56）。

雖然早在馬來西亞宣布獨立並脫離英國人統治時，殖民時代就已告終，但馬來西亞的華人和印度人社群繼續定居在該國，也沒有意願回到自己歷史上的祖居地。因此有許多人在極其寬鬆的公民權法令下成爲公民，留在這個新建立的馬來西亞國家。據馬哈迪醫生所說，這爲馬來人留下難題：

> 突然間，馬來人開始明白，他甚至不能把馬來亞稱作自己的土地。這裡不會再是*Tanah Melayu*——馬來人之地。他現在是個不一樣的人，一個馬來西亞人，卻是馬來裔馬來西亞人，他在馬來亞——他的土地——的政治權威現在必須和他人共享，而且用不公平方式來共享。這好像還不夠，他一直被要求放棄他的那份影響力，放棄越來越

123

多（Mahathir 1970: 121）。

此外，雖然「其他已在馬來亞定居並建立家園的各個種族」已被授予公民權，但是馬哈迪認爲，「（有權）決定公民權、權利和義務的形式之人，就是馬來人」（Mahathir 1970: 121）。

馬哈迪擁護族群國族主義的邏輯，拒絕採用屬地主義的公民權模式。他駁斥華人和印度人有同等資格來享有相當於馬來人的公民權，並且捍衛馬來人在控制馬來西亞領土所具有的權利：

> 我主張馬來人是馬來亞的原始人群或原住民，以及唯一可聲稱馬來亞是屬於自己的且唯一的國家的一群人。按照世界各地的慣例，這賦予馬來人對於公民權的形式與義務（的制定），具有某些不可剝奪的權利，這種權利可施加於非土著血統的公民。……對於那些異質性、尚未同化、且過於龐大而無法管控的非馬來人社群，在（當年獨立時）對他們授予公民權的工作做得十分倉卒（Mahathir 1970: 133）。

他感嘆，由於這種「倉卒」擴充公民權範圍的結果，馬來西亞社會缺乏整合和同質性。

馬哈迪醫生提議，爲了補救上述的問題，所有公民應該同化於「原初具決定性的種族」（original definitive race），也就是馬來人的語言與文化（Mahathir 1970: 134-35）。他更捍衛採用馬來語爲主要教育媒介語的主張，認爲「教育體系始終是單一體制且屬於全民的」（Mahathir 1970: 143）。最後，他主張，雖然大多數的國族國家並不堅持宗教上的統一性，但是，「具決定性的種族」（馬來人）會在語言、移民、公民權和教育等方面實施控制，使其文化長久存在。這些控制措施的預期結果就是同質化的公民，全都「帶有這個決定性種族的基本特徵」（Mahathir 1970: 153）。馬哈迪醫生自一九八一年起擔任馬來西亞首相，二十餘年來推動他對馬來西亞的未來願景，直到二〇〇三年退休爲止。在他的領導下，馬來西亞政府尋求發展一套植基於馬來人認同的國家文化，有時甚至設想發展一個嶄新的「馬來西亞種族」（Malaysia race, *bangsa Malaysia*）。

124

建構國家認同

政府在執行新經濟政策之後，接下來的這段期間也以馬來人「土著」的語言、文化與宗教爲基礎，積極推動馬來西亞國家認同的建構。這個被發明且飽受爭議的馬來人種族概念，成爲了政府建構馬來西亞國民身分的基礎（Milner 1998, Shamsul 1998）。

在多元文化的馬來西亞，對於少數民族成員而言，將馬來語發展並推廣爲馬來西亞的國家語言，以及政府對建構國家文化所做的各項努力，已成爲高度敏感議題。他們經常感到這些由國家所建構的倡議內容邊緣化或忽視了少數民族的語言、文化和地方歷史。國族主義作爲一種政治意識形態，提倡國族國家應該是藉由共同的領土、語言、文化和經濟生活而團結起來的社群。教育尤其是設計用來產生更大的社會團結的國族主義政策工具。採行國語具有實際上的功能：普遍的識字是建構現代經濟的先決條件，而且國家規模的教育體系也是政府得以統合經濟生活的基本工具。但許多國族國家也利用教育系統爲手段，在公民之間創造出語言及文化的凝聚力，少數群體成員可能認定這是一項強迫同化的策略（參閱 Gellner 1983, Edwards 1985）。

特別是自從一九六七年通過《國家語言法案》，在馬來語成爲全國唯一的官方語言的情況下，對非馬來人而言，馬來西亞的語言政策一向是特別具有爭議性的話題。在獨立當時，華裔和印度裔的政治領導人曾試圖讓政府宣布華語和印度語爲官方語言，但馬來西亞卻採用了馬來語作爲單一的國語，僅僅在最初十年的過渡期，將英語充當官方語言。馬來語既是馬來西亞國家主權的民族語言象徵，又是建構國境內部團結的現代主義工具。馬來語取代了英語成爲主要的行政和教育語言，政府更重組了教育系統，將原先由各族群分別支持的華文、英文、馬來文與淡米爾文學校，統合在單一的國家教育體系之下。他們認爲這將能提供給馬來西亞學生「共同的求學歷程，以導向團結的國家」（Singh and Mukherjee 1990: 2），提供「灌輸國家認同和團結的基礎」，並推動國家文化發展（Wong and James 2000: 216）。

在一九七〇和八〇年代，許多馬來西亞華人抗拒以馬來語這種新國語作爲教育用語，他們主張華語和英語皆屬極負盛名的世界語言，對國際貿易十分有用，馬來話的使用範圍就比較有限：或許可拿來跟馬來語相提並論的是華人的區域語言，例如福建話和廣東話。再者，在殖民統治下的海峽殖民地華人發展了自己的現代化學校，而且馬來西亞持續具備完整的華文教育系統，有可能是整個東南亞最注重華文教育的。國民型華文學校依然採用華語爲重要的教育媒介語，同時規定學生必須學習馬來語與英語。但這些學校被迫修改課程以順應政府要求，許多父母抱怨子女的華文教育水準因而下降。

某些華文學校在獨立之後依然保有自主權，儘管其註冊人數在一九六〇年代下降。但自從一九七三年開始，一群新的教育領導者質疑政府所推動的語言、教育、文化政策，認爲這些政策全都牴觸「公平正義社會的理想」（Tan Liok Ee 1992: 197）。他們呼籲華人必須主張使用華語實行教育的權利，並支持華文獨立學校，華人可以藉此「保存和延續華人文化」。在此同時，這些領導人提議，學生在不犧牲華語爲代價的前提下繼續學習馬來話與英語，並對於馬來西亞文化的發展做出貢獻（Tan Liok Ee 1988: 64-67）。一九七三年之後，華文獨立中學的註冊人數穩定增長，在一九七三到一九八六年間幾乎增加了一倍（Tan Liok Ee 1992:

194）。雖然對某些家長而言，國民教育體系依然是個務實選擇（不須額外繳費），但許多家長繼續傾向於將子女送到華文獨中就讀。

再加上政府強制的馬來文教育、對馬來人的優惠待遇，以及過度實施配額制度，這意味著非馬來人學生越來越難進入馬來西亞的大學就讀。再者，由於政府並不承認華文獨中的文憑，其畢業生必須額外就讀一年的大學先修班，只有通過全部以國語出題的考試，才能取得大學入學資格。新加坡國立大學與許多台灣和西方國家的大學承認馬來西亞華文獨立中學的統一考試（簡稱「統考」）成績，並願意讓其畢業生入學（Tan 1992: 194）。[*] 但一九八〇年，新加坡關閉了東南亞地區唯一的華文大學「南洋大學」，與英語教學的新加坡大學合併，組成新加坡國立大學，而馬來西亞政府從未承認台灣的大學學歷。[†]

一九七〇年代末，檳城和其他地方的華人公會和社團有鑑於華文獨中畢業生的升學機會逐漸減少，於是爭取設立以華語爲教育媒介語的「獨立大學」（Merdeka University）（馬來語 *merdeka* 意指「獨立自主」，也用來指稱馬來西亞獨立紀念日）（Tan 1992: 194）。反對設置獨立大學的政治人物提出批評，認爲其華人支持者是「文化傲慢」，不願採用馬來語爲馬來西亞的共通語（Aliran 1979）。而讓華人社群失望的是，馬來西亞法庭做出判決，主張憲法保障的使用華語自由並未延伸到設立華文大學的權利，因此裁定大學教育必須以國語進行（Heidhues 1992: 13; Tan 2002: 165）。[12] 直到政府對私立高等教育的政策解禁之後，華人才得以設立三所私立華文學院，但這在現今（二〇〇二年）爲數超過六百所的私立大學與學院依然僅僅只占一小部分，這些補足馬來西亞十一所公立大學招生缺口的私立學校，主要以英語爲教學媒介語（Tan 2002: 165-66）。

雖然在一九八〇年代政府鬆動了華文大專學校的政策，但一九八七年卻爆發一場嚴重危機，政府任命百餘名不諳華語（受英文或馬來文教育）的華人擔任華文小學的高級主管。華人社群認爲這是邁向消除華文小學的一步，並對這項任命提出抗議。當衝突局面升高時，馬來西亞政府動用「內部安全法令」（內安法令，Internal Security Act, ISA）的特殊權力拘留百餘名馬來西亞人，包括「反對黨領袖、其他反對黨國會議員、伊斯蘭原教旨主義者、教會事工、工會人員、教育家、學者、社工、割橡膠工人等」（Kua 1989: 1；也請參閱 Means 1991: 206-14; Wah and Kahn 1992）。政府聲稱對這場「茅草行動」（Operation Lallang）採取了迅速有力的行

---

* 譯注：華文獨立中學統一考試（Unified Examination Certificate）爲獨中畢業生進行文憑認證，分爲初中統考、高中統考、技術科統考，由馬來西亞華校董事聯合會總會（董總）主辦，第一屆統考於一九七五年舉辦。統考文憑不受馬來西亞政府承認，因此無法據以申請公立大學；但有國內超過三百所私立高校，國外超過一千所公私立大學承認。（資料來源：中文維基條目 https://zh.wikipedia.org/zh-tw/華文獨立中學統一考試）。

† 譯注：馬來西亞政府於二〇一二年七月承認台灣一百五十七所大專院校的學歷，並將認證時間追溯到二〇一一年六月二十日（資料來源：https://www.ettoday.net/news/20120729/80637.htm#ixzz752Zh09mu）。

動來防止種族暴力事件，從而防止類似五一三危機的事件再次爆發。[13]

政府所提倡的馬來西亞國家文化也讓許多華人頗有微詞，他們認爲國家文化政策是同化性質的，並要求政府採行更包容的多元文化主義。事實上，政治運動家柯嘉遜曾主張，馬來西亞國家體制沒有興趣支持非馬來人少數民族文化，這已構成了侵犯人權（Kua 1992）。政府對華人文化傳統抱持著偏狹態度，人們至今依然會舉一九七九年內政部長丹斯里加扎利沙菲益（Tan Sri Ghazali Shafie）在馬來亞大學研討會發表的演講「馬來研究在國家認同發展中的作用」（The Role of Malay Studies in the Development of a National Identity）作爲證據。部長在那個場合建議土著的文化元素應當成爲支持馬來西亞國家文化的基礎，並補充說其他族群的文化元素只有在經過修改，相容於「當前的時間和環境」後，才能被接納成爲國家文化。例如，他認爲華人的舞獅無法成爲馬來西亞文化的其中一種形式，因爲它源自於中國。他認爲舞獅應該要改成舞虎，並以馬來風格音樂取代華人的鑼鼓（*Straits Times*, 20 May 1979；重刊於Kua 1990: 12；也請參閱Carstens 1999; Tan Sooi Beng 1992: 290-91）。[14] 華人社群領袖明白沙菲益這項建議隱約透露的政府意圖，因此尋求各種方法來影響政府的文化政策。一九八三年，在檳城華人所主辦的一場泛馬來西亞華人職業公會和社團的聯合會議中，這些結盟團體的領導人通過了「國家文化備忘錄」（將在第七章討論）。

在一九七〇年代和八〇年代，許多華人轉向其社群內部來彰顯自己的社會榮耀，就如同他們在殖民統治時期曾經做過的一樣。再者，爲回應五一三危機、新經濟政策的實施、伊斯蘭復振運動以及馬來西亞政府所推動的族群國族主義，檳城的政治領袖和社群領袖轉向華人民間宗教文化的基層組織，以期能動員並團結檳城華人社群——我將在第七章回到這個話題。

華人宗教文化的復振

檳城華人依據節慶循環活動與相關的敘述，在屬於自己歷史的時間與檳城的神聖地理空間之中來進行本土化。因此，我在下文將以節慶循環作爲探究檳城宗教文化復振的架構，並從第六章開始思考那些傳達這些活動架構的宇宙觀分類。我也檢視了傳承檳城華人社群歷史的社會記憶的儀式展演和敘事，包括在農曆正月舉行的三場酬神儀式。[15]

各個社群可透過口頭和書面敘事、紀錄片和戲劇、寺廟、墳墓和紀念碑等方式，來傳承社會記憶（Jing 1996, Halbwachs 1992, Schwarcz 1996, Young 1988）。儀式過程是各社群賴以塑造其社會記憶的特別有效的手段，因爲它結合了敘事和行動，創造了對於想像世界的生動圖像。跟這三項儀式行動（祭拜觀音、天公與大伯公）有所關聯的儀式實踐和敘事，維持了令人回味的昔日圖像——反抗清朝、與英國人競爭對檳城空間的控制，以及檳城華人的誓

128

盟會黨傳統。

我將在第七章和第八章繼續探討節慶循環的議題，分析在一九七〇和八〇年代由檳城華人所復振的兩項節慶：慶讚中元與九皇爺誕。正如我在第七章所討論的，檳城的政治領袖與社群領袖從一九七三年展開步伐，集合了當地中元普度的地域性組織和活動，創造出一個更高層級的中央化組織，由各地的社區委員會共同串聯組成一個普度（中元節）委員會。

這些領袖以中元普度與其集體宴會爲載體，透過它來接近低學歷、非英化的華人，試圖藉由界定某些共同目標來解決華人社會的具體問題。這包括華文教育和重建華人大會堂，這些提議直指人們將華人語言和文化傳統傳承給年輕一代的期望，以及他們面對威脅的情況下，團結自己的社群的決心。這些領導者並未對追隨者提供精神救贖，但他們確實提供了社會榮耀和集體希望，來換取參與者和捐款者的犧牲奉獻。然而這項節慶復振依然保持著宗教文化的基本曖昧性，檳城許多受過高等教育的華人就看到了其中的迷信和浪費。

同一時期崛起的九皇爺誕，其中神靈附身的乩童帶領著追隨者，參與一場設計用來將危險和災難趕出其社群的儀式，組織者爲華人這個身處日益朝向國族主義發展的馬來西亞國家當中的少數族裔社群，提供了精神上的因應之道。有別於普度（中元）委員會籌款工作所強調的政治務實性，九皇爺誕轉而對那些依循自我修煉路徑的人們提供了精神救贖。

人們祈求斗姆和其兒子九皇大帝驅走各種混亂、疾病和失序的力量。由許多廟宇共同組成的聯盟所率領的這場華人社群節慶當中，籌辦者以盛大的社群力量公開展現與精神許諾，團結了多樣化的華人社群，並暗示參與者是一群被衆神所拯救的選民。即使這個節慶的內容並不帶有政治意圖，但參與者展現了華人這個內部分散、多樣的社群可以自我組織，運用一個共同理由來達成團結，並採用宗教神聖話語來想像華人社群跟其他族群的邊界所在。

檳城華人社群的宗教文化，包括興建在海邊和山洞的風水寶地寺廟、盛大的節慶遊行以及神奇事件的報導，使得華人能在檳城的時空當中達成本土化，並表達他們跟華人社群歷史的連結，包括華人文化資產和反清情緒的記憶。許多檳城人維持家庭儀式和社群節慶的傳統，但現代主義者貶抑這些做法，斥之爲迷信、落後或浪費，沒有人承認華人宗教文化其實也是一種普世宗教。發生在一九七〇與八〇年代的這場宗教復振的力道已大大衰退，但年輕一代的檳城人現在轉而主張華人聖地是歷史遺產，並動員了全球的文化資產結盟關係，來進行維護保存。

129

第六章　時間、空間和社會記憶

在將華人維繫成同一個社群的這件事情上，儀式紐帶這個媒介就像其他任何媒介一樣有效（Purcell 1967 [1948]: 130）。

130

借用拉姆齊的話來說：「中國不僅是地表上最大的國家，它更是最古老的社會制度，華人從漢帝國與更遠古的年代，就歸屬於他們的文化傳統和民族傳統，並一直遵循著，延續至今」（Ramsey 1987: 17）。宗教文化將檳城華人社群的成員連結到中國文明的各種形式和內容，其中包括了中國的文字文化：人們從故事、地景、建築與按照農曆精心策畫的定期聚會當中，體驗其所展現的歷史和傳統。就如同誓盟會黨的儀式，節慶週期的活動也援引多種感官象徵符號，來塑造一種以天地、陰陽、生者與亡者爲基礎而構成的宇宙觀的共同社群經驗。

我們或許想要細究華人這個離散群體的傳統在檳城的時空中所歷經的各種不同的在地化過程。辛格在他深具開拓性的印度研究中，找出了幾種制度性和文化性的再現形式，透過這些形式來探索印度的「大傳統」（Great Tradition）與「小傳統」（Little Tradition）的關係。這些再現形式包括：第一，神聖地理學（sacred geography），它界定了一組神聖中心，各個神聖中心提供了「用來展現大傳統的論壇、媒介和載體」；第二，相關儀式與儀禮的神聖曆法，按照曆法時節和個人生命歷程舉行慶典；第三，神聖經文典籍，由通曉文字的專家閱讀並向大眾詮釋其意義；第四，由領導者與政治人物所傳達給追隨者有關大傳統的詮釋（Singer 1972: 56）。

辛格的精闢分析吸引我們注意一項事實：在地化（localization）不僅是透過對大傳統的口語注解來達成，更是透過對當地時間和空間的社會化，以再生產神聖地理學和神聖曆法來達成。正如阿帕杜萊提醒我們的，儀式過程會把人們既有文化的延伸和持續加以在地化，從而「對這些文化範疇賦予名稱與屬性、價值與意義、表徵與易於辨識性等」（Appadurai 1996: 180）。檳城華人宗教文化的各個寺廟、節慶和祭祀活動，就是爲當地空間和時間灌注了社會意義，對於山巒、洞穴、岩石與樹木賦予神聖意涵，依據月亮圓缺的循環（意卽陰曆或農曆）來再生產其社會節奏。

在時空當中的華人民間宗教文化

巴素在一九三〇年代擔任檳城華民護衛司，他認爲他的華人助手所提供的一張華人節慶清單就是「檳城華人精神的備忘錄」（Purcell 1965: 175）。[1] 華人這套依據十二個月的月亮盈缺運轉循環，並運用閏月來配合陽曆調整的儀式年曆，彙整了華人社群和家庭的儀式與團聚時間。在檳城，由全體華人參與的活動包括春節（農曆正月初一至十五）、拜天公（正月初九）、請火儀式（正月十五前夕）、春祭掃墓（清明，冬至之後的第一百零六天）、端午（五月初五）、中元普度（整個七月）、城隍祭（七月廿五），以及中秋節（八月十五）。許多人參加由廟宇主辦的神明誕辰節慶，有時也慶祝神明的得道日和升天日，這類神祇包括清水祖師（正月初六、六月初六、十一月初六）、關公（二月十五）、觀音（二月十九、六月十九、九月十九）、保生大帝（三月十五）、濟公（五月初五）、大聖爺（齊天大聖，八月十六）、九皇大帝（九月初一至初九）、斗姆（九月初六）、玄天上帝（三月初三、九月初九）和三太子（八月十五或九月十五）（另參閱附錄與下文）。在此同時，祭拜形式會隨著祭拜者的看法與價值而有所變化。例如十九世紀的檳城天地會集體慶祝幾項特別選定的節日，闡述他們的傳奇歷史和儀式過程，藉著這些慶典活動灌輸他們（前人）發明的歷史中，那些假想事件的社會記憶與宇宙觀意義。

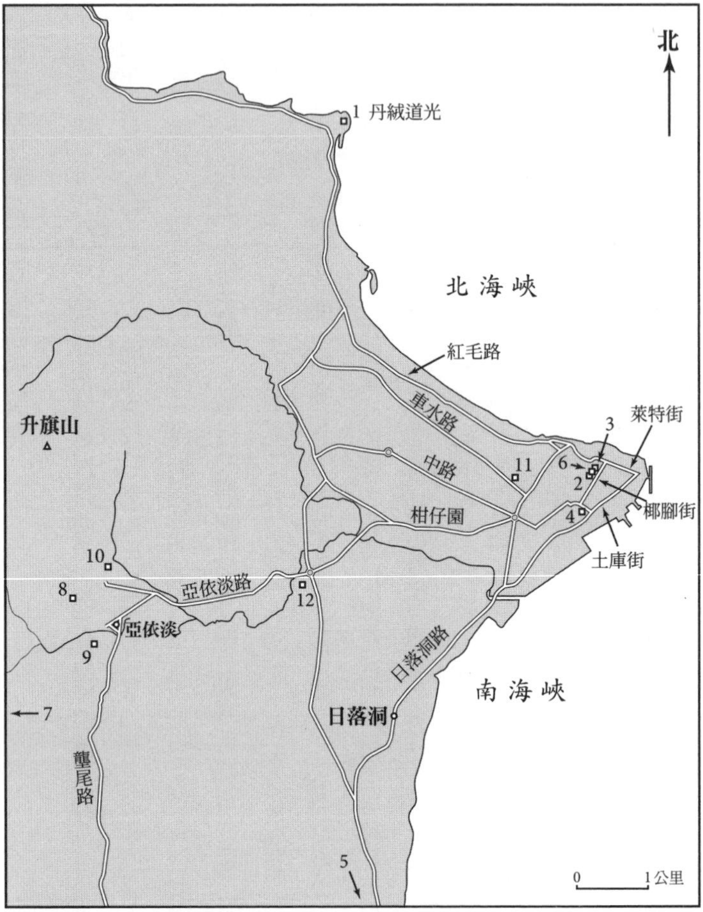

檳榔嶼地點位置圖，約2003年。

1 海珠嶼大伯公（福德正神）廟（建於約1792年）

2 椰腳街廣福宮（觀音亭，建於1800年）

3 華蓋街聖公會聖喬治教堂（建於1818年）

4 建德堂（大伯公）祕密會社（建於1844至1890年）；大伯公廟由寶福社管理，會所設在本頭公巷的福德正神廟（寶福社，成立於1890年）

5 萬腳蘭蛇廟（或稱福興宮，建於1850年，1873年重修）

6 椰腳街檳州華人大會堂（平章公館，成立於1881年；檳州華人大會堂重建大樓於1983年開幕）

7 甕尾山清觀寺（建於1880年）

8 亞依淡升旗山上的寶玉仙岩大伯公廟（重修於1886年）

9 亞依淡極樂寺（最早的大殿落成於1891年；寺廟群落成於1904年；萬佛寶塔落成於1930年）

10 亞依淡天公壇（建於1867年）

11 車水路觀音寺（建於1923年）

12 亞依淡路檳州清眞寺（建於1980年）

檳城華人將廟宇與神壇蓋在這座島嶼的海岸邊，面向大海，也蓋在檳城山區的石窟中，讓神祇可在高處俯瞰城市全景和海峽。寺廟建造者經常複製中國名山古剎的風格和場景，但他們也找尋檳城的風水寶地，以善用其地理特色。風水（*hongchui*）是一門神祕科學，但它也表達一套地景美學，考量如何整合建築物與自然環境，以及環境經驗對人們的感覺所帶來的影響。農曆循環週期的經驗重新凝聚了置身在整個檳城地景當中的各個不同地點的華人社群成員，對他們來說，這也是一次神聖地理學的經驗。[2]

當我向傳統的檳城人詢問他們信奉什麼宗教，他們往往回答自己拜祖先和拜ang-kong、[3]拜神（*paisin*）與／或拜佛（*pai Hut*）。在他們兼容並蓄的眾神殿裡頭所奉祀的神明，包括了神格化的先人——其中有些神明擁有由中國皇帝所敕封（*hong*）的天廷職位和等級——透過自身修行而超脫生死輪迴的道教神仙，以及佛陀、羅漢和救世菩薩。[4]學者經常提到，華人神廟裡頭的科層組織是以帝制中國的科層體制爲模型：如同世間的皇帝會任命有功之人擔任官職，玉皇大帝也會任命其代理人來管理地方社群。[5]儘管這套帝國隱喻在某些方面編排了華人神廟和當地宗教文化的秩序，但有些廣受大眾歡迎的佛教神祇，像是觀音和濟公活佛就跳脫在這套秩序之外，甚至挑戰了科層體制的位階排序（Shahar 1998, Shahar and Weller 1996）。我的分析基礎並不是建立在這套帝國隱喻（也不是對它提出挑戰），而是將華人民間宗教文化視爲由時間、空間和社會記憶所構成的組織（見DeBernardi 1992）。

133

高延在他對於廈門節慶的研究中將曆法稱爲「神奇的鎖鑰」，幾乎能夠「穿透華人群體的全部奧祕」(de Groot 1977 [1886]: xii)。由於農曆週期是廈門當地宗教文化用來安排各項習俗的時間框架，因此它提供了一套華人文化世界普遍共享的宇宙論架構，可據以理解華人的經驗。然而，當這套理想化週期的活動在檳城的實際時空當中展開時，它們就提供了一套人們可事先預想的相聚與四散的節奏，使華人對其社群與文化產生一股恆久存在且無法磨滅的感覺。最後，對檳城人而言，依據農曆循環而舉行的各項活動透過紀念行動提供了文化延續感，這讓社會記憶在此時此刻維持生動性與活力。

例如，奉行傳統的檳城人（大多是女性）在農曆八月十五晚間慶祝中秋節，他們在家門外的露天供桌上擺放月餅、西瓜、柚子、堅果和茶水來祭拜，也有一些社團會員團聚舉行月光晚會。但當代檳城人也將中秋節連結到反抗元朝蒙古人統治者的人民起義，即創立明朝的始祖朱元璋等人在一三六八年推翻了「蠻族」統治的故事。檳城人經常記起的這場假想的事件，策畫叛亂者暗中傳遞信號，藉由把訊息藏在月餅裡，通知人們在何時發動叛亂。

在馬來西亞流傳的版本中，劉伯溫是法力高強的術士，也是明朝始祖朱元璋的參謀，他僞裝成道長並散發月餅。劉伯溫告訴人們在月餅裡頭藏著一張對抗疫疾的符咒，告誡在中秋節之前不可切開。當人們在農曆八月十五晚上終於切開月餅時，赫然發現裡面藏著的

134

東西並不是符咒，而是一張紙條，催促他們殺掉蒙古人（Wong 1967: 106）。這位偽裝的道士就是祕而不宣的叛亂者，他提供人們一張護身符——術士用來擊潰傳染病與瘟疫的一帖神奇藥方。然而，這張護身符並非用來對抗邪靈的超自然保護，而是人們計畫反抗蠻族的軍事行動，藉由中秋節的節慶同步展開。在這場魔法與軍事合一的行動中，介於精神敵人和政治敵人之間的界線變得模糊，人們同時用象徵性的邪靈語彙想像兩者。

檳城人習慣講述一個類似的元宵節故事，華人傳統上是在農曆正月十五慶祝這個節日。依據這個傳說的歷史，有幾個華人群體預謀暗算蒙古人，其中有一名反叛者偽裝成道士，販售他先前用來治療疫疾爆發的藥丸。但是他在第二次賣藥丸時告誡人們，為了使藥丸發揮功效，不可在農曆正月十五晚上之前打開藥罐。當人們打開藥罐時發現一張紅色紙條，告訴他們要在那一夜發動叛亂。然後，他們加入了明朝始祖朱元璋的祕密軍隊一起推翻蒙古人（Wong 1967: 105-6）。

艾伯華聲稱，華人的民族主義者在清朝最後的數十年發明了這些「民間傳說」與其他類似的故事，作為反滿情緒的隱晦表達（Eberhard 1972 [1952]: 58）。但我們不禁揣想，這些傳統的發明者究竟會不會就是天地會的成員。根據天地會的傳奇歷史，農曆八月十五日的中秋節對他們來說很重要，因為他們在那天對清軍發動了首次的成功攻擊，天地會成員在元宵節與中秋節皆會齊聚慶祝。

一九一一年，中國發生辛亥革命後，檳城人在翌年農曆正月十五以喧鬧的車隊遊行慶祝傳統的元宵節，也紀念推翻清朝（Wong 1967a: 106）。檳城華人也重新安排他們特有的節慶週期，將元宵的提燈節慶從農曆正月十五**轉移到**農曆八月十五（中秋節），如今他們以祭拜月神和提燈籠的方式慶祝中秋節。[6]當檳城華人在農曆八月十五欣賞著滿盈的秋月時，依然會回想起這個透過月餅傳遞訊息而祕密發動叛亂的故事。[7]

華人宗教文化的時空宇宙觀

接下來我藉由思考宇宙論架構的抽象結構，展開關於農曆節慶週期的討論。道家依據陰陽互補的二元論來分類時間和空間。陰陽這兩個字的詞源是指一座山岳的山腳下的陽光和陰影。但假使我們將山岳的陽光和陰影模式詮釋成三次元（立體）、過程性的圖像，而不是二次元的對比，那麼陰陽象徵也會捕捉到與太陽相關的季節性移動模式。試想山岳是一個巨大的日晷，陰陽模式會在一天當中發生改變，也會透過年復一年的週期而改變。山岳既表現了恆定不變，也表現出不斷發生週期性的變化；因此它正是最遠古的中國思想——「道」的強力視覺形象（Wilhelm 1967 [1950]: 124）。

山岳有其高度，而中國最神聖的山「泰山」則再現了世界的軸心（*axis mundi*），它連接了天（**陽**的原型體現）和地（**陰**的原型體現）。人們認為亡者生活在泰山之下，幾位皇帝曾登上泰山頂峰接受天命（封禪），*並在山腳下獻祭給土地。唐玄宗將泰山描述成「萬物之始」（Baker 1925: 106），這座聖山確實成為解釋宇宙運作的模型。正如中國人對《易經》山卦（艮卦）的解釋：「這是神祕的地方，所有事情的起始和結束之處，生死交替之處」（Wilhelm 1967 [1950]: 652）。

陽是賦予宇宙生命的原始力量，關聯到夏天、陽光、熱、太陽、南方、天堂、男性和神祇。相對地，**陰**的力量是多義和矛盾的，關聯到黑暗、寒冷、北方、水、深不可測和死亡，但也與賦予生命的女性、肥沃大地，以及柔弱與從屬的力量有關。[8] **陰陽**交互作用產生了五行——木、火、土、金、水，人們認定這些元素是所有過程和物質的根本。華人將五行連結到宇宙的萬事萬物，它們可按照這五方面的架構來歸類，包括空間（東、南、中、西、北）、時間（春、夏、年中、秋、冬）、顏色（藍、紅、黃、白、黑）等。

陰陽的交互作用也產生了另一個曼荼羅結構，也就是《易經》基本概念的八卦，這八卦往往圍繞著陰陽象徵而呈現。這些卦是由三條斷裂（陰爻）或完整（陽爻）的線條所組成，無疑再現了占卜者在神靈或祖先面前提問時，所得到的三個連續答案。存在八種可

* 譯注：曾登上泰山封禪的帝王包括秦始皇、漢武帝、東漢光武帝、唐高宗、唐玄宗、宋真宗。

能的組合（即二的三次方），《易經》將這八卦圖像與自然世界的意象——天、地、水、火、雷、風、山、澤——聯繫起來。八卦也根據與這些意象有關的現象或動態來命名：乾（天）、坤（地）、離（火）、坎（水）、艮（山）、兌（澤）、巽（風）、震（雷）。《易經》的基本結構六十四卦，就是由八卦的兩兩配對（即八的二次方）所構成，每個卦又有其本身的相關現象。事實上，科學史學家李約瑟認爲，《易經》的普遍象徵論是一套龐大的宇宙歸檔體系，根植於一種跟中國人官僚體制一致的世界觀（Needham 1956: 336-37）。然而，兩個最基本的卦始終是陽卦和陰卦，或者（如同《易經》所命名的）乾（創造性）與坤（接納性），兩者「分別是宇宙力場的正、負兩極」來發揮作用（Needham 1956: 293）。

我們也發現介於**陽**和**陰**、天和地的關係，在空間表現爲由上（*siong*）到下（*e*）、由高到低的關係。華人宗教文化的這種關係構成了用來解釋「概念隱喻」（conceptual metaphor）的基礎（Lakoff and Johnson 1980），這種「概念隱喻」就是透過各個神靈的位階高低來加以分類。人們常將天界神祇描述成「高階」的，並強調祂們相對的高超靈性和超脫欲望。相對地，人民認爲「低階」的神（或鬼）是更熱情的神靈，依然渴望生活樂趣。正因如此，祂們更容易被人們提供的祭品所打動，更願意回應人們的請求，並透過乩童來幫助人們（也請參閱 DeBernardi 1994a, Jordan 1972, Wolf 1974）。

透過各家戶在農曆每月初一十五所做的例行祭祀，儀式實踐將這個概念隱喻加以空間化。天是在「上」界的；因此人們供奉的天公，或是有人說的天公代理人（天官（*Thinkoan*）），都是安奉在檳城人家宅前門左方一座抬高的小天公壇上。家宅面朝大門的前廳有一張中等高度的神壇，上頭供奉衆神（其中許多是他們所認定的神格化先賢）以及自家祖先。[9] 相對地，地在「下」，人們就在供桌正下方的地面上供奉土地公。人們在農曆七月十四或十五安撫鬼魂時，就是在家宅後門和自家土地的地界祭祀。在這個三等分架構當中，世人就如同神格化的精靈和祖先，站在天地**之間**，而且他們的生命狀態處於精神與物質的平衡，也就是**陰陽**平衡。[10]（也請參閱 de Groot 1977 [1886]: 8-10）

137

天、地、水

道家將每個農曆年區分爲「上、中、下」三個時段，每一段都關聯到宇宙的一部分。在農曆一年的十二個月週期當中，天（上）、地（中）、水（深淵，《易經》所說的坎）依序扮演主導角色。三位神祇掌管了這個三等分的宇宙，人們稱祂們爲「三官」（*samkoan*）或「三元」（*samgoan*）。檳城人稱祂們「三官大帝」（*Samkoan Tai Te*），分別是天官（*Thin koan*）、地官（*Te Koan*）、水官（*Chui Koan*）。

天官掌管每年的頭六個月（從農曆正月到七月初），這段時間陽氣上升（這可視爲陽領域）。對於陰領域的管轄則分爲地官和水官前後掌管的兩段。地官掌管七月到十月，其後由水官接掌直到新年。因此，隨著一年的展開，人們將這三段時期與宇宙的三界（天、地、水）想像成空間由高到低的進展。

依據道家的說法，這三位神祇都代表著玉皇大帝，給予人們報償。天官賜福，地官提供赦罪，水官解厄（Werner 1986 [1922]: 125, Wong 1997: 154-55）。這三位神祇還主管標記一年的開始、中間和結束的三個主要節慶——上元節、中元節、下元節——分別落在農曆正月十五、七月十五與十月十五。

檳城人住在赤道附近，決定當地季節的是季風雨，而非太陽直射位置的南北移動，儘管如此，他們依然維持著這套華人宇宙論架構的基本輪廓。檳城人在農曆正月初九舉行拜天公儀式，也在正月十五前夕舉行「請火」儀式。他們在農曆七月十四或十五準備特別祭品祭祀地官，也在整個農曆七月舉行佛教和道教的普度儀式安撫好兄弟（餓鬼）。最後，九皇大帝誕在農曆九月初九達到最高潮，這跟道教的下元節有許多相同的象徵意涵，包括拯救世人免於邪惡侵擾，並與水有關。儘管華人對上天表達感恩，但他們也安撫在地下與水中的陰靈，試圖採用儀式來抵銷祂們的危險力量，並用**陽**火的火焰送走祂們。[11]

我前面說明農曆年週期的宇宙論基礎，現在讓我談談這個節慶週期本身。我首先探討在華人農曆新年期間三項重要的集體崇拜行爲。

1999年華人農曆新年期間的喬治市廣福宮。（攝影：白瑨）

農曆正月的頭兩個星期，檳城奉行傳統文化的華人感謝他們的保護神——天公和觀音——所提供的拯救，並向大伯公祈求來年的預兆。許多人前往朝拜檳城最古老的三座寺廟，寺廟內部被煙霧薰黑、古意盎然的空間，是檳城華人社會深植於馬來西亞土地這個事實的具體證據。他們認爲這些座落在海邊與升旗山的風水寶地寺廟就是守護神所在地，各種福氣從這裡流向華人社群。有許多儀式習俗，例如在各廟宇臨時搭建的三層天台以及在檳城天公壇向天公祝禱，不僅紀念著昔日歷史，更維持了世人與眾神的關係，人們希望從這些保護神的拯救與保護，得到持續不斷的福氣。[12]

139

正月初一：觀音

農曆大年初一清晨，來自檳榔嶼各地的華人進城祭拜觀音，很多人認爲觀音特別保護福建人。他們前往位於椰腳街（Pitt Street）的廣福宮朝拜，也就是現在大家通稱的觀音亭（*Kuan Im Teng*）。我在第一章與第二章討論廣福宮的歷史，以及一八五七年警察試圖在某個星期六夜晚拆掉廟裡的戲台以阻止在星期日舉行的華人戲曲表演，因而引爆的檳城騷動。

我曾多次造訪觀音亭，那裡總是人頭攢動，男男女女在壇前擲筊占卜，就如同羅維在一八三六年與巴素在一九四八年的描述。留學劍橋大學的檳城醫生伍連德曾描述這些占卜

行爲，他對於人們竟是藉由擲筊來管控自己的生活感到相當驚訝：[13]

> 這座位於椰腳街的觀音廟，創建的年代就在華人占居檳城過後不久。我年輕時對它印象深刻，因為它總是擠滿了信徒，男女老少都點燃紅蠟燭和燒香，跪在地上祈求家人健康與發財。人們為了確認祈禱事項是否得到神明回應，或者觀音是否同意他們的計畫，會使用一對小型的月牙狀木塊，一面平整，另一面圓轉，有點類似一顆超大型咖啡豆的兩半。人們在神明面前將這兩個木塊輕輕往上拋，然後讓它們掉在地板上。從這兩個木塊躺在地板上的情形，可以看出這尊女神的決定。如果是這兩塊木筊朝上的那一面彼此不一樣，一塊平整，一塊圓轉，那麼就可確定這尊女神同意，但如果這兩塊木筊落在地上顯出同一面，則是不同意。人們藉此在這裡做出許多重大決定，包括財務、婚姻與影響日常生活的事務等。只要一想到究竟有多少痛苦或歡樂會因此被賜予這些祭拜者，究竟他們追求真愛之路是平順或崎嶇，就只是靠這兩個經常被投在堅硬地板上而有缺角的木塊來決定，而這期間那神像只是臉上帶著慈祥卻又神祕的微笑端坐在神龕上，我內心就充滿猶豫。這讓我們想起古羅馬用犧牲鳥類的內臟來解讀眾神意志的習俗。歷史的走向就是這麼由羅馬教士或占卜者雙手的穩定或顫抖來決定（Wu 1959: 144）。

140

當代檳城的華人特別會在農曆新年崇祀觀音，也分別在農曆的二月、六月與九月的十九日舉行三個祭典，也就是觀音的誕辰、得道與升天紀念日（Poh 1973: 35）。[14]

許多人說觀音對福建人社群提供了深刻感情和特別保護，他們在寺廟和住家神龕向祂祈求。住家神龕所供奉的瓷像往往表現祂站在一朵蓮花（佛教的純潔象徵）之上，身著白色長袍。觀音畫像則經常描繪成立姿，旁邊有一個小花瓶與柳枝，以視覺隱喻表示祂所賜予的祝福。雖然祂很少附身在乩童身上，但林師父是其中一位，許多人相信他是強大神靈的化身，曾夢見自己就是觀音。在他的夢境中，某天晚上他站在椰腳街廣福宮旁，穿著一襲白衣，衆星圍繞在他的頭上，讓他沐浴在光芒之中。人們跪在他的四周，手上拿著杯子，他從一支花瓶倒出水來。每個人接過自己的一杯水，喝下去，然後起身離開。他提到，雖然這支花瓶很小，但他總能填滿每個杯子，因爲瓶子裡的水取之不盡（Lim 1969: 17）。林師父表示《心經》是由觀音所作，並進一步確定祂是觀世音菩薩（Avalokitesvara）。[15]

許多檳城人將觀音稱爲觀音菩薩（*Kuan Im Pho·sat*）。菩薩（*Pho·sat* Bodhisattva）意指完善的神靈，祂選擇從西方極樂世界返回世間來拯救世人。但在中國許多地方，人們認爲這位受大衆歡迎的救世神祇是傳奇人物妙善，祂的故事透過多種媒體傳遍中國各地，包括一篇虔誠的佛教文獻《觀世音菩薩本行經》，主要用以對俗世大衆教導佛教的純淨觀念和超越肉體的理想（參閱Dudbridge 1978）。根據傳說故事，父親堅持要妙善嫁人，她不肯。妙善這麼做就是拒絕接受傳統上的妻子和母親的親屬角色。然而，當她父親生病時，妙善依然提供自己的雙臂和雙眼作爲藥物，來治好父親的病。祂的故事顯示，即使是出家的佛教徒也能成爲孝順子女，透過自我犧牲來拯救父母。

有一位檳城女子，她是一位專精安撫當地萬物精靈的乩童，告訴我一個故事，以解釋檳城人對觀世音菩薩的虔信：[16]

> 觀音是三姊妹當中的妹妹。兩位姊姊結婚了，但這位老三尚未結婚。父親想要迫使她結婚，一直試著要「做」她（傷害她）、欺騙她。他想要讓她吃肉，就用一根針插進肉裡，然後將這根針戳進她準備要吃的豆芽裡面。她吃了豆芽，馬上就吐了。在任何情況下，量這麼少應該不會有什麼差別，特別是她已把豆芽洗乾淨的話。
>
> 當她父親生病了，天公派神醫李鐵拐來跟他說話——他父親因此與天庭取得了聯繫。觀音為此遭逢了許多磨難。李鐵拐說這個病很嚴重，但他其中一位女兒將能醫好他。觀音那時已離家住進山裡。有人設法找到她，並帶回她的手給父親吃，但那人拿錯了手；他砍下她的右手。
>
> 下一次她的父親生病時，她把雙眼給了他，父親就痊癒了。父親騎馬去找她，並懇

141

求她回來，但她已不在那個地方了。已成為觀世音菩薩。兩位已婚姊姊跟隨祂，成為祂在南海的左右手。

檳城人打算塑造一尊大型觀音塑像。當世人受苦時，觀音就會哭泣。當世人罹患疫疾，椰腳街的觀音神像就流下了真正的淚水。

這位乩童所說的故事肯定了這位歷史人物觀音的純潔和無私，以及祂賦予檳城華人保護神般的同情和關心。

人們宣稱，對檳城華人有利的不僅是觀音這尊女神，還有廣福宮的風水方位。如前所述，風水是一門為了獲得有利的環境影響，而為建築、家具和墳墓選擇正確座向的科學。有位乩童在被濟公附身後，說出了一則有關各種風水力量之間相互交戰的故事，突顯了椰腳街觀音亭特別有利於華人風水的這個面向。在這個故事中（他所屬廟宇的理事為我翻譯，並在翻譯過程中加進了自己的注解），他聲稱在殖民時期的英國人嫉妒華人的經濟繁榮，因此蓄意攻擊觀音亭的風水，興建了一座鐘樓並挖了一口井：[17]

人們可以破壞土地的法則（風水）。英國人諳於此道，試圖摧毀華人的風水平衡。觀音亭的兩頭石獅曾經會起身跳舞。

在英國統治下，華人的生意非常興旺，並控制了轉口貿易。椰腳街觀音亭的風水幫助了華人，像是葉祖意*這樣的人物成了百萬富翁。他會在猶豫是否買下一批蔗糖之前先到觀音面前祈求，他總能從中獲利，對於是否要買進做出正確決定。英國人非常嫉妒，試著用各種方法打擊華人，包括破壞各個地方的風水。他們發現觀音會幫助華人，華人有什麼事情都跑去問祂。因此，英國人請教他們自己的靈媒，想找出方法破壞華人的興旺，希望當商人向觀音問事時，祂不會說出真話，祂會給個錯誤答案。英國人在廟裡挖了一口井，並安裝一座鐘擋住觀音的視野，使祂看不清楚。但他們並沒有擋住觀音的視野，反而擋住了兩頭石獅的。獅子死了，再也不在晚上起舞。先前，一公一母的石獅會跑到海邊喝水。但觀音特別盯上這個時鐘。它有四面，朝向觀音的這一面總是會故障。它已被修理過無數次，但從未準時在十二點敲鐘。鐘聲總是在正確時間之前或之後響起。

在這個傳說故事中，英國人同時攻擊地和天，因為水井穿透地面，鐘則是設計用來阻

* 譯注：葉祖意（一八六七～一九五二），福建南安人，十七歲來到檳城，白手起家而成為檳城首富，跨足銀行、房地產與貨物買賣。一九三五年成立萬興利銀行。

擋觀音的視野。但對華人社群有利風水的這場攻擊只奏效了一部分，因爲觀音運用其超凡的力量戰勝了對手。

我推測這個故事可能濃縮了另一起事件的社會記憶。胡翰在十九世紀中期對廣福宮有如下的敍述：

> 在這幢屋子（一座建置完備的廟宇，供奉著觀音和媽祖〔天后〕）的正前方，敞開著一個大約五英尺見方的洞，眾神可從這裡看到海景。據推測，這些神明特別滿意這個良好視野，華人盡力買下廟前的全部土地，盡可能地一直買到海濱，以確保這座廟宇不會被其他建築物擋住。但幾年前，土庫街一位非華人地主拒絕出售土地，並在他的土地上建了一棟漂亮的房子，擋住了從這座廟宇往外看到大海和威省的視野。華人安慰自己這座房子不吉利，而且受到了眾神的詛咒（Vaughan 1971 [1879]: 59）。

早期華人移民在大街（China Street）的街尾興建廣福宮，勘定了這座建築物的風水，因此眾神可沿著這條街一直俯瞰到大海——或者至少祂們能夠盡可能往下看，直到被一座非華人地主所建的華麗家屋擋住視野爲止。後來這座家屋已不復存在，代之而起的是那座鐘樓。若是按照石獅故事的詮釋，這兩座前後興建的建築物顯然都是對華人社群的興旺所發動的蓄意、嫉妒的攻擊，設法破壞天地的象徵。

但我們也可將這個故事解讀爲一則闡釋殖民時代英華關係的寓言。從這個角度來看，石獅故事詮釋了英國人對於遏制和限制民間宗教習俗所做的種種努力，以及他們所遭遇到的檳城華人抗爭，在這場競爭風水權力的抗爭當中，華人只取得了部分勝利。此外，濟公活佛所附身的乩童在向我重述這個故事時表示，他之所以這麼做，是爲了解釋爲何某些廟宇的人不願意跟我交談，因爲他們擔心我會是個基督徒。因此，觀音亭石獅曾經起舞的故事依然提醒著華人要在族群圈內人與圈外人之間劃上一條界線。

正如卡地亞（依循列斐伏爾的觀點）所指出的，宗教菁英透過神聖化（consecration）的行動，「創造了象徵性的宗教權力和政治權力中心」，從而以政治力量占據自然空間（Cartier 1997: 566）。一九八〇年代初期，華人在極樂寺山頂建成一座耗資馬幣一百二十萬令吉的巨大觀音塑像。巧合的是，一九七〇年代晚期，檳城政府向一所華文學校徵用土地，以便在市中心這個容易被人們看到的地點，同時也是通往極樂寺的交叉路口，打造一座優雅嶄新的州立清眞寺。檳城華人經常忿忿不平地談論這件剝奪華人權益之事，但他們接下來就會加上一句，說華人正在規畫建造觀音菩薩的雕像，並異口同聲形容這座塑像將會「比新建的州立清眞寺還要高」。非華人對於這項塑像興建工程的詮釋，就是華人企圖以非常顯目和令人印象深刻的建築象徵來主張其存在。諸傳穆斯林在朝向麥加禱告時就會正對這尊觀音塑像（這個謠言被證明爲假），這項議題後來越演越烈、過於火爆，以至於檳城市議會最後否決了觀音塑像的興建工程（Kua 1992: 77）。

華人做出妥協，縮減了這座白陶塑像的高度，即使它依然是位於極樂寺上方山坡的氣勢雄偉塑像，但它的高度並**沒有**超過州立清眞寺。然而，就在新的千禧年到來前夕，檳城人將白陶觀音替換成高達三十點二公尺的龐大青銅觀音雕像，由中國工匠所建造，耗資七千萬令吉（當時約合美金一千八百四十萬元），並建築了一條輕軌連接到極樂寺。

正月初九：玉皇大帝

檳城華人在農曆正月初九前夕祭祀天庭的統治者——玉皇大帝（天公）。人們在住家面對夜空所設置的祭壇向天庭祝禱，也有許多人登上位於升旗山的檳城天公壇（*Thi^{n}kong Toan*）朝聖，感謝玉皇大帝的恩賜。有一位乩童指給我看天公壇匾額上的四個字：「人千天一」，他表示這包含人生的「眞正參透」。在這裡，我們可以將「天」解釋成本質或道，這是普遍存在於上天的原則和過程。雖然天是一個整體，但他也解釋「三是天的數字，二是地的數字，而一無法支撐」。三是天的數字，但九（三乘三）是完美的陽數，關聯到帝王權力。因此，正月初九日是個適合紀念玉皇大帝的日子。[18]

在帝制中國，皇帝在冬至當天，在圓形三層建築的天壇裡，面朝北方祭天；祭地則在夏季，祭台爲方形兩層，面朝南方。根據官方的立場，祭天是皇帝的特權，排除了一般百姓的參與：執政的皇帝獨自祭天，他代表其所統治的人民，擔任儀式中介者。[19]當天地會創始者向天地獻祭，說出反清誓約時，他們就挑戰了這項皇帝的專屬權利。檳城福建人的天公崇拜依然會讓人回想起這項政治上的決裂。

福建人特別熱衷於祭祀天公，在每場廟會以及在農曆新年期間的正月初九前夕祭祀祂——我的房東太太形容這是農曆新年當中「第一大」（*teitdoa*）的事件。那些祭祀者會在廟宇、住宅或公司的前方，設置一座三層祭壇。祭壇的最低層是幾張小板凳，把作爲第二層的一張方形紅色木桌向上抬離地面，這張紅色木桌上擺放著各種豐盛的祭品。第三層而且也是最高的一層是個小型紅色祭壇，往往經過精心雕刻，而且還是鎏金的，旁邊綁著串有蜜餞的竹籤。甜東西特別適合用來祭祀天公，這是因爲福建話「甜」這個字的發音聽起來和「天」很像。

祭祀者在主桌上擺滿供品：水果盤、一隻全雞、一塊肥豬肉、代表著祭祀者追求發達的發粿（*boatkoe*）、三個「甜粿」（天糕〔*tin koe*〕）、六個「紅龜」（*angku*），以及十四杯茶——五杯給地主公、三杯給福德正神（大伯公〔*Tua Peh Kong*〕）與六杯給天公。[20]生意興隆的商家以烤乳豬（燒豬）表達感謝之意；過去一年事業沒那麼興旺的人則供奉三牲（*sansen*）：煮熟的

1981年，華人農曆新年初九前夕，在亞依淡的一處私人住宅前面設置的天公桌。（攝影：白瑨）

全雞、全鴨和一條煮熟的豬肉。

在供桌兩側，福建人的祭祀者綁上兩支高大、新鮮的整株甘蔗——福建話「甘蔗」（*kamchia*）的雙關語是「感謝」（*kamsia*）。人們用長串的黃紙飄帶裝飾這些甘蔗，他們稱之爲「感錢」（*Kamchi*，感恩之錢）。家戶在午夜舉行祭祀，老老少少站在三層祭壇後面，仰望蒼空持香膜拜。儀式結束時，他們會在住家或公司前方點燃一長串紅色鞭炮。許多人也造訪供奉玉皇大帝（道教的「天公」）的天公壇祭祀崇拜，並施捨給當晚聚集在廟外的數百名乞丐。

天公壇的其中一位委員會是乩童，他對於天公崇拜提供了涂爾幹學派的解釋，聲稱它是以帝制中國的社會秩序爲模型所塑造的：「在遠古時代，人們崇拜各式各樣的神靈。皇帝的大臣想出一項創見。既然世間有個皇帝，天庭必定也有個皇帝。他建議人們必須用一張高大的桌子向祂祝禱。接下來每一位皇帝便依循這套儀式。」但是，當福建人把整支甘蔗綁在祭壇兩側，他們也爲單獨祭祀天公的行爲附加了一段歷史特許權利神話（charter myth）。在清朝覆亡之前，對某些人來說，這項獨特的祭祀行爲就是向天庭祈求能夠「反清復明」。

只有福建人用甘蔗祭拜天公，而且很多人都知道這個故事有幾種不同的版本，前面提過的那位乩童補充了下面這個故事：「福建省遭到蠻族入侵時，福建人社群無處可逃。人們跑到一座甘蔗園裡，並祈求上天讓他們能夠活命。就在農曆正月初九那天，敵人經過那裡但未發現他們躲在其中。現在我們會在那一天舉行感恩儀式。」另一位乩童說了一個情節類似的故事，並補充說：「玉帝的權力比皇帝更大；就是玉帝拯救了他們。」

黃存桑報導了從檳城的某一位國民黨領袖那裡聽來的一則故事，他聲稱這項儀式始於一六四四年前後。當時滿清占領北京，明朝王室的福王*逃到南方的福建省，他的支持者在那裡祭拜天庭，祈求能「反清復明」。當然，這是衆所周知的天地會口號。這位國民黨領袖解釋說，因爲所有的華人都反對滿清，所以這個傳統就這麼持續下去，每年都會舉行，以祈求神明協助來驅逐滿清。他補充說，後來由於清朝已不再統治中國，以至於許多人忘記了這個儀式實踐的完整意義，但他們繼續感恩天公將他們從敵人那拯救出來（Wong 1967: 52）。

歷史學家的看法無疑是正確的：天地會的創始人發明了他們的歷史特許權利。但就像石獅的故事一樣，這個社團的神話將眞實歷史事件加以寓言化。當明朝在一六四四年被清朝擊潰覆亡時，「蠻族」入侵者使得一個本土帝國政權喪失權力。但是，儘管明朝投降了，中國東南的忠臣繼續支持明朝統治達二十年。當時有幾位明朝親王彼此競爭王位，福王就是其中一位，他們先後在南京、福建省的福州和金門這幾座南方城市建立朝廷。形勢所迫，明朝親王得向那些獨立於明帝國控制而發展的地方軍事組織尋求支持。這些地方勢力包括福建反清的鄭成功軍隊，他的艦隊抵抗清朝政府統治達數十年之久（雖然他們被迫在一六六一年撤退到台灣）。清政府直到一六六四年才得以完全控制福建（Struve 1988）。

清朝政府在一六六〇到一六八三年實行嚴厲的遷界令，將福建沿海的人口移往內陸，使他們無法支援鄭成功的艦隊。因此，福建居民經歷了一整個世代的社會動盪，他們的土地成爲清軍和明朝忠臣之間爭鬥的戰場。如同這個故事解釋了福建人用甘蔗祭祀天公的行爲，天地會的特許權利神話則是傳達關於反抗滿清統治的激烈戰鬥與不滿情緒的社會記憶。

這個故事解釋了福建人爲何用甘蔗祭祀，既喚起天地會的特許權利神話，視覺上也讓人回想起這個社團想像中的安全庇護所——木楊城——這是先鋒在神靈附體的旅程中運用拜會互答展演所描述的傳說位置，更是祭壇本身的名稱。我大膽向一位太上老君（道教聖者老子）所附身的乩童詢問此事，福建人用甘蔗進行祭祀是否暗指天地會的木楊城。出乎我的意料，這尊神明同意了，接著採用中國戲曲展演的風格，以誇張語調和戲劇手勢來重述這個故事。[21]

147

他的助手黃先生（Mr. Wee）是一位年長男子，曾經也是一位乩童，他在這個敘事展演的某些時間點，偶而會打斷他的講話並對內容進行更多翻譯，以確定我有聽懂這個故事的來龍去脈（在這段譯文裡，我將這尊「神祇」稱爲太上，翻譯者爲黃先生）：

* 譯注：福王朱由崧，崇禎十七年（一六四四年），崇禎帝在北京自縊死，南京擁立從洛陽逃出的福王朱由崧爲帝，在南京即位，改年號弘光。

太上：這是個來自中國的故事，這是來自中國歷史。當蠻族[22]來到中國，他們非常凶悍，他們非常惡劣。他們沒有讀書，他們是不文明的。他們無所畏懼。當他們來到時，他們非常殘酷。……當他們來到時，福建人沒有實力打敗他們。因此人們就試著逃跑。蠻族來了，在廈門發生戰鬥——在廈門的東山；你明白嗎？軍隊來了，當他們來到廈門時，人們不願與他們混在一起，因此士兵就開戰把他們殺了。很難逃避他們的攻擊。

廈門人撤退到這個地方。他們遭逢了極大的不幸。要如何找出一條生路？他們來到甘蔗園旁邊的一條河。故事說這裡有位得道和尚。人們發現他有個靜修小屋，但那裡沒有地方可讓他們躲藏。

黃先生：就算他們躲在廟裡，也得不到任何保護。

太上：所以這個人，他像是羅漢（佛教聖者）——他口誦很長一段經文；他誦經，而且把整片田地變成高大的甘蔗田。

黃先生插話：事實上，透過這段誦經，也就是這些祈求者的功德，透過觀音和祈求者——（它）變成了甘蔗園，他們就得以逃脫。

太上繼續說：和尚的法術讓人們得以逃過一死。他們跨過一條河，躲在這座甘蔗園裡。當蠻族來到這座廟，卻看到那裡無處可藏，他們就離開了。當蠻族離開後，人們回到這座廟裡對和尚表達感謝與敬意。卻發現這個寺廟根本就並不是寺廟，它不是佛寺。這位和尚不會跟人混在一起。

黃先生：這並不是一座佛教或道教寺廟；你只是去那裡靜修。

太上：那個時候，他們找不到這座廟。（然後他重述一次這個故事的主要內容）在這座甘蔗園裡，他們只藏在中間；這裡的某個地方就是這座廟；這座廟只是一個小屋。敵人來到一條湍急的河流。他們能藏身在什麼地方？因此敵人向下走並搜查了這座寺廟，而當敵人離開時，人們就從藏身之處走出來。從這個地方，你就往北走，所以他們感謝這位隱士，說這位隱士是個非凡之人。等到敵人走掉時，在那裡卻再也找不到小屋跟這位隱士——那麼，誰是這位隱士？他必定是……，名字聽起來像是天，他必定是天公。[23]這就是為何當人們在表達感恩時，他們會搭起一座神壇，綁上甘蔗稈。天公以那種方式現身在我們眼前。你還有什麼其他問題？太上可以幫你解釋。

儘管天地會的歷史特許敘事令人想起的是少林寺武僧逃脫清朝軍隊追殺並奇蹟般獲救的故事，太上的故事卻重述了福建人逃脫蠻族入侵者進而得救，以及他們對於保護他們的神祕天帝所做的感恩儀式。

一九三八年，馬六甲的福建人向米德爾布魯克解釋他們用甘蔗祭祀的理由，同樣是與福建人對滿清統治的反抗有關：

> 廟宇四周的牆上、祭壇旁邊矗立著許多支長長的甘蔗。這些都是福建人廟宇節慶時的特色，具有特別的意義。當中國被滿族征服時，清帝國下令男人必須薙髮綁辮作為被奴役標誌，許多福建人拒絕這麼做而遭到士兵攻擊。他們大多逃到遍布福建境內各地的甘蔗園，因此逃過被殺害的命運。現在，福建人有句諺語——「躲在甘蔗之中，我們就會安全」。因此，甘蔗已成為勇敢和獨立的符號，在這類場合採用甘蔗祭祀成為一種代表這些特質的象徵（Middlebrook 1939: 104）。

因此，對於馬六甲華人而言，甘蔗濃縮了福建人對抗滿清統治的社會記憶，甘蔗的儀式用途標誌著勇敢、獨立和保護。甘蔗稈也象徵著福建人在戰爭期間所接收到的神明保護力量。

當福建人（也許由福王所領導）直接對天獻祭，而沒有透過皇帝擔任中介者的時候，他們就挑戰了帝國祭天的專屬特權，並以儀式手法將他們對清朝的反抗戲劇化了。清朝覆亡已久，但甘蔗的高大莖稈依然能讓福建人回想起那段歷史，包括逃脫蠻族侵略者、在神祕天王協助下奇蹟般渡河、並讓甘蔗長高來遮蔽他們等等。雖然很多當代福建人不再清楚記得其歷史敵人（滿人）的身分，但有些人知道用甘蔗來祭祀的儀式習俗是爲了紀念這個神話般的歷史事件，讓他們得以宣稱獨立於中國的末代王朝——清朝。無論他們對昔日歷史的理解究竟有多少，每年農曆正月初九，所有人都會面向午夜天空，形成團結一致的意象。這個儀式運用了從敵人逃脫得救的共同記憶，把他們團結在一起。

正月十五：請火

檳城的許多社區設有大伯公廟（*Tua Pek Kong*），許多人向祂祈求好運、富裕與平安。[24]我從一九八〇到一九八一年住在檳榔嶼中心的小鎮，亞依淡，這裡有一座小型、建置完備的大伯公廟，它是由富裕的海峽華人商家資助興建，就位於巴剎旁邊的廣場，廟的歡迎門正好標誌著進入我所住社區的那條小路。這個社區會在農曆二月初二慶祝大伯公誕辰，也在農曆八月慶祝另外兩個節慶。某些人將東南亞華人的大伯公等同於中國的土地公，而且這些慶典日期也符合普遍在農曆二月和八月慶祝土地公誕辰的模式（Sangren 1987: 62）。但檳城人稱祂福德正神，巴素因此得出結論，祂是離散華人「先驅英靈」的象徵（Purcell 1967 [1948]: 123）。

農曆八月初一一大早，參與慶典的人們登上升旗山一段陡峭的石階小徑，前往寶嶼仙

149

岩，從那裡可以俯瞰喬治市與海濱的全景。在那座從岩石峭壁上鑿出的廟宇，大伯公端坐在深洞內，配祀虎爺（白虎的神靈）——有些人描述祂是大伯公凶猛具保護能力的化身。寺廟信理員用神轎將大伯公與其配祀神抬回，送到巴剎（市場）的廣場前，讓眾神觀看享受連續演出數個晝夜的戲曲。農曆八月十七，他們前往第二座山峰上的廟宇（建於一八五〇年代）——大伯公雕像端坐在深洞裡，周圍伴有許多蝙蝠——再次邀請這尊大伯公前往參加在巴剎廣場舉行的節慶活動（Chin 1980: 8）。

在華人宇宙觀的想像中，高山連接了天與地，洞穴和洞窟是前往另一個世界的通道，包括死者的世界，以及只有穿越水的障礙才可到達的、令人難以置信的美麗豐饒的世界。在中國東方的聖山——泰山，農民祈願的對象是名爲「碧霞元君」的女神，他們認爲這尊神祇來自泰山上一座朝南的洞穴「雲溶洞」（Baker 1925: 68-70）。中國人說泰山「孕育」雲，這個動詞也用來描述女人養育孩子（參見，例如Chavannes 1910: 58）。陽性的太陽跟陰性的洞穴（山岳的子宮）相互作用產生「雲雨」，任何一位中國文學的讀者都會認出這是用來表達性交的委婉說法。因此，山的意象結合了華人宇宙觀的幾個基本元素——天、地與水——形成永無止境的循環互動。因此，在洞穴之中放置土地神跟具保護作用的白虎，將這尊象徵著豐饒和財富的神祇安置於大地的象徵性洞穴－子宮之中。[25]

檳城華人經常將大伯公等同於華人先驅者張理的英靈，他是來自華南客家地區的政治

150

難民，也是「英國人占領檳城之前，首位已知的華人居民」（Chung and Yeoh 1986: 35）。據信張理的墳墓就位於丹絨道光的海珠嶼大伯公廟（*Hai Choo Soo Tua Peh Kong Bio*）旁邊。丹絨道光是個古老的華人漁村，可能是檳榔嶼最早的華人村落。華人早在一七九二年之前，就在此建立一座大伯公神壇，並在一七九九年建了一座小廟（Wong 1967: 56）。

檳城人認爲張理是大伯公誓盟會黨的始祖，我在第四章討論過其規則和組織（也請參閱 Chung and Yeoh 1986: 35; Wong 1967: 56）。最原初的大伯公故事顯示了誓盟會黨的傳統：

1980年農曆八月初一，亞依淡的居民將大伯公與其配祀神像從升旗山上的洞穴帶到巴剎，以慶祝大伯公的誕辰。（攝影：白瑨）

151

> 他住在這座小漁村，擔任私塾老師。他以慈愛友善聞名——村民遇到任何問題向他尋求指導和幫助，他從不會拒絕。有兩個男人：木炭製造商邱兆祥以及鐵匠馬福春，成了他的結拜兄弟。由於張理在三人當中居長，村裡的年輕一輩稱他大伯公。這三人似乎金蘭契合。每當一整天工作結束後，他們必定會在村子裡最喜歡逗留的地方相聚。根據記載，有一天，邱、馬二人像往常一樣前去跟他們尊敬的老大見面，但赫然發現他坐在一塊巨石旁邊一動也不動！他們想要喚醒他，但很快就明白他們崇敬的老大已經過世了。村民幫忙將張理葬在巨石旁邊，陰鬱的感覺似乎就要壓倒他們。邱、馬二人最後去世了，他們也被葬在結拜大哥身邊。如今，人們可在大伯公廟後方看到這三人的「墳墓」(Poh 1973: 42-43)。

在這個故事中，來自中國的誓盟會黨原型被發展成爲檳城本土的新原型，其中馬來西亞華人先驅者的身分認同已融入這塊新土地。正如天地會祭拜他們的創始者，大伯公會這個誓盟會黨也尊崇這三位結拜兄弟爲其創始者和守護神。[26]

在此同時，馬來西亞華人的大伯公崇拜近似於馬來人崇拜拿督克拉末，這是對聖蹟（岩石、樹木、山峰或漩渦）的泛靈信仰崇拜，或是對於聖者（包括社群的創始者）墳墓的崇拜（Winsted 1977 [1924]: 54-59）。張理在一塊巨石旁去世，隱約顯現出類似的統合性聚合

海珠嶼大伯公廟旁，大伯公和他兩位結拜兄弟的墳墓，攝於1999年。（攝影：白瑨）

（syncretic convergence）*，因爲馬來人的拿督克拉末往往是在一塊聖石旁去世，或在去世時變成石頭。另一個具聯想性的類似點在於，華人說老虎是大伯公的「座騎」或「保鏢」，或者大伯公可化身爲老虎來保護祂的轄境。這種將聖者和老虎結合起來對社群提供精神保護的情況，往往也合乎馬來人的泛靈信仰崇拜，傳統馬來人相信老虎和鱷魚（有時還包括蛇和蠍子）會保護拿督克拉末的聖地和祭祀所在地的聚落（Winsted 1977 [1924]: 52）。[27]

這種統合性的文化聚合依循著中華帝國隱喻的邏輯，但將其延伸到新

* 譯注：統合性聚合是指各種不同文化元素，由於彼此採借而在外表具有一致性。

的社會政治脈絡，其中統治者並非遵循儒家思想的政府官員，而是馬來人蘇丹國的代理人（英國人）。有一位乩童將大伯公描寫成「村長」（Penghulu），這是馬來人對於負責掌管一塊轄境的地方官的稱號，而另一位乩童則說，馬六甲的大伯公附身在乩童身上時，講的是馬來話。有些人將祂的神像雕塑成神似馬來人，而且華人有時也對隨祀護衛的老虎提供馬來茶點、檳榔與荖葉作爲供品。因此，大伯公——檳城華人的財神——透過誓盟會黨的結合，在象徵上融合了馬來人泛靈信仰崇拜與華人經濟企業傳統的元素。在這塊土地上賺得巨大財富的華人移民企業家，在將華人土地神與馬來人當地神靈相融合的這個過程中，也把他們的認同與尊重延伸到當地的原始保護神身上。[28]（也請參閱 Middlebrook 1939: 99）

每一年，檳城歷史最悠久的兩座大伯公廟都會在華人新年農曆正月十五前夕，共同爲大伯公舉行一場重大慶典。[29]其中一部分，是由寶福社（一八九〇年政府壓制誓盟會黨後，由建德堂所成立的專司大伯公祭祀的社團）所籌辦的一年一度「請火」遊行，從他們位於前建德堂總部的廟裡出發，前往位於丹絨道光的海珠嶼大伯公廟。[30]

遊行隊伍集結在本頭公巷大伯公廟，出發前，寶福社的領導人和成員會先繞行廟的中庭，然後再準備前往海濱的海珠嶼大伯公廟。寶福社的領導人帶著神聖的香爐，安置在一頂華麗的鎏金轎子中，這頂轎子的構造就像個天公壇，旁邊有整支的甘蔗和黃色飄帶般的「感錢」。在此同時，在海珠嶼大伯公廟這一頭，人們聚集在夜晚涼風中，等待寶福社的人馬到來：

晚上十點，一大群人聚集在海濱的海珠嶼大伯公廟。漲潮時，等到海面上的礁岩被潮水覆蓋的那一刻，寺廟理事會成員就進入廟裡，關上大門，並聚集在一個巨大香爐周圍請火。他們熄滅了全部的燈光，外頭的群眾屏息以待。終於，一股鮮豔的金紅色火焰爆發出來，照亮了圍觀群眾，一次、兩次、三次。群眾倒抽一口氣。然後，再來一次、二次、三次。現場響起「啊！啊！啊！」的喊聲。然後再一次，冒出更明亮的火焰。寺廟理事會隨即宣布，未來一年將是福建人社群興旺的一年。

154

儀式主祭者一共請火三次，每次都分別代表農曆一年中三段時期的其中一段，試圖從眾神那裡探詢未來光明的跡象。但人們也在檳城最古老的華人廟宇所舉行神聖儀式的莊嚴展演中，回想他們的昔日時光。海珠嶼大伯公廟就座落在三位結義兄弟的墳墓旁，許多人尊崇他們爲檳城的開山地主。

喬治市本頭公巷大伯公廟的入口，攝於1981年。此地原爲誓盟會黨建德堂的總部，自1890年以來一直是大伯公廟與寶福社所在地，寶福社負責舉行崇祀大伯公的儀式。（攝影：白瑨）

小結

正如天地會創始者發明了一套混雜著歷史與宇宙論的傳奇歷史，關於檳城衆神的敘事也透過有關神明拯救、神靈戰爭和地方保護神的原型敍述，濃縮了華人社群對昔日事件的集體經驗。例如，福建人在甘蔗園獲得拯救的故事就濃縮了淸朝與福建人之間的歷史矛盾，呈現爲福建人逃脫殘酷蠻族對手的追殺而奇蹟獲救的傳奇，並在視覺上藉由高大甘蔗莖稈祭品來回溯記憶。石獅故事則將英國人指認爲對手和競爭者，但將華人和英國人的衝突轉移到神靈層面的戰爭，並展現在天地的象徵中。最後，有關大伯公（當地的財神）的敍事不僅訴說檳城最古老誓盟會黨的建立過程，也將華人社群先驅者神格化爲地方保護神。在此同時，這三尊神祇的各種敍事讚揚了廣福宮、天地會與大伯公誓盟會黨的神靈力量，在殖民統治下的檳城華人透過這三個組織實行自我管治。

關於這些神祇的聖地、定期儀式與敍事，都傳承了華人社群對於自身的中國與檳城歷史根源的社會記憶，但也呈現華人社群對圈內人與外人關係所劃定的邊界，將圈內人再現爲受到衆神所拯救保佑的選民。桑高仁觀察到，台灣宗教文化跟神明相關的「靈力」概念，會使得群體自我再生產的創造過程變得神祕（Sangren 1987: 212）。[31]一九七〇和八〇年代，馬來西亞新修訂的社會契約使得許多馬來西亞華人心存恐懼，擔心華人社群所維持的社會再生產無論多神祕，仍可能會受到他們所感知的、具同化意圖的政策所威脅。

雖然檳城華人不再透過廣福宮信理會或誓盟會黨來管控自己的社群，然而，一九六九年五一三危機和後續的政治發展，卻使檳城華人動員起來，尋求各種策略團結起來，捍衛他們的文化生活方式。在這段時期，有些人轉向地方宗教文化的各種象徵、組織形式與靈力，致力於振興檳城的兩個泛華人社群節慶。現在讓我在下一章轉向第二個重大節慶：在整個農曆七月慶祝的中元普度。

第七章　宗教復振運動的政治運作

慶讚中元

處在世界局勢動盪不安、邊境戰火紛飛的八〇年代的今天，我們華族必須拋棄宗派、信仰、姓氏與不正確的保守思想包袱。加緊團結，通力合作，摒棄偏見，以團結的整體力量和新的精神，迎接二十世紀八〇年代的任何不利於華族的挑戰。——慶讚中元籌款宴會的演講者（手稿）*

在一九六九年發生五一三危機以及一九七〇年頒布執行新經濟政策之後，許多馬來西亞華人擔憂他們未來將會面臨的文化流失和同化。面對新形態的國族主義架構以及正在崛起的馬來人多數群體的主控權（馬來人至上），檳城華人政治領袖發起以「華人大團結」為

* 譯注：本章引述的華人演講文字，皆依據作者所提供的原始資料，除修改錯字外，未做其他潤飾修改。此處作者將姓氏（公司）譯為 family clannism。

號召的社會運動，尋求讓華人這個多樣複雜的社群團結一致，共同捍衛華人語言和文化。即使這項運動的其中一位領導者——檳州首席部長林蒼佑——也是民政運動黨（Gerakan Party）的領導人，但運動策畫者認爲他們以追求大團結爲重，因此將政黨政治擺在次要位置。當政府從事建構馬來西亞國家認同的計畫時，華人的領導人急著想找出方法策略，「把華人思維帶進」政府的思維當中。[1]

爲了回應大團結的訴求，檳城華人領袖於一九七四年聯合重整了在整個農曆七月舉行的慶讚中元節慶組織。檳城人經常隨興地使用福建話稱這個節慶爲「鬼節」（*Kui Choeh*），英文則是Hungry Ghosts Festival（譯按：直譯爲「餓鬼節」，下文將統一爲檳城人士所使用的正式名稱：「慶讚中元」）。這些領導人將各地方街區委員會協調成一個組織，以動員更大的社群感，構建消解華人社群的集體焦慮的政治復振運動，以及發展出一套克服他們的恐懼並提出希望的行動計畫。在本章中，我將探究這場慶讚中元的復振，視之爲利用「儀式的團結紐帶」來結合華人社群的政治嘗試（也請參閱DeBernardi 1984）。

馬來西亞的宗教與政治

儘管馬來人社群絕對不是一個同質的社群，馬來領袖卻能成功運用政治進程（譯按：

共同的馬來族裔政黨巫統）來建構族群與國家團結。再者，無論馬來人穆斯林的內部有著多大分歧，仍共同擁有同一個普世宗教（伊斯蘭教）。[2]相對地，非馬來社群則深陷在支離破碎的狀態。檳城華人社群至少包括操持三種華人區域語言*的群體，並進一步分成受英文教育者與受華文教育者。更年輕的世代在現代教育體系就學，需要熟習國語（馬來語），現在他們的國語往往比父母流利。

華人在宗教領域也處於分裂狀態，檳城華人可能會朝拜上座部（南傳）佛教或大乘佛教寺廟，或加入各式各樣的宗教團體，包括綜攝各宗教的德教會或源自日本或印度的教派。雖然許多人在民間宗教廟宇祭拜觀音與福德正神（大伯公）等等的神祇，但也有人加入各種基督宗教，從天主教到五旬節派皆有，他們也儘量迴避那些與民間宗教文化相關的「邪靈崇拜」。有些人則是改信伊斯蘭教，其他人則宣稱自己是「自由思想者」（free thinkers）或世俗主義者。華人並沒有任何單一的宗教來為他們提供「導往相同方向的象徵」（orienting symbols），也就無法藉此基礎來建立團結（也請參閱 Ackerman and Lee 1988, Lee 1995, Lee and

* 譯注：作者先前所界定的三種華人區域語言是閩北與閩南語系、廣東話、客家話。就檳城華人的認知與統計數據，依據語言使用者多寡來排列，則是福建話、潮州話、廣東話及客家話。

Ackerman 1997）。*

儘管處在這般的支離破碎情況下，一九七〇和八〇年代有一群活躍於政治領域的華人，依然力圖從華人語言和文化裡，爲華人的團結創造出一種意識形態的基礎。就這些領導人所推行的活動，捍衛華文教育是個重要焦點，但他們也把目光轉向宗教文化，期望找出某些能賴以創造團結基礎的結構和符號。

當時，檳城人敏銳感受到伊斯蘭教對馬來社群的團結力量，以及華人社群內部的分歧。例如，一位檳城政治領袖就下定論，馬來人是團結的，因爲他們每星期五聚集在清眞寺，並擁有屬於自己民族的單一宗教。但他的結論是，馬來人很懶，就算透過新經濟政策給了他們全部的好處，他們也不會成功。然而，他同樣蔑視華人，就他的觀察，華人自私且分裂，沒有單一的宗教信仰，而且除非發生流血事件否則不會團結。

正如某一位店東的描述，昔日檳城每個街道或區域都會分別舉行各種宗教節慶與以方言演出的戲劇。節慶期間，不同方言群體的成員可能會發生爭鬥。但他指出，即便如此，華人依然能團結對抗共同敵人（就如我們在一八五七年檳城騷動中所看到的那樣）。[3] 慶讚中元節慶的組織就具體呈現了這個在地域上分劃爲諸多單位的社會組織，它表現了差異和競爭，但想在其中達成團結的可能性依然處於起步階段。就華人社群領導層所抱持的現代化和進步思想而論，可能會讓我們感到驚訝的是，他們打算要振興的竟然是這個讓佛教徒、基督徒和世俗主義者都貶抑爲迷信和浪費的中元節慶。儘管如此，他們認定檳城的慶讚中元地域組織具有潛在的基層實力。

這場復振慶讚中元運動的領導者串連了各個街區委員會，組成更高層級的委員會，以創造出團結感與共同目標，並針對華人對於在馬來西亞社會的未來前景所感到的恐懼，提出解決方案。爲達成這項目的，他們界定了一組集體目標，以解決華人社會的具體問題，並呼籲個別的華人共同努力實現這些目標。最重要的是，他們試圖解決華人社群成員無法讓其文化傳統代代相傳的恐懼。[4] 然而，在我開始討論這項復振運動之前，必須先探討這個節慶的歷史、儀式、神話與組織等面向。這項節慶的儀式表現，首要是爲了安撫亡魂。

從歷史觀點看慶讚中元

慶讚中元慶祝的是一年的第二階段，由道教的地官大帝所掌管，檳榔嶼在整個農曆七

* 譯注：「導往同一方向的象徵」源自帕森斯（Talcott Parsons）所指的「導往同一方向的途徑」（way of orienting），這不僅發生在個人內部，更是發生在人際關係，這造就了文化。在同一複雜象徵體系的控制下，不同的人朝著導往同一方向的途徑。（Parsons, Talcott. and Edward A. Shils, 2001 [1951], *Toward a General Theory of Action: Theoretical Foundations for the Social Sciences.* New Brunswick: Transaction Publisher. p.162.）

月都會舉辦狂歡慶祝活動。在這段期間，檳城各地華人在市場街區，以食物供品、道教經咒、佛教儀式、一連演出數夜的華人戲曲，以及當代流行音樂和喜劇小品等等，款待從地獄出來的眾鬼魂。

農曆七月十五日爲地官大帝誕辰，道教徒慶祝中元節（*Tionguan Choeh*）。相對地，檳城華人佛教徒稱之爲「盂蘭勝會」（*Ulambana*，又稱盂蘭盆），這是從梵語*Avalambana*（倒懸）的借字。*依據《盂蘭勝經》（*Avalambana Sutra*）的記載，佛陀教導其弟子目犍連（目連）拯救母親脫離永無止境的地獄煎熬，現在這個詞則用來指稱佛教渡救亡者的儀式。許多檳城人用福建話將這個農曆七月的儀式稱爲「普度」（*pho·to·*），這個佛教用語的意思是「世人全都航行穿越」或「普世的渡船」，這場儀式將功德轉移給亡魂，他們得以藉此脫離地獄的折磨（Teiser 1988: 8, 22）。

羅維在一八三六年對檳城華人文化的研究指出，慶讚中元節慶對華人格外重要。他在一篇讓人記憶深刻的敍述當中，描述了這場在廣福宮舉行的節慶——除了當時估計的花費和大士爺巨大高度有所差異，可能同樣適合用來描述當代在檳城舉行的慶典：

> 大士爺（*Taisu*）就是鬼王或靈王。在檳城，每年七月都會重新製作這尊神明，身高約二十英尺。祂是由竹篾編的，然後在整體外表覆蓋一層紙張，在紙張上彩繪，並為

其穿上禮服。在喬治市，大約有兩到三天時間，人們會看到祂如巨人般端坐在主要廟宇廣福宮附近一座棚子下方。到了夜間，人們會在大士爺面前布置一張可容納三十或四十人圍坐的桌子，桌上擺滿了昂貴的食物和烈酒，其中一整隻煮熟的豬格外引人矚目。……當人們認為這位鬼客人吃飽了，就把這整桌的食物，有時甚至包括這些碟子、盤子、杯子等，都施予窮人。鑼聲一響，人們就一擁而上爭奪這些好東西。這一晚款待大士爺的費用大約耗資兩百到三百元。各廟宇參與這個節慶的各項開銷，事實上包括其他的一切開銷，都是由各自的宗教基金支應。據說其中有些廟宇比較有錢，而且可以透過自願捐款來補充基金；在這些類似嘉年華或古羅馬農神節的節慶，就算是一貧如洗的華人也不會吝惜花費自己的微薄積蓄，並期待著這些活動帶來的娛樂，同時過上幾天無拘無束享受的日子。當人們給了大士爺充分的榮耀，就在紙箱內塞滿各式各樣紙製的衣服配件，供祂使用。然後整個燒掉。最後，大士爺塑像灰飛煙滅，祂得以回到自己的住所（Low 1972 [1836]: 308-9）。

* 譯注：「盂蘭盆」爲Ullambana之音譯，乃梵語avalambana（倒懸）之轉訛語，比喻亡者之苦，有如倒懸，痛苦之極。資料來源：（佛學）目犍連與《盂蘭盆經》網站，作者：巫鴉子，網址：http://1-skybook.com/read.php?tid=334，刊登日期：二〇一一年八月三日，擷取日期：二〇一五年三月二十四日。

胡翰也描述了中元節慶由人們慷慨供應的祭品，以及「無拘無束享受」的狂歡精神，將它評爲「值得親眼見識」的節慶（Vaughan 1971 [1879]: 48）。

幾項資料來源顯示，與其他年度週期節慶活動相比，一九四〇年代的慶讚中元慶典已變得相對簡約。巴素指出：「這些節慶的架構依舊存在，但執行方式已因環境限制而大幅修訂。相較之下，羅維在一八三五年所描述的遊行與歡愉規模似乎要大得多，並且比一九四〇年的節慶具有更多細膩的儀式細節。這些純粹屬於宗教性質的節慶規模已變得精簡」（Purcell 1967 [1948]: 139）。在二次大戰前，華人舉行中元慶典活動的規模縮小許多，演出的戲劇是木偶戲，而不是由眞人出演的戲曲（Wang [Ong] 1990: 33）。然而，到了一九七〇年代晚期，檳城人再度盛大慶祝這個節慶，在露天的超大桌子上擺滿供品，在全市各地接連幾個夜晚演出華人戲曲，並在餐廳舉行奢華饗宴。

安撫餓鬼：家戶與社區紀念活動

慶讚中元的節慶活動有兩個場地：家戶和社區。虔誠的檳城人會精心製作供品在家中祭拜祖先和鬼魂。平日他們會設法驅趕鬼魂，稱之爲「垃儳兮物件」（*lasame mi^{n}gia*，骯東西）*，但在農曆七月會特別稱鬼魂爲「好兄弟」（*ho hian ti*），並邀請他們來享用特別準備的供品。有些人也試圖在七月聯繫已故親人，透過專業的乩童來跟亡者溝通（牽亡〔*khan pong*〕）。[5]

農曆七月初一前夕，我的房東太太敞開屋子的後門，朝外放置一整桌的食物、銀紙和紙衣。她邀請「後尾公」（後壁公〔*Aobe kong*〕）†來享用，並悄悄地向我解釋，之所以用這個字來稱呼鬼魂，是因爲這樣「比較好聽」。接近午夜時分，她在屋子前面擺放祭品，這就是所謂的「拜門腳」（*pai muikha*，在正門的地上祭拜）。她在前方院子的地上插上線香和一整排紅蠟燭，並到大門外焚燒紙錢跟紙衣給鬼魂。

農曆七月半，人們會在家門前擺出更精緻的供品，通常會包括三牲（*sa*^{n}*se*^{n}）——一隻煮熟的頭腳俱全的雞、鴨或鴨蛋、豬肉——再加上水果、茶、酒，以及八個或十個專爲農曆七月儀式製作的粉紅色和白色摩訶粿（*mo·kuei*）。有些人會先祭拜天公，然後是地主公，接下來是後壁公，然後再次擺上一整桌食物祭祀祖先——我的房東太太負責祭拜自家的祖先，

* 譯注：依據教育部臺灣閩南語常用語辭典，拼音爲lâ-sâm ē mih-kiānn，網址：https://twblg.dict.edu.tw/holodict_new/default.jsp。

† 譯注：後尾 āu-bé。

因爲她的丈夫要回到他母親家祭拜。人們邀請已故祖先回家來享用盛宴，所準備的菜餚大多包括已故祖先生前最愛吃的東西，以及習俗規定的其他菜餚，包括鹹菜鴨、豬肉和魷魚炒（沙葛或豆薯炒魷魚），這三者放在一起，包括在天上、地面和水中的動物——分別由三官大帝（*Samkoan*）所掌管的原始宇宙三方：天、地、水。

在十九世紀的檳城，誓盟會黨負責照顧已故的社團成員，在清明節爲他們掃墓，並在農曆七月的慶讚中元安撫「邪靈」。正如胡翰所描述的，在十九世紀中葉的這個節慶當中，有超過三千名天地會員聚集在義興會所與鄰近街區「參與盛宴」（Vaughan 1854: 21）。如今，檳城華人在超過兩百個地點舉行慶讚中元的活動。在各地商業區、市場、社區和公寓大樓，商人和居民贊助這場地方活動，整個農曆七月輪流在不同地點舉行。[6]

每個舉行慶讚中元的地點都組成了街

1980年農曆七月十五，一對母女在亞依淡路邊拿出線香、蠟燭、紙錢、紙衣和食物等普度供品祭拜遊魂。（攝影：白瑨）

區層級的管理委員會，負責安排這項活動，並選出代表來參與中央協調委員會。我將在後文討論其形成過程和慈善活動。有意參與地方管理委員會的人們會事先報名，寫在一張紙上捲起來，然後一一提交給神明。[7]透過向神明擲筊來選擇由哪些人出任。節慶結束時，新任「爐主」(*lo-ju*)和委員會成員將香爐送回他們自家神龕，並承擔籌辦來年慶典活動的責任。

地方的管理委員會負責每月收集奉獻金，以支應儀式表演、舞台表演、集體宴會的費用，一場宴會的參與者可能超過一千人。一九八〇年代，這項奉獻金大多是每個月馬幣三令吉或六令吉，他們會向自己街區的商店、小販和居民收款。該委員會向那些在門口擺設傳統拜桌的人們收款，基督徒或佛教徒可能會不想出錢，儘管有些人依然會為了維持鄰里和睦關係捐款。[8]

地府的統治者、鬼魂與冲到

慶讚中元的儀式對參與者呈現了死後靈魂將會面臨的駭人地獄鬼神的生動圖像，它也運用豐富的祭品、活力旺盛的儀式和社群宴會來讚揚人生樂趣。街區慶典中，色彩鮮豔的紙紮立像再現了大士爺與四位助手（許多人將他們認定為鬼魂），被安置在一頂開放式帳篷內搭設的臨時祭壇上。信衆在大士爺與其助手面前放置大桌子，上頭擺滿各式各樣慷慨奉獻的祭品，包括食物、瓶裝白蘭地、整盒香菸、紙牌等，人們認爲這些都是對鬼魂和大士爺（地府統治者）的適當供品。這座狂歡地獄朝向外面矗立著的一座露天三層天公壇，其中一側是一整排巨大龍香，向上裊裊傳送著香煙；它的對面有一條開放的街道或一塊空地，設有一座可用來演出餘興節目的臨時舞台。這場祭典一開頭是一場道教儀式，爲大士爺與其助手「開目睭」（*khui bakchiu*，開光點眼），以便把神靈帶入這些紙紮神像之中。道士執行第二場儀式，將祭品施捨給鬼魂。節慶以一場巨大的篝火作結，深夜裡，人們將大士爺與其助手的紙紮立像連同施予鬼魂的紙製供品丟入其中，一併燒化。[9]

檳城人通常將冥王稱爲大士爺（*Tai Su Ia*），又稱鬼王（*Kui Ong*）或閻王（*Iam Ong*）——是地府的統治者。在中元節慶時，人們運用色彩鮮豔的紙紮塑像將其再現，將祂描繪一位令人生畏的將軍。祂的頭飾頂端通常會坐著一尊極小的觀音雕像，而人們大多解釋說，大士爺不是別人，正是觀音菩薩（觀音大士），觀音菩薩才是地府的眞正統治者。然而，以祂慈悲的女性形象並不足以威嚇無法無天的暴戾鬼魂，於是祂化身爲威猛的將軍。因此，觀音統轄的宇宙領域也就涵蓋了（鬼魂身陷其中的）地府監獄。

檳城人解釋說，在農曆七月期間，鬼魂從地獄被放出來，並獲准回到陽間，受人們款待。但由於華人相信這些鬼魂在農曆七月會靠近他們，許多人就避免在七月從事危險活動，像在海裡游泳或在晚上開車。他們之所以這麼做是爲了避免「沖到」或在精神上冒犯看不見的鬼神世界中的某個實體，這種事情可能會導致生病或遭遇不幸。有一位廣東人的女乩童對我解釋了被鬼沖到的情況：

> 「沖到」(*chhiongtioh*)，就如同「進鬼」(*jipkui*)或「著垃儳」(*tioh lasam*，*lasam*是用來指稱鬼魂的委婉說法)。如果發生這種情形，人們會精神錯亂。你必須給他們符咒來改善情況。如果你真的生病了，就去看醫生——如果你得了癌症就會非常難受。但鬼魂冒犯是可以治好的。亡者會沖到(生者)。

163

雖然這種說法暗指人們被惡靈附身，但人們往往認爲這種麻煩就是跟鬼魂或本地的萬物靈魂發生衝突而引發的報復。人們較少懷疑這是鬼魂所爲，但正如一位街區委員所說的，「當你的運氣比較差時，就會招來這一切的壞東西。」因此，合理的謹慎態度往往包括避免接觸危險的靈體(包括有潛在暴力的神祇)在內。

許多人也認爲大士爺具有潛在危險。正如有個人提到：「大士爺啊！如果你感謝祂就會平安；但如果你打擾祂，就無人能救你。」然而，他加上一句，即使大士爺非常凶惡，但觀世音菩薩會約束控制祂。儘管如此，我的房東太太和她兒子還是不願意隨著我去看社區

164

大士爺和四位助手，人們設想祂們主持一場慶讚中元慶典，喬治市，1980年。（攝影：白瑨）

在中元節頭一晚演出的華人戲曲，她說當晚的戲是演給眾神看的，去看會有危險。她說了另一個故事：

> 我小時候住在頭條路（Magazine Road），隔壁人家有七個女兒。其中一個很漂亮，比她的姊妹都還要漂亮。她去看這場頭一天的戲，大士爺看見她而且愛上她了。後來，就在那個農曆七月，她坐渡輪到北海（Butterworth）途中摔了下來。渡輪的螺旋槳葉片撕裂她的乳房。她的母親哭到昏厥。後來她託夢給母親，告訴她大士爺已娶她為妻。這位母親向乩童請教，乩童說：「不要悲傷！她已成神（觀音媽〔*Kuan Im Ma*〕）。你必須拜她。她現在是大士爺的妻子。」於是他們在家裡設置神壇，人們會去那裡拜拜。但是他們後來搬走了，現在已不在那裡。

幫我們洗衣服的太太接著說：「去年，有位太太把她的嬰孩放在供桌上，才短短一分鐘，孩子就死了。她不停呼喚孩子，但大士爺已把他吃掉了。」諸如此類的當地故事，進一步加深人們對大士爺與其凶猛胃口的恐懼。

在大士爺四位助手當中最出名的就是無常伯（*Botia*^{n} *Peh*），檳城人經常乾脆稱祂「大伯」（*Toa Peh*）。無常伯是個滑稽怪誕的人物，穿著黃色和白色的長袍，頭上戴著高帽，帽上寫著紅字「一見大吉」（看到我就有好運）。[10] 祂的舌頭伸到嘴巴外頭，人們解釋這意味著祂死於上吊自盡。在道士爲這位紙紮神祇「開光點眼」之後，街區委員會的委員會特地在神像的舌頭放上黏稠的黑色鴉片作爲供品。大伯對面站著祂的夥伴「二伯」（*Jipeh*），這是一尊黑色穿著的矮小鬼魂，眉毛像蝙蝠，配掛銀色鎖鍊。人們解釋說，祂是地府的其中一位「警察」，負責把鬼魂捉回地府的監獄。在這兩尊令人不寒而慄的神像之間，站著另外兩尊穿著滿清官吏服裝的地府官員，人們指出其中一位是福德正神，另一位是土地公。這兩尊神祇都被想像爲天庭派來管理地方社區的行政官員。

當我向人們問到有關無常伯的事情，他們大多表示無常伯是個孝子，賭徒和妓女會祭拜祂。祂也會附身在乩童身上，有時罹患重病的人會透過乩童向祂請教，要求查閱地府的生死簿，看看他們是否陽壽已盡。許多人知道這尊神明的故事，但我從一位女乩童那裡得到有關祂的歷史最完整的描述，她解釋無常伯曾是個不孝順父母之人。事實上，當他在田裡幹活的時候，母親帶東西給他吃，甚至會毆打母親，他的母親很怕這個兒子。然而，有一天他爲了昔日的不知感激而深深自責，當母親向他走來，他就跑去跪在她面前。他的母親嚇壞了，怕他再打她，就跳進一口井裡死了。但當她死去的時候，有一塊祖先牌位浮到水面上，乩童解釋說，這就是華人如何學會開始用祖先牌位來代表亡者（有很多人依然在家中祖壇與宗祠裡供奉著祖先牌位）。這個故事顯示，有個無名神靈把祖先牌位交給了這位洗心革面、深感懊悔的兒子，以打開一條跟亡者溝通的管道，能讓他跟所有在家中供奉祖先牌位的人們能持續表達孝心，並彌補他們的罪惡感。[11]

雖然道士主導了大部分的慶讚中元儀式，但佛教徒也慶祝這項活動。他們將這個節日稱爲盂蘭勝會（Ullambana），他們重述一個廣爲人知的「目連救母」故事，透過目連（華人對佛陀弟子目犍連的稱呼）如何拯救母親免於地獄的懲罰，來向我解釋這項儀式。我們在這裡看到不孝子無常伯故事的反轉，恰恰相反的是，目連完全是個孝順的佛教徒兒子，祂的母親則因貪婪而有缺陷。在這個故事裡並沒有祖先牌位用以超越生者與亡者之間的屏障，然而，祂的故事爲佛教徒在農曆七月十五這日將功德轉移給亡者，特別開啟了一扇門：[12]

> 有位名叫目連的僧侶透過幻象，發現自己的母親正在地獄受懲罰。祂為她準備的供品在她吃進嘴巴之前都變成了熱炭。目連向佛陀求救，佛陀給了祂一支神棍，讓祂能打破地面進到地獄，又給祂一個缽盂，讓祂給母親的食物就不至於變成熱炭。不過祂母親依然是個貪心之人，拿了這個缽盂之後就用左手遮掩起來，不讓其他鬼魂看到。她正是因為貪婪而受懲罰，這時卻發現自己依然無法吃到東西。最後，佛教僧侶們藉著在農曆七月十五日舉行法會，拯救了祂母親及其他像她一樣的餓鬼。（這就是為何佛教徒要供養僧侶並支持舉行這些儀式的舉行。

在檳城，佛教徒於農曆七月十五在許多佛寺和社團，以特殊的救贖儀式奉行盂蘭勝會。例如，我所住的亞依淡社區有一座建於一九二九年、供奉觀音的小廟蓮華庵（*Lian Hoa Am*），會在那一天舉行誦經與布施。蓮華庵的住持比丘尼是一名印尼華裔女子，名爲金姑（*Kim Ko.*），她在社區的協助下準備了供品，包括十五個紅色與藍色的紙箱，裡面塞滿著紙錢和衣服，上面標記準備送給我鄰居的祖先和金姑的亡夫。他們更在一張長桌上頭擺滿祭拜祖先的素食供品，並在地上鋪著香蕉葉，上頭堆放著留給鬼魂的五堆食物。在唸出全部祖先的名字並誦經後，金姑拿起花生和糖果拋向孩童，他們爭相搶拿這些東西。最後，她燒化送給祖先的紙類供品，並向參與者分發這些豐富供品。

166

華人在這段節慶期間安撫鬼魂並舉行普度，以協助祖先脫離地獄的折磨。但他們也爲自己祈求幸福、吉祥、富貴、長壽與成功等福氣。人們之所以用鳳梨祭拜，是因爲「鳳梨」的福建話發音 *onglai* 的諧音就是「旺來」，意指「興旺要來了」。他們也用蘋果祭拜，其檳城福建語發音是 *penggo*，讓人聯想起「平」（和平）這個字。他們還特別對一組三尊的星宿神「福祿壽」致敬，祂們代表著福氣、位高權重和長壽。[13]

整個農曆七月，這些地方慶典在檳城各地交替舉行——從檳城的市街與海濱空地，到住宅區和露天市場——這些儀式演出與飲宴鼓舞了華人社群的各個分支群體，也讓他們團結在一個更大規模、相互協調的結構當中。對於參與這些活動的政治領袖而言，人群與活動的儀式化齊頭並進，能讓他們呈現目前檳城華人社群強大且團結的形象。相對地，一般參與者則解釋，他們所祈求的只是平安、興旺和事業順利。

感謝眾神，但不要忘記教育

一九七四年，有一小群檳城華人籌組「檳州慶讚中元委員會」。* 在媒體上，檳城人經常稱之爲普度（中元）委員會，將佛教和道教稱呼這個節慶的名稱結合在一起。普度意指「（拯救）大眾的渡輪」，這個字詞是指佛教拯救亡者的禮儀，也描繪了這個團體的慈善目標。中元意指「中元節」，道教在農曆七月的中間點爲地官大帝舉行誕辰祭典。雖然它們是宗教屬性的活動，然而這兩個名稱呼應了委員會領導人的期望，集中並團結華人社群，以支持一個具現代精神的社群自助計畫。

一九七五年，這個新成立的委員會制定了一套章程，規定該會係由大約一百三十個街區委員會所票選產生的三十名代表組成。[14] 正如這個群體的一位贊助者林慶金表示，普度

* 譯注：「檳州慶讚中元委員會」後改名「檳州中元聯合會」。檳州爲檳城的別稱，亦爲檳島及隔海相望的威省之合稱。

167

（中元）委員會「集合」各街區的基層組織，成爲「龐大統一的領導機構」，結合來自社會各階層的成員，共同致力於慈善教育事業（Lin 1979）。當他們創造了這個中央化的結構，主辦者試圖重新聚焦這項活動的意義和實踐方式，從撫慰鬼魂轉移到對社群集體目標的實際支持。這個委員會協調各項籌款活動，無論是在街頭慶祝活動期間，一般大眾將小額金錢投入籌款箱，還是伴隨這項慶典而舉辦的餐會，當地商翁爲了贏得大眾好評而公開宣布他們的大額捐款。

普度（中元）委員會在請柬上印製的聲明，闡述了該會會徽的意義，指出他們已將「檳城各街區」全數納入這個組織，以「通過集體的人力、物力和財力，爲社會公益、福利慈善、教育事業以及檳州的繁榮與進步作貢獻」*。會徽的設計巧妙運用「中元」這兩個方塊字。「中元」二字，構成龍香與香爐，表示慶讚中元盂蘭勝會，象徵本會是民間宗教團體。一支香，一個爐，各街區慶讚中元同人共同信仰，團結一條心」；紅圓圈和連續花邊表達一個事實，即「在每街區同人手牽手，心連心大團結」。最後，會徽的三種顏色——黃、藍、白——正是代表檳州。

每年普度（中元）委員會都運用這個深具地方基礎的社群節慶號召檳城人，爲新的社群組織或事業籌措資金。該委員會強力支持華文教育：從一九七七至二〇〇二年，爲超過二十所華文小學和獨立中學籌募發展資金（Mei 2002: 4）。[15] 一九七九年，該會爲一座提供私人與慈善醫療的華人醫院（譯按：即南華平民醫院），募得馬幣五十萬令吉這筆數額龐大的建設資金；並在一九八〇年募得馬幣二十六萬令吉，重建檳州華人大會堂以團結華人社群（我將在下文細談華人大會堂的重建）。

他們的支持力量來自檳城各地，人們常常說，檳城人依然有感情（*kamcheng*）、有一種「同胞情」，也就是認同感、相互關聯性和公共責任。有一位普度（中元）委員會的委員在向各街區代表的演講中就指出：「檳城人有個心態，要拜拜、要賺錢、要支持華人文化和教育。你在馬來西亞的其他地方不會看到這種力量。檳城人特別充滿同胞情。我們必須把華人組織起來——即使有許多人依然沒能參與。我們必須顧好自己的家園。」籌款活動

＊譯注：原文引自檳州慶讚中元委員一九七九年請柬。由作者白瑨提供。

1979年檳州普度（中元）委員會的會徽。在這項設計中，「中元」這兩個字的呈現方式，「中」字由龍香形體所構成，「元」字則爲香爐形體，同時意指中元節以及該會民間宗教社團的角色。（資料來源：宴會請柬）

的組織者致力於保護華人語言和文化，以強化華人社群來對抗各種政治威脅，爲此他們轉向傳統的華人社群週期節慶的宴會來動員支持力量。

社群宴會

當政治領袖和社群領袖採取慶讚中元宴會來動員檳城華人，他們運用了這項傳統的社群生活形式，爲他們的活動尋求廣大支持。我們在這些宴會中看到了十九世紀的檳城延續至今的連續性，一如往昔，現在的節慶活動提供了宴會和享樂的時刻。事實上，正如胡翰提到的，十九世紀檳城的節慶「在洋人看來，整件事情似乎就是爲了宴會（吃吃喝喝）」（Vaughan 1854: 15）。然而，隨著這個節慶在一九七〇年代的復振，籌備委員會開始邀請知名人士和政治領袖擔任宴會主賓（guest of honor）。

檳城普度（中元）委員會從街區節慶的小額捐款籌募了大部分資金，但籌備委員會也運用宴會從主賓那裡募得資金，讓他們有機會公開承諾會對集體計畫提供金援。這些引人注目的慷慨行爲延續了在當地行之多年的熱心公益之舉，運用在支持社群的大型計畫，個人則可藉此建立聲譽並累積功德。例如，回想一下胡翰對有名望的義興頭人文科的討論，他支持設立痲瘋病專門醫院，並施棺給窮人（Vaughan1854: 22；參閱本書第三章）。[16]

一九七〇和八〇年代，普度（中元）委員會的領導者許多是中產階級商人，他們動員社會中下階層支持整個華人社群的共同籌款目標。雖然檳城最富裕的菁英並未現身於我所參加的任何一場宴會，但許多檳城的政治領袖和富商，其中有些人擁有政府授予的頭銜，就會出席這類宴會擔任主賓。[17]如同許多傳統的華人社團，這些宴會讓社會各階層成員齊聚一堂，追求共同利益，從而增進這個從族群定義下的華人社群（也就是整體華人）各成員之間的社會整合。

在促進公益事業方面，檳城知名人士將其財富轉換成象徵資本，包括面子（*bin*）和名聲（*miasia*^{n}），從而認定他們所行的功德。這個社群反過來回報這些知名人士足以讓他們出風頭的事情：像是走在整個廟宇節慶遊行隊伍的最前頭、穿著與眾不同的寺廟委員會禮服，他們也被冠以榮譽頭銜或擔任節慶宴會的主賓，上台演講、唱歌，或公開宣布捐款給華社的計畫。華文報紙大篇幅刊登此類事件，包括這些熱心公益華人的照片以及其慷慨的行爲。這些獲得公開宣傳的慈善公益行爲使他們與眾不同，成爲富裕且具社群精神的一群，從而對潛在的生意夥伴證明他們信用可靠。[18]

這些宴會的規模和奢華程度，根據舉行慶典的地方區域規模和財富多寡而異。例如，在喬治市一條主要商業街道的某一家超大型華人餐廳，舉辦過一場超過一千一百名賓客共享十道菜餚的晚宴，參與的貴賓包括許多傑出人士和當地名人。相對地，在我住的亞依淡社區只有一場三百或四百人參加的外燴自助餐會，還是擺設在市場的肉攤桌子旁邊。儘管缺少了高知名度的名人或新聞報導，這些小販跟當地商翁依然踴躍捐款給普度（中元）委員會，以支持華人大會堂的新建工程。

宴會——不僅是慶讚中元，更包括各廟宇的大多數廟會——也爲檳城政治領袖提供一條跟基層支持者的溝通管道。當政治領袖應寺廟或街區委員會之邀擔任宴會主賓，就會發表一場演說，他們可能利用這個機會動員人們支持其計畫和宣傳活動。有一位政治領袖出席一場廟宇宴會擔任主賓，他向我提到，雖然政府並不會輕易核發許可證（准證）給論辯特定爭議話題的政治集會，但政治人物可選擇在宴會演說當中，對這些話題發表評論。然而，他也提醒我注意警察現身宴會的這件事，他猜想警察必定是在監控這類演說的內容。另一位朋友發現警方不斷追蹤那些捐款者，以確定哪些人可能短報了所得來源。她聲稱，那些在黑市賺到錢的人不能公開捐獻，結果就變成其非法收益無法轉化成在華人社群裡頭的面子。

在某個小型乩童神壇所舉行的宴會當中，我遇到一位出席擔任主賓的檳城知名政治人物，他是富裕、有教養的海峽華人家庭的一員，受的是英文教育。當我問他是否會參與慶讚中元期間的各個宴會時，他向我坦承，他計畫在農曆七月期間遠離檳城，以規避參與各個籌款宴會可能耗費的時間和財力。但他在下一場選舉就落選了。

171

1980年，亞依淡市場的商家和小販正在爲慶讚中元最後的宴會進行準備。標語寫著「爲檳州華人大會堂籌募建築基金」。（攝影：白瑨）

恰成對比的是，這場選舉的勝選者也是受英文教育且富裕之人，有人宣稱他曾對該選區的每座廟宇各捐款馬幣一千令吉，以尋求政治支持，而他已捐款給兩百座廟宇。在這處市中心的貧困選區有許多廟宇和地方神壇，我也確實曾於選前時刻在其中一座廟宇的集會場合遇到他。居民聚集討論向政府申訴他們的馬路沒鋪好——有人把這項疏失詮釋成政府漠視華人的需求，因爲附近有一條穿過馬來人住宅區的馬路就維護得很好——而且居民準備要私下動員籌款來鋪設這條路。他以顧問身分出席本次會議並答覆居民的這項主張，而這表示他可能一直透過贊助這項社群計畫以尋求地方支持，這是個司空見慣的政治策略。但他捐款給兩百座廟宇來贏得選舉的這項傳言，可能是個都市神話。儘管如此，許多檳城菁英人士確實捐款給廟宇，並在慶讚中元的籌款宴會公開捐獻，以展現他們的慈善精神和道德價值，將財富轉化爲檳城華人社群內部的面子。

一九八〇年，檳城普度（中元）委員會也爲敦沙頓基金會（Tun Sardon Foundation）舉辦籌款晚宴，這個當地慈善組織以時任檳城州元首的敦沙頓朱比（Tun Sardon Jubir）*爲名。籌備委員會邀請十四位慈善家贊助這場晚宴，並籌募超過五十萬令吉，每位贊助者至少捐資馬幣五百令吉買下一桌，每桌可讓十個人參加，並邀請捐款超過一萬令吉者爲慈善晚宴剪綵。檳州首席部長林蒼佑、州元首敦沙頓，以及籌委會主席州議員許岳金發表演講爲活動揭幕，當晚的娛樂活動包括舞獅、舞龍、四次幸運抽獎，以及由馬來人、華人與印度人歌曲所組成的多元文化展演。活動在馬來西亞國歌和檳州州歌歌聲中開始，也在歌聲中結束（Tun Sardon Foundation 1980）。因著普度（中元）委員會在這場宴會所扮演的角色，籌委會主席許岳金也擔任這個委員會的榮譽顧問，他公開宣稱中元節已成爲「社會下層」所做出貢獻的象徵，即「幫助國家和政府，在我們這個多元種族社會的架構之中，達成它的各項社會目標」（Xu [Khor] 1980）。

172

社群目標

然而，檳城普度（中元）委員會的主要焦點依然是動員基層來支持大規模的社群計畫。這些計畫包括擴建南華（Lam Wah）平民醫院、資助喬治市與一處貧困農村區域的華文學校，以及在市區廣福宮隔壁重建華人大會堂的工程。儘管爲一家私立醫院進行籌款這件事，乍看之下可能不具政治色彩，但有人向我解釋這個社群計畫帶有教育與語言議題。據她表示，一九七三年，政府規定馬來語是最重要的語言，並開始積極限制華人就讀大學與護理課程的歧視作爲。人們宣稱在這段期間有許多華人幼童死在公立醫院裡，（她認爲）很可能是護

* 譯注：敦沙頓朱比（一九一七～一九八五）曾於一九七五至一九八一年間擔任檳州州元首。

理課程水準低劣所導致的結果。她也解釋由於華人無法與馬來人護士溝通，他們擔憂馬來人會蓄意殺害華人。檳城華人所做出的回應就是把原本即是慈善醫院的南華平民醫院，擴充成較大規模的民營機構，分爲兩個部門，一是商業經營部門，一是慈善部門。

華語是中國在二十世紀所採用的國語，所以檳城領導人提倡華語教育和廣泛使用華語——使其也變成檳城華人的共同語言——成爲他們追求華人大團結的一部分。檳城華人繼續使用各種語言和方言：閩南與閩北語系（包括福建話、福州話、潮州話和海南話等方言）、粵語、客家話。大多數的人能說福建話作爲通用語，並受過英文、華文或馬來文教育，無論是單一語言或結合多種語言。許多人強力主張保存華文教育，他們擔憂教育體系的教學媒介語由華文轉換成馬來文，將會明顯削弱華文教育。特別是受華文教育者將華語視爲世界語言，它在檳城的力量減損將導致顯著的文化衰退。[19]

受到新加坡發起的「講華語運動」（Speak Mandarin）鼓舞，馬來西亞由多個華人文化和教育機構所組成的聯盟支持舉辦類似的運動（*The Star* 1980d: 7）。呼應這個「講華語活動」，就如同許多華人社團一樣，參加普度（中元）委員會的與會代表完全以華語發言，並在籌款宴會演講或唱歌時幾乎全部使用華語。例如有位領袖人物想要演唱一首粵語歌，賓客就發出噓聲，直到他開始唱華語歌爲止。

然而，這個委員會的努力範圍遠遠超過在平日使用華語。對於普度（中元）委員會而

173

言，募集資金的一項務實計畫就是支持華文學校，這獲得廣大群眾支持。籌委會委員林景獅滔滔不絕指出，華人正在擔憂華語和華人文化在馬來西亞的未來：

> 近年來，我華族同胞對爭取華文教育的呼聲響徹雲霄，此由於政府對教育政策上所引起的偏差，導致華人對華教前途感到憂慮，華文教育是國家文化重要環節之一，而且華文有五千餘年優良傳統，要維護華文教育的繼續存在和發揚。必須保存華小，沒有華小，就沒有中學（國民型華文中學）與獨中，更遑論談到創辦華文大學，當前大家最關注的問題，即華小是否會在教育法令下被改為國民（型）小學以及保證華小不變質的要求，相信這個問題是每個華人所不能漠視的（Lin 1979）。

州議員許岳金受的是華文教育，他捍衛華文教育，認定這是受憲法所保障的權利，並宣稱華文教育塑造了勤勞、有道德的公民：

> 華文教育是我國教育重要的一環。華語的學習和應用，也有明確的憲法上的保障。受過華文教育薰陶的人，多能表現一些謙虛誠懇、刻苦耐勞、有進取心、肯苦幹的精神與優點。不但對於個人事業大有幫助，對於社會的進步與國家的發展，也應有正確

的影響（Xu [Khor] 1979）。

然而，許岳金指出：「口號千千，不如實際工作一把牽。」他的結論是假使沒有實際的社會運動，華人就無法成功保護華文教育，並實現平等與公平的社會。

最後，這些領導人物在回應華人不團結的這個普遍看法時，也將重建檳州華人大會堂列爲主要籌款項目。許多人觀察到華人是分裂且分散的群體，缺乏任何中央組織來團結他們。有一位有名望的主賓與捐款者在檳城某個最貧窮地區的宴會演講時解釋，重建這座嶄新的檳州華人大會堂的目標是檳城華人的大團結，以更妥善面對擺在眼前的馬來西亞各項關於華人語言和文化前景的挑戰。他描述該計畫爲「居於領導地位的檳城華人社群中心，我們的團結象徵」。呼應著許多人的感覺，他指出，面對一個動盪的世界，人們需要擺脫自己的「宗派*、信仰、姓氏與不正確的保守的思想包袱」。最後，他告誡聽眾：「加緊團結，通力合作，摒棄偏見，以團結的整體力量和新的精神，迎接八〇年代任何不利於華族的挑戰。」

正如我在第一章所討論的，一八八一年英國政府給予華人土地，批准在廣福宮旁邊建

* 譯注：依據原文，意指宗族派系。

1983年重建開幕的檳州華人大會堂，喬治市，本照片爲2002年所攝。（攝影：白瑨）

造華人大會堂，「作爲一個公民中心以促進住在檳州華人各階層的福利。雖然在殖民時期華人大會堂的理事會是一股重要力量，但他們的影響力在獨立後減弱。馬來西亞華人往往透過組建新的社團群體來表達自己的政治訴求：政黨、工會，以及華人商會。大會堂的理事不活躍、大廈破敗不堪，失去了它的影響力和聲望」（Chen 1983: 157-61）。[20]

但在一九六五年，重組的委員會修訂了平章會館的章程，以確定信理員（理事）係由選舉產生，而非主席指派委任，更明確規定他們的任期，並將其更名爲更具現代意涵的「檳州華人大會堂」。[21] 一九七二年，他們提議拆除舊會堂，在原址重建新廈，但這項計畫延宕到一九七四年，當時的檳州首席部長林蒼佑在中華總商會的宴會上，呼籲檳城的商界菁英支持重建華人大會堂。他在演講中提出「當馬來西亞人致力於建立團結、公平、進步和繁榮的社會時，這座新建的華人大會堂將成爲檳城華人社會的精神堡壘，促進有效的領導」（Chen 1983: 161-62）。[22]

這座新建的華人大會堂於一九八三年啟用，並舉行了首場活動「全國華人文化大會」，有超過七百名的華人職業公會與商會的代表出席，會中簽署了提交給政府的《國家文化備忘錄》。在啟用儀式中，檳城福建人的社群領袖許平等解釋，在一九七〇年代頒布新經濟政策之後，馬來西亞華人意識到他們不能只依靠政黨來捍衛自己的利益，況且「華人還沒有做到眞正的大團結」：

> 經濟發展已受到重重束縛，接受高深教育的機會又遭到限制，甚至作為一個民族根基的文化也被忽視與否認。於是，全國性的華團號召華人團結，採取各種步驟，維護華人地位，爭取公民應有的權益。……今天的文化大會，就是全國華人集中意見統一行動的團結表現（Xu [Koh] 1983: 321）。

檳州首席部長林蒼佑——許平等介紹他是「華人大會堂改組的推動者與贊助者，多年來爲華人大會堂領導的各項活動擔任主持人」——也在開幕式發表演說。在這場演講當中，林蒼佑承認有必要建構一個國家文化，他說華人宗教可以對馬來西亞國家文化提供一項特別的貢獻——宗教寬容的傳統。

林蒼佑解釋，檳城人建設嶄新的華人大會堂，是因爲他們想要爲華人創造一個「溝通中心」。他強調，華人大會堂並不是一個政治組織，而是社會活動中心，華人大會堂的領導人根據這項身分，試圖協調華人共同主張自己身爲馬來西亞公民的權利。他得出結論，這意味著「惟有像聯邦憲法上明文規定的，當每一位馬來西亞公民，不分種族或文化背景，他們的願望都可在國家文化反映出來的時候，一個眞正的馬來西亞國家文化才告實現」（Lin [Lim] 1983: 326）。

176

全國華人文化大會的與會者簽署了《國家文化備忘錄》提交給政府並公開發表。在這篇備忘錄當中，馬來西亞華人社群領袖發表以下的強烈聲明：

> 我國是一個多元民族、多元語言、多元宗教與多元文化的國家。要達致全民團結，首先必須承認與接受我國社會的多元性本質。但是，目前的國家語文、教育與文化政策卻具有濃厚的種族主義色彩與強制同化他族的傾向，只從單一民族的立場與觀點看待與處理語文、教育與文化問題。這個「馬來族中心主義」的政策與我國社會多元性本質之間的矛盾，就是問題的癥結所在。*

備忘錄的作者呼籲支持各族人民都有權「繼承與發展其民族文化」。他們進一步指出，馬來西亞國家文化的客觀基礎應該是「各民族文化」，而不僅僅是馬來文化：

> 我國是一個多元民族、多元文化的國家，國民生活方式必然是各族人民生活方式的總和。因此，國家文化的客觀基礎不可能是單一族群的文化，而應該是各民族的文化，正如國家原則「自由社會」一項所指明：「……我們渴望這個社會的多元文化將成為我們的資產和力量的來源」。†

然而，作者也指出在長期居住馬來西亞的過程中，馬來人、馬來西亞華人、馬來西亞印度人的文化全都經歷了「長期的演變」且「都具有本地色彩」（國家文化備忘錄 1990: 210-11）。[23]

今天，華人大會堂的組織建立起來，作爲「由檳州各華人註冊社團與華裔公眾人士共同組織，爲檳州華人團結機構」‡。其任務包括促進華人團結，並推展教育、文化與娛樂（檳州華人大會堂 2000: 20）。[24] 華人在尋求提升其社群內的文化團結時，華人大會堂支持現代 177 化的文化活動，包括贊助檳城一年一度的妝藝大遊行中的旗隊，以及透過現在已成爲世界知名的多元文化舞台常見的文化展演來慶祝中秋節。

人類學家薩林斯指出，現代世界體系並不是生產出全球整合，而是已分解成「舉著許許多多文化自主大旗前進的小規模分裂運動」（Sahlins 1994: 378）。在這項「現代文化運動」 178 中，人們堅持著自己的文化差異，即使他們是重新發明這些差異——通常這似乎是爲了在

* 譯注：引自全國十五個華團領導機構（一九八三），《國家文化備忘錄特輯（華文、英文與國文）》，頁一二。
† 譯注：同上注，頁一三。
‡ 譯注：檳州華人大會堂章程第三條。

1981年12月，在一年一度的檳城同樂會（*Pesta Pulau Pinang*）期間的妝藝大遊行旗手，喬治市市中心。（攝影：白瑨）

多元文化舞台上展現自己。例如，檳城的妝藝大遊行（Chingay）被重新設計爲「檳城同樂會」（*Pesta Pulau Pinang*）的核心——一年一度不具宗教神聖色彩的活動，於十二月二十五日舉行，旨在促進檳城的觀光旅遊。

雖然「妝藝」這個名稱原本被用來描述寺廟遊行隊伍，像是廣福宮和華人大會堂於一九一一年、一九一八年與一九二八年共同主辦的遊行，但現代的檳城同樂會妝藝遊行內容似乎完全變成世俗傾向。現在的檳城妝藝再也不是精心裝飾的觀音花車，而是青年男子隊伍彼此較勁的力量展示，用他們的額頭、肩膀、背部撐起一支長四十英尺的旗桿，上面飄揚著一面長二十一英尺，寬十五英尺的炫耀旗幟。檳城同樂會的隊伍中，完全沒有出現安坐在神轎裡頭的神像或香爐在社區巡遊（遶境）這種傳統的華人社群標誌。一九八〇年，華人大會堂主辦慶祝農曆八月十五日的中秋節提燈。如同現代的妝藝，這個由檳城多位領袖人物主辦的露天活動，展示了華人的世俗文化（如華人古典音樂和武術表演，以及精心製作的燈籠），呈現了重新發明的現代華人身分認同，將檳城人連結到更廣大的華人文化世界。

宗教與現代化

檳城普度（中元）委員會的成員，無論是以集體還是個人身分參與，都可謂是華人社群的一股政治力量，他們是在立基於中國或殖民時期檳城傳統的社會組織形態下工作。尤其是他們的各項努力往往能合乎傳統價值，也就是高度推崇公益行動，將其視爲個人道德價值的體現。籌備委員會經常提醒大家注意一項事實——檳城華人社群對於籌款顯得格外慷慨，他們將這種慷慨歸因於當地華人社群的彼此相互關聯與責任感。

然而，在政治上運用宗教社會結構來團結華人，與現代化和社會運動的目標存在著緊張關係。這些領導者找出節慶對檳城華人的重要性，但同時也譴責制度本身的落伍。例如，許岳金指出這個慶典的「精益求精」有賴於它的結構是個社群組織，他認爲這個節慶是個「地方組織，代表了一些人民的心靈寄託所在」。他的結論是，透過普度（中元）委員會的努力，華人社群已產生一股積極團結的力量，結合社會各個階層和政治派系的成員，共同合作追求集體的目標。

雖然許岳金提到這個節慶具有「眞實」的佛教元素，但他也批評慶讚中元的迷信面，暗指這將導致人們抱持自私的個人主義，而不是熱心公益的行動，並依賴運氣而非依賴社群改革運動。他補充說，許多人認爲，與這個節日有關的禮儀習俗是「浪費與不合時的陋俗與迷信，是華人抱殘守缺、思想落伍的具體表現」。他問道：

> 如何化腐朽為傳奇：使消極、倚賴神鬼的想法，轉為積極、自力更生的行動；……

> 使自私僥倖的心理，化為為國為民所做的努力。這些應該是本國華人社會領導人所應思考的重要問題一部分。尤其在目前，正當我們致力於創建一個獨特的馬來西亞文化，如何取菁去蕪，融會貫通，以鑄造更豐富、更多姿多彩的國家文化，是不容我們忽視的。（Xu [Khor] 1979）

雖然他讚揚了集體、熱心公益的籌款，將「新的生命注入這種地方組織」，但對許岳金來說，當地儀式習俗和他的改革目標之間依然有所衝突。許岳金在接受我的訪談時指出，由於檳城社會保守且具宗教色彩、熱情、慷慨的特色，普度（中元）委員會的籌款工作向來非常成功，但許岳金補充，這個委員會尚未讓檳城人相信他們應該減少在儀式活動與婚喪嫁娶等奢侈儀式上的花費。

循著類似的邏輯，委員會主席楊景獅讚許這項復振運動改變了慶讚中元，將其從「迷信」儀式的「被動」展現，轉變爲進步的現代活動：

> 近幾年來，於民間盛行的中元節盂蘭勝會，其意義已由原來的酬神敬祖，布施貧老進而為社會公益、慈善福利與教育事業而做出貢獻。由濃厚迷信的狹窄、消極的慶讚儀式，注入新的內容和新的時代意義，轉變為關心社會進步、扶持慈善福利工作，贊

助教育事業之發展的積極的趨勢。這是可喜可賀與令人深感欣慰的好事（Yang 1979）。

政治領袖感興趣的並不是撫慰鬼魂，而是這個節慶所組建的非正式地方社會組織，他們利用傳統的象徵與實踐，來創造新的象徵與實踐。

小結

一九七四年，檳城的華人社群領袖統籌並協調慶讚中元這個節慶活動，試圖將它用來作爲政治團結工具。特別的是，他們利用當地街區慶典活動（包括集體宴會）的地域結構，來動員基層人士的支持，並募集資金以支應公共機構的建設和更新，這能夠協助華人追求維持自己的認同並保護其社群。他們的目標包括發展華人團結的現代文化象徵和表現方式，像是華文教育、華人文化展演，以及嶄新的檳州華人大會堂。

這些政治領袖運用當地宗教制度來組織和動員華人社群，類似檳城在十九世紀的領導層運用誓盟會黨、廣福宮和華人大會堂，以組織、管理並保護這個離散社群。就如同十九世紀華人大會堂的創立者，當代政治人物試著推廣新的團結象徵，爲他們各項活動添加現代性與進步的意識形態。因此，雖然檳城的政治領袖可能已從慶讚中元找到用來支持政治動員的有效組織，但他們仍拒斥中元的儀式展演，僅僅將其視為鄉民迷信，並試圖讓自己跟這個活動的迷信面向撇清關係。

雖然就某些人來說，慶讚中元與其象徵——大龍香與香爐——是具有強大召喚力的團結象徵，但對於在大都會檳城的其他人而言，供養餓鬼的行為反倒象徵著分裂——上層與下層階級之間、改革派和傳統主義派之間、基督徒或正統佛教徒和「偶像崇拜者」之間的分裂。對於許多受過教育的華人而言，中元節再現了一種植根於華人文盲鄉民民俗文化，其迷信世界觀的可恥遺緒。至於其他人，像是在劍橋受教育的改革派人士伍連德，則認為這個長達一個月的慶典是追尋虛幻目標的揮霍浪費：「我們帶著一聲沉重的嘆息離開，這整個月的儀式，要一遍又一遍地重覆處理這麼多的麻煩事情，要花費這麼多的金錢，就算它們有其必要，也應在一天之內就處理完畢」（Wu 1959: 589-90）。而且，華人基督徒覺得這個節慶充其量只是個邪靈崇拜，他們刻意避免與之有任何接觸。

雖然檳城的政治領袖成功運用這個節慶，為華人社群的目標籌集資金，但是節慶內容依然不會受到參與者（與未參與者）的策略操控。事實上，華人宗教文化的實踐邏輯，解釋了人們跟無形力量碰撞（沖到）所導致的不幸，對於許多想要推動合理化「鄉民迷信」運動的人們而言，這依然是令人信服的說法。但在一九六九年暴動與一九七〇年頒布新經濟政策之後，隨之而來的普遍焦慮和悲觀氣氛當中，檳城人不僅尋求政治解決方案，也轉向

181

神祇尋求保護，向祂們或祂們的乩童尋求生命問題的補救之道。下一章我要討論吸引了大量群眾參與的九皇爺誕，對於人生的危機與危險提供儀式化的神靈解決之道。

第八章　展現神奇力量

九皇爺誕

這場遊行的重要人物是乩童*。這些人自稱，他們在神像面前燒化符咒後，已是神靈附體了。我們可看到其中一或兩位乩童提著布滿尖刺的鐵球。每位乩童都以奇特的搖擺步伐前進，頭髮蓬亂，不時停下腳步，以一種半茫然的步伐舞動身體，同時將這顆沉重的刺球繞著身體擺動，把刺球晃到背上或身體其他部位，每次都會割破自己的皮膚，他身旁的一位或兩位助手會拿著棍棒擋住刺球，減緩衝擊力道。另一名男子以類似方式，雙手揮舞著一把短而寬的雙面刃劍，鮮血從他的傷口湧出，景象慘不忍睹。人們也抬著一些沒有頂蓋的神轎，神轎的四隻腳、座位和靠背都裝著有倒刺的刀，另一頂神轎同樣有著尖刺。這些神靈附體者有時跳上轎子，或站或坐一陣子。這支遊行隊伍就這麼去、這麼回（Ashdown 1894: 21）。

182

* 譯注：這裡原文爲法師（sorcerer），依據文脈改爲乩童。

在二十世紀的某個不明時間，九皇爺誕，這個關聯到農曆九月初九的小規模現代慶典，擴大規模成爲長達九天、由華人社群普遍參與的活動。目前檳城華人慶祝九皇爺誕辰的規模極其盛大，來自七座廟宇、超過五十位乩童參加了聯合遊行，以迎接衆神從海上到來，並在節慶結束時送走祂們。[1]這個節慶呼籲人們自我修煉，當中的超自然力量展演吸引了廣大群衆的參與，其中有許多是勞工階層和受過華文教育的人。

正如我們在前一章看到的，檳城普度（中元）信理會的籌辦者針對華人社群目標提出了集體募款行動，作爲對馬來西亞政府逐漸從馬來語言宗教的角度界定國家文化，導致華人產生了生活不安定感的回應。面對這個不安定感，九皇爺誕的籌辦者則是提出一套截然不同的解決方案。他們轉而朝向超自然的力量來源，建議人們苦行修煉來改變命運。他們也呼請像是玄天上帝、廣澤尊王、大聖爺，以及李哪吒（中壇元帥）等神靈力量強大（靈〔*Sia*〕）的驅魔神，驅趕社群內部的災難。[2]

在本章，我將探究九皇爺誕的儀式實踐和寓言敘事，其中許多源自我們在天地會儀式過程發現的，同一套關於擺脫邪靈威脅而獲得神靈救贖的觀念複合體。我們在九皇爺誕可看到類似的儀式實踐和象徵地標，包括透過儀式所達成的自我淨化、通過許多關卡的象徵旅程、普度帆船的航行、使用驅魔的紅斗，以及呼請天兵天將。

一九七〇和八〇年代九皇爺誕的儀式規模盛大，意味在檳城人當時急切想要獲得這種形式的神靈保護。正如我們先前所看到的，這套魔靈拯救者信仰傳統（demonological messianic paradigm）讓魔靈威脅和政治威脅之間的界線變得模糊，爲人們提供了對抗這兩類威脅所需的儀式救贖與保護。再者，即使九皇爺誕的籌辦者確實沒有提出解決政治威脅的策略，但參與者意識到，這場儀式在開頭與結束時所舉行的盛大遊行，體現了他們社群的組織以及對自己和更大社會精神層面的許諾。我在前往海邊的盛大遊行途中遇到一位年輕人，他得意洋洋地提醒我注意一項事實：參與這場遊行的只有華人。他們在加入這些龐大群衆時，或許是在不知不覺中參與了一場感染力十足的力量展現，參與者能從中判斷他們所屬群體的規模和實力（參閱 Rappaport 1999: 83-84）。

九皇爺誕的儀式祭典人員呼請天兵天將，聚集成千上萬人參與他們的行列，遊行前往海邊迎請九皇大帝，並在節慶的最後一晚送走祂們。乩童被昔日的皇爺、將軍與帝王等神靈所附身，他們展現自己的身體對這項近乎軍事行動的耐受力和自我折磨，乩童不僅展現了附身神祇所具有的超凡、震嚇的威力，更展現了自身的身體威力，其中有多位乩童就是訓練有素的武術專家。在此同時，這場儀式過程採用了神聖（圈內人）對立於世俗（圈外人）的這套邏輯，來劃定群體邊界，並運用了投射在帝國中心性與控制力的象徵體系，提供了華人社群團結的意象。[3]

探討內在意義的民族誌觀點

當我第一次參加九皇爺誕時，對於在送神到海邊的這條路上爆滿的群眾及其展現的熱情感到有點招架不住，我可以確定的是，自己正在親眼見證馬來西亞華人宗教文化的一場重大復興。由中國古代將軍的神靈所附身的半裸男性乩童走在這支遊行群眾隊伍的中心位置，有的乩童用長矛刺穿臉頰，有的坐在鋪滿劍刺的寶座上。我對於他們的自我折磨展演所展現的暴力感到畏懼且不安，我對於這些展演意義的理解並沒有具體進展。我原本猜想這場華人民間宗教復振是馬來西亞種族政治所導致的結果，但在親眼見到令人震懾的展演時，這項猜測似乎就瓦解了。即使我無法輕易解釋這些現象，也不能忽略它們。

讓我感到不安的是一項事實，在喬治市緊鄰海濱幾條有門牌編號的街道區域，座落數座九皇爺廟。這個人口稠密地區因幫派傳說故事而聞名：我有一位朋友幼年曾住在那裡，他回憶起幾場激烈的打鬥，人們拿出破瓶子和蓄電池的酸液當作武器。現身在這場遊神隊伍的年輕壯碩男子，有的手臂上有刺青，有的臉上有刀疤，有時會駐守在他們廟宇的中庭站崗。當我第三次參加這項節慶時，有一座寺廟的理事會邀請我在節慶結束時擔任宴會的貴賓。席間有一位玄天上帝附身的乩童挑戰我，要我飲下一整杯白蘭地，有一位華人保安人員驚呼說，從來沒有歐洲人到過我所在的那個地方。

九皇爺誕期間，一位神靈附身的乩童在遊行時用長矛刺穿臉頰，他的助手正扶住他休息片刻。亞依淡，1979年。（攝影：白瑨）

檳城的九皇爺慶典瀰漫著祕密和神祕感。圍觀者對於當中隱含的儀式活動只擁有不完整的片斷知識，很少有人知道其內在涵義。當我向某個人問到這場開幕儀式的眾神究竟是誰，他輕聲解釋說，一旦這些神祇現身於凡間，若是談論祂們的話會有危險。另一個人建議我應該去問「某個老人，眞的很老的人，像是有兩百歲那麼老」。

當我第三次參加九皇爺誕時，我曾兩次請求跟著乩童進入樓上廂房：第一次是在他們從海邊請神回來的儀式之後，第二次是他們再次在這個廂房裡舉行過火儀式時。然而，寺廟理事會成員在儀式期間拒絕讓我進去，他們後來允許我進入這個廂房拍照，根據一位理事的事後解釋，由於我是局外人，而且是女性，也沒有吃齋以淨化自己。[4]然而，這位理事告訴我，如果我去請教神明的話，一定會得到祂的回應，他引介我去請教一位先前曾參與九皇爺誕的乩童。

當這位乩童由他的神明二郎神（東方二元帥）所附身時，他開始教導我如何透過修身養性來成道，並在後續訪談中繼續解釋這些想法（參閱DeBernardi 1996）。他的教義強調了九皇爺誕當中許多顯而易見的元素，包括強調純淨和自制。就九皇爺誕本身而言，他說道：「假使你想要行善，就必須吃齋拜佛。必須行善和拜拜：這樣你就會得到好結果。九皇大帝能影響人們。」

我繼續追蹤更多有關九皇大帝神祕身分的資訊，這讓我得以見到第二位乩童林師父，他在一座先天大道廟宇開設了小班，教導一套綜合了道教和佛教的教義。[5]他爲學生闡釋《道德經》、《易經》與《心經》，他也教導他們苦行修身的做法，包括冥想訓練和吃齋，這是同時超脫欲望與生死輪迴之道（DeBernardi n.d.）。

驅魔和修煉自我

田海指出，在驅魔救世主的理論模式中，人們認爲蠻族與瘟疫入侵都是源自邪魔的世界末日災難，可藉由「像是神符和天兵天將」等驅魔手段排解。[6]但他做出結論：「人們能否從這場邪魔威脅中獲得拯救，並不取決於他們的生活方式或道德行爲」（ter Haar 1998: 284）。同樣地，穆黛安與秦寶琦的結論是，有別於歐洲人共濟會，天地會並沒有讓新丁接觸「更崇高的本質眞理或……一種獲致嶄新道德完美狀態的方法，使其擺脫一切既有的宗教或政治權威」（Murray and Qin 1994: 92）。

在九皇爺誕，乩童執行儀式來對抗邪靈威脅，他們的儀式展演就如同天地會一般，都採用某些象徵地標和驅魔作法。但驅魔和追求道德完善之間並無關聯的結論並不適用於九皇爺誕，我們可從中看到驅魔和使用神符兩者的結合，呼籲全體參與者都投入自我救贖的行動。[7]

此外，九皇爺誕的禁欲面向與先前教主講述的教條，挑戰了人們對華人宗教長年抱持的刻板印象，也就是華人宗教的「務實主義」精神，並未要求個人必須禁欲或遵循道德。韋伯關於華人宗教精神對信徒實際生活影響的著名研究，爲這個老生常談的論點找到理論闡述的基礎。韋伯在其更早期的作品《新教倫理與資本主義精神》中得出的結論是，清教徒的天命（calling）概念與平日的苦行，直接影響了資本主義生活方式的發展。相反地，韋伯在對華人宗教的研究中，試圖從儒家和道家的精神特質，來解釋華人未能發展出理性的資本主義。他指出，有別於新教，儒家思想強調孝道與親屬義務，因此無法像基督教這類普世宗教能讓個體擺脫血緣社群的束縛。再者，韋伯的結論是華人「欠缺古典清教徒特有的、那種出自內心的取決於宗教和理性的生活方式」（Weber 1968 [1951]: 243）。他主張，由於華人神祇並未做出道德的要求，對宗教精神的需求從未引導華人信徒試圖改造其內在心性（Weber 1968 [1951]: 230）。

韋伯在《中國的宗教》一書僅以極短篇幅思索佛教和宗派佛教運動的宗教精神，但天地會和九皇爺誕其實從這些運動裡獲取許多象徵意義和實踐；韋伯對乩童救贖行爲所做的思考甚至更簡略。他的結論就是華人的民間救贖宗教（其中大部分衍生自佛教）被政府視爲異端，其實是被「魔法困住」、「反社會」，到最後「令人感到可憐的」（Weber 1968 [1951]: 224-25）。

然而，就如同基督新教的各教派和歐洲人共濟會，綜攝性質教派運動（syncretic sectarian movements）的形成過程並不是立基於親屬關係，因此能結合更廣大的社群。這些教派團體的宗師透過設計爲寓言的論述與戲劇展演，來教導其道德守則和宇宙論，他們透過九皇爺誕這類的社群儀式活動組織來提倡自制的教條。我在本章探究與這項重要節慶有關的敘事、展演與教義，然而我會把具推測色彩的新韋伯學派（neo-Weberian）課題，關於華人本土宗教文化的宗教精神究竟如何影響東南亞資本主義發展的問題，留待其他學者繼續探索。

檳城九皇爺誕的發展

據檳城年代最悠久的九皇爺廟（譯按：筆者進行研究時）的現任主席表示，他們頭一座廟宇是一八四〇年建於打鐵街的簡陋房屋，當時他們從中國取得九皇爺的宗教經典和一面聖牌（Chong 2003）。但其他人則宣稱有位泰國商人在一八八〇年代將這個教派從泰國南部海岸的普吉島帶到檳城，基督教弟兄會（Brethren）的傳教士阿什頓將普吉島的九皇爺描寫成極具異教信仰（heathenism）的形象（Ashdown 1894: 21；參閱本章的開頭引文）。[8] 據某位廟祝表示，當時檳城遭逢一場導致數百人喪命的疫疾，有一位適巧來訪的泰國商人建議檳城華人祭拜九皇大帝（*Kiuhong Taite*）。當人們開始祭拜之後，這場疫疾就嘎然終止了。

在此同時，據說一八八〇年有五位比丘在天衡山（Paya Terubong Hill）面海的位置建立了清觀寺（*Cheng Koan Si*）。九皇爺節慶期間，許多人遵循華人普遍在農曆九月九日登高的傳統，踏上由花崗岩鑿成的一千零二級台階（當地人稱爲「千二層」[*Chhengji chan*]），登上這座位於山岳頂峰旁邊山谷中的寺廟（Wong 1967: 152-54）。即使是清朝宮廷也遵循九九重陽的傳統：在紫禁城裡的皇帝、皇后和嬪妃登上一座縮小版的石山頂峰的亭子，在石山中心位置有一座洞穴，其中有乾隆皇帝的題字「雲根」。[9]

十九世紀的資料顯示，目前我們所見的檳城九皇大帝祭祀的儀式實踐，可能遲至一八八〇年代才被華人所採行。羅維描述一八三六年華人在農曆九月初九所舉行的儀式，188 透過放紙風箏「驅走疫疾與蟲害」（Low 1972 [1836]: 310），但他並未提及九皇爺誕，[10] 羅根在一八五七年所寫的檳城週期節慶活動列表中，並未納入九皇爺誕。[11] 相對地，伍連德在回憶錄裡描寫他在檳城的童年時光（據他的估算，涵蓋一八八五到一八九五年這十年），回想每年在農曆九月頭十天在廣福宮前舉行紀念九太子聖者（Ninth Princely Saint）的慶典（時間就落在目前的九皇爺誕）。他的描述顯示華人以戲曲表演來慶祝這場慶典，但他並未提與乩童的戲劇化驅魔展演（Wu 1959: 148）。[12]

座落於天衡山的清觀寺神殿，其視覺設計勾勒出九皇爺誕所具有的獨特佛道合一基礎。這座色彩鮮豔的皇室黃色寺廟在主殿祭壇上的神龕展現了華人三大宗教傳統，釋迦牟尼佛居於中央、兩側陪祀老子（太上老君）和孔子，再加上擺在這三尊神祇前方的未來降生的彌勒佛。左手邊的祭壇專祀觀音。由正門向內看的右手邊祭壇，也就是三大始祖神尊的左手邊，這是更受尊崇的一側（龍邊），有一尊八隻手臂斗姆元君的鎏金立身雕像、留著黑鬍鬚的玄天上帝，以及八臂的九皇大帝，這尊八臂九皇大帝兩隻手環抱在胸前沉思，其他六隻手臂分別抓著太陽和月亮、印章、寶劍、狼牙棒和一捆箭。這三尊天神都屬於北天，檳城人特別在九皇爺誕祭拜祂們。這個神壇的格局顯示檳城創立九皇大帝崇拜的僧眾採行的是一套綜攝宗教，尊崇佛教，同時強調必須禮敬掌管世人命運的北方道教諸神。

喬治市車水路（Burmah Road）上的觀音寺（*Kuan Im Si*）是慶祝九皇爺誕慶典的主要廟宇之一。該寺係由極樂寺的二方丈於一九二三年創立，一位知名的比丘多年在此奉行禪宗佛教（Khoo 1993: 56）。然而，市區慶祝九皇爺誕的地點大多是福建人的小型乩童神壇，有些設在私人住宅區。這座規模較小的觀音寺供奉八臂斗姆、她的九個兒子、南北斗神像。但由於人們認爲祂們只在節慶期間才會留在凡間，大多數的這類宮壇並未擺設神像。節慶前夕，道士會呼請這些神祇進入香爐之中，香爐則是擺放在廟裡一處特別用黃色簾幕所遮掩的地方，不讓人們看到（Wong 1967: 158-59）。[13]

有個故事說明了這些神祇跟反清復明傳統的連結：[14]

> 根據華人的神話，九王爺是斗姆的九個兒子，斗姆是九星女神，也稱為天后。傳說他們在清朝創立之初由天庭降凡為學者，以協助反清復明。然而，滿清逮捕了他們，砍斷他們的手臂，並把這些砍下的手臂放進一只甕裡，丟入大海。有位漁夫發現了這個甕，無疑對裡面裝了什麼感到好奇，就打開了它。結果有九顆頭顱猛然從甕裡竄向天空。清朝皇帝夢到他將因處決九位天庭學者而遭受懲罰。為了贖罪，他特別建造一座祭壇與數座廟宇來供奉祂們。信眾則從農曆九月初一到初九供奉祭品（Gunn 1978）。

這則由漁夫發現甕中斷肢的故事，指出了這些凶死者靈魂所經歷的神格化與安撫，祂們的屍體是被丟入大海，而不是妥善收埋。然而，這些神也是天庭所派遣的星宿神，祂們的頭顱向天空竄升，顯示神靈超越了物質世界——這項主題在九皇爺誕的儀式展演中不斷地出現。[15]

重陽日和神奇力量的展演

九皇爺誕節慶期間，檳城乩童展現了超凡的身體耐力，在恍惚狀態下不畏疼痛。乩童由具有超凡武術與神奇技能的神祇所附身，在遊行時能讓長矛刺穿兩頰、坐在布滿鐵釘與箭頭的龍椅寶座上、用滾燙的油洗手、登上刀梯、舞弄燒紅的鐵球，並用刺球擊背。這些儀式展演在中國非常少見，而且我所能找到來自海峽殖民地和泰國南部的最早描述，就是在本章開頭所引述的那段阿什頓在一八九四年寫的文字。乩童這些舉動可能是採借並改編自印度南部的印度教節慶（像在大寶森節〔Thaipusam〕）中令人震懾的自我折磨儀式，在檳城這個多元族群殖民地，華人是有機會可以觀察到這些的。

九皇爺誕的節慶高潮落在農曆九月初九晚上，這一天祭典執事人員讓一艘「王船」（Wangkang）推入海中令其漂浮，然後燒化。[16]依據華人的命理學，九月初九這一天具有格外強大的力量，這是由於數字九可連結到上天（據說上天共有九層，因此有九重天的說法），又可連結到以龍爲象徵的皇室、陽剛、**陽**力。[17]人們也普遍認爲重**陽**日跟長壽有關，因爲「九九」正好雙關「久久」，意指「很長一段時間」，人們將其詮釋成長壽。

或許由於九皇爺祭典瀰漫著神祕感，檳城人對於祂們究竟是誰很少達成共識。有人形容祂們吃素且純淨；也有人猜想儘管祂們有著如此崇高的稱號，實際的神格卻非常低。據某人所說：「九皇大帝是海盜；他們全都是壞人。」他又說：「這尊神明沒有外顯形象；只有一個甕。」另有人說祂們是結拜兄弟，「劫富濟貧」，也就是靠著劫掠富裕地主來幫助貧困農民和漁民，但祂們後來反省自己的錯誤行爲，並搭船航向東南亞（Chong 2003）。[18]

雖然九九重陽這一天與許多神祇有關，[19]但道教人士還是慶祝這是斗姆生下九個兒子（肉眼可見的北斗七星與兩個隱星）的日子。許多道教徒也在那天慶祝玄天上帝升天，這尊神祇關聯到北方和五行的水，有些檳城人認定祂是斗姆的長子。據明朝話本小說《北遊記》，玄天上帝力圖超脫生死輪迴並回到天宮。他透過在武當山的自我修煉和冥想來發展精神力量，最後靈魂升天，而這一天正是農曆九月初九。然而，在他的靈魂升天之前，玄天上帝意識到祂再也不會用到身體（腸胃），就把它扔進萬丈深淵。*在這個故事中，祂的神

---

* 譯注：依據《北遊記》，玄天上帝在修眞過程的內臟去處，係由其保護神妙樂天尊處置。

190

靈層面和物質層面有著截然不同的命運：神靈升天了，身體卻下沉到地底最深處。

華中與華南地區前往湖北武當山的朝聖者遵行重陽節習俗，他們在當天茹素並遵守其他的儀式禁制，然後登上武當山的陡峭石階，通過三道天門（一天門、二天門、三天門）抵達位在頂峰「金頂」的玄天上帝廟「紫霄宮」。在明代，武當山占地廣大的寺廟群是由朝廷出資建成的玄天上帝祭祀基地，玄天上帝又稱爲「眞武」，意爲「武功完備的戰神」。在武當山的紫霄宮，全眞派的道士僧尼在農曆九月初九舉行公開儀式，協助人們改變其「本命」。他們舉行儀式呼請斗姆下凡並轉動衆星，祈求長壽、興旺與快樂，儀式中有一個巨大斗燈象徵了每位廟宇贊助者的願望。在此同時，一般信衆可購買一本有著明亮黃色書皮的精裝《北斗經》，這本書描述了北斗七星可以解決各種災難和不幸的力量，包括邪靈和疫疾、狼和虎、昆蟲和蛇、歉收和凶死、魔法和戰爭，以及夫妻男女的不和（Changchun Guan 2002: 14-18）。[20]

在馬來西亞、泰國和新加坡，華人把慶祝重陽節作爲九皇爺誕的儀式高潮。在爲期九天的節慶裡，有數以萬計的華人遵行齋戒，並參加節慶結束時的遊行，其中有些人會參與艱鉅的登高健行，登上位於天衡山頂的清觀寺。人們向控制凡人命運的九皇大帝祈願，並尋求個人的內在改變，他們表達改善生命的渴望，並希望把壞運轉成好運（Wang [Ong] 2001: 127）。[21]

崇祀王爺

雖然九皇大帝是星宿神——我將在後文回到這個主題——但祂們是北方神祇，北斗七星的運行所引發的宇宙論，在檳城所在的南方夜空並不是明顯可見的。至少在檳城當地，這些北方星宿神的力量已開始跟華南地區安撫王爺的儀式習俗互相結合。

檳城人對這些神祇的正式稱呼是九皇大帝（*Kiuhong Taite*），但他們也會稱祂們爲九王爺（*Kiu Ongia*）。「王爺」這個詞是由「王」（帝王）跟「爺」（尊稱）結合而成，我把這個詞翻譯爲「神王」（divine king）（譯按：下文皆以華文使用習慣譯爲「王爺」）。人們向王爺祈求長壽、好運、成功和治癒疾病，但他們也畏懼王爺，並小心翼翼遵守禁忌（馬來語：*pantang*），以避免「沖到」（*chiongdiok*），據說這會導致生病、發瘋，甚至死亡。[22] 華人也會招請王爺協助他們的社群擺脫壞運，因爲這些神具有捉鬼驅邪的能力。[23]

中國這套有關疾病的邪靈源頭的信仰複合體的發展，正好與五行理論的發展同時發生。有一套五個層次的疾病分類範疇，連結到五位疫疾官員，每一位都連結到某一個季節、方位和顏色，人們認爲祂們依循上天旨意來到人間傳播疾病（Katz 1995: 52; Szonyi 1997: 116-17）。這類以五爲基本單位祭祀瘟疫神的教派，有數個規模較大的中心，其中一個位於福建省會福州，當地人在農曆五月初五舉行每年一度崇敬五顯大帝的遊行（Kata 1995: 55）。這些神靈的相關故事呈現了這些神祇模稜兩可的身分，因爲「某些神話強調了祂們邪靈般的源頭，另一些神話則是含糊交代這個面向，並轉而強調這些神祇解除瘟疫災害的力量」（Szonyi 1997: 126）。[24]

在馬來西亞，王爺大多被展現成一群兄弟神，其兄弟情誼有時意指具有共同網絡結盟關係的數座廟宇。例如，一九三九年，米德爾布魯克描述了馬六甲的四座廟宇，裡面安奉著被人們視作兄弟的五尊神祇，這四座廟宇共同主辦集體的驅魔儀式。幾個原先彼此沒有關聯的華人群體，分別在不同時間將其中四尊神祇帶到距離馬六甲四英里處的干浪村落（Kandang）。在某些時間點，他們將這四尊守護神理解成兄弟，在一九三〇年代加入第五尊性格雜亂無章的年輕神祇，神似三太子。

每隔大約十五年，該廟的大哥（朱王爺）（*Choo Ong Yah*）會透過乩童下達指示，是時候舉行一場全面的洗街儀式，讓馬六甲擺脫邪靈的危害了。其目標是捕捉那些致使疾病、戰爭或壞運發生的邪靈，並把它們放進一艘大型模型船，參與者抬著這艘船行經馬六甲的街道，然後讓它漂流到外海。米德爾布魯克聲稱這場儀式於一八三九年前後在馬六甲附近的干浪村落的廟宇首度舉行，至今依然是馬六甲的特色，吸引來自馬來西亞各地的人們前來參加（Middlebrook 1939: 100-101）。[25]

五尊神祇中第二尊的故事類似溫元帥，這是從宋代開始盛行於華南的神明祭典，但在福建祂的名字改爲池王爺（*Chi Wangye*）（Katz 1995: 131-38）。根據米德爾布魯克講述的故事，池王爺是中國的一位縣官。由於世人邪惡，天公派了兩名使者帶著兩包毒藥到他的宅邸，並指示他把毒藥丟進井裡。這位憐惜百姓的縣官自己喝下了毒藥——這解釋了爲何他是黑臉且眼睛凸出（Middlebrook 1939: 99）。如同溫元帥，這位黑面神祇原先是凡人，承受了上天加諸於其身體的懲罰，使社群裡的有罪衆人得以倖免，他從而獲得神明的地位。

我們在通俗寓言小說《北遊記》發現類似故事，其中有一章在解釋這尊神祇如何成爲玄天上帝的助手。[26]在這段敘述中，灶神向玉皇大帝報告斑竹村的居民「（俱不行善，惡人爲生，作惡非常，）不信天地」*（*Park Yew Kee* 1974: 61）。玉皇聽到這個消息大怒，祂召來瘟使者鍾仕貴降凡在斑竹村散播疫疾。玉皇派出信差傳令給當境土地神，並給祂一瓶毒藥，要求祂在村裡的水井下毒。然而，土地神告訴瘟使者，村裡的豆腐商人雷瓊是個好人，並得到同意讓他得以倖免。

土地神化身爲一老人在雷瓊身後，告誡他儘早多擔一些水，明日巳時（凌晨一點到三點）放藥，一吃就死。然而，雷瓊這個好人並不想隱瞞此事，偷存自己性命。次日天一亮，他就到井邊等候。看到一老人（土地神）來到井邊，拿著一包藥準備投入井中，雷瓊就把

---

* 譯注：這裡的譯文依據《北遊記》原文增補內容。

毒藥搶過來，一口氣吞下去，從而讓全村人倖免於難。雷瓊死後，玉皇大帝封他爲「衛靈司大士」（威靈瘟元帥），並命他協助玄天上帝。這位豆腐商人要求玉皇赦免全村的鄉親，然後回到斑竹村，「托村人夢中，個個改過行善」（*Park Yew Kee* 1974: 62-63）。[27]

儘管福建人經常將玉皇大帝形容爲他們的拯救者，但在這些敍述中，天帝顯露了專橫的、懲罰性的一面。然而，當被要求充當執行玉神憤怒的中介者，捨己利人的縣官和自我犧牲的豆腐商人將原先準備施加在整個社群的痛苦，加諸於自己身上——如同觀音犧牲了眼睛和手臂來醫好父親的病。我們在這些故事中看到一項神話類比，正如乩童在儀式當中操弄武器朝自己身上打，就超自然信仰的角度，這顯示他們代替了整個社群的成員，在自己的身體上承受保護並管治這個社群的神明對其成員的懲罰。

論純正、紀律和神聖

九皇大帝和斗姆的崇拜儀式，爲檳城華人這個複雜多樣的社群提供了團結焦點，吸引來自檳城各地的參與者，包括偏遠漁村在內。人們不僅感謝神明所賜予的德澤，更施行自我淨化的悔罪行爲，以便將他們社群裡的邪惡、不乾淨、混亂力量趕出去。每一座九皇爺廟，儀式的祭典人員（包括九皇大帝附身的乩童與從旁協助的理事）代表整個社群在廟裡的廂房執行這些威力強大的儀式，其他人全被擋在門外。

正如周福堂指出的，九皇大帝的神聖性「是藉由嚴格執行請神儀式的祕密性，並在儀式上強令禁止性行爲、經血與其他陰性特質，嚴格禁止葷食和動物製品，並禁止擅進九皇大帝所駐在的斗姆宮等等，而突顯出來」（Cheu 1988: 22）。在旁人看來，這些儀式的排他性突顯了儀式展演的神祕和危險，並放大了這些附身於乩童的神祇的靈力。

九皇爺誕因其火焰儀式和恍惚出神的乩童展演而聞名，但參與者也遵循自我節制的生活起居，包括茹素和禁止飲酒、性生活、爭吵與躺臥，這一連串的禁制緊緊遵循著佛教的五戒。[28]王琛發認爲，人們在實踐這些禮儀禁制時，「提升了他們的心靈」，尋求改造自我：「假使一個人就只有吃齋，但不改變口德和想法，假使一個人無法過著簡樸生活，那麼他就沒有徹底奉行信仰」（Wang [Ong] 2001: 127）。

然而，這些儀式實踐和禁制也被設計用來趕走社群裡頭的不淨之物。福建話的「垃儳」（*lasam*）意指「不淨」或「汙穢」，也是用來稱呼鬼或邪靈的委婉說法，人們會特別畏懼那些尚未成年就早夭者、凶死者（包括自殺者）的靈魂，他們想奪取他人性命，以從自己的死亡之地解脫。[29]垃儳這個字除了指稱惡靈，也用來指稱女性經血與分娩的血液。這適用於那些月經來潮或分娩後百日禁制期間的不潔女性身上。例如有個報導人說，她的弟媳在禁制期間尚未期滿就進入一座寺廟，因而沖到眾神並感到不適和煩亂。人們認爲，處於不潔狀

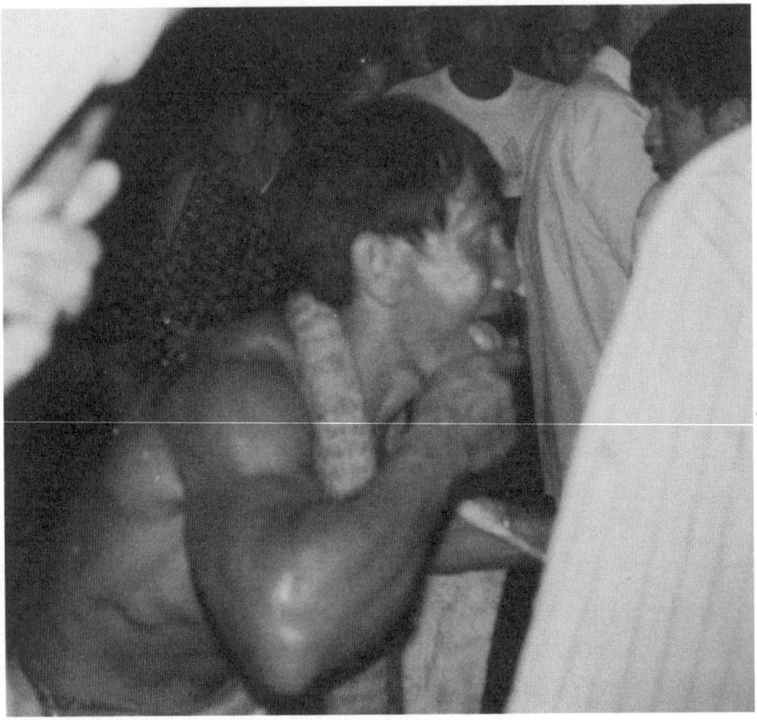

1980年喬治市的九皇爺誕，一位由神靈附身的乩童用刀割自己的舌頭，以取得鮮血書寫符令。（攝影：白瑨）

態的女子進入神聖地點會讓自己陷入危險，她的現身也會爲神靈附身的乩童帶來潛在危險。乩童有時也運用類似的一套迴避邏輯，禁止那些被神靈沖到的案主食用「有血的東西」。因此，不純淨的血液是危險的，它會吸引並挑動不潔的靈魂。

雖然檳城的傳統派華人認爲女性經血是高度汙穢的，但他們認定神明的血液在對抗惡靈時格外有力。廟宇慶典時，由武神（像是玄天上帝或三太子）附身的乩童經常會用破茶杯的鋸齒狀邊緣劃破自己的舌頭，使其流出血來，然後將血舔在一張蓋有廟印的符（*hu*）上。這位神祇或其助手會指示案主如何使用這張符咒，通常會建議將其火化成灰，拌在水裡喝下，用符水來彌補沖犯。就算在愛滋病流行之後，向乩童尋求神療的人們認爲，神祇的血有別於普通人的血，因此喝下它是安全的。當我問人們，神祇的血是不是一種**陽**性物質，他們堅決回答它既不是**陰**也不是**陽**，但有「力」（*lat*）。[30]

斗姆宮：儀式實踐和展演

現在，我主要透過在檳城某座九皇爺廟展現的儀式過程，來思考這個儀式的內涵。九皇爺誕慶典始於農曆九月初一前夕的請神儀式。身穿白襯衫的委員在腰間綁上黃絲帶，從該廟後方護送一個蓋在黑旗底下的香爐，並將它放在九皇大帝雕刻鎏金神轎的座位上。當他們離開這座廟之時，會跨過放在天公壇旁邊地上一個燒著樟木香末的香爐（過火），藉此以潔淨自己。

廟前方的道路對面矗立著一支高大的竹竿，上頭懸掛著九個尚未點燃的燈籠（九燈）。有一位由李哪吒附身的乩童，跨過馬路在這支高大竹竿旁祝禱，然後返回天公壇。我請求廟方允許我拍攝乩童在竹竿旁祭拜的照片，但就像平時一樣，有人告訴我不能這麼做，他們擔心我未獲神明的允許就拍照可能會得罪祂們。

據檳城道教學者王琛發表示，這支高聳的竹竿稱爲「高燈嵩」（嵩山的高大燈籠）。嵩山是河南省境內的高山，也是少林寺的所在地，當地僧侶以武術高超而聞名。它也是中國五嶽裡的中嶽，人們有時會把「嵩」這個字用來描述超凡的高山。人們認爲這支高大竹竿上掛的燈籠是爲了引領天神前往該廟的道路，並請祂們注意那裡將會舉行儀式（Wang [Ong] 2001: 124）。[31] 就如同中國的各座聖山，這支竹竿象徵垂直軸線，連結了天和地、精神和物質、鬼和神；九燈象徵九皇大帝，被想像成九個星宿神。這座燈山位於廟後這條街道的世界軸心，從儀式角度來界定，它就位於檳城市區時空中的神聖中心與四個方位。[32]

第一尊附身在乩童身上來到高燈嵩旁邊祭拜的神祇是李哪吒，這個孩童般的戰神具有強大驅魔力量。幾尊孩童模樣的武術神祇被人們稱爲太子，哪吒是其中一尊，其神靈會附身在檳城的乩童。在這場神靈附身展演中，祂共有三兄弟，分別是三歲、七歲、十一歲。

這個三歲大的神明通常被認爲是哪吒或三太子；祂帶著乾坤圈（象徵天地的圈圈），這是道長在哪吒出生時賜給他的一只金手鐲，哪吒用它作爲法寶。乾坤圈是天的穹頂以及它之下的一切事物，這個詞彙暗示著時間和空間、陰與陽之間恆久存在的創造互動。對天地會成員來說，乾坤圈這個詞彙也用來指稱新丁宣誓效忠的神壇。

哪吒有時會要求助手給祂奶嘴和一瓶牛奶，這位乩童可能上下跳動，以顯示年輕的三太子正踏著風火輪前進。二哥是七歲大的木吒（或二太子），還有一位是很少附身在乩童的大哥金吒。[33] 這些孩童武術家體現了陽的驅鬼靈力，這並不是透過父權性質的父親的眞實陽剛力量，而是透過孩童所具有的混亂而旺盛的精力與潛力。[34]

由玄天上帝、二太子與三太子附身的乩童在高燈嵩的基座獻上祭品後，就帶領信理員和群衆從廟裡出發，往下走到海濱。正當我們遊行前進時，途中會見到其他小型廟宇的神靈附身的乩童站在廟門前，向遊行隊伍行禮致意，有的甚至直接加入這支遊行隊伍。當我們到達海邊，信理員要求隨行的群衆停下腳步；然後由他們在三位乩童與一位道士的陪同下，繼續帶著香爐前行。我們就在黑暗中等待著，直到儀式祭典人員帶著香爐回來，把它安奉在神轎上，蓋在黑旗下面。群衆轉身朝向廟宇移動。那時，神轎左右搖動，慢下來，然後向前衝，慢下來，再次向前衝。乩童隨著不一致的鑼鼓節奏前進，鞭打著自己，群衆變得越來越興奮，在乩童操練兵器拍擊其赤裸背部，或神轎衝向人群時，人們對著乩童大呼小叫。[35]

廟裡有一支舞獅隊迎接歸來的遊行隊伍。此時，有一位乩童前往這支高燈嵩，那時上 197
頭的九盞燈籠已點燃，爐主護送著依然蓋在黑旗下、受到保護的香爐到達樓上一間跟其他的公開廂房分隔開的、單獨的廂房。一位委員向我解釋，這個時間除了乩童，任何人都不可進入廂房看到這尊神明。他說，廂房裡先前已布置成黑色和黃色，這兩種顏色不僅連結到北方和中心，更連結到夜空和土地；他解釋說，他們會在節慶的第一天、第三天、第六 198
天和第九天向神明供奉五種水果。儀式過後，一位曾在其他場合碰面的資深州議員向我打招呼，跟我握手。有人注意到這件事，於是靠近我，想知道我是誰、我在做什麼。

第二天早上，寺廟理事再次集合並搭乘巴士前往先前神明附身乩童時所指定的幾處地點祭拜，包括廣福宮以及由總部設在福德正神廟的福建公司所管理的五座廟宇：喬治市城隍廟（*Seng Ong Bio*）、萬腳蘭（Sungai Kluang）蛇廟或福興宮（*Hok Heng Keong*）、日落洞（Jelutong）清龍宮（*Cheng Liong Keong*）、柑仔園（Datuk Keramat Road）受天宮（*Siu Thian Keong*）、喬治市北邊的水美宮（*Chui Bee Keong*）。此外，他們也會停在同樣正在慶祝九皇爺誕的車水路觀音廟，以及幾座知名的大伯公廟，包括寶福社大伯公廟（跟福建公司同樣位於福德正神廟內〔原建德堂總部〕）與丹絨道光海珠嶼大伯公廟。每個地點都有舞獅隊在廟埕表演，委員隨後入廟祭拜。理事會的頭人，也就是爐主，會帶著一個小香爐，並在每座神壇換香。回來後，他

喬治市的一座九皇爺廟的神龕上供奉哪吒（又稱三太子或嬰兒神）的神像，背著長矛，肩膀上掛著神奇的乾坤圈，1980年。（攝影：白瑨）

們允許我上樓進入斗姆宮（*Taubo·Keong*）拍攝這些神祇。令我感到困惑的是有九尊幾乎一模一樣的黑面神像，各自帶有一點點不同的符號線索來顯現祂們各自的意義。斗姆則被描繪成一個多臂、多面的女神，從側面看像個印度人。

許多人在九天節慶期間造訪九皇爺廟，用黃蠟燭和紙符祭拜祈禱，拿到神符、吃齋，並觀看華人戲曲演出。每座寺廟也各自宣傳本身的壯觀儀式展演，目的在吸引大量人群駐足注目。例如，在九月初三那天有三位乩童，分別由玄天上帝、二太子與廣澤尊王附身，用滾燙的油「洗」（*Se*）。有人把廣澤尊王類比爲關聖帝君（戰神），但有位乩童指出廣澤尊王尚未正式受封神階。

199 服務人員將平底油鍋架在廟門前的炭火盆上，把藥材浸到熱油裡，然後倒出這些油準備販售給信徒，接下來再倒進一般的油加熱。乩童進入神靈附身狀態，輪流把雙手和臉浸入熱油。讓這個奇觀變得更戲劇化的一幕，就是這些乩童將口中的液體噴到滾燙的火炭上，迸發出猛烈火焰，巨大熱流瞬間傳遍廟裡這間廂房。乩童在樓下廂房的三個位置舉行這項儀式，然後上樓到眾神祭壇前，廟方人員再度禁止我跟著進入。在這場驚人的噴火儀式結束後，由大聖爺（*Thai Seng Ia*）附身的乩童向群眾派發花生，許願長壽，並戲弄朝著他走來的 200 老年男子，把一桶水倒在這個老人頭上。老人立即反擊，把他甩到地上，大聖爺則潑水逗樂在場的群眾。

一位神靈附身的乩童在農曆九月初三（九皇爺誕的慶典期間）進行請火儀式。喬治市，1980年。（攝影：白瑨）

農曆九月初六舉行的是衆神「玩火燒鐵球」，這是檳城乩童的另一項知名事蹟。在我前去觀看這個儀式之前，一位朋友建議我，如果月經來潮就不要參加，他聲稱有個女人處在這種垃儳（*lasam*，不潔狀態）卻去觀看衆神玩鐵球，結果被嚴重燒傷。有一大群人爲了這項活動而聚集在此；這一次我被允許進入廟宇後方，拍攝這三位乩童陷入附身的狀態。擊鼓、擊鐘和誦經的聲音，產生了一股激烈、催眠的氣氛，乩童似乎深陷在恍惚附身狀態。廟前，他們的助手在火盆裡把鐵球燒得通紅，交給三位乩童，他們彼此互踢鐵球，看起來像是一場宇宙遊戲（Cosmic game）。在這場令人印象深刻的展演之後，有一位乩童還用一隻裝滿一百零八支鐵釘的刺球拍打自己的背部，令在場群衆驚嘆不已。[36]

農曆九月初九下午，九皇爺廟舉行過平安門的過關儀式，我並沒有參加這場儀式。我參加的是另一座廟宇的節慶，由神靈附身的乩童帶著一條長長人龍，穿過兩座以竹子和紙紮搭建的拱門，門楣上小字寫著「北斗」和「南神」。北方九星控制死亡，因此參與者將北斗這道門標示爲「壽關」。南方六星控制生命，他們就將南神（可能是南斗）的這道門命名爲「平安關」。關就是「關口」、「警衛室」或「障礙」，將這些門稱爲關，意指在儀式時通過這些拱門，就是以象徵方式度過昔日的障礙或困難。參與者在保護神帶領下，一個接一個走過這兩道控制世人命運（也就是生與死）的拱門。就像其他經常用來「改運」（*koeun*）或「補運」（*po·yun*）的儀式，這項儀式試圖克服威脅個人命運的負面威脅，轉換個人命運，使人們能得到長壽與平靜。[37]

最後，第九天晚上，儀式祭典人員送走神靈，讓祂們坐在一艘彩繪木製的唐人帆船模型（皇船）返回天庭。穿白衣的男人扛著這個縮小版的黃色帆船，船上裝飾著芬芳的花朵、黃旗、黃蠟燭、香燭、樟腦香，他們接著把硬幣、供品食物與紙錢灑到船裡。每座廟宇都有大批群眾聚集慶祝九皇爺誕，人們穿著儀式制服，上頭寫著對神明的賜福表達感謝的字樣（答謝感情〔*tapsia kamcheng*〕），他們買了大龍香，跟著遊行隊伍抵達海邊。在我描述的廟宇儀式活動中，有二位神靈附身的乩童高高端坐在花車上方的刀劍寶座，比周遭圍觀的群眾略高。玄天上帝坐在主位；下面坐著中壇元帥（三太子哪吒）。理事從廟裡拿出兩個香爐，上面覆蓋黑旗，然後將香爐安置在神轎上（這一次是搭乘花車）。人們扛著小型輦轎，其中坐著眾人無法看見的九皇大帝神靈，輦轎向前移動並微微晃動，就像靠著自己的力量前進一般。神靈附身的乩童也一起遊行到海邊，裝在八尺長細桿上的長矛，刺穿了他們的臉頰。

這些神靈附身的乩童向前推進時，似乎在對一個無形的神靈力場做出回應。他們會停駐在許多曾發生死亡事故的地點（通常是十字路口），要求助手在那裡燒紙錢，他們甩動手上以長條布料編成、木雕眼鏡蛇頭把手的蛇鞭，進行「鞭鬼」儀式。當神明與其隨行人員通過位於下一條街的廟宇，他們會暫停，等待哪吒附身於乩童，並請求該廟神明允許通過

201

其轄境。雖然有時助手會阻擋乩童，不讓他看到另一個帶著這支驅鬼黑旗的神明，這支旗幟可用來阻擋「髒東西」，也可能「變成一座山」，讓兩個神明看不到彼此。我的研究助理回憶道，就在幾年前，助手有時會舉起黑旗，隨後乩童們就會互相打鬥。

當這支龐大遊行隊伍抵達岸邊，理事會成員就把黃色帆船放在另一艘大船上，再將大船推到海上，送神回天庭。理事會不准我跟著他們前進或拍攝送神的畫面，他們勸我不要做出像某些好奇的參與者一樣的蠢事，跟著任何一艘船往前走。因此，我從未

1980年農曆九月十五日，亞依淡慶祝三太子誕辰的慶典，由神靈附身的乩童準備帶人們走過名為「南神平安關」的儀式門。（攝影：白瑨）

202

九皇爺誕的最後一夜，廟宇管委會成員帶著這艘船到海邊，並在那裡燒掉它，將神送回天庭。喬治市，1980年。（攝影：白瑨）

親眼見證報導人所說的，整個儀式最終燒船的場面。

九皇爺誕慶典強調生動的驅魔、淨化與過火等儀式，用來掃除或驅逐不幸。這項儀式展演了強力執行乩童的力量，來控制邪靈引致死亡與疾病之力，在生動的儀式展演中透過劍與火得到了華麗的呈現，也就是高延所描述的「宇宙中最強大的摧毀邪靈行動的一部分」（de Groot 1964 [1892-1910]: 1292）。遊行隊伍也生動展現了檳城都市街道上看不見的神靈力場，揭示了眾神領域和凶死者的靈魂棲地。

驅逐瘟疫的節慶是渾然天成的淨化儀式，「旨在讓個人或社群擺

203

脫不純淨或不潔的力量」（Katz 1995: 167）。康豹認爲，在許多文化中，儀式的情緒宣洩也包括「犧牲一個代替品，而將汙染力量轉移到它身上，也就是替罪羔羊」，它爲社群提供了宣洩憤怒的目標（Katz 1995: 167）。然而，康豹的結論是，帝國晚期，在浙江，人們並沒有把神明或儀式專家當成替罪羔羊（Katz 1995: 168）。

雖然在中國驅除疫疾的儀式主祭者往往扮演著懺悔者角色，但他們並未施行在馬來西亞、泰國和新加坡的九皇爺誕所見的乩童自我苦行。當乩童拿武器轉向攻擊自己的身體、用劍或刺球擊打他們的背部，或用長矛穿過自己兩頰，人們表示這些行爲證明了乩童確實由神靈附身，神明保護乩童以避免其肢體受到傷害。然而，這些行動的暴力也體現了一項典型行動——將神明懲罰的暴力施加在自己身上，防止這股憤怒傷害到更廣大社群。[38]

斗姆和宇宙秩序的儀式化

跟九皇大帝誕辰有關的儀式展演使九皇大帝籠罩在神祕和禁忌之中，並讓祭拜者敬畏於這些神明具有的超現實靈力。事實上，正是這些儀式展演，使人們信服於神祇確實存在，其靈力控制了掌管世人命運的宇宙力量，而不是我下面講述的故事。如同天地會的傳奇歷史，關於九皇大帝、斗姆和玄天上帝的敍述也運用寓言和故事，來教導人們儀式所展現的宇宙觀原則和道德原則。

九皇大帝的母親是斗姆（*Taubo*），有些檳城人認爲斗姆就等同於道教的天后（*Thian Ho*，即媽祖〔*Ma Cho-Po*〕）。[39] 從道教角度來看，斗姆代表了中心性和一體性的終極象徵。道教宇宙觀中，所有的存在都由天庭中心（太極）演變而來。這是星空圍繞宇宙固定的中心點北極星，斗姆或天后則代表了其所具有的力量和中心性：

> 北極象徵了創造白天和黑夜、光明和黑暗、熱和冷的力量，總之，它是這個世界運轉方式或「道」的創造者，也是四季的導因，所有生命藉此而產生、持續和毀滅，自然現象透過它而生成（de Groot 1963 [1903-4]: 177）。

斗姆是太極（星空的靜止不動中心）的神格化。祂由北斗七星所陪伴，有些人因此將北斗七星描述成斗姆的兒子，雖然斗姆象徵了寂靜與永久，但北斗七星圍繞著北極星旋轉，卻象徵著動能和改變。[40] 根據華人宇宙觀，斗姆和七星區分了陰和陽，創造出四季（春、夏、秋、冬）和五行（金、木、水、火、土）。祂們設定了陽曆二十四節氣的運動，然後建立所有的時間區分（年、月、日、星界時期，和黃曆〔Wu 2001: 70〕）。

在中國和台灣的寺廟與道觀，道教徒在同一座神殿裡供奉著斗姆和太歲星君，每尊神祇都關聯到六十年週期的一年，象徵著人們的本命。六十年週期的每一年則標示爲干支二字的獨特名稱，由天干十年與地支十二年結合而成的六十個組合。道教徒進一步將這六十年的每一年連結到一個星宿，每年有一位不同的星宿神掌管時間，擁有「太歲」的頭銜。在某一年出生的每個人都會受到那年當值太歲的影響，一個人的生辰八字，包括年、月、日、時辰，深深決定了他或她的「本命」（Wu 2002: 72-75）。

檳城人很少會把斗姆跟太歲星君或時間管理聯想在一起。而是將祂和兒子們再現爲南北斗星座，象徵著水與火、生與死的互補對立。馬來西亞人有時也將斗姆聯想成中心與四方的象徵，尊稱祂爲斗姆元君，而祂代表著中斗，由其他四斗（東斗、南斗、西斗、北斗）所圍繞（Cheu 1988: 19）。北斗是個恆星時鐘，它的移動方向決定了時間劃分，其他三個斗則是虛構的星座，用來再現一個整體的宇宙，完整了人們對於中心與四方的認知架構。

武當山紫霄宮在農曆九月初九的集體拜斗儀式是個常見的廟會慶典習俗，但檳城人並未運用象徵個人本命的斗燈來祈福。在檳城節慶中，人們在祭壇上放著道長所稱的「三教斗燈」。他們在木製紅色斗燈裡塡進生米，然後擺進七樣東西：通勝、尺、鏡子、剪刀、燈（卽火）、八卦和寶劍，有時會加上五面旗子。道士解釋說這五面旗子象徵著統帥東、南、 *205*
西、北、中五方神兵的將軍，寶劍、鏡子、通勝和尺則是用來趕走「垃儳」（*lasam*）或鬼。燈帶來光明並點亮運氣，因爲火焰體現了光明、熱的**陽**氣。[41]正如我在第四章所討論的，我 *206*

1981年農曆正月二十四日，喬治市的一座廟宇慶祝九天聖母誕辰，道長所準備的三教斗燈。整個組合包括了寶劍、尺、剪刀、鏡子、燈、通勝，全都放置在一個刻著八卦符號的紅色木製斗燈裡，並在裡面填進生米。（攝影：白瑨）

們看到在斗燈裡頭結合了強制性和規範性權威的象徵：寶劍象徵著驅魔的軍令，而通勝和尺象徵著公平的度量衡和社會秩序。五面旗子象徵了中心、四方意象的整體性，但也會召喚宇宙的精靈守護者。[42]

檳城每逢節慶，大多數廟宇會設置三層的天公壇，如同福建人在農曆正月初九天公誕於家宅和公司所設置的祭壇。然而，有些慶祝九皇爺誕的寺廟會在天公壇放上特殊供品。最引人注目的是一項紙製祭品，形狀類似三疊卷軸，放在黃色的帝王用傘（金傘〔*Kimsoa*^{n}〕）或一個縮小版的門旁。有一位乩童將這個供品稱作玉皇大帝的「天台」，並說這三個卷軸是三道門或「三關」。最高的藍色卷軸象徵了天庭與衆神，中間的黃色卷軸象徵了世人，而下層的紅色卷軸象徵了土地。因此，這三層供品對宇宙基本構成分子提供了一個視覺化敍述，象徵著三種力量（三才〔*Sam Chai*〕），華人有時會用等邊三角形來象徵化這三種力量的相互依存（Schlegel 1991 [1886]: xiv）。[43]

當人們將這個三層天台置於天公壇，會同時在祭壇兩側放上兩個縮小版的紙製結構作爲陪襯。有一位乩童解釋說，這些都是通往西方極樂世界其中一個較低層次天堂的通道，他形容這個地方是「四大天王（devas）的領域，祂們是控制四種方位的四位國王」。這四位天神稱爲四大金剛或四大天王，祂們是佛教人物，保護由世界軸心（須彌山）所界定的各個基準點；每位天王都握著各自的法器，能召喚龐大的天兵天將（Werner 1986 [1922]: 120-

21）。雖然華人稱祂們爲天王，但祂們是具有神奇力量的邪靈戰士的靈魂，足以壓制地、水、風、火各種自然力量。[44]

在天地會的用語，成員將斗燈和神壇稱爲木楊城，這是由戰神和天后所統治的宇宙城市，各城門由鑽石天王所保護。在當代的九皇爺誕的儀式實踐中，人們會將五色旗放在斗燈，或同時使用五個斗燈：「老斗」（北極星）象徵中心地位，而其他四個斗象徵宇宙的四個角落，藉此象徵宇宙的整體性。同樣地，天公壇兩側的紙紮天堂門，令人想到天壇空間的宇宙四個方位。木楊城、斗燈、紙紮天堂門，都是按照五倍數的曼荼羅與其古老的微小宇宙模型，也就是皇城，來想像宇宙的整體和秩序。在此同時，這些都象徵著超凡的精靈力量，可以在發生混亂或衝突時出來保護和幫助人們。

斗姆的九個兒子

那麼，誰是斗姆的九個兒子？很少人能說出祂們的名字，但每位都姓天，祂們的名字正好對應到九顆星：肉眼可見的北斗七星和兩顆看不到的暗星。檳城作者黃存桑表示，九兄弟中有七位升到天庭，第八位在半途，只有第九位依然在人間保護世人。這位弟弟九帝神於一八八〇年現身在檳城的一位道士面前，激勵他和同道在喬治市上高遠之處建立廟宇

（Wong 1967: 153）。[45]

只有極少數檳城人知道九皇大帝崇拜的深刻歷史根源，這項儀式實踐源自道教對北方星群（北斗）的崇拜，這個星群在西方稱爲Big Dipper，也就是大熊星座的一部分。在環北極地區，北斗自古就被用爲太陽曆法的依據。如果從北斗最前面的兩顆星畫出一條假想線條，這條線會直接指向北極星。人們注意到，北斗的斗柄每二十四小時就會環繞北極星旋轉一圈，而且在一整年當中，入夜時分的斗柄位置會隨時間推移而改變。華人知道可藉由觀察這些變動關係來知道方位、季節和時間。[46]

古代天文學家找出了斗柄的二十四個方位，在西元前四世紀的文本就依據其旋轉方式，將東南西北四個方位連結到四季，並指出：「當北斗指向東方就是春天，當北斗指向南方就是夏天，當北斗指向北面就是冬天」（Feuchtwang 1974: 156）。由於北斗運轉方式指出了季節變化，華人相信它也影響個人的壽命和命運，以及國運（Wang [Ong] 2001: 122-23）。

這九顆星也對地面發揮其影響力，風水師設法找出山岳、丘陵跟這九顆星的關聯，每顆星都對世人有著不同的潛在影響（Feuchtwang 1974: 160-66）。王斯福認爲：「因此，北斗星居於華人的整體宇宙論的核心，並且在它們每年的運動過程中，從其中心地帶控制了整個宇宙的視野」（Feuchtwang 1974: 160）。就如同祭祀天公，祭拜北斗曾是皇帝的專屬權利，因此清朝法典明文禁止「民人呼拜」北斗（Yang 1961: 183）。即使北斗七星在檳城夜空並非突出的星象，但某些依附在北方天空的文化意義依然持續存在，包括這些星體決定了人們命運的這個信念。

玄天上帝與《北遊記》

雖然一般的檳城人可能不太知道九皇大帝的歷史和神話，但某些人曾經讀過另一位北方大神玄天上帝（*Hian Thian Siong Te*）的故事，祂的昇天慶典在農曆九月初九舉行。明代寓言故事《北遊記》裡重述了祂的故事，教導一套綜攝性的修身養性與道德完善的教義。我在檳城的華文書店有看到《西遊記》或《封神榜》這類的通俗小說，但找不到《北遊記》，因此有一位寺廟委員建議我造訪一座寺廟來拿到這本書。

當我到了那座廟，坐下來跟廟祝閒聊，他要我改天再回到那裡，那一天乩童會來廟裡：在我回訪的時候，看到有一位受過英語教育的乩童林師父正在向一小群中產階級的華人學員傳授《道德經》。交談中，他一再向我勸說自我修煉和冥想才是華人正信宗教的核心。玄天上帝的故事以寓言形式吸引人們注意，構成了林師父呈現給學生的教義內容；它同時也描述一套宇宙秩序，傳達了九皇爺誕儀式習俗的意義。雖然這個故事有點深奧，但它所教導的這套宗教思想的基本前提已受到普遍理解。玄天上帝的故事結合了神奇的驅魔神話與呼籲禁欲主義和精神自我完善，而且它的寓言訊息教導了一套修身養性和禁欲的道德教義，這也傳達了九皇爺誕的意識形態。

《北遊記》濃縮了許多關於靈力的基本意象，包括禁欲自我控制和超脫物質世界的思想。然而，這個故事也表明，在皇室降生與神靈附體力量之間存在著一條無法撼動的紐帶。我們跟著主角經歷了接連幾世的輪迴轉世，每次都降生在皇室家庭，隨著他的精神成就層次逐漸提高，驅魔能力也隨之增加。一旦他重新回到天宮並得到永生，他的普世超自然力量就變成包括了控制疾病、意外與道德不正義等混亂力量的權威。而且，如同天地會的領導人挪用了皇帝的尊稱語、官印與黃傘來支持他們的權威，乩童也挪用了關於這位強大神祇的皇帝權威象徵來進行儀式，同時驅走有害力量並重建這個社群的神聖性和純潔性。

《北遊記》出版於明末福建省的西北地區；其中一個版本的年份是一六〇二年。雖然沈雅禮暗指這本書可能是由一尊神祇或靈魂附身在乩童所寫成（Seaman 1987: 11），但這個故事所描述的幾起事件，在先前已有文字版本。故事內容大多聚焦於中國的道教聖山：湖北武當山，一八七一年，這個教派從武當山傳到了台灣（Seaman 1987: 22）。[47]

明朝的創始者明太祖朱元璋建立了朝廷祭祀玄天上帝的律法，規定每年舉行兩次祭典，分別在玄天上帝的誕辰日（農曆三月三日）與升天日（農曆九月九日）。明朝早年燕王朱棣（一三六〇～一四二四）起兵罷黜其侄子建文帝，奪位登基成為永樂皇帝（明成祖），此後玄天上帝慶典更受重視。據沈雅禮的說法，當燕王準備發動叛變時，他由玄天上帝附身，鬆開頭髮並揮舞寶劍，「模仿著這尊神祇的形體和態度」。他登基後自稱是玄天上帝的轉世，並出資修建武當山玄天上帝廟宇群（Seaman 1987: 26）。

永樂皇帝將自己的登基歸功於玄天上帝，這是由於「自從這個混亂時期一開始，我就明確收到玄天上帝所提供的幫助」，所謂的混亂時期就是他推翻侄子以取得王位的這一段（Lagerwey 1992: 299）。他資助重建武當山的玄天上帝廟宇建築群，以「報答玄天上帝的仁慈，懷念我在天的父母，並要求賜福給生活在這座高山下的蒼生」（Lagerwey 1992: 300）。隨著儒學在明朝地位的提升，皇室對於玄天上帝與其他神靈教派的支持逐漸減少。儘管如此，玄天上帝在明代已變成了象徵著「各種宇宙力量會降臨凡間，來協助一場眞正合乎正道的叛變，並賦予他統治天下的天命」（Seaman 1987: 24）。

明代，武當山成爲重要的象徵地點：皇室仰賴它來建立合法性。勞格文解釋了爲何這尊跟北方有關的神祇竟會承擔如此的重要性：

> 傳統的華人宇宙觀中，北方是邪靈的源頭，就好比在中國政治史中，北方是「蠻族」入侵的源頭。但這同一塊未受治理的北方疆域，一旦受到北極玄天上帝和祂在人世的代理者妥善治理，就會轉變為邊境安全與雨量豐沛的同義詞。無論是誰，只要能確保

北疆安全和適時降雨，顯然就得到了上天認可——天命（Lagerwey 1992: 297-98）。

正如我先前所討論的，武當山的玄天上帝寺廟群也發展成重要朝聖地和國家祭典的對象。儘管《北遊記》並不像其他流行的寓言小說一樣廣爲人知或閱讀，然而它採用優雅手法濃縮了我在檳城見到的、關乎因邪靈而起的疾病和精神病的複雜思想。同時，這本話本小說透過一個道德故事，教導人們在精神上實踐自我修煉，故事主角在努力回返天宮的過程中受到欲望所阻，一再遭逢失敗。當他終於成功，遂回到凡間，協助世人克服惡劣的天然災害和疾病、運用高超神靈力量征服邪靈對手，並把他們變成溫順的助手。儘管他所做的是一場向北前進的旅程，但就像印度神毗沙門天王（Vaisravana），他成了控制宇宙所有自然力量的君主。

在林師父的譯本中（我認爲這本書是由他本人或他附身的一位神祇所作），一再將玄天上帝稱爲「祖師」，顯示林師父將玄天上帝視爲教派的創始者，受到遵循其教義者如同尊崇祖先般地崇拜。林師父在一座跟先天大道有關的廟宇從事宣教，這個祕傳教派群體宣稱其源自禪宗佛教，其成員大多禮敬無生老母和彌勒佛（Topley 1963）。林師父仙逝後，他的學生在該廟的主祭壇放置一尊林師父的鎏金雕像，表彰他是該廟的祖師。

林師父講故事用的是英語，但他將常見的寓言人物、地點、神祇的名稱翻譯成福建話，在括號中加註華文字。請容許我在這裡摘述林師父所翻譯和編輯版本的《北遊記》中的一些細節（*Park Yew Kee [Beiyouji]* 1974）。[48]*

根據這個傳說，玉帝在九重天外曾見一株美麗的寶樹，稱爲「接天樹」（金花樹）。祂想得到這棵樹，爲此選擇將自己三魂其中一魂指一化身（譯按：這個化身就是未來的玄天上帝，下文稱爲「祖師」），投胎成爲樹主劉天君的兒子，出生於農曆九月初九，並取名爲「劉長生」。當祂是個男孩時，每天早晚在樹根下燃香供養。七寶如來佛衆神†在前往天宮的途中，看見祖師供養著這棵樹，便將樹上的寶石帶走。祂們從三清天尊‡那裡得知，除非祖師放棄對這棵寶樹的欲望，否則祂將永遠無法回到天宮。於是，由其中一位如來佛化身爲道士，返回凡間，並告訴祂天宮現在有許多寶石，藉此吸引祖師回到天庭。祖師短暫回到天宮，發現自己是由玉帝的一魂而生，祂問三清天尊，要如何才能回復前身眞正之身重返天宮（*Park Yew Kee* 1974: 1-4）。

三清天尊勸戒祖師，現在祂必須遵循嚴格的修身道路：「修行爲正、學道全眞，才能返

* 譯注：本書中譯則依據現行的《北遊記》版本，依據作者原本敘述的文脈，重新校勘以下的故事情節，僅有少數細節與作者所述不同，但不影響作者原有的論證。

† 譯注：七寶如來包括多寶如來、寶勝如來、妙色如來、廣勝如來、離布里如來、甘露王如來、無量壽如來。

‡ 譯注：三清，又作道祖，卽玉清、上清、太清。玉清之主元始天尊，上清之主靈寶天尊，太清之主道德天尊。依據道教，三清天尊是世界創造之初的大神。

本還原。」然後祂們用神奇手法將祂打入蓬萊山，據信是神仙居住的中界（東方仙境）。祂在那裡沉思超過二十六年，「饑食青松、渴飲甘泉。」然而，哥閣國的正宮皇后見到祖師，為了逃避她的修煉進度遲滯的情況，而誘惑祖師，戲言要跟祂生子。祖師做詩回應「今生難會來世求」，雖想含糊帶過，但這等於誓願跟她在來世結髮。因著這項不明智的承諾，祂喪失回到天宮的機會，投胎成為哥閣國的玄明王子（*Park Yew Kee* 1974: 5-6）。

玄明王子成為哥閣國王後，祂的精神導師妙樂天尊再次化身為道士，並作法幫助國王擊敗蠻族。妙樂天尊說服祖師放棄王位，並遵循修身養性的道路。祂回到了蓬萊山，但天尊測試祂，送祂下山買桃子，天尊化身一位美麗女孩以考驗祂，祖師再度不明智地撒謊答應在來世娶她，以換取桃子（*Park Yew Kee* 1974: 7-9）。

由於祖師未能通過試煉，前功盡棄，再次轉世投胎為西霞國王的玄晃太子，在農曆三月初三降生，並再次成為國王。三十年過後，妙樂天尊化身為道長造訪，試圖說服祂修行，吟了一首詩：

> 富貴誰不欲，貧窮誰所受？貧修而能富，富迷終受窮。泰極終遇否，否極有泰來。貴高難免死，樂極見悲哀。畜前人所目，人後畜中排。君不離樂處，難免為牛態。成畜如此若，萬劫不復回（*Park Yew Kee* 1974: 13）。*

祖師信服於道士的勸誡，再一次棄國出家，眞心到靈鷲山歸入佛道。在那裡：

> 天尊即將本來面目、陰陽地獄輪迴說了一遍，再將苦行、坐忘本身修煉，又說一遍。妙樂天尊又代國王受五戒，講經說法。天尊駕雲上天而去，撇下國王一人在山修煉，饑食青松，渴飲流泉（*Park Yew Kee* 1974: 14）。†

祖師終於成功得道，昇天覲見玉皇大帝。玉皇賜予祂「蕩魔天尊」的封號，並任命祂爲太陽宮的守護神，有三十六員天將協助祂。玉皇也賜給祂黃色龍袍、七星劍、七寶冠。「繡墩同坐，同入同行」（譯按：祂可以跟玉皇同行同坐）（*Park Yew Kee* 1974: 15）。然而，在第

* 譯注：白話譯文爲，哪個人不想要富貴？誰想要承受貧窮生活？貧窮的人修行就能致富，富貴之人耽溺物欲就會貧窮。順遂的命運到最後會遇到逆境，逆境到了最後會有順遂。位高權重也難免一死，快樂到了極限就會有悲哀。畜生轉世投胎爲人，人轉世投胎爲畜生。你若是離不開對塵世欲望的耽溺，難免就會墮落爲牛。如果這樣一直變成畜生，就算歷經一萬次的磨難，也不會回到天宮。

† 譯注：白話譯文爲，妙樂天尊向祖師說了一遍人的眞實存在、陰陽地獄輪迴，然後又說了一遍苦行、人本身的學習與修道等等。天尊又教了五種戒律，講經說法。天尊駕雲回到天宮，留下國王一人在靈鷲山修煉，肚子餓了就吃松針，口渴就喝山泉。

212

二天前往太陽宮的路上，祂得知由於自己不在宮殿裡，祂所統帥的三十六員天將全到了凡間。祂知道自己必須再次投胎入凡，並承受額外的四十二年修行，直到祂能夠找到這些天將，把他們帶回天宮爲止（*Park Yew Kee* 1974: 16）。

祖師遵循著修身養性和戒律的佛道回歸到天宮——這是像林師父這些當代乩童所教導的道路，藉此人們得以超脫生死輪迴。但祖師有別於凡人，祂已是「神之光」（有些道士認定祂是玉皇大帝的三魂之一）。因此，當祂重回天宮，玉皇任命祂爲太陽宮守護神，這顯示祂具有格外強大的陽力。祂接受了黃色龍袍——這是核心地位和帝王權威的象徵——但祂知道必須再次返回凡間，再度尋求更高層次的精神啟蒙。

在下一世，祖師在農曆三月初三降生爲淨洛國王的兒子，名爲玄元太子。祂微服出巡元宵節看熱鬧，看見男人喝酒、召妓、打架、竊盜，祂想知道男人如何學會克制酒色財氣的欲望。那一天，斗姆元君下凡變身爲道士，無意間聽到了祂的問題，並表示願意教祂脫離酒色財氣之道。然而，當祂想離開宮殿追隨斗姆，父親就將祂軟禁在冷宮。斗姆救出祂，送祂到武當山，讓祂在那裡自我修行（*Park Yew Kee* 1974: 16-19）。

祖師終於成道，妙樂天尊見祖師漸入仙道，但未去五臟之中的髒，一天用瞌睡蟲讓祂睡著，再由剖肚神取出祖師的胃腸，再將一件佛僧黃袍放入腹中。祖師在塵世的身體再也沒有用處，天尊就把腸胃扔進懸崖，落下萬丈深淵。又過了二十年，玉帝命令五龍（五方五色龍）帶著詔書，通知祂當入天宮之位，名號爲「玉虛師相、北方玄天上帝」。這個詔書告知祂……「管三十六員天將，八十二化身。年逢九月九日、十二月念五，巡遊天下，驗察善惡。原位太陽宮，祿享千鍾」（白話譯文：你要準備管理三十六員天將、八十二種化身。每年的農曆九月初九與十二月廿五日，你要巡行天地、辨明善惡。你現在的位置是在太陽宮。你的富貴是永恆的。）（*Park Yew Kee* 1974: 26-27）。然而，玉皇大帝接下來任命祂重返凡間打擊邪惡，配備給祂神奇的「火丹」。祂從這段敘述的這個點開始爲衆生服務，成爲非常強大的驅魔神，加上的頭銜是「眞武」和「將軍」，這顯示祂現在統領著天兵天將：

> 「昨到太陽宮，見中界有妖怨二氣沖天，臣覯非上界樣瑞，當以除之。聞說者云，妖氣乃臣部將在中界四方作亂，臣願下凡，收回部將，除邪滅妖，回見陛下。」玉帝聞奏大悅，即賜三台七星劍一把，黃金鎖子甲一件，火丹五百丸，封為北方真武大將軍之職（*Park Yew Kee* 1974: 27）。*

* 譯注：白話譯文爲，「昨天臣到了太陽宮，看到人間有妖氣跟怨氣沖天，臣觀察這並非天庭的瑞氣，應當要除掉。聽說這股妖氣是我的部將在人間四處作亂，臣願意下凡收服部將，去除邪魔與妖怪，回來拜見稟告陛下」。玉帝聽了祖師的上奏，十分高興，馬上就賜給祂七星劍、黃金鎖子甲、五百個「火丹」，並敕封爲「北方眞武大將軍」一職。

當祂返回凡間，發現肆虐眾生的邪靈是祂在武當山修行時被妙樂天尊丟在山溝裡頭的胃腸。胃變成龜怪，腸子變成蛇怪，牠們一起住在「水火洞」。經過一場激烈戰鬥，祖師降伏了這些鬼怪，召喚水來降伏蛇怪，用火降伏龜怪，從而控制這兩者。祂得意洋洋地帶著牠們去晉見玉帝，玉帝封牠們爲水火二將（*Park Yew Kee* 1974: 28-32）。

祖師再度自願返回凡間，以驅散世人苦難的黑暗。這一次，祂對抗了各種邪靈，包括黑煞神趙公明，祂離開上界來到凡間，生活在純風洞，捉走並吃掉過河的人。祖師在水將的協助下征服了黑煞神，後者和七員將一起投降。接下來打鬥的對象包括黑虎神、刀精、南方風精、痳痘精，以及「六毒」——天、地、日、月、年、時（*Park Yew Kee* 1974: 44）。祂繼續找尋惡靈，征服了火神、五雷神和其他邪靈，結果他們全都成爲祂征服邪惡的助手（*Park Yew Kee* 1974: 47-79）。

玄天上帝是個凡人形體的神祇，但隨後試圖脫離身體，以便再度成爲強大的靈性存在。祂透過禁欲的起居生活，包括禁食、冥想和性純潔，到最後能夠回到天庭。但祂就像菩薩一樣回到凡間，以超凡力量拯救世人免於仇敵所害，包括疾病、天然災害與時間本身。

如同九皇爺誕，這個故事消弭了佛教和道教之間的界線。其中如來佛化身爲道士以吸引祖師回到天宮，而斗姆回應了祖師（以佛教風格）對世人酒色財氣欲望的無益所做出的評論，藉此給祂機會透過沉思和修身養性的這條道路來求道。祂的胃和腸就是耽溺肉欲與依附感的象徵，當邪靈象徵了水與火的力量——龜與蛇，自身就具有獨立生命。祖師（或妙樂天尊）首先控制了腸胃，變成自己可分割的部分，當腸胃脫離祂而化爲龜蛇獨立行動時，祂隨後就控制了牠們。然而這次並非透過修身養性來馴服，而是用道家法術的五行邏輯來平定，用火來制服水性的龜，用水來制服火性的蛇。玉皇大帝隨後任命龜蛇成爲玄天上帝的天兵天將裡頭的水火二將。

藝術家將玄天上帝的形象塑造成站在龜蛇之上，這同時象徵了修身養性的禁欲力量與平衡控制自然邪靈的神奇力量。然而，這個關於修身養性和控制魔道的寓言故事，也被當成是乩童超凡力量的歷史特許權力神話。當乩童展現其附身神靈爲國王、皇帝和將軍時，他們就如同玄天上帝一樣，具備超凡的力量與權威，將痛苦趕出世人生活之外。

小結

華人集體舉辦的中元普度具有社會運動性質的政治面向，九皇爺誕並不具這些特質。然而，這場節慶的參與者都意識到，這場群體活動，連同在開始與結束時前往海邊的遊行，就華人社群力量、組織和精神承諾而言，是個顯而易見且撼動人心的展現。參與者在爲期

214

九天的節慶中建立了自身社群的神聖性、道德價值和力量，並讚揚衆神的威力。

艾森斯塔特和蘇勒其特指出，在現代國家，人們運用三種符碼來建構其族群邊界：原生性（primordiality），包括語言和種族，這是馬來西亞族群政治的兩個重要面向；社會禮儀（civility），包括傳統和社會慣例；以及神聖性（sacredness）。他們將神聖性界定爲「集體主體之於神明超然存在的關係」，在「我們」和「他們」之間劃上一條強力界線（Eisenstadt and Schluchter 1998: 14-15）。相較於農曆週期中其他的儀式活動，九皇爺誕更能突顯人們意識到其儀式過程和神祇的神聖性，他們宣稱這些神祇有著超凡、超然存在的力量。

在九皇爺誕期間，檳城華人與強大守護神聯手驅除社群中的不淨、混亂和危險，並恢復內部與外部的秩序。這些神明本身、神明附身的乩童與寺廟理事，圍繞著這項節慶帶有禁忌與禁制性質的神祕儀式展演，提升了參與者對於神聖性和危險的感知。他們的儀式主祭人員，包括由三太子和玄天上帝附身的乩童，齊心協力調動天兵天將，以對抗如同九皇大帝本身一樣無形且神祕的邪靈對手。然而，在此同時，這些活動動員了華人社群，他們意識到自身與其邊界。這些邊界是藉由儀式純潔、道德完備和儀式實踐所劃分，這場九皇大帝的儀式界定了從檳城這個華人離散邊陲地區的觀點所想像的，華人傳統隱喻之中的中心性和力量。

結論

一個觀念會因其持續存在和遭到拒斥而改變，這個改變會發生在「其內部」，而不僅在於它對心智的吸引力。反傳統者將傳統觀念貶抑為昔日的陳腐，而傳統主義者同時也在當下改變了傳統觀念（Levenson 1972: xxvii）。

217

巴素在他所著的《馬來亞華人》一書的總結回顧中提出反省，他在展開對華人文化與社會的研究之前，應該先寫一篇專門討論華人宗教的文章，「因爲華人宗教的信仰和迷信瀰漫在華人生活當中」（Purcell 1967 [1948]: 289）。巴素認爲馬來西亞華人是一個傳統的社群，就算他們普遍接觸了歐洲文化和現代力量，卻選擇繼續封閉在一個充滿了「精靈與邪靈、衆神與英雄（的世界），無論華人到哪裡，這個世界都伴隨著他們，如同圍繞在他們身邊的眞實世界一般，這個神靈世界就是他們生活的一部分」（Purcell 1967 [1948]: 119）。他評定華人在宗教信仰的理性程度，遠遠落在歐洲人之後，並猜測他們可能只達到歐洲在十七世紀的水準，其中受人敬重的男人依然信仰女巫和邪靈：

> 然而，只要華人依然抱持著迷信與風水的信仰，就很難讓自己的理性發揮作用。雖然家財萬貫的華人在其社群具有巨大影響力，卻仍藉由在大伯公廟擲筊來管控他們的投資，我們就無法期待整個華人社群會發生大幅改變（Purcell 1967 [1948]: 128）。

雖然我也探索宗教文化在這個華人離散社群中令人矚目的延續性，但我質疑巴素的結論：馬來西亞華人對自己宗教文化的忠誠，只不過是盲目遵從傳統習俗和迷信的結果。

自從一七八六年抵達檳城，華人一直在跟其他族群持續進行對話。然而，這一場「長談」(long conversation）已讓檳城人對本土宗教文化產生了某種程度的矛盾。[1] 正如我們在前面看到的，在海峽殖民地，歐洲人經常把華人宗教貼上現實、迷信且不求進步的標籤，檳城人有時也會用這些帶有貶義的標籤，來指稱自己崇拜神明與安撫鬼魂的行爲。在現代馬來西亞，這些標籤的汙名依然持續存在。

巴素在一九四〇年代看到一個趨勢，就是受過教育的華人對於傳統宗教文化抱持著懷疑和冷漠的態度；在此同時，他也發現華人對於寺廟和節慶的高度參與和支持（Purcell 1967 [1948]: 127）。在當代檳城，這兩種趨勢依舊相當明顯。許多年輕一輩的檳城華人公開質疑民間宗教究竟能否治病或補運，但若採取務實態度來看，任何能解決問題的方法都值得一試。

另一些人認爲占卜、廟會慶典與請教乩童是迷信和浪費，他們往往選擇參與主流的世界宗教，例如大乘佛教或基督教，或偏向開明的世俗主義，儘管他們參與當地的宗教文化節慶，但可能不太理解其確實的意義。[2]

檳城華人有時將民間宗教習俗稱爲他們的「文明」或「文化」，這個名稱令人想到華人古典文學與藝術傳統。他們更常將這些行爲稱爲「風俗習慣」，這個詞彙令人想到楊慶堃將華人宗教描寫成擴散到日常社會生活的習俗（Yang 1961: 20-21）。然而，令我感到訝異的是竟有人將自己的宗教習俗描述成「迷信」。

「迷信」這個標籤將信仰和宗教習俗汙名化爲不理性與無知，這是西方理性主義者、華人改革派，以及信奉佛教、伊斯蘭教、基督教的馬來西亞人用來稱呼檳城的多神教與泛靈信仰信徒的貶抑稱號。[3]像我這樣的西方學者可能對這些思想與行動模式給予正面評價，但相反地，馬來西亞人中，受過教育的中產階級與上層階級（不分種族），現在往往會自行規避本地宗教文化的「迷信」元素，有時選擇轉而加入理性取向的全球宗教。受過教育的佛教徒平靜地誦經，這個世界遠離了九皇爺誕節慶的集體刺激，而且似乎更能滿足許多當代受過教育的馬來西亞人的精神需求。

有些人猜想我會認定他們的習俗荒唐可笑，或相信我必定是基督徒，他們有時會用不信任的沉默、激烈防衛，甚至爆怒來回應我對他們宗教習俗的提問。當一位乩童無意間聽到助手告訴我某項習俗是「華人的迷信」，他憤怒的反應讓我驚愕：「這件事很簡單。我穿上一件戲服並扮演傻瓜的角色，來到這裡的人們全都……瘋了。」正當他轉身大步離開時，助手朝著他遠去的背影，用諷刺語氣叫著「師父！」在那裡，這位助手一定是假設我對乩童神靈附身展演的看法就跟他一樣，而這位乩童認定這就等同於人們所指控的，他是在對無知者進行欺詐和剝削。

另一位乩童則藉由重新定義「迷信」這個帶有貶義的標籤冷靜地面對它：「什麼是迷信？它有一個意義，一個不好的意義，但對道教徒來說，它意味著拜神。「迷」是一個人對另一個人所說的話；「信」是你身爲華人或美國人所信仰的東西。華文的迷信就是對道教神祇的崇拜。」[4]事實上，迷信這個詞結合了迷——「迷糊」、「迷惑」，以及信——「信仰」這兩個字。這位乩童把「迷」這個字替換成另一個意義——「祕密」、「私密」，從而顯示這項信仰傳承的個人性、面對面的本質，更重要的是它奧祕的一面。

Poh Teh Teik是一位受過英語教育的校長，他出版了幾本介紹華人廟宇與神靈的旅遊指南（Poh 1971, 1973, 1978）。他提供我下述對於華人宗教文化潛在的泛靈信仰的辯護：

> 有一位（基督教）牧師曾問過我，亞洲人是否真的崇拜石頭、樹木、太陽。這位牧師表示，如果是這樣，那麼可以肯定這是原始宗教。我並沒有反擊或辯護，但只是淡

淡地說：……「我們華人相信在樹木內部的精靈代表著神聖力量。這就像一部RCA收音機。如果我想買一部RCA收音機，我並不需要去它的製造地美國，也不需要去新加坡或喬治市的大商店。我只要去亞依淡附近的小商店，這是第四級的代理商。樹裡的精靈是一種神聖力量，也是無所不在力量的代表。我們尚未發展出直接崇拜的力量。我們還沒有直撥電話線呢。一個人必須具有宗教信仰的情感；那麼他就會被導向良善。每個人都必須信仰一個宗教。」

儘管他的比喻已隨著全球資本主義的重組而顯得過時，然而這個地方精靈再現神聖力量的意象，充分描述了華人宗教實踐的一個面向，也就是將神聖力量視爲內建於世界之中。然而，Poh Teh Teik也主張每個人都必須信仰一個宗教，並遵循一套道德教條。其他馬來西亞人（無論華人和非華人）也同樣具備這項被人們堅定信守的原則。對「迷信」標籤感到的不舒服，與另一項強大信念同時存在：宗教是社會生活的重要基礎；這裡所說的宗教是指涂爾幹式的、用以確保社會團結和道德標準的宗教。再者，正如李與阿克曼所觀察到的，全球化強化了馬來西亞人使用宗教資源來合法化並提升其集體的身分認同的傾向，包括一種包容性的東方人身分認同（包括馬來人、華人和印度人），用以對抗西方（Lee and Ackerman 1997: 11）。

舉個例子，前任副首相拿督斯里安華（Datuk Seri Anwar Ibrahim）在一九九七年舉行的「亞太區域的宗教傳統和文化社群的認知、體驗與回應」會議的開幕致詞所提的論述。安華在那篇演說中提出一項悖論：「全球化往往是走向一體性的發展，卻發生在一個宗教復振明顯、國族主義復興和強烈主張文化認同的時代。」他指出，原因在於亞洲宗教提供了「文化鎧甲」來對抗正在進行的全球化對各文化所帶來的衝擊。安華籲請人們注意西方缺乏靈性的情況，並認爲亞洲人擔心「被圖像的氾濫洪流所淹沒，這些圖像來自那些已失去神聖感的文化，這些文化的特色就是價值混亂、道德淪喪與家庭制度崩潰」（*Utusan Malaysia Online*, 5 July 1997）。

對於檳城華人而言，捍衛身分認同和價值觀也一向是重要議題，他們身處在這個由各種嶄新的全球現代性架構所匯集而成的結構中，曾不只一次重塑其制度與習俗。在本書的第一部分，我探討來到檳城的移民採取哪些方式重新制定許多關於華人宗教文化的傳統，以及如何在檳城這個接觸地帶賦予其新的意義和用途。在現代早期，共濟會和華人誓盟會黨這類團體創造了各種跨族群社團與結盟關係——至少在某種程度之上——試圖跨越種族、部落與宗教的界線，運用了大抵是重新發明的昔日歷史，以創造出新形態的社會契約。誓盟會黨的發明者採用了傳統材料——神靈附體、刀槍不入的魔法、傳奇歷史與歃血爲盟——以從儀式角度爲不再生活在單一群體、以親屬關係爲基底的社會世界的城市移民確立社會契約。華人社群的經濟繁榮賦予了他們建立如廣福宮和華人大會堂這類公共建築的財力，並設計出建德堂（大伯公）誓盟會黨之類的自治機構，透過奢華、相互競爭的飲宴和儀式展演來宣稱其社會榮耀。[5]

寺廟組織、誓盟會黨與集體飲宴的循環這些顯然屬於傳統性質的社會形態，透過對它們的再發明，轉變爲各種現代化的形態。然而，許多人將現代性視爲世人從昔日的社會結構解放出來的一種嘗試：齊美爾（Simmel 1950 [1902-3]）發現，現代性的最佳例證出現在大都會。現代性通常是在都市而非農村，是異質性的，而非同質性的。都市人群往往具有社會階級且異質多樣。即使親屬網絡依然存在，但親屬關係已不再是都市人經濟互動的主要基礎；也不是支持政治生活的基礎，這是由於在現代國家，藉由選舉而產生的領導人往往取代了世襲統治者家族。人們脫離在地親屬社群而獲得解放的結果，就是他們擺脫了狹窄的社交圈，遭遇了多樣化的思想和生活方式，城市生活變成了「世界主義的發生地」（Simmel 1950 [1902-3]: 419；也請參閱 Hannerz 1990, 1992）。

西方社會現代性的擴張結合了結構、制度和文化因素。歐洲現代性的主要結構特徵包括了差異化、都市化、工業化和通訊，制度面同時包括了國族國家與理性的資本主義經濟（參閱 Eisenstadt and Schlucheter 1998）。現代性所包含的文化因素包括新的集體認同的建構，以及向來是後殖民世界國族建構計畫顯著特點的國家和民族認同的社會建構。領導者特別善於運用文化、歷史和語言來建構一種國民共享的歷史遺產經驗，人類學家則經常強調這些帶有政治設計意涵的計畫的發明本質。雖然在國族國家，這個建構身分認同的過程有可能普遍被人們共同經歷，成爲社會現代化的其中一個面向，但現代性的制度性與結構性前提並不會決定世界各國的文化形式內容。[6]因此，有一種老生常談的預測，認爲現代性會導致文化聚合與同質化，這並未成眞，有許多學者提出結論——現代性是個全球現象，但採取了各種不同形式。[7]

史密斯觀察到，現代化的影響包括了現代教育體系的發展，用以呼應資本主義經濟與中央化、有效率官僚體制的需求，而「族群記憶和經驗的中心」則從寺廟和神職人員轉移到大學。族群復振的「新引擎」是由歷史、人類學和考古學的研究，再加上藝術家、詩人、音樂家和畫家的貢獻所產生的（Smith 1986: 160）。正如我在第五章與第七章的討論，馬來西亞國家文化牢牢立基於馬來人多數群體的語言、文化和宗教，大學和政府對其發展投注了相當可觀的資源。馬來西亞華人試圖維持一套傳承華人語言、文學與價值的學校體系，但政府很少把公共資源投入在發展與保護華人文化。結果變成，馬來西亞華人社群必須隨機應變，提出支持自己族群的復興方案。

儘管政府的支持有限，但許多檳城華人表達了對文化傳統的驕傲與保持華人生活方式的願望。雖說其他族群有時會嘲笑馬來西亞華人對其文化遺產所感到的驕傲——有時會說許多馬來西亞華人畢竟是文盲苦力勞工的後代——儘管如此，華人傳統的豐富性鞏固了該社群對文化根源的榮耀感。民間宗教活動雖然並非檳城華人文化的唯一表現形式，但它保留了傳統生活方式，華人能透過論述、節慶和儀式行動，來表現和展演其民族精神。然而，在此同時，這個進步願景體現於現代化和發展的概念，許諾馬來西亞所有族群成員將能成爲嶄新卓越的存在。

一九九〇年代，工業化、快節奏發展與人口急劇增長，徹底改變了檳城的城市地景。嶄新的住宅區在全島各地如雨後春筍般冒出，取代了原有的種植園、馬來村落和菜園。隨著人口壓力和富裕程度增加，需要拓寬檳城的狹窄道路和小巷，而最近一次的道路拓寬就導致一座主要的九皇爺廟因而搬遷。[8]

二次大戰之後，政府實施的房租統治法令有助於保持喬治市的歷史都市核心，並維護保存檳城充滿活力的街頭文化。然而，隨著二〇〇〇年房租統治法令的結束，許多活躍於檳城歷史古蹟保護運動的人們擔憂，都市再發展將會導致大規模拆除傳統店屋並終結這種生活方式。隨著戰前房屋的租金大幅上揚（Amiruddin 1999），許多店主離開了他們的傳統店屋，尋找更新的經營場所，有時會將生意轉移到現在較受顧客歡迎的有冷氣空調的高樓商場。事實上，檳城人口自一九七〇年以來已增加了兩倍，但據估計喬治市的常住人口已滑落百分之三十（*The Star*, 20 May 2003）。假使這種趨勢持續下去，目前由城區商家所支持的中元節街頭普度最後可能會停辦，改採在單一地點舉行的聯合祭典（unified celebration）——臨近檳城的大山腳（Bukit Mertajam）已成功採用了這種做法。[9]

在此同時，檳城的都市核心與較老舊社區面臨重新發展，馬來西亞政府目前嚴格限制宗教建築的新建工程，卻明顯支持興造清眞寺和奢華的現代紀念名勝建築，像是雙峰塔與莎阿南機場（吉隆坡國際機場）。老舊的寺廟與修道院可以整修建築物與周遭土地，但在新發展區域很少見到非伊斯蘭的宗教團體，這是由於只有極少數才能取得土地和許可證者，在檳城現代房地產區域中興建他們所需的房舍。檳城華人本土宗教文化的節慶活動在空間、時間和社會記憶的象徵媒介中，建構了一種社群經驗。但若無法取得建築新廟所需的土地，華人就再也不能運用華人當地宗教文化的象徵話語與儀式實踐，輕易地再生產他們依據傳統而建構的社群。

然而，在進步、多元文化的馬來西亞，這些依據傳統而建構的社群的重要性已逐漸消退。昔日，喬治市曾劃分成幾個空間相互區隔的族群聚居地，但這些邊界正在消解，許多舊有偏見也隨之減少。採行馬來語的義務教育計畫，意味著新一代不再明顯劃分成說英語、華語、馬來語的群體——儘管這是以英語和華語能力下降作爲代價。此外，實施新經濟政策所產生的社會重組，創造了一群令人矚目的、富裕的城市馬來人中產階級，他們控制了比昔日更大比例的馬來西亞經濟份額，從而否定勤奮、富裕、居住於城市的華人，與貧窮的農村馬來人這個舊有刻板印象的劃分，許多人認爲這是殖民政策產物。

政治人物承認，推動新的「馬來西亞民族」（*bangsa Malaysia*）的運動已被證實難以實現，但政治人物依然設法透過這項運動促進馬來西亞多元族群的團結與和諧。例如，二〇〇三年，馬來西亞政府宣布計畫將六個社群節慶變成全國節慶，包括穆斯林開齋節（Aidilfitri）、華人新年、印度人屠妖節（Deepavali）、聖誕節、沙巴州卡達山人（Kadazan）豐收節（Pesta Kaamatan）以及砂拉越州達雅人（Dayak）與伊班人（Iban）豐收節（Hari Gawai），作爲促進種族寬容和宗教寬容的策略（*Utusan Online* 2003）。此外，這幾年來政治人物公開鼓勵人民在慶祝各自的社群與宗教節慶時，採用歡迎各族群參與的「開放門戶」（open houses）活動，以提倡社交往來，而這將可促進「善意、團結和種族和諧」（*Utusan Malaysia Online* 2001）。

回應這項新趨勢，檳州政府從一九九九年起參與籌辦世俗性質、多元文化的街頭聚會來慶祝華人新年，往往吸引近萬人參加。這個受到廣泛宣傳的慶祝活動，在靠近邱公司與本頭公巷大伯公廟的喬治市世遺區（目前人們對歷史內城區的稱呼）心臟地帶登場。當我在一九九九年參加這項活動時，街頭兩旁攤位林立，群衆觀賞露天演出的華人戲曲，就像參與傳統廟會一樣（*Utusan Malaysia Online* 1998a; Vinesh 2001）。

儘管華人戲曲表演和節慶食物能在具包容性、多元文化的活動，像是前述這場新年慶祝活動中，由許多人所共享，但民間宗教文化根植於宇宙論和神義論，並沒有那麼容易被世俗化。然而，這種文化似乎也在現代性的交錯中經歷轉型。昔日有許多名不見經傳的發明者創造與發展了華人民間宗教文化，他們試圖將宗教靈性的眞理轉譯成寓言故事、視覺符號、儀式行爲、道德規則，透過口述和儀式經驗，將他們的宇宙觀傳授給大多不識字的華人。但是，現在許多受過教育的馬來西亞華人，尋求的似乎是對華人著名的文學和文化傳統（包括佛教與道教）能夠有更深刻、更有系統的了解。[10]

二十世紀初，檳城的佛教徒藉由提供正式的宗教教育並贊助學校和青年團體，開始發展當代形態的大乘佛教和上座部佛教。[11]具綜攝宗教性質的德教會長期分發善書，其中包括由神尊透過扶乩所傳達的教義，[12]但馬來西亞道教徒直到最近才邁開腳步，透過出版和公衆宣傳來提倡道教。[13]爲了回應一群有文化修養的大衆所提出的要求，馬來西亞道教聯合總會最近組織了「宗教文化研究中心」，並在私人捐款的贊助下，出版許多道教和民間宗教文化的書籍，提供給受華文教育的讀者。[14]

在此同時，檳城的歷史保存運動與申請列入聯合國教科文組織世界遺產名錄，使得檳城的古老廟宇如今有了嶄新意義，成爲喬治市的建築和文化遺產的範例。[*]現在很多人透過出版紀念特刊與經過深思熟慮的文物修復計畫，展現他們的歷史自豪感。例如，寶福社（*Po Hok Sia*）在建德堂誓盟會黨受壓制後保留其儀式實踐，並於一九九〇年以傳統的妝藝大遊行以及在檳州華人大會堂舉行宴會，慶祝其成立一百週年。爲了紀念這場活動，寶福社邀請檳城歷史保存運動的其中一位領導者邱思妮協助，製作一本優雅、有豐富插圖的紀念冊，記錄了該廟的歷史和文化遺產（Khoo 1990）。同時，福德正神廟（寶福社位於其中）計畫出資馬幣三百萬令吉辦理修復，[†]以充分展現該廟的歷史和文化意義，對於將檳城列入聯合國教科文組織世界遺產名錄所做的努力，證明了其具有令人印象深刻的支持水準（Choong 2003）。

然而，在馬來西亞的當代宗教市場，華人本土宗教文化依然處於劣勢，因爲它不像伊斯蘭教、佛教或基督教，華人本土宗教不是一個公認的普世宗教。當代普世宗教在傳遞並解釋神聖文本與道德準則時，都能援引傳統的權威。這些宗教還可主張具有現代性的聲望，因爲它們成熟運用了包括藉由大眾媒體、網際網路、快捷空中旅行這些新科技所開啟的可能性，來傳播其教義，往往是在現代化的會議室或大眾運動場這類潔淨舒適的空調場所中舉行。那麼，若有越來越多的馬來西亞華人被普世宗教所吸引，將他們連結進入廣大的網絡，或許我們也不應對此感到驚訝。乩童這類的宗教專家在其教誨和儀式中，傳承了佛教、

* 譯注：檳城與馬六甲於二〇〇八年七月列入世界文化遺產名錄。

† 譯注：該廟修復工程業於二〇〇七年完成。詳參《福庇眾生：檳榔嶼本頭公巷福德正神廟修復竣工紀念特刊》（檳榔嶼：檳榔嶼本頭公巷福德正神廟，二〇〇七）。

儒家思想與道教的文本傳統的教義，但檳城當地的宗教文化也是一種口語傳統，具有經驗上的強大力量，而且往往奧妙難解，這個宗教文化最深層的意義都刻畫在檳城的地景（廟宇、節慶）上。如同所有的口語傳統，它既是牢不可破的，因爲它的「書」就是世人的心智；但它也是脆弱的，只有在個人和社群具有傳承並執行的熱情時，才得以延續下去。

譯名對照

《1868年海峽殖民地立法議會議事錄》 *Proceedings of the Legislative Council of the Straits Settlements for 1868*
《1879年海峽殖民地立法議會議事錄》 *Proceedings of the Legislative Council of the Straits Settlements for 1879*
〈1879年華民護衛司署年報〉 Annual Report of the Protector of Chinese for the year 1879
〈1879年檳城華民護衛司署報告〉 Report on the Chinese Protectorate, Penang, for the year 1879
《1880年海峽殖民地立法議會議事錄（含附錄）》 *Proceedings of the Legislative Council of the Straits Settlements [with Appendices] for 1880*

2畫

丁荷生 Dean, Kenneth
八卦教 Eight Trigram Teaching

3畫

土庫街 Beach Street
大伯公會 Tua Peh Kong Society
大英義學 Penang Free School
大寶森節 Thaipusam Festival
山通 Shantung
山蘇 Shamsul, A. B.
干浪村落 Kandang

4畫

不列顛東印度公司 British East India Company
《中國的宗教》 *The Religion of China*
丹斯里加扎利沙菲益 Tan Sri Ghazali Shafie
丹絨道光 Tanjung Tokong
勿里洞島 Billiton (Belitung)
升旗山 Penang Hill
《天地會的儀式與神話：創造認同》 *Ritual and Mythology of the Chinese Triads : Creating an Identity*
《天地會源起：傳奇故事與歷史之中的中國三合會》 *The Origins of Tiantihui: The Chinese Triads in Legend and History*
天衡山 Paya Terubong Hill
孔博 Comber, Leon
孔邁隆 Cohen, Myron
巴生拉惹阿都拉 Raja Abdullah of Klang

巴東 Padang
巴素 Purcell, Victor
文西・阿都拉 Abdullah bin Abdul Kadir / Munshi Abudullah
日落洞 Jelutong
王大為 Ownby, David
王斯福 Feuchtwang, Stephan
王愛華 Ong, Aihwa

5畫

《兄弟結拜與祕密會黨：一種傳統的形成》 *Brotherhoods and Secret Societies in Early and Mid-Qing China : the Formation of a Tradition*
包威爾 Powell
《北遊記》 *Beiyouji*
卡地亞 Cartier, Carolyn
卡普蘭 Kaplan, Martha
古吉拉特邦 Gujarat
古典總會所 Ancient Grand Lodge
古茲拉夫 Gutzlaff, Charles
史特林 Stirling, William G.
史密斯 Smith, Anthony D.
史琴納 Skinner, G. William
司徒文 Stanton, William
四季會 Société des Saisons
巨港 Palembang
布拉克 Bulluck, Steven
布拉岱爾 Braddell, Thomas
布洛赫 Bloch, Maurice
布朗 Brown, F. S.
布萊斯 Blythe, Wilfred
布蘭德爾 Blundell, Edmund
弗里曼，大衛 Freeman, David
弗斯 Firth, Raymond
弗爾頓 Fullerton, Robert
必連金 Bilainkin, George
必麒麟 Pickering, William
打銅仔街 Armenian Street
民政運動黨 Gerakan Party
永田，茱蒂絲 Nagata, Judith
瓦希爾 Vasil, R. K.
瓦德 Ward, John Sebastian Marlo
田汝康 T'ien Ju-kang
田海 ter Haar, Barend
甲必丹 Kapitan
白安睿 Boretz, Avron
皮尤研究中心 Pew Research Center
皮爾斯 Peirce, Charles Sanders
石泰安 Stein, Rolf A.
立德博士 Dr. Little

6畫

《亦果西報》 *Straits Echo*
伊凡普里查 Evans-Pritchard, E. E.
伍連德 Wu Lien-The
伍斯利 Worsley, Peter
列斐伏爾 Lefebvre, L.
《印度群島與東亞學報》 *Journal of the Indian Archipelago and Eastern Asia*
《危險社團壓制法令》 *Dangerous Societies Suppression Ordinance*

林蒼佑 Lim Chong Eu
武雅士 Wolf, Arthur
《炎黃子孫：海外華人的故事》 *Sons of the Yellow Emperor*
《社會如何記憶》 *How Societies Remember*
邱天德 Khoo Thean Tek
邱武德 Khoo Boo Teik
邱思妮 Khoo Su Nin / Salma Nasution
邱菊 Khoo Kiock
金文泰 Cecil Clementi Smith
金納士里 Kynnersley, C. W. S.
阿什頓 Ashdown, W. D.
阿布杜拉 Abdullah bin Abdul Kadir
阿布拉欣，哈珊・賓 Abrahim, Hassan bin
阿克曼 Ackerman
阿帕杜萊 Appadurai, Arjun
阿索爾公爵 Duke of Atholl
青雲亭 Cheng Hoon Teng

9畫

南華平民醫院 Lam Wah Hospital
哈菁 Hutchings, R. S.
威廉・史特林特藏 William Stirling Collection
威爾斯王子島 Prince of Wales Island
威爾斯利省（威省） Province Wellesley
威爾森 Wilson, F. W.
威爾森 Wilson, Monica
威德 Weld, Frederick
峇峇娘惹 Baba Nyonya
峇峇華人 Baba Chinese
峇都蘭樟 Batu Lanchang
《帝國的隱喻》 *The Imperial Metaphor*
建德堂 Kian Tek Tng
拜里米蘇拉 Parameswara / Iskandar Shah
施列格 Schlegel, Gustave
柯雪蓉 Carstens, Sharon
柯嘉遜 Kua Kia Soong
《洪門》 *The Hung League*
《皇家亞洲學會學刊》 *Journal of the Royal Asiantic Society*
砂拉越大學 Universiti Malaysia Sarawak
《砂拉越的華人》 *The Chinese of Sarawak*
胡泰興 Foo Tye Sin
胡翰 Vaughan, Jones Daniel
英格蘭總會所 Grand Lodge of England
英國國家統計局 Office for National Statistics
英華學校 Anglo-Chinese College
范基尼 Van Gennep
韋伯 Weber, Max
韋恩 Wynne, M. L.

10畫

倫敦殖民部 Colonial Office in London
埃利奧特 Elliott, Alan E.
桑高仁 Sangren, P. Steven
浮羅山背 Balik Pulau

《國家語言法案》 National Language Bill
《基督教的流通：檳城與新加坡的全球基督教與地方教會，一八一九～二〇〇〇年》 *Christian Circulations: Global Christianity and the Local Church in Penang and Singapore, 1819-2000*
寇恩 Cohn, Bernard
康納頓 Connerton, Paul
康豹 Katz, Paul
梅盧奇 Melucci, Alberto
淡米爾穆斯林 Chulia
蛇廟 Snake Temple
許心美 Khaw Sim Bee
許平等 Koh Pen Ting
許岳金 Khor Gark Kim
許武安 Khaw Boo Aun
《陰曆年》 *The Moon Year*
陳文成 Chen Wencheng
陳志明 Tan Chee Beng
陳禎祿 Tan Cheng Lock
陳耀庭 Chen Yaoting
麥斯特斯 Masters, Frederic
麻坡 Muar

12畫

傅尼凡 Furnivall, John
傅爾布萊特－海斯 Fulbright-Hays
傑帕拉 Jepara
凱利 Kelly, John
勞格文 Lagerwey, John
喬伊亞 Gioia, Dana
喬治市 George Town
敦沙頓朱比 Tun Sardon Jubir
敦沙頓基金會 Tun Sardon Foundation
敦拉薩 Tun Abdul Razak
斐利民 Freedman, Maurice
斯洛特戴克 Sloterdijk, Peter
斯諾德格拉斯 Snodgrass, Jeffrey
最高法院憲章 Charter of the Court of the Judicature
欽奈 Chennai
殖民地社會科學研究理事會 Colonial Social Science Research Council
湖內山 Relau Hill
湯普森 Thompson, Stuart
湯雅各牧師 Rev. Jacob Tomlin
焦大衛 Jordan, David
〈華人的階級與榮耀〉 Rank and Honours to Chinese
《華人節慶》 *Chinese Festivals*
華民參事局 Chinese Advisory Board
華民護衛司 Protector of Chinese
華萊士 Wallace, Anthony
華爾德爵士 Frederick Weld
萊佛士 Raffles, Thomas Stamford
萊特 Light, Francis
費爾菲爾德 Fairfield, Edward
辜立亭 Koh Lip Teng
辜尚達 Koh Seang Tat
辜禮歡 Koh Lay Huan

黃存桑 Wong, C. S.
黑爾 Hare, G. T.

13畫

《傳統華人節慶》 *Traditional Chinese Festivals*
塔爾蒙 Talmon, Jacob Leib
奧斯丁 Austin, J. L.
《廈門歲時記》 *Les fêtes annuellement célébrées à Émoui [Amoy]*
愛爾蘭總會所 Grand Lodge of Ireland
新加坡共濟會館 Singapore Freemason's Hall
《新加坡自由報》 *Singapore Free Press*
新加坡島 Singapore Island
《新加坡華人乩童儀式》 *Chinese Spirit-Medium Cults in Singapore*
《新教倫理與資本主義精神》 *The Protestant Ethic and the Spirit of Capitalism*
椰腳街 Pitt Street
楊景獅 Yang Jing Shi
楊慶堃 Yang, C. K.
極樂寺 Kek Lok Si
溫納－格倫人類學研究基金會 Wenner-Gren Foundation for Anthropological Research
瑞德 Read, W. H.
《節令研究》 *A Cycle of Chinese Festivities*
聖喬治教堂 St. George's Church
萬佛寶塔 Pagoda of Ten Thousand Buddhas
萬腳蘭 Sungai Kluang
葉祖意 Yeap Chor Ee
葛伯納 Gallin, Bernard
葛蘭言 Granet, Marcel
詩布朗北賴 Seberang Perai
詹德拉 Chandra Muzaffar
路易斯 Lewis, William Thomas
《道在人心：馬來西亞檳城的華人民間宗教與乩童》 *The Way that Lives in the Heart: Chinese Popular Religion and Spirit Mediums in Penang, Malaysia*

14畫

廖建裕 Leo Suryadinata
滿剌加國 Sultanate of Malacca
裴麗珠 Bredon, Juliet
《語言形式及社會行動》 *Linguistic Form and Social Action*
齊美爾 Simmel, Georg

15畫

廣福宮 Kong Hok Keong
德呢克 Dennys, Nicholas
摩爾 Moore, Sally Falk
樂格曼 Luckmann, Thomas
歐大年 Overmyer, Daniel
歐比錫克拉 Obeyesekere, Gananath
歐洲人大會堂 European Town Hall

潘翎 Pan, Lynn
蔡崇正 Cai Chongzheng / Chuah Cheong Cheng
《適用於今日的永恆智慧：太上老君》 *Timeless Wisdom for Today: Thai Seong Loh Koon*
鄧路普 Dunlop, Samuel
鄭芳揚 Tay Hong Yong
鄭景貴 Chung Keng Kooi

16畫
《儒家中國及其當代命運》 *Confucian China and Its Modern Fate*
獨立大學 Merdeka University
穆斯 Mus, Paul
穆黛安 Murray, Dian
蕭威廉 Shaw, William
諾尼尼 Nonini, Donald
霍布斯邦 Hobsbawn, Eric
頭條路 Magazine Road

17畫
謝德順 Cheah Teik Soon
賽胡先阿里 Syed Husin Ali

18畫
檳州華人大會堂 Penang Chinese Town Hall
《檳州華人大會堂章程》 *Penang Chinese Town Hall Rules and Regulations*
檳城古蹟信託會 Penang Heritage Trust
《檳城暴動調查委員會報告》 *Penang Riots Enquiry Commission Report, 14 July 1868, PRE*
檳城閱書報社 Chinese Philomathic Union
檳榔嶼 Penang Island / *Pulau Penang*
《檳榔嶼牙塞報》 *Pinang Gazette*
薩林斯 Sahlins, Marshall
薩塞克斯公爵 Duke of Sussex
顏清湟 Yen Ching-hwang
魏樂博 Weller, Robert

19畫
羅伯森 Robertson, Bruce
羅根 Logan, James Richardson
羅根，亞伯拉罕 Logan, Abraham
《羅根學報》 *Logan's Journal*
羅教 Luo Teaching
羅維 Low, James
譚拜亞 Tambiah, Stanley J.

20畫
蘇利文 Sullivan, Paul
蘇格蘭總會所 Grand Lodge of Scotland
蘇勒其特 Schluchter, Wolfgang

21畫
霹靂 Perak

注釋 Notes

導言

1 最近關於東南亞華人離散族群的作品，包括Armstrong, Armstrong, and Mulliner 2001; Cushman and Wang 1988; Lim and Gosling 1983; Ong and Nonini 1997; Reid 1996; Suryadinata 1989, 2002; Wang 1991a等。潘翎（Lynn Pan）的暢銷研究作品*Sons of the Yellow Emperor*（1990）（中譯本《炎黃子孫：海外華人的故事》由中國華僑出版社於1994年出版）對於這項主題，也提供了相當有幫助的導論。

2 雖然現在有許多人類學家挑戰過度客體化的社會概念（Kuper 1992），但亦有越來越多探討國家認同與族群認同的社會建構的研究文獻（Danforth 1995; Gladney 1998; Handler 1988; Herzfeld 1997; Smith 1981, 1986, 1999）。

3 這個過程是融合普世宗教與地方宗教常見的方式，而且並不限定於中國（參閱Shaw and Stewart 1994，也請參閱DeBernardi 1999）。佛雷（Bernard Faure）的論點顯示，道教人士傾向將地方神祇吸納到道教階層體系的較低層次，而佛教人士則是主張已讓這些地方神祇皈依佛教，或是將其收服而取得其靈力（Faure 1987: 341）。

4 正如歷史學家塔爾蒙（Jacob Leib Talmon）所指出的：「一套信仰的內容，遠超過對實際情況所做出的各種反應的總和，也遠超過對當前利益的各項理性化安排的總和。當這些反應與理性化安排產生之時，這套信仰就出現了，其存續時間可能遠比這些反應與理性化安排更久，就算是這套信仰有可能受它們影響而發生改變」（Talmon 1960: 17）。

5 桑高仁（P. Steven Sangren）觀察到，漢學家對地方宗教文化實踐與更廣大文化脈絡之間關係的理解，尚未達到如同譚拜亞（S. J. Tambiah）、歐比錫克拉（Gananath Obeyesekere）與杜蒙（Louis Dumont）等南亞學家與東南亞學家的程度（Sangren 1984: 12）。桑高仁建議漢學家必須進一步思考

宗教文化與中國經典文獻文化之間的關係，並避免走向兩個極端，要麼錯誤認定民間宗教就是一大堆迷信行為的大雜燴，或是過度高估民間宗教的系統性（Sangren 1984: 7）。其他關於這項議題的討論包括貝爾（Bell 1989, 1992）、斐利民（Freedman 1974）、魏樂博（Weller 1987）。

6 人們經常建議我閱讀通俗小說以了解眾神的故事。對許多檳城人而言，《封神演義》（Low 1989）提供了經常降臨在乩童身上的哪吒（三太子）的故事來源（也請參閱Sangren 1996）。哪吒也在《西遊記》裡面扮演一個小角色（參閱英文譯本Xiyouji [Yu 1977-83]或*Monkey* [Waley 1980 (1943)]），這部通俗小說重述了齊天大聖——檳城華人稱為「大聖爺」——前往西天取經的歷險過程。大聖爺是強而有力的武師，也會降臨在乩童身上。在第八章我將會討論《北遊記》的玄天大帝故事。

7 正如楊慶堃（C. K. Yang）所觀察到的，華人宗教文化是「擴散宗教」，它所具有的「神學、儀式與組織，跟世俗制度及其他社會秩序面向的概念與結構緊密融合在一起」（Yang 1961: 20）。

8 凱利（John Kelly）提到，對某些人來說，「殖民對話」的概念似乎是一種矛盾修飾的說法，但他運用這個詞彙來描述的「不僅是殖民者與被殖民者之間外顯的意見交換，還包括了更常見的場合，在那裡斐濟的殖民者歐洲人與斐濟的印度人談論彼此，但並不是面對著彼此說話，而是談論有關彼此如何討論對方，但依然不是直接向對方說話」（Kelly 1991: x）。在我所討論的兩場衝突中，華人社群領袖實際上是以請願書的形式強力表達他們對殖民政府的論點。

9 關於華人少數群體在東南亞各政體中的地位的討論，請參閱如Amyot 1972; Brown 1994; Coppel 1972; Enloe 1970; Heidhues 1974, 1992; Means 1976, 1991; Rabushka 1973; Skinner 1951, 1957; Tilman and Busch 1973; Williams 1966; Willnott 1961, 1967, 1970等著作。

第一章　華人社會在殖民地檳城的在地化

1 這段引文裡的印度人船夫所稱的女王，當然是指維多利亞女王。

2 辜禮歡日後成為成功的商人及種植園主，並取得在喬治市販售發酵椰花汁（亞力酒〔arrack〕，〔譯注：一種盛行於中東及東南亞的烈酒，在檳城係

以發酵椰奶加入茴香蒸餾而成〕）的餉碼執照（獨家經營權）。他的子孫在1870年代進住的愛丁堡大宅（Edinburgh House），是一棟位於萊特街與海濱之間歐洲人居住區的宏偉大廈（Wong 1963a: 14; Lee and Khoo 1991: 11）。

3 CO 273/218, No. 22492〈華人的階級與榮耀〉（Rank and Honours to Chinese），新加坡副華民護衛司黑爾（Mr. G. T. Hare）所撰報告，p.46，1896年9月30日。

4 進一步了解海峽殖民地的反鴉片運動的細節，請參閱Yen 1995 [1987]。

5 CO 275/19，〈必麒麟針對1876年12月15日暴動的報告〉，附錄A，p.104。

6 雖然峇峇華人採用了馬來文化的許多面向，但伍連德提到，他們「在宗教、飲食與文化方面劃出一條界線，因此將兒子和少數的女兒送去上學，並維持著他們古老的民族風俗與傳統，這是從孔子的年代就流傳下來的」（Wu 1959: 148）。

7 1787年，一位天主教主教應萊特船長之邀，從吉打帶來一批歐亞混血兒的天主教社群到檳城定居，建立了檳城的第一所學校。那時是以馬來話作為教學媒介語（Woo 1989: 27）。

8 即使有這些優勢，巴素估計只有一小群華人接受英語教育（Purcell 1967 [1948]: 224）。

9 這項女王獎學金計畫於1911年宣告暫停，因為殖民統治者擔憂「這些獎學金得主可能會像印度的某些例子，加入煽動言論者的行列」（Wu [Tuck] and Ng 1949: 2-6）。

10 例如，檳城的菁英透過儀式來表達對清國的支持，在1907年舉行盛大宴會慶祝光緒皇帝的誕辰，在1908年哀悼光緒皇帝及慈禧太后逝世（Chen 1983: 144）。

11 如欲進一步了解海峽華人在19世紀末及20世紀初的改革與革命運動所扮演的角色，請參閱顏清湟（Yen Ching-hwang 1974, 1986, 1995），以及Yong 1992。

12 辜禮歡及其追隨者可能是在1768到1769年台灣爆發的林爽文事件或隨後的鎮壓時期逃離中國。

13 英國人創造了「三合會」（Triad）這個名詞，主要是依據這個群體運用了三合一的象徵。我傾向使用「天地會」這個名稱，英語音譯為Tiandihui，更符合Heaven and Earth Society的字面翻譯。

14 正如我將在第三章詳細討論的內容，誓盟會黨（「祕密會社」）對其會員發揮了各式各樣的社會功能，包括為移民提供了「一個有組織的群體，讓他們可在欠缺傳統的地緣及親屬體系支持的情況下，找到屬於自己的一席之地」（Freedman 1967 [1960]: 30-31）。

15 我在這一段廣泛援引檳城歷史學家陳劍虹對檳州華人大會堂從1881到1974年的歷史與發展所做的詳盡研究（Chen 1983）。我特別感謝檳州華人大會堂的周子善（Chaw Check Sam）提供大會堂在1983年出版的新廈落成開幕紀念特刊，其中即收入了此篇論文。

16 現在廣福宮最普遍為人所知的名稱是觀音亭，但我並不清楚此一名稱從何時開始使用。有個有趣的巧合就是，天地會可能於1761或1762年在福建創立的廟宇也稱為觀音亭（Murray and Qin 1994: 5）。

17 在馬六甲受荷蘭統治時期，青雲亭變成華人甲必丹的總部，這些甲必丹擔任代表馬六甲華人的社群領袖。即使英國人廢止了甲必丹這個官位，青雲亭的總理依然持續擔任馬六甲華人社群的首領（Tan 1949: 5-6）。

18 「宮」這個字意指「宮殿」，但當這個字用於宗教建築時，英文往往翻譯成temple（廟宇）。由於華文採用不同字彙指稱各種類型的廟宇、佛庵與神廟（譯注：例如寺、祠、廟、殿、庵、亭、宮等字），當這些字彙都翻譯成temple的時候，其中許多細微含意就會變得模糊，所以我傾向於將「宮」翻譯成palace。

19 1857年檳城暴動平息之後，羅根（James Richardson Logan）記錄了在廣福宮所舉行的慶典，其中包括14個華人神明的節慶，也包括8個姓氏社團、3個職業社團（木匠、鐵匠、金匠）和4個地緣社團的節慶。羅根（Logan 1857）指出，邱公司在自己的「公司厝」（會所）慶祝了兩個節慶（參閱附錄）。

20 依據《檳州華人大會堂章程》（*Penang Chinese Town Hall Rules and Regulations*）（2000: 20）記載，大會堂建立於1875年，並由當時政府撥給現在用地的信託地契。儘管陳劍虹（1983: 137）指出，興建這座新的大會堂的概念最初是在1881年提出，而且直到地契發出後才展開建築工程，但人們似乎仍普遍接受1875年為大會堂的建立日期。

21 有關林文慶生平及其影響的研究，包括DeBernardi 1995; Khor 1958; Li 1990; Wang 1991b。如欲了解殖民地時期新加坡改革派知識分子文化的創

造過程，請參閱Harper 1997。

22 顏清湟對於儒家思想復振運動者提出批判觀察，認為他們未能體認到「西方國家國力強大的基礎並非宗教，而是經濟」，並責難林文慶對此議題保持沉默（Yen 1995 [1976]: 55）。事實上，林文慶確實闡明反對將基督教視為西方進步基礎的主張，而是將西方進步扣連到世俗科學的進展。

23 1904年，伍連德醫生及辜立亭醫生（Koh Lip Teng，也是女王獎學金得主）在檳州華人大會堂講授儒家思想的理念（Chen 1983: 141）。

24 華人大會堂也籌組募捐行動，協助中國賑災。

25 這場活動的華人神祇包括天上聖母、神農聖帝（神農大帝）、保生大帝、關羽（戰神）。雖然有些成員懷疑宗教的價值，但在1911年，大會堂的會員還是向檳城各地的商家募款，以重修檳城的城隍廟（Chen 1983: 142）。

26 這些有社會名望的新成員包括太平局紳胡泰興（Foo Tye Sin）；霹靂州議員許武安（Khaw Boo Aun）；邱公司的領導人物邱天德（Khoo Thean Tek）；謝德順（Cheah Teik Soon），他擁有一座五層樓的豪宅；以及許心美（Khaw Sim Bee）（Wong 1963b: 9）。

27 這座新廟宇的捐款者之一是鄭景貴（Chung Keng Kooi），他是誓盟會黨海山會的領導人物，同時也是第一屆霹靂州議會的華人甲必丹（Chung and Yeoh 1986: 47）。在英殖民政府禁止誓盟會黨之後，他可能需要尋找一些公共計畫處理海山會的資金。他的慷慨捐資為其贏得極樂寺大總理的名號，而他對極樂寺的捐款可能比他先前擔任誓盟會黨領導人時，為自己贏得了更多尊嚴及面子。

28 這座神龕在最近幾次重修後已被移除。關於普陀山的討論，可參閱于君方的文章（Chun-fang Yü 1992），這個重要的朝聖中心位於中國浙江外海的一座島嶼，被認定為觀音的所在地。

29 淨土宗強調追求超脫生死輪迴，並認為阿彌陀佛（這個名字意指「無限光芒」或「無限生命」）投身於普度眾生。據稱，在臨終時刻呼喚祂的法號，即可確保在西方極樂世界重生，這個地方有著無極之樂，會將一切不愉快排除在外。

30 極樂寺的住持只負責管理廣福宮到1920年（Wang [Ong] 1999: 23）。

31 韋伯指出，猶太人在聖殿被毀之後，就變成了「賤民」（pariah people），

他將之定義為「一個獨特的世襲社會團體，缺乏自主的政治組織，並以反對共餐及通婚的禁制為其特色，這些禁制原先是建立在巫術、禁忌與儀式的命令之上」。另外兩個特徵是「在政治及社會權利方面居於次等地位，且在經濟方面有深厚獨特性」（Weber 1963 [1922]: 109）。韋伯所提定義的前半段可能過於狹隘，無法適用於檳城華人，但後半段的確掌握了他們的處境。

32 韋伯指出，像中世紀猶太人這樣的離散族裔群體是各地經濟上不可或缺的一群，但受到鄙視。他提到，即使普遍有這種反應，猶太人持續堅信他們所具有的社會榮耀，包括他們在上帝面前的榮耀，並冀求會由先知彌賽亞「帶來這個世界的光，這將彰顯這個賤民群體深藏的社會榮耀」。他主張，這種希望，而不是尼采思想中的憤恨，解釋了賤民階級群體中所培植的宗教性（Weber 1946: 188-90）。

33 必連金所假定的殖民狀態過度誇大了華人的種族意識，而且正如必連金所指出的，忽略了菁英分子，也就是受英文教育的華人，他們的價值與感受並不會侷限於種族認同。

34 CO 273/218, No. 22492〈華人的階級與榮耀〉，新加坡副華民護衛司黑爾（Mr. G. T. Hare）撰擬的報告，p. 47，1896年9月30日。

35 CO 273/218, No. 22492〈華人的階級與榮耀〉，新加坡副華民護衛司黑爾撰擬的報告，p. 49，1896年9月30日。重點為我所加。

36 也請參閱Levenson 1972（1958, 1964, 1965）。正如孔邁隆（Myron Cohen）所說，與西方的接觸挑動了華人自我意識的巨變，並導致各種對於華人究竟是什麼的新觀點，這些新觀點根植於民族主義意識形態，而不是宇宙論傾向（Cohen 1991）。

37 例如，女王獎學金得主伍連德醫生1908年離開馬來亞前往中國，他留在中國長達三十年之久，並在退休回到馬來亞之前，協助中國現代醫院體系的創建（Wu 1959: 23）。奇怪的是，雖然思想史學家都會提到伍連德是20世紀中國思想史的重要人物，他們卻毫無例外地稱伍連德是個廣東人，沒有提及他的馬來亞血統。1930年代，林文慶擔任廈門大學校長，在那裡結合了民族主義、世界主義與功利主義的教學目標，傳達出他所欲發展的博雅教育課程（Lim 1936）。

第二章 「非常欠缺正信且最迷信的一群人」：海峽殖民地對華人的信任、寬容與控制，一七八六～一八五七

1 例如，在檳城的穆斯林男子如果要娶第二位妻子，並不會依據英國法律被判定為重婚，這是由於「這種罪行起初僅由教會認定，而且只有在實施一夫一妻制的社群當中，才會被考量成為罪行」（Maxwell 1859: 42）。

2 正如拉巴埠（Roy Rappaport）所主張的，這個儀式過程能夠神聖化權威與權威性的論述形式，包括「宣誓的可信度，（以及）報告與證詞的真實性」（Rappaport 1999: 318-19）。

3 然而，英國人經常發現亞洲人的風俗不方便且不合宜，亞洲人宗教的成員比較喜歡在宗教神聖場所，而不是世俗的法庭上發誓（Low 1972 [1836]: 278）。再者，華人的佛教徒（如英國人所描述的，實際上應為民間信仰者）會在進行最莊嚴宣誓時，斬雞頭明志，英國人認為這種血腥恐怖的程序不適合用在法庭。於是達成了妥協：檳城法庭要求華人改燒一張印有中文字的黃色符咒，假使這位證人做了偽證，就會招致神明報復。

4 羅維（James Low）1791年生於蘇格蘭，20歲從愛丁堡學院畢業後成為東印度公司的見習生。他在馬德拉斯土著步兵第23團擔任中尉，1818年轉職到檳城。他在檳城有一段漫長且成功的軍旅生涯，並藉由學習馬來語與泰語使自己顯得出類拔萃。羅維於1827年獲任命擔任威省的督察長，他擔任此一職位直到1840年為止，那時他被要求必須出售自己的種植園，否則就會失去官職。他拒絕這麼做，並為此被轉調到了新加坡。1844年，他退休回到檳城，繼續耕作自己的胡椒種植園。羅維出版了25本書籍與文章，包括刊登在《羅根學報》（*Logan's Journal*）的一系列文章。他的作品包括對檳城農業的研究，以及備受推崇的泰語文法研究（Jackson 1972）。

5 英國人對印度惡棍的看法似乎與他們對所謂華人祕密會社的看法一樣，都是傾向於誇大他們的重要性。參閱MacMunn 1931。

6 CO 273/151, No. 4517: 378-79。

7 正如Brenda Yeoh的結論：「從華人觀點，制定墓葬法令代表攻擊華人傳統禮儀，以及侵蝕華人對其神聖空間的控制」（Yeoh 1996: 290）。

8 立德博士（Dr. Little）反對於瘟疫期間開放遊行，他指出這位輔政司率領一場淡米爾人遊行，並尖酸刻薄地提到：「或許他在那個時候就幻想自

己是一尊小神」（CO 275/16，海峽殖民地立法議會議事錄〔*Proceedings of the Legislative Council of the Strait Settlements*〕，p. 138，1873年9月9日）。

9 如欲分析新加坡市議會在20世紀初嘗試控制人們對五腳基（騎樓）的使用，請參閱Yeoh 1996。

10 S.S.R. R32, Item 172，布蘭德爾寫給英屬印度政府的信件，1857年9月28日。

11 東印度公司發給華人廟宇信理會的地契，1838年12月29日；副本存於S.S.R. S25, Item 1170，英屬印度政府致函布蘭德爾，1857年7月31日。

12 1844到1845年，我們在紐西蘭的象徵邏輯中也發現了類似的衝突。有一位毛利人領袖與其戰士一再砍斷英國人的旗桿，而英國人一再要求修復這支旗桿。毛利人跟英國人都從他們各自的觀點，理解到這支受到爭議的旗桿其實再現了英國人對這塊土地的統治權（Sahlins 1985: 60-63）。

13 依據中央研究院的「兩千年中西曆轉換」網站，1857年3月14日是農曆二月十九，因此切合第一個慶典是觀音誕辰。華人的請願書說明第二場節慶是在3月28日，正好是農曆三月初三玄天上帝誕辰（參閱http://sinocal.sinica.edu.tw）。

14 由羅根轉交給英屬印度政府的華人請願書，1857年6月12日；副本存於S.S.R. S.25. Item 193，英屬印度政府致函布蘭德爾，1857年7月31日。

15 他致函印度政府，表示他「收到在華人社群當中幾位富裕且具影響力人士的具結，他們希望說服我，最近幾場暴動是由警方具有攻擊性的不當行為，並且干預華人的宗教節慶遊行所引起，而持續發生的騷動是華人當中某些壞人所為，他們想要在大眾混亂的狀態下趁火打劫」（S.S.R. R.32.，總督致函英屬印度政府，p. 116，1857年4月21日）。

16 S.S.R. R.32.，總督致函英屬印度政府，p. 115-116，1857年4月21日。

17 S.S.R. R.32. Item 172，總督致函英屬印度政府，1857年9月28日。

18 S.S.R. R.32.，總督致函英屬印度政府，p. 118，1857年4月21日。

19 社群領袖聲稱他們已嘗試運用自己的手段與影響力，想要找回那把失竊的毛瑟槍，但布蘭德爾不予理會，而且要求提出書面道歉，作為核發下一場重要慶典許可證的條件。這些社群領袖遞送了道歉函，卻赫然發現布蘭德爾在還沒下令調查他們對警方指控的狀況下就離開了。他們也遞送了一份長篇累牘的文件，詳述他們的抱怨，但布蘭德爾總督拒絕收下。

20 他們抱怨說：「地方政府現在並未進行調查，也沒有任何證據，就譴責整個華人社群，特別是幾個家族的重要人物，指他們與3月14、15日烏合之眾的犯罪行為串通。」羅根轉交給英屬印度政府的華人請願書，1857年6月12日；副本抄錄在S.S.R. S.25. Item 193，英屬印度政府致函布蘭德爾，1857年7月31日。

21 邱菊和王阿春致函參政司；副本抄錄在S.S.R. S.25. Item 1232，英屬印度政府致函布蘭德爾，1857年7月31日。

22 S.S.R. S.25, Item 177，英屬印度政府致函布蘭德爾，1857年7月14日。

23 S.S.R. U34, 總督致函參政司，1857年9月至1858年3月，Gen. No. 1025 of 1857，No. 405，布蘭德爾致函檳城參政司。

24 尚可參閱Blagden 1991 [1921]: 26; Braddell 1991 [1921]: 195-97; Makepeace 1991 [1921]: 287-89。如同檳城羅根紀念碑的撰文者所指出的：「他是博學且技巧嫻熟的律師、有科學精神的傑出民族學家，而且他以《印度群島學報》東家與主編的身分，為海峽殖民地創立了一套文獻。」

25 S.S.R. R32, No. 9105，布蘭德爾致函英屬印度政府祕書，p. 199，1857年5月23日。

26 羅根主張「開明的寬容」，這是基於華人社會像基督教社會一樣，建立於「神意的基礎」之上，運用帝國時代對上天的祭典，來呈現中國最高統治者在「高深的上天」面前，以「卑微懺悔」的態度跪倒在地上。再者，他提到人民並不像亞洲其他「劇場國家」，將皇帝視為天神崇拜（Geertz 1980），而是將其視為「人民的首領、天子、人民之父，因此是人民的最高統治者、導師與祭司」。

27 即使他提到了有10個姓氏群體，但羅根在名單之中只列出7個姓氏，其中5個是福建人的五大姓氏（謝、邱、林、陳、楊）。

28 S.S.R. DD33〈檳榔嶼與威省警力年報，1850-1861〉（Annual Report of the Police Force of P. W. Island and Province Wellesley for 1860-1861）。

29 S.S.R. DD33〈檳榔嶼與威省警力年報，1850-1861〉。廟宇跟教會之間的衝突持續發生。例如在1863年，有位匿名作者投訴，由於「華人煙火與爆竹所引發的超乎尋常的干擾」，導致聖公會傳道人提早結束星期三晚上的禮拜。這位作者呼籲華人社群要「避免」類似干擾再度發生，並提出結論：「雖然我們彼此的信仰可能有所不同，但沒有理由在慈善與自我約束

的最常見要素上存在分歧」（*Pinang Gazette* 1863）。

第三章　歸屬感與族群界線：歐洲人共濟會與華人誓盟會黨

1 檳城和其他地方一樣，殖民統治會「被一種不安全感所困擾，被『土著（在地人）心態』的晦澀難解嚇到，而且會因為在地人社會在面對政府時所顯現的難以駕馭，而感到不知所措」（Thomas 1994: 15）。

2 正如我先前所討論的，我在文中採用「天地會」這個名稱，而不是英國人經常用來稱呼誓盟會黨的「三合會」（Triad，這個名稱強調了三元的象徵論）。我這麼做不僅是因為這個更直白的翻譯較能捕捉這個團體儀式習俗的各個象徵面向，還由於現在「三合會」這個名稱更廣泛用來稱呼許多的華人幫派，並延伸到當代的地下犯罪集團。

3 胡翰提到義興相當於天地會，也提到其成員使用「天地」這個名稱來稱呼他們的主要神祇（Vaughan 1854: 16）。天地字面上的意思是天庭與土地，但也可能是「天帝」（玉皇大帝）的雙關語。

4 英國人將這些群體描寫成「澳門人」（Macao），指的是他們從中國離境的港口，其成員可能是廣府人、客家人、潮州人與海南人（Blythe 1969: 44）。即使事實上這些群體其中有部分人是廣東人，但英國人採用福建話發音來稱呼這些群體，或許是因為福建話是檳城華人社群的主要共通語。

5 在東南亞，殖民地官員往往無法區別「公司」（公司或合作社）與「會」（社團），把兩者皆稱作「祕密會社」。海德惠斯（Mary Somers Heidues）的結論是，在18世紀的印尼西婆羅洲與邦加（Bangka），公司與會這兩種組織都是華人移民基於互助目的所組成的誓盟會黨類型，具有類似的領導結構與入會儀式。她指出公司是經濟群體，是漢學家高延（J. J. M. de Groot）加以理想化成為平權寡頭政治共和國的股份合作社；人們往往籌組存續時間更短的會，作為組織並強化自身以回應挑釁的策略（Heidhues 1993）。

6 對祕密會社歷史描述的詳盡回顧，請參閱Murray and Qin 1994, Ownby and Heidhues 1993以及ter Haar 1998。早先的研究包括Chesneaux 1971, 1972。也請參閱Singapore History Museum 2002。

7 例如，在台灣開發的邊陲地區，居無定所的非菁英華人組成了誓盟會黨，

以因應地方衝突。這種情況至少延續到1780年代末期的林爽文事件，導致清朝嚴厲壓制為止（Ownby 1996）。

8 如欲了解天地會傳說歷史的詳盡分析，請參閱Murray and Qin 1994。

9 如欲了解海峽殖民地的共濟會歷史，請參閱Frisby 1958; Jennings 1970, 1997; Lim 1995; Mullan 1995; *150 Years of Freemasonry in the Archipelago* (1995); "Our Mother Lodge——The Zetland in the East Lodge No. 508 E.C.: Foundation and Early Years" (1995 [1937]); and Rickard 1906。

10 英格蘭總會所（Grand Lodge of England）成立於1717年；愛爾蘭總會所（Grand Lodge of Ireland）成立於1725年；蘇格蘭總會所（Grand Lodge of Scotland）成立於1736年。

11 關於歐洲共濟會歷史的回顧文獻，參閱Jacob 1981: 1-19, Bullock 1996b。最近關於美國共濟會的出色研究有Bullock 1996a；晚近有關歐洲共濟會的作品包括Jacob 1991; Stevenson 1988, 1990。Loretta Williams對於非洲裔美國人的共濟會提供了絕佳研究（1980；也請參閱Draffen 1976）。對於歐洲與美國以外地區的共濟會研究稀少，但包括了Cohen 1981對非洲共濟會的研究，以及van der Veur 1981對印尼共濟會的研究；也請參閱Walker 1979對印度共濟會歷史的概述。

12 在海神會所會議紀錄中首次出現的亞洲人名字是一位穆斯林：哈珊・賓・阿布拉欣（Hassan bin Abrahim），他在「1827年7月晉升到第二級」（Dix 1933: 167）。1830年，檳城海神會所接納一位帕西人商人，來自緬甸仰光的沙普爾吉（Cowasjee Shapoorjee），他是雙桅帆船「羅伯特拍擊者號」（*Robert Spanker*）的船長；1833年之後，印度人的名字就經常出現在會員名單上（Jennings 1997: 58; Patel 1976: 12; Frisby 1958: 39）。

13 印度教所引發的問題就像華人宗教一樣，因為就如同華人宗教文化，印度教也是「多神與偶像崇拜的」宗教（Walker 1979: 180）。儘管有這項入會障礙，薩塞克斯公爵（Duke of Sussex）還是在1840年下令，由於印度神殿的眾神都是唯一至高無上神的不同法相的人格化，印度教徒合乎成為共濟會人的資格（*150 Years of Freemasonry in the Archipelago* [1995]; Walker 1979: 178-179）。然而，依然有許多質疑的聲音，關於印度教在具有多樣化神祇的情況下，究竟能否信仰宇宙偉大建築師，究竟印度教的文化習俗是否確實構成一個宗教，以及印度教究竟有哪些分量相當於《聖經》或

《可蘭經》的經典（Walker 1979: 179）。

14 香港第一座共濟會所成立於1844年，兩相比較，可凸顯海峽殖民地華人在面對共濟會時的處境（Haffner 1988 [1977]: 18）。在香港，已知的首位入會的亞洲人是帕西人，他大約在1888年手按瑣羅亞斯德教神聖經典宣誓。有一位華人同時提出申請，然而由於他不是基督徒——無疑已被告知這項申請不可能過關——於是就撤回申請。

15 位於印尼日惹（Jogjakarta）的某個會所在1871年讓一位華人入會，並迅速加以拔擢，因為他「不僅嫻熟孔教的教義，並將之運用在共濟會神殿的內外」（van der Veur 1976: 15）。

16 這段話出自必麒麟引述一位「居住在海峽殖民地的傳教士」，寫於他撰寫〈1879年華民護衛司署年報〉（Annual Report of the Protector of Chinese for the year 1879）之前二十年。Paper no.7 in CO 275/24, 海峽殖民地立法議會議事錄（*Proceedings of the Legislative Council of the Straits Settlements*）（with Appendices）1880: 21。

17 非裔美國人的共濟會採用正統的共濟會儀式尋求跟英國母會維持合法的連結關係，至少維持到1827年，他們放棄這個一廂情願的努力為止（Draffen 1976: 78）。

18 米憐指出，有一本書寫著該會的組織規程，據說是以特殊的防水墨汁寫在布料上，會員可以將其藏進池塘或水井裡，以逃避當局的搜查，但他未能獲得允許來抄錄這本神祕書籍的內容。他也從未親眼見證入會儀式，即使有位華人曾對他描述這個儀式的細節。

19 這篇文章結合了馬六甲英華書院的湯雅各牧師（Rev. Jacob Tomlin）所提供的翻譯，以及從一位華人新丁的訪談中所收集到的細節。兩位作者都警覺到誓盟會黨在海峽殖民地日益增長的權力，他們將其歸因於「英國人寬鬆且或許過於自由的政策」（Newbold and Wilson 1840-41: 130）。

20 H 14「檳城：信件與法令」—議會No. 2618（「關於檳城華人社團的會議與所作所為的資訊」），弗爾頓（Robert Fullerton）的報告，1825年5月12日。

21 在東方的新加坡昔德蘭（Zetland）會所中記錄「這個會所的統治者」的銘牌顯示，胡輸是1878與1879年的總導師（Beavis 1934: 187）。

22 胡翰描述了一起事件，有位警察走過義興的會所，無意中聽到他認為是在

毆打的聲音。他針對這件攻擊事件逮捕了包括文科在內的幾位義興的頭人，但警方無法審訊這件事情，因為他們找不到願意出庭作證的目擊證人。由於胡翰並未記錄文科被捕的日期，所以並不清楚他所討論的究竟是1825年的那起，或是其他類似事件。

23 施列格的分析探討了兩篇華文手稿，其中含有天地會的「拜會互答、歷史、儀式描述、會所、旗幟、祕密手勢與工具」，以及「在巴東（Padang）發現的幾本書、1851年在爪哇的傑帕拉（Jepara）發現的一本華文圖畫書，與雅加達山通（Shantung）支部的規章；在蘇門答臘的巨港（Palembang）發現的有關七個友誼會社的回憶錄，以及米憐博士對三合會敘述的副本」（Schlegel 1991 [1866]: v）。

24 然而，卡普蘭（Martha Kaplan）指出，某些歐洲觀察者認為，事實上船貨運動是由長期為白人殖民者從事契約勞動的斐濟人所發明的，也就是斐濟人對共濟會與祕密會社的「粗劣模仿」。但她並未認真考慮船貨運動領導者有可能援引多樣的文化來源，反而下定論說，這些關聯性可能會貶損船貨運動的地位，變成只是「模仿」而已（Kaplan 1995: 91）。

25 政府也被必麒麟的論點說服，開始進行妓院的登記並發給執照，他說如果無法允許女性娼妓進入英屬馬來亞，華人將會進行「非英國人、非基督徒與不正常的」墮落行為（這是同性性行為的間接講法）（Jackson 1965: 93）。

26 CO 273/153, No.14607（「華人祕密會社」），金文泰（Cecil Clementi Smith）寫給昆士佛（Kuntsford）的信件，pp. 493-94，1888年6月20日。

27 遲至1888年，也就是必麒麟退休的前一年，他提到「這一大群喜歡熱鬧、傲慢與怪異的華人不斷湧入並定居於海峽殖民地與各個土邦，在海峽殖民地頂多只有四或五位官員能夠理解他們」：CO 273/154, No. 17569（「對華人祕密會社的壓制」），華民護衛司寫給殖民地輔政司的信件，p. 361，1888年7月10日。

28 1880年，卡爾（Karl）被任命為檳城華民護衛司，而且在馬來亞各地進一步建立了更多的華民護衛司署（Purcell 1967 [1948]: 197）。

29 金納士里（C. W. S. Kynnersley）觀察到，華人移民「不尊重紅毛的總督，也不尊重那些為了自己利益而在政府裡做髒活的蠻族。但是對於這位不辭辛苦地學習華語、住在一間掛著神祕畫卷的華人房子裡的「大人」，

他們卻頗為尊重，特別是在發現他隨時帶著關於華人的驅逐令之後」（Kynnersley 1913 [1893]: 4）。

30 讓殖民地推事官感到不悅的是，必麒麟開始調解華人社群成員之間的爭執，而且他在1878年宣稱他的辦公室已經調解了2000宗案件（參閱「1879年華民護衛司年報」，收錄在CO275/23，《1879年海峽殖民地立法議會議事錄》（*Proceedings of the Legislative Council of the Straits Settlements for 1879*）。必麒麟往往依據華人習俗來調解爭端，他要求判決有錯的一方必須贈送另一方一對紅蠟燭與一塊紅布作為道歉的禮物，據報導檳城依然沿襲這個風俗，作為對失去面子的補償。華人也送給必麒麟紅蠟燭以表示敬意。華民護衛司署的牆上很快就塞滿一對又一對以紅紙包覆的紅蠟燭（Braddell 1991 [1921]: 278）。

31 必麒麟提到，在入會儀式過程中，「將軍」會使用口語的福建話稱英國人為「紅毛番」，警察是「大狗」。他觀察到這些新丁要經歷一段時間的痛苦轉換，才知道要使用更有禮貌的稱呼，他又提到，想要做到這一點「似乎是個比他們必須在出鞘刀劍下通過，更加痛苦的折磨」（Pickering 1879: 17）。

32 「華民護衛司年度報告」，附錄6，收錄在CO 275/22，《1878年海峽殖民地立法議會議事錄》（含附錄）。

33 「華民護衛司1878年度報告」，第12號報告，收錄在CO 275/23，《1878年海峽殖民地立法議會議事錄》（含附錄），p. 45。

34 正如必麒麟對天地會會所的描述：「在英國的海峽殖民地，……每個會黨都有個規模宏大的會館或集會所；而在新加坡梧槽的總會擁有一幢非常壯麗的建築物，每年……由『義興』社的九個分部舉行兩次祭典（農曆正月廿五、七月廿五）祭拜『五祖』，並舉行宴會和演戲向他們致敬」（Pickering 1879: 2）。

35 德呢克在接受海峽殖民地的職位之前接受過漢學訓練，並發表對華人民俗的研究，其中他將華人的「迷信」、巫術與傳說故事，跟「亞利安人與閃族人」的傳說進行了比較（Dennys 1968 [1876]）。

36 CO 273/139，1886（1月到4月），No. 6869，〈華人社群的賭博〉，pp. 518-19，3月18日。

37 CO 273/143，1887（1月到5月），《1886年華民護衛司年報》。

38 然而，華民護衛司依然繼續為華人社群成員調解衝突（Heussler 1981: 166）。

39 CO 273/146，1887（8月到9月），No. 19794，〈對華民護衛司謀殺攻擊的起因〉，p. 479。

40 CO 273/153，No. 13810，〈謀刺必麒麟的嘗試〉，給包威爾（Powell）的匿名信，收錄在代理檢察總長的備忘錄，pp. 13-15，1988年7月10日。

41 特洛齊（Trocki）的結論是，這項政策就是攻擊「華人社會內在權力結構」，旨在對華人社群建立更有效控制（Trocki 1990: 178）。

42 CO 273/159，No. 10582，〈社團法令〉，〈來自檳榔嶼與威省的義興社信理員與頭人以及海峽殖民地的其他居民針對社團法令的請願書〉，p. 570。

43 CO 273/159，No. 10582，〈社團法令〉，〈來自檳榔嶼與威省的義興社信理員與頭人以及海峽殖民地其他居民針對社團法令的請願書〉，p. 569。金文泰總督相信這個請願書並非以典型華文寫作風格與方塊字寫成；另一位「專家」下的結論則是，這個請願書「巧妙地援引我們自己人所持的意見，提議要改進而非壓制這些社團（CO 273/159，No. 10582，〈社團法令〉，p. 577）。儘管其中有激昂的辯解，這篇請願書內文的寫作風格與文法，顯示至少有一部分出自受過英文教育的檳城華人之手。例如，撰擬這篇請願書的作者（或作者們）大多忘記在複數名詞後面加上s，因為華文缺乏這類表示複數的標記，華人寫英文常犯這樣的錯誤，有位細心校讀者就用紅筆在請願書中加上這些複數標記。

44 CO 273/159，No. 10582，〈社團法令〉，費爾菲爾德所撰的「會議紀錄」，pp. 345-47。

45 CO 273/159，No. 10582，〈社團法令〉，p. 571。（譯注：由於墨西哥銀幣並未流通至今，因此其基本價值係採用含銀成色來換算推估，不計算各年份銀幣之稀有性、品相與骨董市場價值。以網站資料擷取日2021年8月23日當天的資料計算，墨西哥銀幣1869到1913年的1披索的含銀量為0.7860盎司，現值約在美金18.81元（網址：http://www.coinflation.com/mexico/）。義興公司的財產價值30萬墨西哥銀元，約合美金564.3萬元。依據台灣銀行2021年8月23日美金現鈔賣出價格新台幣28.2元計算，約合新台幣1億5913萬元）。

46 用相對觀點來看這些金額，當時在華民護衛司署的培訓人員起薪是年薪2,400銀元。如欲了解更進一步資訊與海峽殖民地的貨幣情況，請參閱Darbishire 1921 [1991]。（譯注：參考前注，10萬墨西哥銀元約合美金124.8萬元，或新台幣3,856萬元。）

47 CO 273/22，《壓制危險社團臨時報告書》，p. 1083。

48 CO 273/21，《1889年華民護衛司署年報》，p. 846。

49 CO 273/158，No. 5991，pp. 345-47。

50 最近關於當代三合會的學術與通俗書籍包括Booth 1990, 1996, 1999; Chin 1990; Dubro 1992; Mak 1981; McCoy 1972; Morgan 1960。雖然儀式並非這些書籍的主要焦點，但這些研究包含了有關入會儀式的章節，以及這些儀式在香港重現的照片。看來這項儀式中的許多元素是有維持下來，包括群體領導者在儀式的核心地位以及宣誓。

51 對於馬來亞緊急狀態（一般認定是從1948年持續到1960年）的研究，包括Cheah 1983, Stubbs 1989, Short 1975。

52 布萊斯也提到，在1945到1948年的（霹靂州北部）太平地區，這些最惡名昭彰的三合會群體的領導人是：「在這個地區最受人敬畏的先生（宗教導師），……他精通三合會儀式的知識，會使那些只具備粗淺基本知識的兄弟，產生一種相對的畏懼感。……五『虎』將是由他『加冕』，這增強了他們的聲望與權力」（Blythe 1969: 373）。（譯注：「虎將」是天地會內部職稱，見《走近義興公司》頁46、80）。

53 然而，據布萊斯所說，到了1950年代中期，這些注重儀式的三合會勢力衰退，有幾個名稱像是108、八仙、紅花會、祈禱會之類的小流氓幫派興起，占據了舞台。這些幫派索取保護費、經營非法彩票，並從事勒索綁架，而且特別把共產黨員當作攻擊目標（Blythe 1969: 373）。

第四章　歸屬之儀：華人誓盟會黨的入會儀式

1 正如羅根所指出，檳城華人在離散處境當中，組成了各式各樣的「義家」（artificial families），合作慶祝「公開的宗教紀念活動」（Logan 1857）。

2 胡翰指出誓盟會黨有「兩場大節慶」，分別在陽曆四月（清明）和中元普

渡祭拜亡者（Vaughan 1854: 21）。

3 在施列格所翻譯的天地會章程中，第34條要求入會者只需要慶祝戰神（關羽，也稱為關公或關帝）誕辰、清明與七月（中元普度）這三個節慶（Schlegel 1991 [1866]: 143）。

4 瓦德和史特林的作品在許多方面看來與施列格在1866年的重要研究類似，但他們宣稱取得了更完整的儀式文本、妥善利用必麒麟對入會儀式的筆記，而且對洪門暗語與祕密文本做了更好的理解（Ward and Stirling 1977 [1925], vol. 1: 122-31）。最近，新加坡歷史博物館進藏了史特林從1921到1931年收集的天地會用品。這項特藏包括在入會儀式上所使用的物品、印章、會員證書、通知、表格和收據，其中一部分為政府於1890年實施社團法令時所沒收。如欲了解新加坡祕密社團的歷史概述以及史特林特藏目錄，請參閱Lim 1999。

5 參閱Abdullah 1852, 1970 [1849]; Milne 1845 [1826]; Newbold and Wilson 1840-41; Pickering 1878, 1879; Schlegel 1991 [1866]; Vaughan 1971 [1879]; Ward and Stirling 1977 [1925, 1926]; Williams 1849。王大為的結論是：「平日在殖民地負責控制這些人群的務實官員，很少有時間探索『本土文化』。」我認為這個說法過於誇大（Ownby1995: 1026）。我也無法同意他主張「殖民地漢學家」排除了祕密社團的宗教層面，將之視為無關緊要。雖然這些作者往往受限於其語言能力與其研究主題的神祕性質，但有許多人確實試著理解入會儀式的意義。

6 穆黛安與秦寶琦回顧歐洲人和華人對天地會歷史的論述，並試圖記錄這個團體的歷史發展；他們也詳細分析七個版本的天地會傳奇歷史（Murray and Qin 1994）。

7 因此，我並不贊同穆黛安與秦寶琦的結論，他們認為歐洲人共濟會和天地會的重要區別，在於天地會「沒有任何精神上或知識上的基礎，也沒有像共濟會人一樣關注道德秩序」（Murray and Qin 1994: 92）。相對地，我的結論是入會儀式是個重要手段，儀式發明者藉此向這個團體教導複雜宇宙論與合乎道德的行為守則。

8 《檳城暴動調查委員會報告》（*Penang Riots Enquiry Commission Report*, 14 July 1868）（Penang Riots Enquiry1868: 4）（以下略為PRE）。我參閱了三卷未出版的檳城暴動調查檔案打字稿，這是在1955年所整備的文獻，

可在新加坡國立大學的善本書庫取得。下面的注釋引用了打字稿PRE 1867（第一卷和第二卷）和PRE 1868。這些文件也被納入CO275檔案中，《1868年海峽殖民地立法議會議事錄》（*Proceedings of the Legislative Council of the Straits Settlements for 1868*）。委員會報告的附錄2重刊於孔博（Leon Comber）的研究《馬來亞華人祕密會社》（*Chinese Secret Societies in Malaya*）（Comber 1959: 279-86）。

9 《檳城暴動調查委員會報告》（PRE 1868: 7）。1786至1787年，台灣的林爽文事件中，叛軍也發表了類似宣言，來合理化他們所發動的這場叛亂，聲稱他們的作為獲得上天支持（ter Haar 1998: 337-38；也請參閱Ownby 1996）。正如建德堂的創始者在日落洞所做的一樣，這些領導人所籌組的社團超越了族群和語言的界線。

10 麥斯特斯（Frederic Masters）提供了一個有趣的（儘管其內容存疑）關於19世紀舊金山誓盟會黨宣誓儀式的描述（Masters 1892a: 272）：

這個會社的大導師（先生）稱為「阿媽」或「媽媽」。他穿著明朝服裝，披著未綁辮子的長髮，寶座兩側站著他的高階官員。新入會者向阿媽鞠躬並聲明接受21條規。這時準備了一杯酒，用銀針刺破每位入會者的手指尖，將每個人手指上的一滴血落入酒杯。在場成員飲下這杯混合著酒和血的汁液，象徵著入會者加入了這個血緣關係。入會者也會匍匐爬過阿媽所坐的椅子或凳子下方，這項儀式意味著重生。據說在某些地方阿媽會脫光衣服；而且由於這個新生儀式過於噁心，因此不便在此描述。

……（如果像我一樣）設想天地會領導人採用了神明的身分來主持儀式過程，那麼該團體的「母親」也可能是天地會神話歷史中的一個女性角色，甚至是一尊女神。

11 在當代節慶當中，人們往往會拿走狀似壽桃的粿或「紅龜」（*angku*）以祈求好運。如果他們（今年因此）事業興旺，明年就會加倍償還。

12 也請參閱Mus 1935的長篇導論；以及Wheatley 1969, 1971; Zito 1998。

13 人們在某個特定時期所選擇的保護神，取決於那個時代他們所信仰的主流宗教的元素。天地會記錄了先前的保護神，人們認為祂們具有化身的地位，其中一位化身為斗姆，兩位化身為燃燈古佛，四位化身為彌勒，其中一位保護神由於策動一場叛變，而從天地會紀錄中加以刪除（Topley 1963: 377）。

14 對保密的需求可能會影響這些具宇宙論意味的層級關係的發展，因為這個社團的組織模式可能隱藏在宇宙論結構之中。此處可以比較一下法國在1848年革命前幾年的一個祕密革命社團「四季會」（Société des Saisons）的組織方式。這個社團由一套巢狀的團體層級所組成，各團體分別以星期、月、季來命名。四季構成一支軍隊，四位首領聚集在一起，構成一個委員會（comité）（Talmon 1960: 386-87）。我們在華人團體找到類似的組織模式，運用中心和四個方位的宇宙觀，構成五合一的組織，每個方位都與一個季節與其屬性相關。但相對於法國的四季會，華人教派團體的組織結構深植於宇宙論的架構，並許諾神祇的救贖和保護。

15 例如，當代少林武僧以神祇的名號為某種武術風格命名，包括佛教寺廟的護衛者韋馱與二郎神，後者是玉皇大帝的天軍當中的武師，以神奇的戰鬥技術而聞名（P'ng and Draeger 1979: 20）（譯注：有兩種拳路就分別稱為韋馱拳、二郎拳）。儘管胡翰提供了有關驅魔的敘述，但在殖民地文獻鮮少見到關於神靈附體的描述（Vaughan 1971 [1879]: 94; 也請參閱 Freeman 1924; Stirling 1924）。

16 由瓦德和史特林所翻譯的傳統歷史，對陳近南的生命歷程有著不同的敘述。在這裡，他由於殺掉調戲其妻子和孩子的壞人，而成為亡命之徒，這個故事能跟其他亡命之徒（包括後來神格化為戰神的人物）的故事相呼應，他們勇敢採取行動以打擊違法者，結果卻成為亡命之徒（Ward and Stirling 1977 [1925]: 41）。

17 對於文學時空體（chronotopes）的討論，請參閱Bakhtin 1981。

18 田海駁斥將白話小說如《三國演義》和《水滸傳》視為三合會傳說源頭的這個觀點，認為「直到19世紀晚期為止，這些小說都屬於菁英文化」（ter Haar 1998: 9-10）。田海無疑是正確的，流行宗教文化的儀式習俗對三合會儀式和傳說的發展有其重要貢獻，而且這些貢獻在先前是被忽視的，但他可能低估了說書者、戲曲和偶戲的貢獻程度，還有像是天地會入會儀式這樣的展演，這些都構成了菁英文化和通俗文化之間的橋樑。

19 必麒麟所翻譯的文本無疑屬於義興所有，這個天地會的團體在海峽殖民地、馬來屬邦、泰國、緬甸和印尼都設有香堂。這個文本看起來像是威廉斯（Williams 1849）與施列格（Schlegel 1991 [1866]）的翻譯版本，但不完全相同。

20 田海比較了數個不同版本的創始故事，並將這些故事跟羅教（Luo Teaching）與八卦教（Eight Trigram Teaching）的創始故事相比較，都具有賢臣失寵的情節結構（ter Haar 1998: 368-416；也請參閱Murray and Qin 1994: 151-75, 197-228）。

21 這三位「古人」是白話小說《三國演義》中的英雄，華人將他們神格化，分別成為戰神（在檳城俗稱為關公，但也稱為關帝或關羽）、黑面的結拜弟弟張飛，以及帶著玉帝權威印章的大哥劉備（ter Haar 1998: 368-416；也請參閱Murray and Qin 1994: 151-75, 197-228）。

22 在穆黛安與秦寶琦所翻譯的傳奇歷史的七個版本中，有四個提供了萬雲龍的死亡日期，全都是農曆九月初九（Murray and Qin 1994: 197-228）。施列格（Schlegel 1991 [1866]: 17）、瓦德和史特林（Ward and Stirling 1977 [1925]: 44），以及斯坦頓（Stanton 1900: 36），也在他們翻譯的傳奇歷史版本中提到這個日期。因此，必麒麟的版本將萬雲龍的死亡日期定在農曆八月十五，確實是獨一無二（Pickering 1878: 83）。由於這有別於其他各版本所記載的九月初九，就這一點而言，我選擇不要依循必麒麟的看法。

23 這個傳奇歷史在許多方面與最近由一位檳城武術家和傳統醫師所撰寫的少林拳法故事相當類似。依據方再欽的說法，從福建少林寺逃脫的五位和尚，據信每一位都建立了自己特定類型的少林拳法（P'ng and Draeger 1979: 14-15）。

24 許多人相信天地會的達宗就是戰神關公，淨土宗佛教徒視祂為阿彌陀佛西方極樂世界的保護者（伽藍菩薩）。

25 這兩個人是將軍的兒子和侄子，少林武僧曾協助將軍對抗蠻族，清朝皇帝下令他們兩人自盡。

26 斯坦頓對於這段傳奇歷史提供了一個稍微不同的敘述：天地會在萬雲龍死去多年後重組。他們唯一有才能的領導人蘇洪光死了，先鋒的鬼魂附在他的肉身。在征服七個省份後，於四川的一場戰役中，蘇洪光的肉身被毀滅，釋放出先鋒的鬼魂，導致了天地軍的四散（Stanton 1900: 37-38）。

27 田海對於三合會儀式中的紅斗意義提出了詳細考據。參閱ter Haar 1998: 63-80。

28 其中包括五祖旗；五位「馬販」或「五虎將軍」的旗幟；五行旗；五倫旗；四季旗；天、地、日、月旗；七星、八卦、金蘭、「勝利兄弟」旗；

以及大哥、先生、先鋒與將軍四面紅旗。

29 根據瓦德和史特林的記載，先生接下來在一段儀式中呼請五方的靈軍，在類似道教的犒軍儀式中為這個團體的旗幟開光。先生將酒分成五杯，他倒出祭酒，倒每一杯酒時都念誦詩句，一開始是東方，然後向南、西、北、中祈禱，表示「我們在各方支持先生」（Ward and Stirling 1977 [1925]: 51-52）。

30 由驅魔武神所附身的乩童大多會帶著一條「法索」（長長的、蛇皮把手、編織的鞭子），他們將其打得劈啪作響以鎮懾邪靈，但在三合會儀式中並未描述這個物件。

31 必麒麟發現先鋒在執行333行的拜會互答時，有著驚人的記憶力，並指出「我確實感到驚訝，聽到這位聰慧的先鋒正確回答並準確說出詩句，而不需要看書或從端坐壇前主持儀式的先生那裡取得任何協助」（Pickering 1879: 15）。

32 1879年，檳城華民護衛司署發表了檳城祕密會社資訊列表，列舉出六個祕密會社，連同每個會社的兩位主要成員名字。這六個會社的其中三個列出其領導人的主要職業是「作家」。如果作家就是儀式的先生（而且很可能就是如此），顯示知書達禮是先生的重要權力基礎。〈1879年檳城華民護衛司署報告〉（Report on the Chinese Protectorate, Penang, for the year 1879），收錄於《1880年海峽殖民地立法議會議事錄（含附錄）》（*Proceedings of the Legislative Council of the Straits Settlements [with Appendices] for 1880*）, Paper No. 28, p. 178, Table F）。

33 雖然必麒麟並未描述歃血為誓的過程，但其他作者提到，新丁所喝的茶水是取自三河的河水，混合了三樣東西：三十六誓火化後的灰燼、幾滴公雞血，以及幾滴來自每位新丁的血。先生向新丁宣讀這些誓詞，並在西門外的火爐內鄭重燒化這張誓詞表文，以邀請眾神參加他們的儀式。隨後將灰燼帶回紅花亭，斬下一隻公雞，將灰燼和公雞血加進茶水裡，由兩位新丁和先生飲下。接下來，先生的助手刺了這兩位新丁的手指，讓幾滴血落入先生的杯子，他們也從那杯裡喝了一小口（Ward and Stirling 1925 [1977]: 72-76）。

34 對於天地會保護神的描述，顯示這艘渡船甚至可能寓意著天地會的香堂，它通常會在神壇上擺設神像，根據一套象徵論來做層級安排，由高而低、

由左而右，以呈顯天地會重視的價值。斯坦頓指出，由於香堂不合法，神龕通常只能畫在紙上，但理想上香堂神龕的祭祀對象應該包括關公、觀音、土地神、陳近南、萬雲龍，以及天地會的先祖與創始人（Stanton 1900: 40）。

35 如欲了解在擁有乩童的廟宇之中，恭送眾神返回天庭儀式的詳細描述，請參閱DeBernardi n.d.。

36 在檳城，複雜的北斗象徵以及對斗姆（代表北極星的星宿神）的崇拜，依然顯現於九皇大帝的崇拜，人們描述祂們是斗姆的兒子。參閱第八章。

37 譚拜亞對儀式「展演」面向的討論中，援引英國日常語言學派奧斯丁的作品（Austin 1962）以及皮爾斯的符號學理論（Peirce 1960）。也請參閱DeBernardi 1998。

38 以檳城建德堂（大伯公）誓盟會黨的一條規章為例：
進入洪門後，你不得私自展示這個香堂的文書和規章給陌生人，甚至也不可以給尚未進入洪門的父親、兄弟、叔伯或侄子。如果被發現，他應被殺死，而且不會埋進墳墓裡（PRE 1867: 82）。威脅不把人下葬是個可怕威脅，因為人們認為未被妥善收埋的死者將成為餓鬼、無人照顧，而且無法投胎轉世（PRE 1867: 82）。

第五章　歸屬之權：公民權與族群國族主義

1 願意成為馬來西亞公民的華人也可透過歸化而取得公民權。根據馬來西亞憲法，任何年滿21歲的人，只要是（a）已符合居住年限要求，並打算永久居留；（b）具有良好品格；（c）具備充分的馬來語知識，就有資格歸化（Groves and Bowen 1972；也請參閱Tan 1987）。

2 殖民統治與華人社群的互動（殖民時代作者經常將馬來人與華人社群進行對比）都影響了馬來民族主義的發展。若詳細討論這個話題，超出本研究的探討範圍，但可參閱Kahn and Wah 1992, Milner 1998, Nagata 1984, Roff 1967, and Shamsul 1998。如欲了解對於殖民時代晚期國家與朝向獨立發展時期的詳盡研究，請參閱Harper 1999。

3 我透過國民醒覺運動的成員安排，連同馬來西亞理科大學（Universiti Sains Malaysia）的其他幾位研究人員，獲邀參加了這場在1980年3月22日至23日

於吉隆坡舉行的會議。參閱Aliran 1980。

4 在1980年稍晚，一幫年輕人攔路搶劫一位華人廟祝，並詢問他屬於哪個祕密會社。當他否認自己隸屬於任何幫派時，其中一人就拿刀攻擊他（*The Star* 1980c: 4）。

5 政府為回應這些宗教上的擔憂，進行了一項詳盡的研究計畫，並於1983年制定了新政策，更加嚴格監管宗教組織。這些政策建立對神廟和寺廟建築的控制，並通過一項刑法修正案，賦予政府更大的權力來控制宗教異議者。依據阿克曼（Susan E. Ackerman）和李（Raymond M. Lee）的觀察，後面這項法律主要是為了控制伊斯蘭原教旨主義團體（Ackerman and Lee 1988: 58-60）。

6 伊斯蘭黨控制了吉蘭丹州政府多年，並在1999年贏得了第二個州屬——登嘉樓州的執政權。這個新的「清教徒」州政府對所有居民施加伊斯蘭戒律，這對於登嘉樓州的旅遊業與其華裔和印度裔等少數族裔帶來了負面衝擊（Singh 2000: A14）。

7 如欲了解在這段時期伊斯蘭原教旨主義在馬來西亞的興起，請參閱Nagata 1984。如欲了解在這段期間檳城印度裔社群所發展的大寶森節（Thaipusam Festival）的政治和道德面向，請參閱Collins 1997。

8 例如，國民大學（*Universiti Kebangsaan*）的一位教授報告指出，法律系的教授全部是馬來人，而且學生也幾乎100%都是馬來人。

9 如欲了解當代馬來西亞華人將子女送到海外接受教育，以追求未來經營跨國企業或移民選項的各式策略，以及晚近前往日本與台灣的勞動力流動模式，請參閱Nonini 1997。

10 王愛華將持有多本護照或到各地旅遊以尋求機會的華人，視為運用新的跨國策略以建構多重的替代性身分認同，並從「彈性公民權」來謀求好處的個體（Ong 1999）。她對於華人跨國主義的詮釋強調了這些具活動力個體的能動性，但或許她並未充分著眼於引發這些流動的政治不確定性。諾尼尼（Nonini 1997）探討了馬來西亞華人的移民就業策略，他們想要離開並不是因為他們對全球經濟的參與，而是對於身為次等公民感到的政治不滿所致。

11 例如邱武德指出：「新經濟政策擁護著1969年之後的國家發展意識形態，並設計用來成為支持國家團結這項偉大建築的社會基礎工程」，變成是

「在政治上非常令人困擾」的東西（Khoo 1995: 107）。

12 1979年，國民醒覺運動出版了關於這項論辯論文和文章的資料彙編，呈現了關於在馬來西亞設立華文大學的正反意見（Aliran 1979）。

13 遭到囚禁者包括國民醒覺運動的主席詹德拉博士（我在前面引述了他對馬來西亞宗教的討論），以及政治學家和政治人物柯嘉遜（他透過出版促進對華人社群的政治與文化議題的討論）。可參閱Kua 1987, 1989, 1990, 1992。

14 直到1990年為止，除了在華人農曆新年之外，舞獅一直遭到禁止，直到非常晚近才被納入可在正式活動場合表演的項目，並成為非華人也可共同參與的流行體育活動。

15 華萊士（Anthony Wallace）對復振運動的經典研究所提出的結論顯示，這些運動是在個人壓力逐漸升高的時期發展出來的，人們認為他們的文化已經解組且匱乏，並認為該系統無法合乎他們的需求。這種運動可能是個中央化的組織，具有領導者、弟子、以及大眾追隨者，或它可能是由本地的數個群體（每個群體都有自己的風格和領導力）鬆散地組成的一個具有層級分支的組織（Wallace 1970 [1961]: 192-96）。

第六章　時間、空間和社會記憶

1 關於華人節慶循環的研究，包括高延《廈門歲時記》（*Les fêtes annuellement célébrées à Émoui [Amoy]*, 1977 [1886]）；Juliet Bredon and Igor Mitrophanow《陰曆年》（*The Moon Year*, 1982 [1927]）、Wolfram Eberhard《華人節慶》（*Chinese Festivals*, 1972 [1952]）、王斯福（Stephan Feuchtwang）《帝國的隱喻》（*The Imperial Metaphor*, 1992）、Marie-Louis Latsch簡短的《傳統華人節慶》（*Traditional Chinese Festivals*, 1984），以及黃存燊（C. S. Wong）探討檳城華人節慶循環的《節令研究》（*A Cycle of Chinese Festivities*, 1967）。

2 如欲了解有關風水的詳盡人類學分析，請參閱王斯福（Stephan Feuchtwang 1974）。也請參閱Eitel 1984 [1873]。

3 「angkong」的第二個音節無疑是「公」，一個常用於神明名稱的尊稱，但人們並不確定第一個音節「ang」究竟是哪個字。王斯福認為可能是

「翁公」，意即「古老或令人尊敬的領主」（Feuchtwang 2001: 200）。但 angkong這個字也意指「娃娃」，而且 angkong-na指一種木偶，這顯示這個字最好是保持原來拼音，而不要明確指定其華文字。（譯注：據林玉裳表示，ang是「尪」字的發音，意指神明。）

4 郝瑞指出：「台灣民間信仰有著為數眾多的超自然神靈：每個社區、每個家庭，甚至每個人，都可能信仰和崇拜一組不同的神明」（Harrell 1974: 193）。法國漢學家馬伯樂（Henri Maspero）輕蔑地描述華人神明為「一大群前所未聞的各式神祇與精靈所構成的群體，一個不可勝數的烏合之眾」（引述自Thompson 1975: 57；也請參閱DeBernardi 1992）。

5 例如，參閱Ahern 1981; Feuchtwang 1992, 2001。

6 雖然檳城華人跟其他華人社群不同，不再於華人新年期間的最後一天（正月十五）慶祝元宵節，但仍舊會在農曆正月十五前夕舉行保留了象徵太陽回歸的「請火」儀式。

7 用來代表光明的這個字——明——結合了代表太陽和月亮的兩個極端成分。有可能是重新修改節慶週期的人們，在一場活動中將祭祀太陽和月亮的慶典結合起來，回想他們「反清復明」的成功。

8 正如李約瑟（Needham 1956: 274）繼葛蘭言（Granet 1934）之後所述，在古代中國的文獻中：

陰令人想到……關於寒冷與雲、雨、女性特質、內在與黑暗等等的概念，例如地下室的廂房，其中存放著用來對抗酷暑的冰塊。陽令人想到關於陽光和熱、春夏的月份、男性特質，也可用來指稱男性儀式舞者的現身。大家也一致認為，陰意指一座山或山谷的背陰面……而陽意指陽光照耀的一面。

9 檳城人對於家屋前一塊高架牌匾所代表的「天官」究竟是天公或其代理人，看法並不一致。

10 有一位研究助理指出，福建人在家戶神龕上，採取下列順序來祭拜神明：首先是神龕上的佛陀、觀音和大伯公；接下來是家門前紅色牌匾所代表的天公；灶神，其祭台位於爐灶上方，有時只用一幅版畫代表；土地公，其祭台位於家戶神龕神桌下方的地板上；最後祭拜門神。相較之下，廣東人將土地公（地主公）的位階提得更高，因為他們相信，要是小孩子無意中打擾了土地公的祭台，且未做出適當的道歉，祂可能傷害小孩子。人們也描述神明有「大」或「小」之別，並根據祂們的神靈位階，排列其在家戶

神龕上頭的位置。

11 據馬伯樂的說法，三位代理人（這是他對三官的稱呼）會在每年的正月初七、七月初七和十月初五，考核世人功德和罪惡，道士則在這三天禁食（Maspero 1981 [1971]: 82）。另請參閱Saso 1989: 27。

12 華人農曆新年期間，許多人也會前往萬腳蘭（Sungai Kluang）的福興宮祭拜清水祖師公。喬治市清和社的會員在農曆正月初六前夕於該廟舉行請火儀式。

13 椰腳街廣福宮旁邊的祭品店目前販售一本小書，重印了提供給在廟裡抽籤卜卦的人使用的籤詩解說。見《觀音菩薩靈籤解說》（n.d.）。

14 或許是因為農曆新年期間的紀念活動規模盛大，有些檳城人相信華人社群這一天前往廣福宮朝拜是因為這是觀音的第一個生日。參見，例如Tan 1981。

15 對於觀音歷史起源的詳細研究，請參閱石泰安（Stein 1986），其中包括祂如何從印度的觀世音菩薩轉變為女性形象的觀音，並經常被再現為送子者。石泰安也探討觀音在中國的文字、影像和教派傳統中各種迥異的再現形式。

16 這個版本的觀音（妙善）故事也是先天大道傳說的一部分，這個故事在19世紀和20世紀早期廣東的珠江三角洲，啟發了某些女子抗拒婚姻並組成集體的齋堂。有些婦女遷往新加坡和檳城工作，並以觀音為榜樣組成齋堂（參閱Topley 1978: 255）。1980年代初期，亞依淡依然有一座廣東女子齋堂。其成員在農曆每月十五凌晨五點為信眾舉行「過運」儀式，向保護神地母和廣澤尊王（人們將祂描述得就像是個戰神）禱告。有一位也會算命的居民解釋說：「我們都是一樣的，不結婚的菜姑，因為家庭太麻煩了。我們不僅為自己祈禱，也為外人祈禱。我們祈求『補運』。」最後一位持齋比丘尼——她可能是在年輕時被原本其中一位比丘尼所收養——於1990年代還俗結婚，這座齋堂從此改建為一座淨土宗佛教的禪堂，有一位住持比丘尼。

17 這個故事乩童跟我講了兩次，一次是在他神靈附身時（由理事翻譯），另一次是在他已脫離附身狀態恢復意識之後。他這兩次講述故事時，理事都有補充細節。我在這裡重述的故事就是由這兩次敘述綜合而成。這個故事的另一個版本與其詮釋，請參閱王琛發所寫的廣福宮歷史（Wang [Ong]

1999: 73-90），他也將這個故事視為對華英關係的重大評論。另請參閱DeBernardi 1994c。

18 慶祝天神的節慶日期都是落在代表三的倍數（特別是三、六、九），而慶祝地祇的節慶日期往往落在二的倍數。

19 例如，參閱Bokenkamp 1996: 251-53; Yang 1961: 181-84; and Zito 1997:125-27。

20 我的房東太太也用葫蘆當作祭品，並用一段諺語來解釋：「葫蘆富，起著大厝」（*ho·lo· pu, khi tho tua chhu*）（〔用〕葫蘆〔拜拜〕會發財，你就會住在大房子裡）。她解釋說，她也祈求生活會「直直旺」（*titi ong*）——永遠興旺。

21 乩童講話的內容往往不斷重複，且有些不連貫；因此我在這段翻譯冒昧地省略了若干重複片段，以便讓整段敘述更流暢。

22 乩童的翻譯者將我所提出的「異人」（蠻族）一詞翻譯為「Golden Horde」（欽察汗國，又稱金帳汗國），意思是蒙古人，但異人這個詞的指涉對象並沒有那麼明確。

23 正如我在第三章曾簡要討論的，胡翰指出，檳城義興（天地會）的主神稱為天帝，可解讀為「玉皇大帝」，但就該群體的名稱「天地會」而言，這也是一個雙關語諧音（Vaughan 1854: 16）。

24 當地作者將大伯公描寫為「福建人的神祇，很受東南亞華人的歡迎」（Cheo and Speeden 1988: 75）。然而，金恩觀察到，華人宗教「完全鼓勵『致富』的行為」，並認為財神是華人最普遍的神祇之一（King 1996: 271）。事實上，某些人推測馬來語用來稱呼華人寺廟或聖像的詞語tokong（這個字也用來指稱一個沒有樹木生長的岩石或群島），是衍生自福建話用來稱呼當地財神「大伯公」的發音。

25 依據羅維所述，19世紀初期，華人祭拜具保護作用的土地神的地點是在「峇都蘭樟（Batu Lanchang）一座由突出的花崗岩半封閉住洞穴口所構成的破舊老廟」（Low 1972 [1836]: 311）。羅維形容土地神是位聖者（大概是個官員），配祀了兩位官僚助手：一位是拿著「板子跟筆」做紀錄的文判官，另一位是「武判官」。種植穀物的農民和暫時生活在森林裡的人都拜土地神。

26 就如同天地會的創始者，他們代表著由不同專長所構成的聯盟。邱思妮援

引了這個故事的不同版本，指出：「在他們這群人當中，頭一位能教書，第二位能建造房屋，第三位能製造武器，這三位移民先驅者具備了打造一個新社會所需的一切技能」（Khoo 1993: 160）。

27 在華人的宇宙觀之中，白虎代表地表上的陰性能量，因此成為適合用來保護土地神的動物。關於檳城廣福宮和寶嶼仙岩崇祀白虎的簡要說明，請參閱Sim 1950。

28 有時人們認為拿督克拉末崇拜和大伯公崇拜之間的關係是互補的。例如，在新加坡港口的小島龜嶼有兩座小廟，一座是大伯公廟，另一座位於山頂的小神廟則是祭祀當地的拿督克拉末。在農曆九月的頭十五天會有許多華人朝聖者造訪並祭拜這兩座神廟。

29 檳城的所有大伯公廟每四年都會合辦一場有裝飾花車的妝藝大遊行，據說每逢十二年一次的虎年特別隆重（參閱Baofu She 1990）。

30 農曆正月十五也是道教的上元節，拜的是玉皇大帝。

31 根據桑高仁的說法，華人認為魔力或靈力是神祇所具有的屬性，祂們擁有調節有序與無序、陽與陰的神祕力量。因此，他試圖闡明一種華人文化邏輯，這種文化邏輯交織著歷史、社會關係與靈力。例如，桑高仁呈現了台灣人社群運用神話化的歷史事件，來正當化他們的地域神祇與其社群界線，從而合理化當代的社會安排方式（參閱Sangren 1987）。

第七章　宗教復振運動的政治運作：慶讚中元

1 專訪鄭永美先生（2001年7月5日）。檳州首席部長林蒼佑在1959年擔任馬來西亞華人公會（MCA，簡稱馬華公會）的主席，但他在1961年從馬華公會出走，籌組民主聯合黨（United Democratic Party），然後在1968年成為馬來西亞民政運動黨（Gerakan Rakyat Malaysia，英文名稱為Malaysian People's Movement）的創黨成員之一（Crouch 1996: 48）。民政黨創始人試圖建立一個「無特定社群傾向、多民族的政黨，致力於社會正義、人權和開放的民主制度」，該黨在檳城和吉隆坡擁有強大的支持基礎（Means 1991: 5）。雖然民政黨是國民陣線的成員黨（國民陣線是1970年代早期形成的執政聯盟，由原先包括巫統〔馬來民族統一機構〕、馬華公會、馬來西亞印度國大黨的「聯盟」，再加進民政黨與人民進步黨等政黨而

組成），其黨員來自多個族群，它聲稱為華人社群發聲（Means 1991: 179），並積極尋求透過各種策略，贏得教育程度較低、非英化的華人支持（Crouch 1996: 48）。在馬華公會內部，年輕政治人物也在1970年代發起華人大團結運動，但在1973年馬華公會開除了某些較激進的黨員，其中有許多人帶著追隨者加入民政黨（Crouch 1996: 31；也請參閱Loh 1982, Vasil 1980）。以下的討論，我把重點放在由民政黨所領導的檳城「華人大團結」運動——然而，其參與者並不限於該黨的黨員。

2 如欲了解在馬來人社群中不同分支部門歷史發展的詳盡分析，參閱Nagata 1984；也請參閱 Milner 1998，Shamsul 1998。

3 克利斯曼把面對敵對勢力而形成的團結看成是某種形式的「區隔化組織」（segmentary organization），並認為這是東南亞華人的典型形式（Crissman 1967）。

4 正如柯雪蓉指出的，馬來西亞政府的國家文化政策導致對歷史的重新評價。馬來西亞華人長久以來認定當今馬來西亞首都吉隆坡的開埠者是19世紀華人甲必丹葉亞來。華人社群在吉隆坡的一座寺廟表彰他的貢獻，並撰寫傳記講述他在錫礦戰爭的英雄事績。然而，大約1980年前後，政府改寫了歷史教科書，現在官方認定馬來人巴生拉惹阿都拉（Raja Abdullah of Klang）為吉隆坡的開埠者（Carstens 1988, 1999）。

5 我住的社區的乩童不允許我觀看她的降神；另一位乩童警告我，這類的諮詢往往需要花上一大筆錢，因為亡魂必定會要求所費不貲的特殊供品。

6 1980年，有些人宣稱有超過200個地點舉行此一慶典，但依據我從檳城普度（中元）委員會所取得的清冊，那年只報導了129個地點的詳情。

7 有些捐款者提到雖然他們捐款支持活動，但自認是「喜歡安逸的人」，不會去爭取擔任管理委員會的委員。

8 街區委員會成員往往宣稱這些募得的捐款都會存入銀行，但在某些地方有人指出，這些資金可用作短期貸款。小型企業經常需要資金，銀行或個人貸款的利率較高；因此，參與街區委員會的其中一項誘因，有可能是財務需求。

9 對於佛教救祖儀式發展過程的詳細歷史與詮釋性研究，請參閱Teiser 1988。其他研究包括Orzech 1989, Pang 1977和Weller 1987。

10 對於無常伯（也是一位財神）的相關故事與其降乩的詳細研究，參閱DeBernardi 1994b。

11 其他報導人也講述過一個類似故事，但往往會再補充說，那個人對母親的去世深感哀傷，結果也死了。玉帝隨後獎勵這項遲來的孝順表現，賜他在地府任官。據推測，這個神之所以被授予陰間官職，是因為他有著善念——即使他先前的錯誤確實毀掉他在天庭任官的機會。

12 關於目連故事的歷史發展與其神靈附體面向的詳盡分析，見Teiser 1988。

13 關於普度儀式與中元節委員會的活動分析，參閱Tan Sooi Beng 1988；也請參閱DeBernardi 1984。

14 參閱許岳金（Xu [Khor1979]）。以下的引述文字引自訪談、檳州慶讚中元委員會一次例行會議的參與觀察，以及未正式出版的演講稿和小冊子，包括《檳州各街區慶讚中元節為漢民華小籌募基金徵信錄》（1979），《檳州慶讚中元節委員會章程》（1980），以及為一場特別籌款晚宴製作的紀念特刊（Tun Sardon Foundation 1980）。在適當情況下，我依循人類學的常規，對於那些協助我參與活動、取得其發言內容、慶祝他們籌款成功而私下出版和分發小冊子的政治人物，儘量保持匿名。

15 2001及2002年，該委員會代表兩所華人學校籌募資金，每年的籌款目標都設定為馬幣80萬令吉（依照當時匯率，約合美金210,580元）（*The Star*, 10 September 2001 and 9 August 2002）。

16 一位女商人對於社團參與普度（中元）委員會所發動的集體募捐，提出了如下解釋：

下階層的成員參加這些活動，是為了找到一大群人成為自己的後盾，而且因此得到幫助。對於相對富裕、事業成功、中年且安穩的那些人，他們參加活動是為了結交朋友並創造良好的關係。對於上階層、百萬富翁的這群人，他們是受中產階級的邀請參與。上層人士普遍有錢，但想要名聲。如果他們捐款，就能在團體中獲致較高地位，並且有個良好的社會名聲。

17 1979年普度（中元）委員會的募款活動，某些街區委員會募得微薄的馬幣200令吉，但其他委員會則募到超過馬幣3萬令吉。

18 海恩斯（Douglas Haynes）指出，印度人菁英分子有個類似過程，透過他們對「文化所珍視的施捨形式」將自己的財富轉化成聲譽；「有道德且善盡責任的個人」，也轉化成政治影響力（Haynes 1987: 358）。感謝斯諾德格拉斯（Jeffrey Snodgrass）提醒我注意這篇文章，它提供了一個可跟華人的做功德形式進行比較的有用案例。

19 例如，在檳城普度（中元）委員會的一場會議當中，有一位街區代表為了合理化他支持華語是重要國際語言的事實，指著我作為例子來說明就算是洋人也學習華語。

20 1950年代，檳州華人大會堂的董事跟馬來西亞其他華人團體合作遊說支持在這個去殖民時代鬆綁公民權標準，並支持將華文和印地文列為這個新國家的官方語言。大會堂的董事也集合其他團體的力量，尋求恢復檳城自由港的地位，甚至支持分離主義運動，恢復檳城先前的英國海峽殖民地狀態（Chen 1983: 157-61）。

21 華人大會堂的名稱在1914年由「平章公館」改名為「平章會館」，而且在1980年代重建之前，曾經重建兩次（1926至1929年，1936至1940年）（Chen 1983）。

22 參與檳城普度（中元）委員會的代表中，一位來自喬治市較貧窮區域的代表問道，新的華人大會堂究竟會是什麼？哪些人會屬於這個大會堂？會議主席回應說，華人大會堂將會代表「華人的權力」。在此同時，主席指出，早在一百多年前華人已區分為福建、潮州、廣東等語群——當地人稱為「幫」（雖然這個詞可能是從馬來字的pangsa衍生出來，意指水果的一片或自然分支，也意味著種族。〔譯注：種族的馬來字為bangsa，作者有可能將二者混用〕。）他承諾這些團體將繼續在這座嶄新的大會堂找到認同。創建華人大會堂背後的主要推動者是福建幫的領導人。

23 參見「全國華人文化大會」報告，收錄在新的檳州華人大會堂所出版的紀念特刊（檳州華人大會堂 1983）。

24 先前在1975年通過採行的章程也包括宣傳目標：「忠於國家憲法之下的國家原則」（檳州華人大會堂 1975）。所有註冊的華人社團都有資格參加，並選舉一位代表參與華人大會堂，他們和個人會員都有權參與其贊助的文化和娛樂活動、請求協助解決爭端，或是處理「任何有關於華人社群的共同利益的重要事項」，以及有權「發言、投票、選舉與被選舉」（檳州華人大會堂 1975: 3）。

第八章　展現神奇力量：九皇爺誕

1 檳城的7座九皇爺廟中，有5座為原有廟宇，2座為晚近新建。有個人告訴

我，其中一座昔日只有五皇大帝。相對於檳城節慶的盛大場面，在靠近吉隆坡的安邦（Ampang），九皇爺節慶集中在同一地點，只有5位或9位乩童參加遊行（Cheu 1988: 81）。

2 我對於這項節慶復振的分析集中在其社會意義，但這項節慶無疑具有重要的經濟面向，從素食攤位租金，到銷售蠟燭、香、油、符和神符，所獲利潤非常可觀。一位委員會委員指出，在吉隆坡有數座九皇爺廟聯合在同一地點舉辦節慶，一年就賺了50萬令吉。再者，九皇爺誕有效宣傳了乩童的靈力，他們施展了生動的驅魔儀式，並試圖產生支持這些神祇靈驗的名氣，這會吸引各地信眾在未來一年到他們廟裡求助。

3 最近關於更廣大社群具有類似吸引力的民間宗教慶典所做的研究，包括丁荷生（Kenneth Dean）對於福建民間信仰的研究，其中有關於乩童的探討（Dean 1993），以及艾茉莉（Fiorella Allio）對於台灣西港遊神的研究，這是一種台灣的地域性社群儀式，吸引了來自許多不同教派社群的會員同聚（Allio 1998）。

4 他們也可能擔心我不能理解他們的儀式禁忌，其中包括禁止某幾個生肖與月經來潮女子進入寺廟或觀看這些儀式活動。

5 人們認為這兩種宗教師父都是乩童；他們的教義類似馬來西亞的德教會（Soo 1997, Tan 1985）和台灣的教派團體，他們扶乩占卜並為追隨者提供道德教義（Clart 1996, 1997; Jordan and Overmyer 1986）。

6 當代檳城的福建人將「野蠻」等同於邪靈或非人類，有時展現在形容外國人且具貶義的俚語。歐洲人是「紅毛狗」（紅頭髮的狗）、淡米爾人是「吉寧鬼」、馬來人是「番人」。這些俚語將外國人視為狗、鬼、野蠻人，顯示族群圈內人有時會將自己社群視為完備的人，其他社群成員則是欠缺完全文明人類的某些定義特徵，如同動物和鬼。然而，我所訪談的華人乩童並不抱持這個觀點，他們所提出的教義表示，即使人們有種族和語言之分，但每個人都是完備的人，所有宗教都值得尊重。參閱DeBernardi 1996。

7 在我們尚未認識更多關於天地會成員依據農曆循環的儀式展演，或是他們依據行為守則裁決衝突過程的情況下，很難知道其成員是否因著群體成員身分而改變了他們的生活方式。但充斥在整個儀式中崇高道德美德的修辭，顯示了田海（ter Haar 1998: 284）以及穆黛安與秦寶琦（Murray and

Qin 1994: 92）就這一點所提的結論，可能言過其實。

8 普遍流行的說法是，1828年普吉島華人在錫礦工人遭遇重大疫情且有多人死亡後，首次舉行九皇爺誕。當時他們從外地請來的戲團，聽聞這群華人沒有在農曆九月祭拜九皇大帝，就建議他們採行這項慶典敬拜這些神祇。普吉島華人這樣做後，疫情就告終了，普吉島華人因而深信這項儀式靈驗，從此就繼續祭拜九皇大帝。另請參閱科恩（Cohen 2001）的研究，從宗教、族群和旅遊層面，詳細考察普吉島九皇爺誕的日益普遍的情況，書中包括豐富的節慶內容與乩童自我折磨的彩色照片。普吉島乩童的做法發揮到非常極端，他們會把各式各樣的物體刺入兩頰，包括沉重的公海漁具、庭院遮陽傘、時鐘、步槍、手工鋸子等，或用長矛刺穿乩童的兩頰，再在兩邊掛上整顆的鳳梨（福建語的諧音雙關語是「旺來」）。

9 貝桂菊（Brigitte Baptandier）提到，道教徒在攀登中國的聖山時，試圖在身體、宇宙與棲息在這些高度靈性之地的神聖不朽神靈之間建立溝通，向祂們祈禱以求得夢境或異象（Baptandier 1996b）。

10 羅維描述了一場驅魔遊行，因應一場關於名為Diyong的長蛇的疫疾，這可能是羅維對「帝王」（Diwong）的翻譯。但他並未提及乩童的驅魔展演，也沒有將這項儀式連結到農曆九月（Low 1972 [1836]: 310）。

11 然而，羅根確實提到廣福宮在農曆三月初三慶祝玄天上帝的誕辰節慶，他也提到有個戲劇公會在農曆六月二十四祭拜王爺。

12 1923年，大衛・弗里曼（David Freeman）在吉隆坡附近的一座寺廟觀察在農曆九月初九舉行的年度慶典，類似於當代檳城的儀式活動（人類學家周福堂後來對同一座廟宇進行了研究〔Cheu Hock Tong 1988〕）。中午時分，華人乩童帶領著100名參加者，全都穿著一襲白衣，抬著一頂載有九皇爺神靈的輦轎，共同走過燒熱的火炭（Freeman 1924: 75-76）。

13 據黃存桑的研究，九皇大帝像曾經掛在本頭公巷建德堂會所，然後從那裡遷到了刣牛後（割牛巷〔粵語〕，Malay Street），最後遷到香港巷（Hong Kong Street）的九皇爺廟（Wong 1967: 159）。但他注意到那裡不再懸掛這幅畫像，一年一度的廟會僅由一個盛裝著九皇爺神靈的骨灰來代表這尊神明。怪異的是，就如同香港巷廟裡的九皇大帝圖像消失了，在馬六甲專門崇祀九皇大帝的主要廟宇，這些天神的畫像也被「偷走」（Cheo and Speeden 1988: 151）。許多人說，這些神祇是沒有圖像的，因為祂們

只有在慶典的九天才在凡間，始於農曆九月初一前夕到海邊請神的遊行，結束於第九天晚上的歡送。

14 這篇報紙文章的一些細節援引自一篇已出版的資料來源，也就是檳城黃存桑對華人節慶的研究（1967），但它增添了更多來自另一個不明來源的內容。

15 但有一位乩童提到，九皇都是死於東南亞而非死在中國的人的靈魂。這位生於福建的乩童觀察到：「來自中國的華人沒有這尊神。他們是搭乘木船來到這裡。」例如古恩（Gunn 1978）提到，九皇大帝是學者，皇帝想要殺死他們，於是派肅親王下手，但這位皇帝的代理人反而警告他們，並跟他們一起出航逃離中國。海上發生一場風暴，他們在海面升起的一座山上找到了避難之處。這些神祇於是長眠於那座山上，再也沒有離開那裡。我們在這裡也發現敘事元素的混合，包括同樣一條（凡人而非神祇）受皇帝迫害的故事線，以及在驅逐瘟疫的神祇故事中，皇帝代理人憐憫受害者這個共同主題。

16 檳城作者王琛發主張，用來形容這艘船的詞彙應該是「皇船」而非「王船」，並指出東南亞華人已整合了北斗崇拜與安撫王爺的儀式實踐。他建議糾正「九王爺」這種錯誤稱號，將「王」替換為「皇」（Wang [Ong] 2001: 125）。

17 Bredon和Mitrophanov指出：「九月大部分的娛樂和誕辰紀念日都反映了『男性原則』，即連結到特別令男人感興趣的事物與個人」，包括武術展演在內（1982 [1927]: 435-36）。

18 一位乩童宣稱，九皇大帝來自非徒山，祂們從那裡下降到平地，然後農曆九月初九在海邊遭到割喉。他補充因為祂們是清官，唐朝皇帝授予「大帝」的頭銜。當我詢問這些神祇的名字，這位乩童卻不願提供，但他表示南天有108尊神祇，但北方只有一尊玄天上帝。

19 這個日子也用來紀念天后這位年輕女子在滿天光芒之中得道昇天（Wong 1963b: 28），也是天地會神祕大祖的忌辰。有個乩童神壇也在九九重陽慶祝韓鍾離（權鍾離）的誕辰，這位法力高強的驅魔者是八仙之首。另有報導人說，他的廟宇曾在農曆九月初九慶祝三太子誕辰，但現已改到九月十五，以便能參加九皇爺誕活動。九九重陽日期、神祇昇天和祭祀強大保護神這三件事物的結合，顯示九九重陽日、精神超凡以及神祇驅魔能力等

相關概念的匯集，具有一種密切關係。

20 在中國，人們以特製糕點與宴席慶祝重陽節（de Groot 1977 [1886]: 530-37; Wong 1967: 155）。中國人也藉由放風箏和登高來慶祝這一天（高延認為這種做法很怪〔Bredon and Mitrophanow 1982 [1927]: 427-33; de Groot 1977 [1886]: 532; Thompson 1996: 122〕）。

21 農曆的正月、五月和九月都是舉行驅除瘟疫儀式的時間，因為這三個月都是「不吉利」的月份（Katz 1995: 68-69）。例如，在晚清時期的浙江，人們採用了一系列各式各樣的儀式對付疫疾，包括有關農曆五月初五端午節的預防性儀式，以及農曆九月初九為逃避侵擾山谷地區的災害，而登上山頂。

22 Cheo和Speeden研究指出，老人們會警告任何造訪王爺廟的人必須留心有關王爺的可怕力量，告誡他們不可做出不當行為或「發表不必要的意見」，以免招致可怕的懲罰。據說有人參加馬六甲的王船下水儀式，嘲笑負責航行這艘船的「採蓮隊」，之後就發瘋了（Cheo and Speeden 1988: 150-51）。

23 康豹（Paul Katz）的研究指出，王爺崇拜在台灣依然盛行，每三年一度在南台灣東港舉行的「送王船」燒船儀式，已成為全島最大且最受歡迎的節慶之一（Katz 1992: 207）。

24 裴麗珠（Juliet Bredon）和米特羅法諾夫（Igor Mitrophanow）描述了華南地區的五帝崇拜，其節慶在農曆十月初六舉行。如同其他以五為單位的王爺，五帝也對應著五嶽、五方（東南西北中）、五色、五行與五季（Bredon and Mitrophanow 1982 [1927]: 470）。在他們一年一度的節慶上，參與者將五神安置在轎子上，連同兩個地官（高大的「大伯」與他的矮小弟弟「二伯」）與城隍爺的紙紮肖像，祂們一同象徵著地府的統治者，一起遊行走過廣州。人們帶著名為「瘟船」的紙紮船隻模型，並提著一桶一桶的豬血、水牛毛與雞毛，象徵導致疾病的「汙物」。他們帶著瘟船來到海邊，讓它們任意漂流或在水邊將它們燒掉。

25 Cheo和Speeden也提出馬六甲的儀式組織包括了四座參與其中的廟宇的協調努力，雖然他們補充說，這個組織也涉及馬六甲青雲亭的領導權，其中包括許多馬六甲最具影響力的人物（Cheo and Speeden 1988: 145）。在池王爺附身乩童的指示下，2001年，馬六甲華人自1933年以來首度舉行了王

船儀式。

26 康豹確認這個章節是典型的溫王爺故事版本，這尊神祇阻止了瘟疫神或瘟疫魔所施加的神靈判決（Katz 1995: 97）。

27 道家經典包含了對於溫王爺成神故事的不同說法。這段論述中，北帝命令東嶽王分發瘟疫毒丸，吩咐由溫王爺執行這項任務。在溫王爺決定「代替全部數以千計的人而死，並拯救無數人的生命」之後，北帝就赦免了他，並命令他「協助玄天上帝透過（道教）教義來轉化（凡人）與懲罰魔鬼的任務」（Katz 1995: 87-88）。

28 人們認為食用「純淨食品」（意即素食）是一個高度發展的精神自制表現。但是，大多數人認為禁絕肉食是難以達成的自律行為，並試圖僅在特殊節慶期間才遵循這項嚴格戒律，像是衛塞節和九皇爺誕。節慶籌辦者堅持最高標準的純淨，責成參與者不可使用曾經裝過肉類的鍋盆和器具。許多人選擇在廟裡用餐，他們可以確定那裡必定符合這些嚴格的純度標準。

29 有些陰廟與意外發現的無名骨骸有關，是當代台灣常見的廟宇。郝瑞和魏樂博兩人都注意其信徒社會邊緣的性質，包括賭徒和失業者，但根據魏樂博的研究，陰廟的信徒也是整個人群的橫切面（Harrell 1974: 201; Weller 1994a; 1994b: 133; 1996）。魏樂博（Weller 1994b: 133）認為，對陰廟的祭祀呈現出「個人主義、功利和不道德競爭的世界」。

30 乩童往往使用紅墨水為案主準備符咒，但在廟宇慶典中經常可見到用血來畫符。

31 根據王琛發的研究，放置於燈篙底部具有象徵意義的物品，象徵著人們所期望的祝福：鐵釘（子嗣）、硬幣（財富）、木炭（火與興旺）和五穀或豆類（豐收）（Wang [Ong] 2001: 124）。王琛發提到人們習慣將這些吉祥之物埋進用來豎立燈篙的孔洞中，但在檳城市區則是將燈篙架在街道上的支架，因為沒有地方可以埋藏這些物件（Wang [Ong] 2001: 124）。

32 在中元普度期間的一些街頭集市，參與者會樹立一根類似的燈篙，他們說這是桅杆，用來邀請鬼魂參加慶典（有人將燈篙的光比擬為燈塔的光芒）。將這根杆子稱為桅杆暗示一個隱喻，相當於道教或佛教用船載運信眾前往天庭。例如，回想天地會的救贖渡船是由眾神，包括天后、戰神與火神所駕駛，載著成員前往天庭。九皇爺誕的節慶結束時，九皇大帝和斗姆都在小船上，離岸前往大海，儘管如此，許多人仍解釋這項儀式是將這

些神送回天庭。

33 「哪吒」這個名字可能衍生自梵文Natha，意指「自我實現的能手」或「精神導師」，而二哥的名字「木吒」衍生自梵文Moksha，意指「解放」或「釋放」。我無法推測大哥的名字「金吒」可能是從哪個梵文字衍生而來。檳城有時將這些孩童形體的戰士稱為「孩子神」。其他附身在檳城乩童的孩子神包括玉皇太子和馮府太子。

34 桑高仁探索哪吒的故事，連同目連和妙善的故事，側重於突顯特殊的家庭代際關係：父子、母子和父女（Sangren 1996）。白安睿（Avron Boretz）建議像哪吒的人物，「在父權與政治社會菁英權力之間，以及在被壓抑的叛亂欲望與由哪吒神話所象徵的「戀母情結」反叛之間，都存在著互為主體的關聯性——特別是由受壓制的階級所持有」（Boretz 1995: 107）。

35 周福堂提供在安邦（Ampang）舉行九皇爺誕時，道士用來調用五方靈軍的祈願內容的提要。在升起燈篙邀請眾神之前，道士命令在每個方位（用顏色標記）的龍、大帝與將軍各就各位，呼請天、地、火、水眾士兵圍繞在他身旁（Cheu 1988: 46-47）。在我所觀察的檳城寺廟當中，我並沒有親眼見到這項祕密施行的儀式；但有位乩童暗示我，三太子——附身在祂的乩童身上——邀請靈軍來就位。

36 蕭威廉（William Shaw）指出，那個刺球有108根尖刺，象徵了72位土地守護神靈、36位治理天堂各部門的神靈（Shaw 1973: 107）。請注意，72+36=108這個總和，前兩個數字的每一個數字加總起來都是9（7+2=9；3+6=9），而且這兩個數字的總和（108）最後相加也是9（1+0+8）。

37 貝桂菊（Brigitte Baptandier）詳細分析了「開關」儀式，有些孩童的八字命理顯示，他們很容易受意外事件所傷害，或是會干擾他們與家人、社會和宇宙的和諧關係，而這項儀式就是用來改造這些孩童的命運（Baptandier 1996a）。

38 關於台灣乩童自我折磨行為的分析，參閱Sutton 1990，也請參閱Boretz 1995。

39 黑面的天上聖母（天后），在台灣跟中國被稱為媽祖，據說出生於宋朝，具有非凡的靈力。她28歲那年的農曆九月初九，在大白天騰空而起，後來被人們見到穿著紅衣在海上盤旋（Wong 1963b: 28）。在明朝，對祂的崇祀在航海者之間變得特別盛行，而且鄭和將軍（曾七次下南洋，航行到東

南亞、印度和非洲）宣稱這位女神曾不只一次奇蹟般拯救他的船隊。到了明朝中葉，福建商人（包括在馬來亞半島經商者）開始流行崇拜這位女神（Watson 1985: 303）。1737年，乾隆皇帝將這位女神的地位提升至天后（Wong 1963b: 30-31; Watson 1985: 299）。關於台灣媽祖信仰的詳細研究參閱桑高仁（Sangren 1983 and 1987）。

40 Kristopher Schipper（1993 [1982]: 111）提到，這尊女神也象徵了真一（太乙）、生命能量、或純陽，那是自我的最根本源頭。

41 在將斗姆象徵為中心斗燈時，人們其實是將祂聯想為宇宙整體的傳統象徵。但是我們也可發現有關這位母親女神與紅色斗燈的象徵關聯的其他面向。湯普森（Stuart Thompson）認為，紅色、空心的籃子象徵了子宮，其中所容納的白米不僅象徵著豐盈與子嗣，更是象徵著精液。正如他所說，「內容物和容器的共同生命力；它不是僅僅關乎其中一項而排除另一項」，斗這個詞同時指涉陰性女性容器與其陽性內容物（Thompson 1988: 104）。因此，斗燈與其內容物也象徵了道本身，在一個意象中濃縮了陰與陽共同的生命力。

42 米德爾布魯克根據他在一座馬六甲廟宇中的研究，提供了對斗燈內物品意義的注解：「用這把剪刀，你就『依據你擁有的布料來剪裁你的衣服』；用這隻尺，你就『依據它來衡量生命和生活所需的標準』；用這面鏡子『你就讓你的行動和你的良心，如穿過玻璃所看到的你一樣清明』；以及用這把劍『你砍下壞東西，並用閃亮如刀刃的原則來面對世界』」（Middlebrook 1939: 105）。

43 這位乩童也描述這項儀式目標是天兆，但他沒有告訴我這個詞彙的寫法，我猜測這個字可能的意思是「天軸」（天的軸心）。他也指出天神在這九天慶典期間，從天上降到凡間需要經過九個步驟。

44 在檳城的一座先天大道廟宇，我們也看到天后——人們將祂認同為斗姆——與四大天王的關聯性。如欲了解有關這些守護神佛教神話發展過程的歷史探討，包括毗沙門天王（Vaisravana）在內，它可提供一個原型來解釋玄天上帝，請參閱Stein 1991 [1981]: 122-36。

45 檳城作者黃存燊提供了九皇大帝名字為天英、天任、天柱、天心、天禽、天輔、天沖、天芮、天蓬（Wong 1967: 152）。有一位台灣道教大師進一步建立這九顆星與八卦與中心的相關性；參閱Saso 1978: 139。

46 關於這個星體時鐘如何運作的解釋，請參閱http://www.physics.ucla.edu/~huffman/dtime.html。許多網站也提供關於如何建構一個簡易星體時鐘的資訊，這個星體時鐘將北斗七星和北極星的相對位置轉換成陽曆時間。

47 沈雅禮從事台灣村落教派的民族誌研究，包括一座專門奉祀真武的廟宇，真武這個名字就是在中國大陸和台灣廣為人知的玄天上帝。參閱Seaman 1978。

48 關於《北遊記》的更長版本的完整翻譯，參閱Seaman 1987。

結論

1 我從蘇利文（Paul Sullivan）探討馬雅人與外來者互動過程的歷史民族誌借用了「長談」（long conversation）這個術語（Sullivan 1989）。

2 如欲仔細思考佛教與基督教等普世宗教對當代馬來西亞華人的吸引力，以及這些宗教全球化的過程，參閱Judith Nagata 1991, 1995a, 1995b, 1999。其他關於當代馬來西亞這些普世宗教現代性的研究包括Lee Raymond L. M. and Susan Ackerman 1997和Ackerman 1984, 1993。楊成源（Yeoh Seng Guan）評論了一項事實，在當代馬來西亞的日常生活中，「一般的印度教信徒和領導者」，就如同實行華人民間宗教文化的人們，「遭遇到了一系列將他們的信仰描繪成不理性的指標，而且這套宗教系統無法跟一神教以及正在歷經現代化的基督教和伊斯蘭教團體的真理主張等量齊觀」（Yeoh n.d.: 17）。

3 例如，《牛津英語詞典》（*Oxford English Dictionary*）將「superstition」定義為「對於某些未知、神祕或想像的事物感到的非理性的敬畏或害怕，特別與宗教有關；立基於恐懼和無知之上的宗教信仰或實踐」（*OED* 1971: 3163）。

4 我曾在一篇文章（DeBernardi 1994b）討論我跟乩童的互動。

5 薩林斯的結論是，即使資本主義世界體系的發展可能曾經剝削了非西方和原住民人群，但它也給予這些人群使用較少努力就能獲得更多財貨的方法，而且「接下來就產生了比昔日更大規模的飲宴、交換與部落和平分享聚會（sing-sings）」（Sahlins 1994: 415）。

6 對聚焦於當代華人跨國主義的「華人現代性」更大範圍的思考，請參閱王愛華與諾尼尼主編的論文集（Ong and Nonini 1997）。

7 關於究竟是否存在著一種獨特的台灣現代性形式這個問題，郝瑞得出了一個跟薩林斯（參閱Sahlins 1988, 1994）稍微不同的結論，他主張雖然華人文化施展了強大的影響力，然而現代社會在本質上都是相似的（Harrell 1994）。

8 1997年，許多人擔心馬來西亞嚴重的經濟衰退可能引發族群間的暴力，就如同在鄰國印尼所發生的情況。雖然馬來西亞依然處在相對和平的狀態，但檳城一座緊臨清真寺的印度寺廟確實因其違法興建而引爆了打鬥事件（*Utusan Malaysia Online* 1998b）。在這場暴力事件爆發後，檳城的節慶活動都遭到消音和管制，1998年，檳城警方撤銷所有公眾遊行的許可，包括九皇爺誕的開閉幕儀式在內（*Utusan Malaysia Online* 1998c）。此後，這些遊行又逐漸恢復，2002年，18座檳城廟宇舉辦妝藝大遊行，以榮耀保生大帝（華人的醫療神）並祈求保護人們免於疾病所苦，更為馬來西亞經濟「療傷」（Choong 2002）。對於亞依淡的朋友而言，經濟衰退帶來一線希望，因為它擱置了將他們位於升旗山下的幽靜、樹木扶疏的社區，改建為鱗次櫛比的公寓樓房的計畫，從而使得許多具悠久歷史的小廟免於拆遷命運。

9 一位記者將城區的戰前房屋區域稱為「文化遺產『墓園』」，他提到由於數百人搬離了這裡，因此「喧囂不見了」（Sira Habibu 2000）。目前，世界建築文物保護基金會將喬治市這塊歷史飛地列為「世界上100個最瀕危的文化遺產遺址」之一（Kwok 1999）。為了加強歷史保存，檳城和馬六甲現在聯手尋求列名為聯合國教科文組織世界文化遺產。為了支持這項努力，檳城古蹟信託會（Penang Heritage Trust）於2001年和2002年在檳城召開一系列討論檳城歷史和文化的會議，終場以主題為「檳榔嶼事蹟：頌揚文化多樣性」（The Penang Story: A Celebration of Cultural Diversity）的國際會議為該系列達到了高潮（Penang Heritage Trust 2002a, 2002b）。

10 在新加坡，許多人放棄了當地的宗教文化習俗，轉而支持佛教、基督教或世俗主義（Lau 1994）。例如，新加坡1990年的人口普查顯示，採行「華人傳統信仰／道教」的人數從1980年的30.7%下降到1990年的22.8%。自稱為佛教徒的人數，從27.2%上升到31.3%，基督徒的人數從9.6%上升到

12.3%（Lau 1994: 6）。同時，在最近幾宗備受矚目的案件中，新加坡和馬來西亞政府將幾位涉與詐欺和謀殺的乩童、算命師和馬來傳統治療師（*bomohs*）加以定罪，這導致了越來越多的大眾不信任傳統的宗教從業者。例如，參閱John 1989; Sit 1989a, 1989b；也請參閱DeBernardi n.d。

11 例如，有一位佛教社群領導者在與我交談時提到馬來西亞佛教總會，這是仿造基督教青年會而成立的團體，力求「開化」華人以使他們變成「現代佛教徒」。馬來西亞佛教總會藉由提供課程來追求這項目標，教導內容不僅是理性形態的佛教，更教導學生識字和算數的實用技巧。在一座受英語教育的專業人士所歡迎的上座部佛教冥想中心，有兩位受英文教育的大學生向我解釋，這裡教導的上座部佛教是「理性的」，沒有參雜在華人或泰國民間宗教所見到的迷信元素。另請參閱Liow 1989與Nagata 1995b。

12 例如在亞依淡，有幾座乩童寺廟——其中一座有來自綜攝教派紅卍字會的許多參與者——分發一本書的複印本，這是濟公在台灣透過扶乩寫出的《地獄遊記》（1978）。關於馬來西亞德教會的研究，請參閱Soo 1997與Tan 1985。

13 正如焦大衛（David Jordan）睿智地指出：「對於祕密傳統而言，大眾傳播時代可能是個不好的時代，一個能夠讀書識字的人群對於晦澀不明的文本所感受到的可能不是困惑，而是惱火。」然而，焦大衛預測，20世紀導致聖經各種譯本盛行的同一種力量，將會導致「台灣道教和佛教文本知識更加普及」（Jordan 1994: 152）。

14 例如學者王琛發擔任位於檳城的馬來西亞道教文化研究中心的總裁，在他們的出版品中，探索了中國和馬來西亞道教的歷史發展，並闡明道教和民間儀式習俗的意義（Wang [Ong] 1999, 2001, n.d.）。在廣福宮慶祝其200週年紀念時，他也曾撰書詳述該廟的歷史（Wang [Ong] 1999）。馬來西亞道教組織聯合總會宗教文化研究中心出版的作品包括：陳耀庭（Chen Yaoting n.d.）、陳文成（Chen Wencheng n.d）與蔡崇正（Cai Chongzheng, Chuah Cheong Cheng 1998）。位於亞依淡的檳城道教中心（最初在1882年設立）在1980年復興後，也出版了旨在對廣大群眾介紹道教的作品。例如，《適用於今日的永恆智慧：太上老君》（*Timeless Wisdom for Today: Thai Seong Loh Koon*）（Penang Taoist Centre 1986）。

參考書目Bibliography

Official Records

Records of the Government of the Straits Settlements

Indian Administration, Straits Settlements Records (S.S.R.)

Series H Penang: Letters and Orders in Council, 1817–25

Series R Governor's Despatches to Bengal, 1831–67

Series S Bengal Letters to Governor, 1830–66

Series U Governor's Letters to Resident Councillors, 1831–67

Series DD Letters from Resident Councillor of Penang to Governor, 1833–66

Colonial Office Records

CO 273 Series Straits Settlements, Original Correspondence

CO 275 Series Proceedings of the Legislative Council of the Straits Settlements

CO 276 Series Straits Settlements Government Gazettes

Books and Articles

Abdullah bin Abdul Kadir. 1852. "Concerning the Tan Tae Hoey in Singapore." Translated by T. Braddell. *Journal of the Indian Archipelago and Eastern Asia* 6: 545–55.

——. 1970 [1849]. *The Hikayat Abdullah: An Annotated Translation*. Translated by A. H. Hill. Kuala Lumpur: Oxford University Press.

Ackerman, Susan E. 1984. "Experimentation and Renewal among Malaysian Christians: The Charismatic Movement in Kuala Lumpur and Petaling Jaya." In *Southeast Asian Journal of Social Science* 12(1): 35–48.

——. 1993. "Rebuilding Sacred Worlds: Lay-Oriented Buddhism and Catholic Reformism in Malaysia." *Sojourn* 8(1): 128–52.

Ackerman, Susan E., and Raymond M. Lee. 1988. *Heaven in Transition: Non-Muslim Religious Innovation and Ethnic Identity in Malaysia.* Honolulu: University of Hawaii Press.

Ahern, Emily. 1981. *Chinese Ritual and Politics.* Cambridge: Cambridge University Press.

Aliran. 1979. *The Real Issues: The Merdeka University.* Penang: Aliran.

——. 1980. *One God, Many Paths: Essays on the Social Relevance of Religion in Malaysia from Islamic, Buddhist, Christian, Hindu, and Philosophical Perspectives.* Penang: Aliran.

Allio, Fiorella. 1998. "Procession et identité: Mise en scène rituelle de l'histoire locale." *Cahiers d'Extrême-Asie* 10 (1998): 1–18.

Amiruddin, A. R. 1999. "Residents in a Huff over 'Parking Zone' Decision." *The Star*, 8 October 1999. [http://penang.thestar.com.my/content/news/1999/10/8/08arc.asp]

Amyot, Jacques. 1972. *The Chinese and the National Integration in Southeast Asia.* Chulalongkorn University Monograph Series, no. 2. [Bangkok]: Institute of Asian Studies.

Andaya, Barbara Watson, and Leonard Y. Andaya. 1982. *A History of Malaysia.* London: Macmillan.

Appadurai, Arjun. 1996. "The Production of Locality." In *Modernity at Large*, 178–99. Minneapolis: University of Minnesota Press.

Ariffin Omar. 1980. "An Islamic Perspective." In *One God, Many Paths: Essays on the Social Relevance of Religion in Malaysia from Islamic, Buddhist, Christian, Hindu and Philosophical Perspectives*, 30–34. Penang: Aliran.

Armstrong, Jocelyn, Warwick Armstrong, and Kent Mulliner, eds. 2001. *Chinese Populations in Contemporary Southeast Asian Societies: Regional Interdependence and International Influence.* London: Curzon.

Ashdown, W. D. 1894. "A Demon from the Sea." Letter to *Echoes of Service* from Tongkah, 30 October 1893. *Echoes of Service* 301 (Jan. 1894): 20–21.

——. 1911. "A Sad Form of Coronation Festivities." Letter to *Echoes of Service* from Penang, 15 July 1911. *Echoes of Service* (Sept. 1911): 329–30.

Austin, J. L. 1962. *How to Do Things with Words*. New York: Oxford University Press.

Baker, Dwight Condo. 1925. *T'ai Shan: An Account of the Sacred Eastern Peak of China*. Shanghai: Commercial.

Bakhtin, Mikhail. 1981. "Forms of Time and of the Chronotope in the Novel." In *The Dialogic Imagination: Four Essays by M. M. Bakhtin*, edited by Michael Holquist, translated by C. Emerson and Michael Holquist, 84–258. Austin: University of Texas Press.

Baofu She (Poh Hock Seah) 寶福社. 1990. *Baofu She Bai Zhounian Jinian* 寶福社百週年紀念 (*Poh Hock Seah Centenary, 1890–1990*). Penang: Phoenix.

Baptandier, Brigitte. 1996a. "Le rituel d'Ouverture des Passes: Un concept de l'enfance." *L'Homme* 137 (Jan.–Mar.): 119–42.

——. 1996b. "À travers les chemins et les passes: Voyages chamaniques au pays du réel, voyages réels au pays des chamanes." In *Voyages des asiatiques*, edited by Claudine Salmon, 1–31. Paris: E.F.E.O.

Beavis, A. E. 1934. "List of 26 Tablets or Name Boards Which Adorn the Walls of the Masonic Temple in Coleman Street." *The Pentagram* 24: 185–94.

Bell, Catherine. 1989. "Religion and Chinese Culture: Toward an Assessment of 'Popular Religion.' " *History of Religions* 29(1): 35–57.

——. 1992. *Ritual Theory, Ritual Practice*. New York: Oxford University Press.

Bilainkin, George. 1932. *Hail, Penang! Being the Narrative of Comedies and Tragedies in a Tropical Outpost, Europeans, Chinese, Malays, and Indians*. London: Sampson Low, Marston.

Binzhou Huaren Dahuitang 檳州華人大會堂 (Penang Chinese Town Hall). 1983. "Quanguo Huaren Wenhua Dahui" 全國華人文化大會 (All-Malaysia Chinese Culture General Meeting). In *Binzhou Huaren Dahuitang Qingzhu Chengli Yibai Zhounian; Xinxia Luocheng Kaimu Jinian Tekan* 檳州華人大會堂慶祝成立一百周年；新廈落成開幕紀念特刊 (*Penang Chinese Town Hall Centenary Celebration and Inauguration of the New Building Commemorative Publication*), 320–29. Penang: Phoenix.

Binzhou Qingzan Zhongyuan Jie Weiyuanhui 檳州慶讚中元節委員會 (Penang Central Primordial Festival Celebration Representative Committee). 1979. *Binzhou Gejiequ Qingzan Zhongyuan Jie wei Hanmin Huaxiao Choumu Chongjian Jijin Weixinlu* 檳州各街區慶讚中元節為漢民華小籌募重建基金徵信錄 (*Penang All-Locations Celebrating the Central Primordial Festival Fundraising Campaign on Behalf of the Hanmin Chinese Elementary School Construction Fund Small Commemorative Publication*). Penang.

——. 1980. *Binzhou Qingzan Zhongyuan Jie Weiyuanhui Zhangcheng* 檳州慶讚中元節委員會章程 (*Bylaws of the Representative Committee for Penang's Celebration of the Central Primordial Festival*). Penang.

Bird, Isabella. 1967 [1883]. *The Golden Chersonese: The Malayan Travels of a Victorian Lady*. Singapore: Oxford University Press.

Blagden, C. O. 1992 [1921]. "The Foundation of the Settlement." In *One Hundred Years of Singapore: Being Some Account of the Capital of the Straits Settlements from Its Foundation by Sir Stamford Raffles on the 6th February 1819 to the 6th February 1919*, edited by Walter Makepeace, Gilbert E. Brooke, and Roland St. J. Braddell, with introduction by C. M. Turnbull, vol. 1: 6–31. Singapore: Oxford University Press.

Bloch, Maurice. 1989. "The Past and the Present in the Present." In *Ritual, History and Power: Selected Papers in Anthropology*, 1–18. London: Athlone.

Blythe, Wilfred L. 1969. *The Impact of Chinese Secret Societies in Malaya: A Historical Study*. Kuala Lumpur: Oxford University Press.

Bokenkamp, Stephen. 1996. "Record of the Feng and Shan Sacrifices." In *Religions of China in Practice*, edited by Donald S. Lopez, Jr., 251–60. Princeton: Princeton University Press.

Booth, Martin. 1990. *The Triads: The Chinese Criminal Fraternity*. London: Grafton.

——. 1996. *Opium: A History*. London: Simon and Schuster.

——. 1999. *The Dragon Syndicates: The Global Phenomenon of the Triads*. London: Doubleday.

Boretz, Avron. 1995. "Martial Gods and Magic Swords: Identity, Myth, and Violence in Chinese Popular Religion." *Journal of Popular Culture* 29(1): 93–109.

Braddell, Roland St. J. 1991 [1921]. "Law and the Lawyers." In *One Hundred Years of Singapore: Being Some Account of the Capital of the Straits Settlements from Its Foundation by Sir Stamford Raffles on the 6th February 1819 to the 6th February 1919*, edited by Walter Makepeace, Gilbert E. Brooke, and Roland St. J. Braddell, with an introduction by C. M. Turnbull, vol. 1: 160–244. Singapore: Oxford University Press.

Bredon, Juliet, and Igor Mitrophanow. 1982 [1927]. *The Moon Year*. Hong Kong: Oxford University Press.

Brown, David. 1994. *The State and Ethnic Politics in Southeast Asia*. London: Routledge.

Bullock, Steven C. 1996a. *Revolutionary Brotherhood: Freemasonry and the Transforma tion of the American Social Order, 1730–1840*. Published for the Institute of Early American History and Culture, Williamsburg, Virginia. Chapel Hill: University of North Carolina Press.

——. 1996b. "Review Essay: Initiating the Enlightenment? Recent Scholarship on European Freemasonry." *Eighteenth-Century Life* 20(1): 80–92. [http://muse.jhu.edu/demo/ecl/20.1er_stevenson.html]

Cai Chongzheng (Chuah Cheong Cheng) 蔡崇正. 1998. *Daojiaoshide Kexue Dui Shehui Yanjiude Yingxiang* 道教式的科學對社會演進的影響 (*The Impact of Daoist Science on Social Evolution*). Penang: Malaixiya Daojiao Zuzhi he Zonghui Zongjiao Wenhua Yanjiu Zhongxin.

Carstens, Sharon. 1983. "Pulai Hakka Chinese Malaysians: A Labyrinth of Cultural Identities." In *The Chinese of Southeast Asia*, vol. 2, *Identity, Culture, and Politics*, edited by Linda Y. C. Lim and L. A. Peter Gosling, 79–98. Singapore: Maruzan Asia.

——. 1988. "From Myth to History: Yap Ah Loy and the Heroic Past of Chinese Malaysians." *Journal of Southeast Asian Studies* 19(2): 185–208.

——. 1999. "Dancing Lions and Disappearing History: The National Culture Debates and Chinese Malaysian Culture." *Crossroads: An Interdisciplinary Journal of Southeast Asian Studies* 13(1): 11–64.

Cartier, Carolyn L. 1997. "The Dead, Place/Space, and Social Activism: Constructing

the Nationscape in Historic Melaka." *Environment and Planning D: Society and Space* (15): 555–86.

Chamberlain, Jonathan. 1987. *Chinese Gods*. Petaling Jaya: Pelanduk.

Chandra Muzaffar. 1980a. "Keynote Address." In *One God, Many Paths: Essays on the Social Relevance of Religion in Malaysia from Islamic, Buddhist, Christian, Hindu and Philosophical Perspectives*, 7–25. Penang: Aliran.

——. 1980b. "Closing Remarks." In *One God, Many Paths: Essays on the Social Relevance of Religion in Malaysia from Islamic, Buddhist, Christian, Hindu and Philosophical Perspectives*, 138–43. Penang: Aliran.

——. 1984. "The Question of Religion in Nation Building." In *Contemporary Issues on Malaysian Religions*, edited by Tunku Abdul Rahman Putra, Tan Chee Khoon, Chandra Muzaffar, and Lim Kit Siang, 109–38. Kuala Lumpur: Pelanduk.

Chavannes, Edouard. 1910. *Le T'ai Chan: Essai de monographie d'un culte chinois*. Paris: Leroux.

Cheah Boon Kheng. 1983. *Red Star over Malaya: Resistance and Social Conflict during and after the Japanese Occupation of Malaya, 1941–1946*. Singapore: Singapore University Press.

Cheesman, H. R. 1951. "Freemasonry in the Early Years in Malaya." In *Papers Presented before the Lodge St. Michael No. 2933, Lodge of Research, Singapore*, vol. 1: 11–20.

Chen Jianhong 陳劍虹. 1983. "Pingzhang Huiguande Lishi Fazhan Lunkuo" 平章會館的歷史發展輪廓 (An Outline of the Historical Development of the Pingzhang Huiguan). In *Binzhou Huaren Dahuitang Qingzhu Chengli Yibai Zhounian; Xinxia Luocheng Kaimu Jinian Tekan* 檳州華人大會堂慶祝成立一百周年；新廈落成開幕紀念特刊 (*Penang Chinese Town Hall Centenary Celebration and Inauguration of the New Building Commemorative Publication*), 135–62. Penang: Phoenix.

Chen Wencheng 陳文成. N.d. *Daojiao Yili* 道教儀禮 (*Daoist Rites and Ceremonies*). Kuala Lumpur: Malaixiya Daojiao Zuzhi he Zonghui Zongjiao Wenhua Yanjiu Zhongxin.

Chen Yaoting 陳耀庭. N.d. *Daojiao Jianshi jiqi Shenxian Xitong* 道教簡史及其神

仙系統 (*A Brief History of the Daoist Religion, Including the System of Gods and Immortals*). Kuala Lumpur: Malaixiya Daojiao Zuzhi he Zonghui Zongjiao Wenhua Yanjiu Zhongxin.

Cheo, Kim Ban, and Muriel Speeden. 1988. *Baba Folk Beliefs and Superstitions*. Singapore: Landmark.

Chesneaux, Jean. 1971. *Secret Societies in China in the Nineteenth and Twentieth Centuries*. Ann Arbor: University of Michigan Press.

——. 1972. *Popular Movements and Secret Societies in China, 1840–1950*. Stanford: Stanford University Press.

Cheu Hock Tong. 1988. *The Nine Emperor Gods: A Study of Chinese Spirit Medium Cults*. Singapore: Times Books International.

Chia, Felix. 1980. *The Babas*. Singapore: Times Books International.

Chiam Kim Kak. 1875. "Letter from Penang." *Echoes of Service*, December 1875: 168–69. Chiang Ker Chiu. N.d. *A Practical English-Hokkien Dictionary*. Singapore: Chin Fen.

Chin, Joseph. 1980. "Mystical Temple of the Bats." *National Echo*, 10 January 1980: 8.

Chin, Ko-lin. 1990. *Chinese Sub-culture and Criminality*. New York: Greenwood.

Chong, Catherine. 2003. "Devotee Donates RM100,000 to Temple." *The Star*, 10 October 2003. [http://penang.thestar.com.my/content/news/2003/10/10/6456149.asp]

Choong Kwee Kim. 2002. "Healer's Visitation." *The Star*, 8 May 2002. [http://penang.thestar.com.my/content/focus/2002/5/8/kkho.asp]

——. 2003. "Temple Restoration." *The Star*, 31 March 2003. [http://penang.thestar.com.my/content/focus/2003/3/31/kkhock.asp]

Chung, W. W., and T. G. Yeoh. 1986. *Historical Personalities of Penang*. Penang: Phoenix.

Clart, Philip. 1996. "The Ritual Context of Morality Books: A Case-Study of a Taiwanese Spirit-Writing Cult." Ph.D. dissertation, Department of Asian Studies, University of British Columbia.

——. 1997. "The Phoenix and the Mother: The Interaction of Spirit-Writing Cults and Popular Sects in Taiwan." *Journal of Chinese Religions* 25: 1–32.

Cohen, Abner. 1981. *The Politics of Elite Culture: Explorations in the Dramaturgy of Power in a Modern African Society*. Berkeley: University of California Press.

Cohen, Erik. 2001. *The Chinese Vegetarian Festival in Phuket: Religion, Ethnicity, and Tourism on a Southern Thai Island*. Bangkok: White Lotus.

Cohen, Myron. 1991. "Being Chinese: The Peripheralization of Traditional Identity." *Daedalus* 120(2): 113–34.

Cohn, Bernard. 1996. "Command of Language and the Language of Command." In *Colonialism and Its Forms of Knowledge: The British in India*, 16–56. Princeton: Princeton University Press.

Collins, Elizabeth Fuller. 1997. *Pierced by Murugan's Lance: Ritual, Power, and Moral Redemption among Malaysian Hindus*. DeKalb: Northern Illinois University Press.

Collins, Randall. 1988. "The Durkheimian Tradition in Conflict Sociology." In *Durkheimian Sociology: Cultural Studies*, edited by Jeffrey C. Alexander, 107–28. Cambridge: Cambridge University Press.

Comaroff, John, and Jean Comaroff. 1997. *Of Revelation and Revolution: The Dialectics of Modernity on a South African Frontier*. Vol. 2. Chicago: University of Chicago Press.

Comber, Leon. 1959. *Chinese Secret Societies in Malaya: A Survey of the Triad Society from 1800 to 1900*. New York: Augustin.

Connerton, Paul. 1989. *How Societies Remember*. Cambridge: Cambridge University Press.

Coppel, Charles. 1972. *The Position of the Chinese in the Philippines, Malaysia, and Indonesia*. Minority Rights Group, Report No. 10. London.

Crissman, Lawrence. 1967. "The Segmentary Structure of Urban Overseas Chinese Communities." *Man*, n.s., 2: 185–204.

Crouch, Harold. 1996. *Government and Society in Malaysia*. Ithaca: Cornell University Press.

Cryer, Rev. N. Barker. 1984. "The De-Christianizing of the Craft." *Ars Quatuor Coronatorum: Transactions of the Quatuor Coronati Lodge No. 2076* 97: 34–88.

Cullin, E. G., and W. F. Zehnder. 1905. *The Early History of Penang, 1592–1827*. Penang: Criterion.

Cushman, Jennifer, and Wang Gungwu, eds. 1988. *Changing Identities of the Southeast Asian Chinese since World War II*. Hong Kong: Hong Kong University Press.

Danforth, Loring. 1995. *The Macedonian Conflict: Ethnic Nationalism in a Transnational World*. Princeton: Princeton University Press.

Darbishire, C. W. 1921 [1991]. "Commerce and Currency." In *One Hundred Years of Singapore: Some Account of the Capital of the Straits Settlements from Its Foundation by Sir Stamford Raffles on the 6th February 1819 to the 6th February 1919*, edited by Walter Makepeace, Gilbert E. Brooke, and Roland St. J. Braddell, with an introduction by C. M. Turnbull, vol. 2: 22–55. Singapore: Oxford University Press.

Davis, Fei-Ling. 1977. *Primitive Revolutionaries of China: A Study of Secret Societies in the Late Nineteenth Century*. London: Routledge and Kegan Paul.

Davis, Natalie Zemon. 1982. "From 'Popular Religion' to Religious Culture." In *Reformation Europe: A Guide to Research*, edited by Steven Ozment, 321–41. St. Louis: Center for Reformation Research.

Dean, Kenneth. 1993. *Taoist Ritual and Popular Cults of Southeast China*. Princeton: Princeton University Press.

DeBernardi, Jean. 1984. "The Hungry Ghosts Festival: A Convergence of Religion and Politics in the Chinese Community of Penang, Malaysia." *Southeast Asian Journal of Social Science* 12(1): 25–34.

——. 1986. "Heaven, Earth, and Man: A Study of Chinese Spirit Mediums." Ph.D. dissertation, Department of Anthropology, University of Chicago.

——. 1987. "The God of War and the Vagabond Buddha." *Modern China* 13(3): 310–33.

——. 1992. "Space and Time in Chinese Religious Culture." *History of Religions* 31(3): 247–68.

——. 1993. "Epilogue: Ritual Process Reconsidered." In *"Secret Societies" Reconsidered: Perspectives on the Social History of Modern South China and Southeast Asia*, edited by David Ownby and Mary Somers Heidhues, 212–33. Armonck, N.Y.: Sharpe.

——. 1994a. "On Trance and Temptation: Images of the Body in Malaysian Chinese Popular Religion." In *Religious Reflections on the Human Body*, edited by Jane

Marie Law, 151–65. Bloomington: Indiana University Press.

——. 1994b. "Tasting the Water." In *The Dialogic Emergence of Culture*, edited by Dennis Tedlock and Bruce Mannheim, 234–59. Urbana: University of Illinois Press.

——. 1994c. "Historical Allusion and the Defense of Identity: Malaysian Chinese Popular Religion." In *Asian Visions of Authority: Religion and the Modern States of East and Southeast Asia*, edited by Helen Hardacre, Charles Keyes, and Laurel Kendal, 117–40. Honolulu: University of Hawaii Press.

——. 1995a. "Lim Boon Keng and the Invention of Cosmopolitanism." In *Managing Change in Southeast Asia: Local Identities, Global Connections* (CCSEAS 21), edited by Jean DeBernardi, Gregory Forth, and Sandra Niessen, 173–87. Edmonton: Canadian Council for Southeast Asian Studies.

——. 1996. "Teachings of a Spirit Medium." In *Religions of China in Practice*, edited by Donald S. Lopez, Jr., 229–38. Princeton: Princeton University Press.

——. 1998. "Ritual, Language, and Social Memory in a Nineteenth-Century Chinese Secret Sworn Brotherhood." In *Linguistic Form and Social Action*, 103–25. [*Michigan Discussions in Anthropology* 13 (special issue)].

——. 1999. "Spiritual Warfare and Territorial Spirits: The Globalization and Localization of a 'Practical Theology.' " *Religious Studies and Theology* 18(2): 66–96.

——. 2002. "Malaysian Chinese Religious Culture: Past and Present." In *Ethnic Chinese in Singapore and Malaysia: A Dialogue between Tradition and Modernity*, edited by Leo Suryadinata, 301–23. Singapore: Times.

——. N.d. "The Way That Lives in the Heart: Chinese Popular Religion and Spirit Mediums in Penang, Malaysia." Unpublished manuscript.

DeBernardi, Jean, and Christopher Tarnowski. 1995. "Managing Multicultural Societies: The Status of Minority Groups in Singapore, Malaysia, and Thailand." In *New Policy Challenges for ASEAN*, edited by Amitav Acharya and Richard Stubbs, 73–114. Vancouver: University of British Columbia Press.

Dennys, Nicholas B. 1968 [1876]. *The Folklore of China and Its Affinities with That of the Aryan and Semitic Races*. Amsterdam: Oriental.

Dix, R. A. 1933. "Extracts from Old Minute Books, Penang and Singapore." *The Pentagram* 23: 153–67.

Diyu Youji 地獄遊記 (*Journey to Purgatory*). 1978. Taizhong: Shengxian Tang.

Draffen, George. 1976. "Prince Hall Freemasonry." *Ars Quatuor Coronatorum: Transactions of Quatuor Coronati Lodge No. 2076* 89: 70–91.

Duara, Prasenjit. 1988. *Culture, Power, and the State: Rural North China, 1900–1942*. Stanford: Stanford University Press.

Dubro, James. 1992. *Dragons of Crime: Inside the Asian Underworld*. Toronto: Octopus.

Dudbridge, Glen. 1978. *The Legend of Miao-shan*. London: Published for Oxford University by Ithaca Press.

Durkheim, Emile. 1965 [1915]. *The Elementary Forms of the Religious Life*. Translated by Joseph Ward Swain. New York: Free Press.

Eberhard, Wolfram. 1972 [1952]. *Chinese Festivals*. Taipei: Orient Cultural Service.

Edwards, John. 1985. *Language, Society, and Identity*. Oxford: Blackwell.

Eisenstadt, Shmuel N., and Wolfgang Schluchter. 1998. "Introduction: Paths to Early Modernities—A Comparative View." *Daedalus* 127(3): 1–18.

Eitel, Ernest J. 1984 [1873]. *Feng-Shui: The Science of Sacred Landscape in Old China*, with a commentary by John Michell. London: Synergetic.

Elliott, Alan J. A. 1955. *Chinese Spirit-Medium Cults in Singapore*. Taipei: Southern Materials Center.

Embree, Bernard L. M. 1973. *A Dictionary of Southern Min*. Hong Kong: Hong Kong Language Institute.

Enloe, Cynthia H. 1970. *Multi-ethnic Politics: The Case of Malaysia*. University of California Research Monographs, no. 2. Berkeley: University of California Press.

Esherick, Joseph W. 1987. *The Origins of the Boxer Uprising*. Berkeley: University of California Press.

Faure, Bernard. 1987. "Space and Place in Chinese Religious Traditions." *History of Religions* 26(4): 337–56.

Fengshen Yanyi 封神演義 (*Romance of the Investiture of the Gods*). N.d. Singapore: Xingzhou Shijie.

Fernandez, James W. 1986. "The Mission of Metaphor in Expressive Culture." In

Persuasions and Performances: The Play of Tropes in Culture, 28–70. Bloomington: Indiana University Press.

Feuchtwang, Stephan. 1974. *An Anthropological Analysis of Geomancy*. Vientiane and Paris: Vithagna.

——. 1992. *The Imperial Metaphor: Popular Religion in China*. London: Routledge.

——. 2001. *Popular Religion in China: The Imperial Metaphor*. London: Curzon.

Freedman, Maurice. 1967 [1960]. "Immigrants and Associations: Chinese in Nineteenth-Century Singapore." In *Immigrants and Associations*, edited by L. A. Fallers, 17–48. The Hague: Mouton.

——. 1974. "On the Sociological Study of Chinese Religions." In *Religion and Ritual in Chinese Society*, edited by Arthur P. Wolf, 19–41. Stanford: Stanford University Press.

Freeman, David. 1924. "Fire-Walking at Ampang, Selangor." *Journal of the Malayan Branch of the Royal Asiatic Society* 2: 74–76.

Frisby, A. W. 1958. *English Freemasonry in Malaya and Borneo, 1765–1958*. Centenary Edition for the District Grand Lodge of the Eastern Archipelago, 1858–1958. *The Pentagram* 43 (Dec. 1958).

"Gambling and Opium Smoking in the Straits of Malacca." 1856. *Journal of the Indian Archipelago*, n.s., 1: 66–83.

Gan Teik Chee. 1980. "A Buddhist View." In *One God, Many Paths: Essays on the Social Relevance of Religion in Malaysia from Islamic, Buddhist, Christian, Hindu and Philosophical Perspectives*, 35–42. Penang: Aliran.

Geertz, Clifford. 1980. *Negara: The Theatre State in Nineteenth-Century Bali*. Princeton: Princeton University Press.

Gellner, Ernest. 1983. *Nations and Nationalism*. Ithaca: Cornell University Press.

Gladney, Dru C., ed. 1998. *Making Majorities: Constituting the Nation in Japan, Korea, China, Malaysia, Fiji, Turkey, and the United States*. Stanford: Stanford University Press.

Graham, Thomas. [Edited by J. Bastin.] 1977 [1959]. "Historical Sketch of Penang in 1794." In *A Centenary Volume, 1877–1977*, Malayan Branch of the Royal Asiatic Society, Reprint no. 4, 286–310. Singapore: Times.

Granet, Marcel. 1932 [1919]. *Festivals and Songs of Ancient China.* London: Routledge.

——. 1934. *La pensée chinoise.* Paris: Albin Michel.

de Groot, J. J. M. 1963 [1903–4]. *Sectarianism and Religious Persecution in China.* 2 vols. Amsterdam: Muller. [Reprint: Literature House (Taipei, 1963), 1 vol.].

——. 1964 [1892–1910]. *The Religious System of China.* Leiden: Brill. [Reprint: Literature House (Taipei, 1964), 6 vols.]

——. 1977 [1886]. *Les fêtes annuellement célébrées à Émoui (Amoy).* 2 vols. Translated by C. J. Chavannes. Annales de Musée Guimet, vols. 11 and 12. [Reprint: Chinese Materials Center (San Francisco, 1977), 2 vols.]

Gross, Feliks. 1999. *Citizenship and Ethnicity: The Growth and Development of a Democratic Multiethnic Institution.* Westport: Greenwood.

Groves, Harry E., and G. Thomas Bowen. 1972. *Malaysia, Federal Constitution, Incorporating All Amendments up to 1st June, 1970.* Part 3, *Citizenship.* [Issued Sept. 1972.]

Guanyin Pusa Lingqian Jieshuo 觀音菩薩靈簽解說 (*Guanyin Pusa's Numinous Divination Slips Explained*). N.d. Penang: Hock Huat.

Gunn Chit Thye. 1978. "About the Divine Nine." *New Straits Times*, 9 October 1978.

ter Haar, Barend J. 1993. "Messianism and the Heaven and Earth Society: Approaches to Heaven and Earth Society Texts." In *"Secret Societies" Reconsidered: Perspectives on the Social History of Modern South China and Southeast Asia*, edited by David Ownby and Mary Somers Heidhues, 153–76. Armonk, N.Y.: Sharpe.

——. 1998. *Ritual and Mythology of the Chinese Triads: Creating an Identity.* Leiden: Brill.

——. 2002. "Myth in the Shape of History: Elusive Triad Leaders." In *Chinese Triads: Perspectives on Histories, Identities, and Spheres of Impact*, 19–31. Singapore: Singapore History Museum.

Haffner, Christopher. 1988 [1977]. *The Craft in the East.* Hong Kong: District Grand Lodge of Hong Kong and the Far East.

Halbwachs, Maurice. 1992. *On Collective Memory.* Edited, translated, and with an introduction by Lewis A. Coser. Chicago: University of Chicago Press.

Halliday, M. A. K. 1978. "Antilanguages." In *Language as Social Semiotic: The Social*

Interpretation of Language and Meaning, 164–82. Baltimore: Edward Arnold.

Handler, Richard. 1988. *Nationalism and the Politics of Culture in Quebec*. Madison: University of Wisconsin Press.

Hannerz, Ulf. 1990. "Cosmopolitans and Locals in World Culture." *Theory, Culture, and Society: Explorations in Critical Social Science* 7(2–3): 237–51. [Special issue on global culture.]

——. 1992. "The Global Ecumene as a Network of Networks." In *Conceptualizing Anthropology*, edited by Adam Kuper, 34–56. Routledge: London and New York.

Harper, T. N. 1997. "Globalism and the Pursuit of Authenticity: The Making of a Diasporic Public Sphere." *Sojourn* 12(2): 261–92.

——. 1999. *The End of Empire and the Making of Malaya*. Cambridge: Cambridge University Press.

Harrell, C. Stevan. 1974. "When a Ghost Becomes a God." In *Religion and Ritual in Chinese Society*, edited by Arthur P. Wolf, 193–206. Stanford: Stanford University Press.

——. 1994. "Playing in the Valley: A Metonym of Modernization." In *Cultural Change in Postwar Taiwan*, edited by Stevan Harrell and Huang Chun-chieh, 161–83. Boulder: Westview.

Haynes, Douglas E. 1987. "From Tribute to Philanthropy: The Politics of Gift Giving in a Western Indian City." *Journal of Asian Studies* 46(2): 339–60.

Heidhues, Mary F. Somers. 1974. *Southeast Asia's Chinese Minorities*. Camberwell, Victoria: Longman.

——. 1992. "Malaysia." In *The Chinese of Southeast Asia*, edited by Minority Rights Group, 12–14. London: Minority Rights Group.

——. 1993. "Chinese Organizations in West Borneo and Bangka: Kongsi and Hui." In *"Secret Societies" Reconsidered: Perspectives on the Social History of Modern South China and Southeast Asia*, edited by David Ownby and Mary Somers Heidhues, 68–88. Armonk, N.Y.: Sharpe.

Herzfeld, Michael. 1997. *Cultural Intimacy: Social Poetics in the Nation-state*. New York: Routledge.

Heussler, Robert. 1981. *British Rule in Malaya: The Malayan Civil Service and Its*

Predecessors, 1867–1942. Oxford: Clio.

Hobsbawm, Eric. 1959. *Primitive Rebels: Studies in Archaic Forms of Social Movement in the 19th and 20th Centuries*. Manchester: Manchester University Press.

——. 1969. *Bandits*. London: Weidenfeld and Nicolson.

——. 1983. "Introduction: Inventing Tradition." In *The Invention of Tradition*, edited by Eric Hobsbawm and Terence Ranger, 1–14. Cambridge: Cambridge University Press.

Hunt, Lynn. 1988. "The Sacred and the French Revolution." In *Durkheimian Sociology: Cultural Studies*, edited by Jeffrey C. Alexander, 25–43. Cambridge: Cambridge University Press.

Ignatieff, Michael. 1993. *Blood and Belonging: Journeys into the New Nationalism*. Toronto: Penguin.

Jackson, R. N. 1965. *Pickering: Protector of Chinese*. Kuala Lumpur: Oxford University Press.

——. 1972. "Introduction." In Lt.-Colonel James Low, *The British Settlement of Penang: A Dissertation on the Soil and Agriculture of the British Settlement of Penang or Prince of Wales Island in the Straits of Malacca, Including Province Wellesley on the Malayan Peninsula, with Brief References to the Settlements of Singapore and Malacca*, x–xxiv. Singapore: Oxford University Press.

Jacob, Margaret C. 1981. *The Radical Enlightenment: Pantheists, Freemasons and Republicans*. London: Allen and Unwin.

——. 1991. *Living the Enlightenment: Freemasonry and Politics in Eighteenth-Century Europe*. New York: Oxford University Press.

Jennings, E. L. S. 1970. "Founding of the District Grand Lodge of the Eastern Archipelago and the Part Played by J. C. Smith." In *Papers Presented before the Lodge St. Michael No. 2933, Lodge of Research, Singapore, from 1956 to 1979*, vol. 5. [Unpaginated.]

——. 1997. "The First Fifty Years of the Craft in the Eastern Archipelago." *The Pentagram* 52: 47–58.

Jile Si 極樂寺. 1993. *Jile Si Qingzhu Kaishan Yi-Ling-Yi Zhounian* 極樂寺慶祝開山一〇一週年 (*Jile Si Celebrates the 101-Year Anniversary of "Opening the Mountain"*).

Ayer Itam: Bincheng Jile Si.

Jing, Jun. 1996. *The Temple of Memories: History, Power and Morality in a Chinese Village*. Stanford: Stanford University Press.

John, Alan. 1989. *Unholy Trinity: The Adrian Lim 'Ritual' Child Killings*. Singapore: Times Books International.

Jomo, Kwama Sundaram. 1986. *A Question of Class: Capital, the State, and Uneven Development in Malaysia*. Singapore: Oxford University Press.

Jordan, David. 1972. *Gods, Ghosts, and Ancestors: The Folk Religion of a Taiwanese Village*. Berkeley: University of California Press.

——. 1994. "Changes in Postwar Taiwan and Their Impact on the Popular Practice of Religion." In *Cultural Change in Postwar Taiwan,* edited by Stevan Harrell and Huang Chun-chieh, 137–60. Boulder: Westview Press.

Jordan, David K., and Daniel L. Overmyer. 1986. *The Flying Phoenix: Aspects of Chinese Sectarianism in Taiwan*. Princeton: Princeton University Press.

Kahn, Joel S., and Francis Loh Kok Wah. 1992. *Fragmented Vision: Culture and Politics in Contemporary Malaysia*. North Sydney: Allen and Unwin.

Kaplan, Martha. 1995. *Neither Cargo nor Cult: Ritual Politics and the Colonial Imagination in Fiji*. Durham: Duke University Press.

Katz, Paul R. 1992. "Changes in Wang-Yeh Beliefs in Postwar Taiwan: A Case Study of Two Wang-Yeh Temples." *Journal of Chinese Religions* 20: 203–14.

——. 1995. *Demon Hordes and Burning Boats: The Cult of Marshal Wen in Late Imperial Chekiang*. Albany: SUNY Press.

Kelly, John D. 1991. *A Politics of Virtue: Hinduism, Sexuality, and Countercolonial Discourse in Fiji*. Chicago: University of Chicago Press.

Khoo Boo Teik. 1995. *Paradoxes of Mahathirism: An Intellectual Biography of Mahathir Mohamad*. Kuala Lumpur: Oxford University Press.

Khoo Su Nin. 1993. *Streets of George Town, Penang: An Illustrated Guide to Penang's City Streets and Historic Attractions*. Penang: Janus.

——. 1990. "Poh Hock Seah: Guardians of the Flame." In *Baofushe Baizhounian*
Jinian 福社百週年紀念 (*Poh Hock Seah Centenary, 1890–1990*), 18–19. Penang: Phoenix.

Khor, E. H. 1958. "The Public Life of Dr. Lim Boon Keng." B.A. honors academic exercise, University of Malaya, Singapore.

King, Ambrose Y. C. 1996. *Confucian Traditions in East Asian Modernity: Moral Education and Economic Culture in Japan and the Four Mini-Dragons*. Cambridge, Mass.: Harvard University Press.

Koh Seang Tat. 1887. "Mr. Koh Seang Tat's Letter to the Resident Councillor." Reprinted in "The Burial and Burying Grounds Bill," *Pinang Gazette*, 14 October 1887.

Kua Kia Soong, ed. 1987. *Polarization in Malaysia—The Root Causes: A Study of the Communal Problem*. Kuala Lumpur: Research and Resource Centre, Selangor Chinese Assembly Hall.

——. 1989. *Behind the Wire: An Account of the October 1987 ISA Detentions*. Kuala Lumpur: Resource and Research Centre, Selangor Chinese Assembly Hall.

——, ed. 1990. *Malaysian Cultural Policy and Democracy*. Kuala Lumpur: Resource and Research Centre, Selangor Chinese Assembly Hall. [Originally published as *National Culture and Democracy* (1985).]

——. 1992. *Malaysian Political Realities*. Petaling Jaya: Oriengroup. Kunio, Yoshihara. 1988. *The Rise of Ersatz Capitalism in South-East Asia*. Singapore: Oxford University Press.

Kuper, Adam, ed. 1992. *Conceptualizing Society*. London: Routledge.

Kwok, Jonathan. 1999. "George Town on 'Endangered List.' " *The Star*, 15 September 1999. [http://penang.thestar.com.my/content/news/1999/9/15pksa.asp]

Kynnersley, C. W. S. 1913 [1893]. "The Prevention and Repression of Crime." In *Noctes Orientales: Being a Selection of Essays Read before the Straits Philosophical Society Between the Years 1894 and 1910*, 1–25. Singapore: Kelly and Walsh.

Lagerwey, John. 1987. *Taoist Ritual in Chinese Society and History*. New York: Macmillan.

——. 1992. "The Pilgrimage to Wu-tang Shan." In *Pilgrims and Sacred Sites in China*, edited by Susan Naquin and Chun-fang Yu, 293–332. Berkeley: University of California Press.

Lakoff, George, and Mark Johnson. 1980. *Metaphors We Live By.* Chicago: University

of Chicago Press.

Latsch, Marie-Louise. 1984. *Traditional Chinese Festivals*. Beijing: New World.

Lau Kak En. 1994. *Singapore Census of Population 1990: Religion, Childcare and Leisure Activities*. Singapore: Department of Statistics.

Lee, Edwin. 1991. *The British as Rulers: Governing Multiracial Singapore, 1867–1914*. Singapore: Singapore University Press.

Lee Kok Leang and Khoo Su Nin. 1991. "Millionaire's Row." *Pulau Pinang* 3(1): 9–23.

Lee, Raymond. 1995. "The Poverty of Religion: Religious Revivalism and Ethnic Polarization in Contemporary Malaysia." In *Dimensions of Tradition and Development in Malaysia*, edited by Rokiah Talib and Tan Chee-Beng, 347–82. Petaling Jaya: Pelanduk.

Lee, Raymond L. M., and Susan E. Ackerman. 1997. *Sacred Tensions: Modernity and Religious Transformation in Malaysia*. Columbia: University of South Carolina Press.

Levenson, Joseph. 1972 [1958, 1964, 1965]. *Confucian China and Modern Fate: A Trilogy*. Berkeley: University of California Press.

Li Yuanjin (Lee Guan Kin) 李元瑾. 1990. *Lin Wenqingde Sixiang–Zhongxi Wenhuade Jiaoliu yu Maodun* 林文慶的思想–中西文化的交流與矛盾 (*The Thought of Lim Boon Keng—Convergence and Contradiction between Chinese and Western Culture*). Singapore: Xinjiapo Yazhou Yanjiu Xuehui.

Lim Ai Lee. 2000. "200-Table Phor Thor Do for Charity." *The Star*, 9 August 2000. [http://penang.thestar.com.my/content/news/2000/8/9/09alph.asp]

Lim Boon Keng. 1899. "Straits Chinese Reform 2—Dress and Costume." *Straits Chinese Magazine* 3(10): 57–60.

——. 1900. "Straits Chinese Reform 5—Filial Piety." *Straits Chinese Magazine* 4(13): 26–30.

——. 1905. "The Confucian Cult." *Straits Chinese Magazine* 8(2): 73–78.

——. 1910. "The Chinese in British Malaya." *Proceedings of the Straits Philosophical Society for the Year 1910–1911*, 159–62.

——. 1917. "The Chinese in Malaya." In *Present-Day Impressions of the Far East and Prominent and Progressive Chinese at Home and Abroad*, edited by W. Feldwick,

875–82. London: Globe Encyclopedia.

——. 1936. *The City of Amoy, Now Named Sze-Ming; or, The Island That Remembers the Ming, with a Brief Description of the University of Amoy*. Amoy: Amoy University Press.

Lim Hun Swee. 1990. "Hock Teik Cheng Sin Temple." In *Baofu She Bai Zhounian Jinian* 寶福社百週年紀念 (*Poh Hock Seah Centenary, 1890–1990*), 13. Penang: Phoenix.

Lim, Irene. 1999. *Secret Societies in Singapore, Featuring the William Stirling Collection*. Singapore: Singapore History Museum, National Heritage Board.

Lim Kuang Hui, ed. 1995. *In the Chair of King Solomon*. Singapore: Lodge Singapore No. 7178 E.C.

Lim, Linda Y. C., and L. A. Peter Gosling. 1983. *The Chinese of Southeast Asia*. Vol. 2, *Identity, Culture, and Politics*. Singapore: Maruzen Asia.

Lim Peng Eok. 1969. Untitled. Unpublished manuscript.

Lim Teck Ghee. 1992. "Cultural Development in Malaysia in the Post-1990 Period." Unpublished manuscript.

Lin Cangyou (Lim Chong Eu) 林蒼祐. 1983. "Shouxi Buzhang Kaimu Ci" 首席部長開幕詞 (Opening Ceremony Address by the Chief Minister). In *Binzhou Huaren Dahuitang Qingzhu Chengli Yibai Zhounian; Xinxia Luocheng Kaimu Jinian Tekan* 檳州華人大會堂慶祝成立一百周年；新廈落成開幕紀念特刊 (*Penang Chinese Town Hall Centenary Celebration and Inauguration of the New Building Commemorative Publication*), 323–26. Penang: Phoenix.

Lin Qingjin 林慶金. 1979. "Xianci" 獻詞 (Congratulatory Message). In *Binzhou Gejiequ Qingzan Zhongyuan Jie wei Hanmin Huaxiao Choumu Chongjian Jijin Weixinlu* 檳州各街區慶讚中元節為漢民華小籌募重建基金微信錄 (*Penang All-Locations Celebrating the Central Primordial Festival Fundraising Campaign on Behalf of the Hanmin Chinese Elementary School Construction Fund Small Commemorative Publication*). Penang.

Liow, Benny Woon Khin. 1989. "Buddhist Temples and Associations in Penang, 1844–1948." *Journal of the Malaysian Branch of the Royal Asiatic Society* 62(1): 57–85.

Liu, James J. Y. 1967. *The Chinese Knight Errant*. Chicago: University of Chicago Press.

Lo Jing Shan (Loh Cheng Sun) 駱靜山. 2002. "Bincheng Huaren Zongjiaode Jinxi" 檳城華人宗教的今昔 ("Chinese Religion in Penang: Past and Present"). In *History of the Chinese Communities in Penang*. Vol. 2 (CD-ROM). Penang: Penang Heritage Trust and Clan Associations Youth Committee. [Unpaginated.]

Logan, James Richardson. 1857. *Government Records: Enquiry into the Chinese Grievances at Pinang*. Supplement to *The Singapore Free Press*, 10 December 1857.

Loh Kok Wah. 1982. *The Politics of Chinese Unity in Malaysia: Reform and Conflict in the Malaysian Chinese Association, 1971–73*. Singapore: Maruzen Asia.

Low, C. C., et al., eds. and trs. 1989. *Canonization of Deities*. Singapore: Canfonian.

Low, Lt.-Colonel James. 1972 [1836]. *The British Settlement of Penang: A Dissertation on the Soil and Agriculture of the British Settlement of Penang or Prince of Wales Island in the Straits of Malacca, Including Province Wellesley on the Malayan Peninsula, with Brief References to the Settlements of Singapore and Malacca*. Singapore: Oxford University Press.

Lust, John. 1972. "Secret Societies, Popular Movements, and the 1911 Revolution." In *Popular Movements and Secret Societies in China, 1840–1950,* edited by Jean Chesneaux, 165–200. Stanford: Stanford University Press.

Lyman, Stanford M. 1964. "Chinese Secret Societies in the Occident: Notes and Suggestions for Research in the Sociology of Secrecy." *Canadian Review of Sociology and Anthropology* 1(2): 79–102.

Mackey, Albert. G. 1927 [1884]. *Encyclopaedia of Freemasonry and Its Kindred Sciences, Comprising the Whole Range of Arts, Sciences and Literature as Connected with the Institution*. Rev. ed. Chicago: Masonic History.

MacMunn, Sir George. 1931. *The Religions and Hidden Cults of India*. London: Sampson Low, Marston.

Mahathir bin Mohamad. 1970. *The Malay Dilemma*. Singapore: Times Books International.

Mak Lau Fong. 1981. *The Sociology of Secret Societies: A Study of Chinese Secret Societies in Singapore and Peninsular Malaysia*. Kuala Lumpur: Oxford University Press.

Makepeace, Walter. 1991 [1921]. "Institutions and Clubs." In *One Hundred Years of*

Singapore: Some Account of the Capital of the Straits Settlements from Its Foundation by Sir Stamford Raffles on the 6th February 1819 to the 6th February 1919, edited by Walter Makepeace, Gilbert E. Brooke, and Roland St. J. Braddell, with an introduction by C. M. Turnbull, vol. 2: 278–319. Singapore: Oxford University Press.

Malaysian Chinese Association [MCA]. 1988. *Report of the MCA National Task Force on Deviations in Implementation of the New Economic Policy (NEP)*. Kuala Lumpur: MCA.

Marx, Karl. 1963 [1869]. *The Eighteenth Brumaire of Louis Bonaparte*. New York: International.

Maspero, Henri. 1981 [1971]. *Taoism and Chinese Religion*. Translated by Frank A. Kierman, Jr. Amherst: University of Massachusetts Press.

Masters, Frederic H. 1892. "Among the Highbinders: An Account of Chinese Secret Societies." *Chinese Recorder and Missionary Journal* 23(6): 268–315.

Mauzy, Diane. 1995. "The Tentative Life and Quiet Death of the NECC in Malaysia." In *Managing Change in Southeast Asia: Local Identities, Global Connections* (CCSEAS 21), edited by Jean DeBernardi, Gregory Forth, and Sandra Niessen, 77–92. Edmonton: Canadian Council for Southeast Asian Studies.

Maxwell, P. Benson. 1859. "The Law of England in Pinang." *Journal of the Indian Archipelago and Eastern Asia*, n.s., 3: 26–55.

MCA. *See* Malaysian Chinese Association.

McCoy, Alfred W. [With Cathleen B. Read and Leonard P. Adams II.] 1972. *The Politics of Heroin in Southeast Asia*. New York: Harper and Row.

McDonald, J. M. 1940. "Military Travelling Lodges." *The Pentagram* 30: 179–88.

McIntyre, W. David. 1976. "Malaya from the 1850's to the 1870's, and Its Historians, 1950–1970: From Strategy to Sociology." In *Southeast Asian History and Historiography: Essays Presented to D. G. E. Hall*, edited by C. D. Cowan and O. W. Wolters. Ithaca: Cornell University Press.

Means, Gordon P. 1976. *Malaysian Politics*. 2d ed. London: Hodder and Stoughton.

——. 1991. *Malaysian Politics: The Second Generation*. Singapore: Oxford University Press.

Mei Jing 梅井. 2002. "Binlangyu Huazu Shehuide Heli Zizu Jingshen" 檳榔嶼華族社會合力自助精神 (The Culture of Volunteerism and Self-help in the Penang Chinese Community). In *History of the Chinese Communities in Penang.* Vol. 2 (CD-ROM). Penang: Penang Heritage Trust and Clan Associations Youth Committee. [Unpaginated]

Melucci, Alberto. 1996. *Challenging Codes: Collective Action in the Information Age.* Cambridge: Cambridge University Press.

Middlebrook, S. M. 1939. "Ceremonial Opening of a New Chinese Temple at Kandang, Malacca, in December, 1938." *Journal of the Malayan Branch of the Royal Asiatic Society* 17(1): 98–106.

Mills, L. A. 1971 [1925]. *British Malaya, 1824–1867.* New York: AMS.

Milne, William C. 1845 [1826]. "Some Account of a Secret Society in China Entitled 'The Triad Society.'" *Chinese Repository* 14(2): 59–69. [Originally published in *Transactions of the Royal Asiatic Society* 1 (1826): 240–50.]

Milner, Anthony. 1998. "Ideological Work in Constructing the Malay Majority." In *Making Majorities: Constituting the Nation in Japan, Korea, China, Malaysia, Fiji, Turkey, and the United States*, edited by Dru C. Gladney, 151–69. Stanford: Stanford University Press.

Moore, Sally Falk. 1994. "The Ethnography of the Present and the Analysis of Process." In *Assessing Cultural Anthropology*, edited by Robert Borofsky, 362–76. New York: McGraw-Hill.

Morgan, W. P. 1960. *Triad Societies in Hong Kong.* Hong Kong: The Government Printer.

Mullan, E. F. 1995. "Freemasonry and Its Origins in Singapore." In *In the Chair of King Solomon*, edited by Lim Kuang Hui, 12–13. Singapore: Lodge Singapore No. 7178 E.C. Freemasons' Hall.

Murray, Dian H. 1993. "Migration, Protection, and Racketeering: The Spread of the Tiandihui within China." In *"Secret Societies" Reconsidered: Perspectives on the Social History of Modern South China and Southeast Asia*, edited by David Ownby and Mary Somers, 177–89. Armonk, N.Y.: Sharpe.

Murray, Dian H., in collaboration with Qin Baoqu. 1994. *The Origins of Tiandihui:*

The Chinese Triads in Legend and History. Stanford: Stanford University Press.

Mus, Paul. 1935. *Barabudur: Esquisse d'une histoire du bouddhisme fondée sur la critique archéologique des textes*. Vol. 1. Hanoi: Imprimerie d'Extrême-Orient.

Nagata, Judith. 1979. *Malaysian Mosaic: Perspectives from a Poly-ethnic Society*. Vancouver: University of British Columbia Press.

——. 1984. *The Reflowering of Malaysian Islam: Modern Religious Radicals and Their Roots*. Vancouver: University of British Columbia Press.

——. 1991. "Local and International Networks among Overseas Chinese in Southeast Asia and Canada." In *The Quality of Life in Southeast Asia: Transforming Social, Political and Natural Environments* (CCSEAS 20), edited by Bruce Matthews, 225–81. Montreal: Canadian Council for Southeast Asian Studies.

——. 1995a. "Continuity and Change in World Religious Traditions: The Intersection of the Global and Parochial in Malaysian Buddhism." In *Managing Change in Southeast Asia: Local Identities, Global Connections* (CCSEAS 21), edited by Jean DeBernardi, Gregory Forth, and Sandra Niessen. Edmonton: Canadian Council for Southeast Asian Studies.

——. 1995b. "Limits to the Indigenisation of Buddhism in Malaysia, with a Focus on the Religious Community in Penang." In *Dimensions of Tradition and Development in Malaysia*, edited by Rokiah Talib and Tan Chee-Beng, 307–44. Petaling Jaya: Pelanduk.

——. 1999. "The Globalization of Buddhism and the Emergence of Religious Civil Society: The Case of the Taiwanese Fo Kuang Shan Movement in Asia and the West." *Communal/Plural* 7(2): 231–48.

Naquin, Susan. 1976. *Millenarian Rebellion in China: The Eight Trigrams Uprising of 1813*. New Haven: Yale University Press.

——. 1985. "The Transmission of White Lotus Sectarianism in Late Imperial China." In *Popular Culture in Late Imperial China*, edited by David Johnson, Andrew J. Nathan, and Evelyn S. Rawski, 255–91. Berkeley: University of California Press.

Needham, Joseph. 1956. *Science and Civilisation in China*. Vol. 2, *History of Scientific Thought*. Cambridge: Cambridge University Press.

Newbold, Lieutenant [T. J.], and Major-General [F. W.] Wilson. 1840–41. "The

Chinese Secret Triad Society of the Tian-ti-huih." In *Journal of the Royal Asiatic Society of Great Britain and Ireland* 6: 120–58.

Ng Siew Yoong. 1961. "The Chinese Protectorate in Singapore, 1877–1900." *Journal of the Southeast Asian Society* 2(1): 76–99.

Nonini, Donald. 1997. "Shifting Identities, Positioned Imaginaries: Transnational Traversals and Reversals by Malaysian Chinese." In *Ungrounded Empires: The Cultural Politics of Modern Chinese Transnationalism*, edited by Aihwa Ong and Donald Nonini, 203–27. New York: Routledge.

150 Years of Freemasonry in the Archipelago. 1995. Singapore.

Ong, Aihwa. 1999. *Flexible Citizenship: The Cultural Logics of Transnationality*. Durham: Duke University Press.

Ong, Aihwa, and Donald Nonini, eds. 1997. *Ungrounded Empires: The Cultural Politics of Modern Chinese Transnationalism*. New York: Routledge.

Ong Siew Im [Pamela]. 1995. *Blood and the Soil: A Portrait of Dr. Ong Chong Keng*. Singapore: Times Books International.

Orzech, Charles. 1989. "Seeing Chen-yen Buddhism: Traditional Scholarship and the Vajrayana in China." *History of Religions* 29(2): 87–114.

"Our Motherland—The Zetland in the East Lodge No. 508 E.C.: Foundation and Early Years." 1995 [1937]. In *In the Chair of King Solomon*, edited by Lim Kuang Hui, 15–20. Singapore. [Originally published in *The Pentagram* 27 (1937): 81–86.]

Overmyer, Daniel L. 1976. *Folk Buddhist Religion: Dissenting Sects in Late Traditional China*. Cambridge, Mass.: Harvard University Press.

——. 1986. *Religions of China*. San Francisco: Harper and Row.

Ownby, David. 1995. "The Heaven and Earth Society as Popular Religion." *Journal of Asian Studies* 54(4): 1023–46.

——. 1996. *Brotherhood and Secret Societies in Early and Mid-Qing China*. Stanford: Stanford University Press.

Ownby, David, and Mary Somers Heidhues, eds. 1993. *"Secret Societies" Reconsidered: Perspectives on the Social History of Modern South China and Southeast Asia*. Armonk, N.Y.: Sharpe.

Oxford English Dictionary. 1971. Compact ed. Oxford: Oxford University Press.

Ozouf, Mona. 1976. *La fête révolutionnaire, 1789–1799*. Paris: Gallimard.

Pan, Lynn. 1990. *Sons of the Yellow Emperor: A History of the Chinese Diaspora*. Boston: Little, Brown.

Pang, Duane. 1977. "The P'u-Tu Ritual." In *Buddhist and Taoist Studies*, edited by Michael Saso and David Chappel, vol. 1: 95–122. Honolulu: University of Hawaii Press.

Park Yew Kee: A Translation [*Beiyouji* 北游記]. 1974. Penang: Nanyang.

Patel, R. M. H. 1976. "The Persians and the Parsees and Their Masonic Traditions." In *Papers Presented before the Lodge of St. Michael No. 2933, Lodge of Research, Singapore*, vol. 2. [Unpaginated.]

Peirce, Charles Sanders. 1960. *The Collected Papers of Charles Sanders Peirce*. Edited by C. Hartshorne and P. Weiss. Cambridge, Mass.: Harvard University Press.

Penang Chinese Town Hall. 1975. *Rules and Regulations of the Penang Chinese Town Hall* [*Dewan Perhimpunan Cina, Pulau Pinang*]. Revised 29 August 1975.

——. 2000. *Penang Chinese Town Hall Rules and Regulations* [*Dewan Perhimpunan Cina, Pulau Pinang Peraturan dan Undang-Undang*]. Revised 30 April 2000.

Penang Heritage Trust. 2002a. *History of the Chinese Communities in Penang*, 5–6 January 2002. 6 vols. (CD-ROM). Penang: Penang Heritage Trust and Clan Associations Youth Committee.

——. 2002b. *The Penang Story: A Celebration of Cultural Diversity*. (CD-ROM.) Penang: Penang Heritage Trust.

Penang Riots Enquiry [PRE]. 1867. *Minutes of Evidence Taken before the Commissioners under the Penang Riots Enquiry Act of 1867 Sitting in the Office of the Public Works Department, Beach Street, George Town, Penang*. [Vols. 1 and 2 of unpublished 1955 typescript now held in the National University of Singapore Library.]

——. 1868. *Report and Appendices nos. 1–24*. [Vol. 3 of unpublished 1955 typescript now held in the National University of Singapore Library.]

Penang Taoist Centre. 1986. *Timeless Wisdom for Today: Thai Seong Loh Koon*. Penang: Penang Taoist Centre.

Pickering, W. A. 1876. "The Chinese in the Straits of Malacca." *Fraser's Magazine*, n.s.,

14 (Oct.): 438–45.

——. 1878. "The Chinese Secret Societies and Their Origin." Part 1. *Journal of the Straits Branch of the Royal Asiatic Society* 1: 63–84.

——. 1879. "The Chinese Secret Societies and Their Origin." Part 2. *Journal of the Straits Branch of the Royal Asiatic Society* 3: 1–18.

Pinang Gazette. 1863. "Notices." 7 March 1863.

P'ng Chye Khim and Donn F. Draeger. 1979. *Shaolin: An Introduction to Lohan Fighting Techniques*. Rutland, Vt.: Tuttle.

Poh Teh Teik. 1971. *T. Poh's Guidebook to the Temple of Paradise*. Penang: Forda.

——. 1973. *Gods and Deities in Popular Chinese Worship*. Penang: Forda.

——. 1978. *Chinese Temples in Penang*. Penang: Forda.

PRE. *See* Penang Riots Enquiry.

Purcell, Victor W. W. S. 1928. *Early Penang*. Penang: Pinang Gazette.

——. 1965. *The Memoirs of a Malayan Official*. London: Cassell.

——. 1967 [1948]. *The Chinese in Malaya*. Kuala Lumpur: Oxford University Press.

Rabushka, Alvin. 1973. *Race and Politics in Urban Malaya*. Stanford: Hoover Institution Press.

Ramsey, S. Robert. 1987. *The Languages of China*. Princeton: Princeton University Press.

Rappaport, Roy. 1999. *Ritual and Religion in the Making of Humanity*. Cambridge: Cambridge University Press.

Read, W. H. 1901. *Play and Politics: Recollections of Malaya by an Old Resident*. London: Gardner, Darton.

Reid, Anthony, ed. 1996. *Sojourners and Settlers: Histories of Southeast Asia and the Chinese*. St. Leonards: Allen and Unwin.

Rickard, F. A. 1906. "Freemasonry in Singapore." In *Papers Presented before the Lodge St. Michael No. 2933, Lodge of Research, Singapore*, vol. 2. [Unpaginated.]

Roberts, J. M. 1972. *The Mythology of the Secret Societies*. London: Secker and Warburg.

Roff, William. R. 1967. *The Origins of Malay Nationalism*. New Haven: Yale University Press.

Sahlins, Marshall. 1985. *Islands of History*. Chicago: University of Chicago Press.

——. 1988. "Cosmologies of Capitalism: The Trans-Pacific Sector of 'The World System.' " *Proceedings of the British Academy* 74: 1–51.

——. 1994. "Goodbye to Tristes Tropes: Ethnography in the Context of Modern World History." In *Assessing Cultural Anthropology*, edited by Robert Borofsky, 377–94. New York: McGraw-Hill.

Sangren, P. Steven. 1983. "Female Gender in Chinese Religious Symbols: Kuan Yin, Ma Tsu, and the 'Eternal Mother.' " *Signs* 9: 4–25.

——. 1984. "Great Tradition and Little Traditions Reconsidered: The Question of Cultural Integration in China." *Journal of Chinese Studies* 1: 1–24.

——. 1987. *History and Magical Power in a Chinese Community*. Stanford: Stanford University Press.

——. 1996. "Myths, Gods, and Family Relations." In *Unruly Gods: Divinity and Society in China*, edited by Meir Shahar and Robert P. Weller, 150–83. Honolulu: University of Hawaii Press.

Saso, Michael. 1989. *Taoism and the Rite of Cosmic Renewal*. Second edition. Pullman: Washington State University Press.

——. 1978. *The Teachings of Taoist Master Chuang*. New Haven: Yale University Press.

Schipper, Kristopher. 1993 [1982]. *The Taoist Body*. Translated by Karen C. Duval. Berkeley: University of California Press.

Schlegel, Gustave. 1991 [1866]. *Thian Ti Hwui, the Hung-League or Heaven-Earth-League: A Secret Society with the Chinese in China and India*. Thornhill, Dumfriesshire: Tynron.

Schwarcz, Vera. 1991. "No Solace from Lethe: History, Memory, and Cultural Identity in Twentieth-Century China." *Daedalus* 120(2): 85–112.

——. 1996. "How to Make Time Real: From Intellectual History to Embodied Memory." In *Remapping China: Fissures in Historical Terrain*, edited by Gail Hershatter, Emily Honig, Jonathan N. Lipman, and Randall Stross, 13–24. Stanford: Stanford University Press.

Seaman, Gary. 1978. *Temple Organization in a Chinese Village*. Taipei: Asian Folklore and Social Life Monographs.

——. 1987. *Journey to the North: An Ethnohistorical Analysis and Annotated Translation*

of the Chinese Folk Novel "Pei-yu Chi." Berkeley: University of California Press.

Shaftesley, John M. 1979. "Jews in English Freemasonry in the 18th and 19th Centuries." *Ars Quatuor Coronatorum: Transactions of Quatuor Coronati Lodge No. 2076* 92: 25–63.

Shahar, Meir. 1996. "Vernacular Literature and the Transmission of Gods' Cults in Late Imperial China." In *Unruly Gods: Divinity and Society in China*, edited by Meir Shahar and Robert P. Weller, 184–211. Honolulu: University of Hawaii Press.

——. 1998. *Crazy Ji: Chinese Religion and Popular Literature*. Cambridge, Mass.: Harvard University Press.

Shahar, Meir, and Robert Weller, eds. 1996. *Unruly Gods: Divinity and Society in China*. Honolulu: University of Hawaii Press.

Shamsul, A. B. 1994. "Religion and Ethnic Politics in Malaysia: The Significance of the Islamic Resurgence Phenomenon." In *Asian Visions of Authority: Religion and the Modern States of East and Southeast Asia*, edited by Charles F. Keyes, Laurel Kendall, and Helen Hardacre, 99–116. Honolulu: University of Hawaii Press.

——. 1998. "Bureaucratic Management of Identity in a Modern State: 'Malayness' in Postwar Malaysia." In *Making Majorities: Constituting the Nation in Japan, Korea, China, Malaysia, Fiji, Turkey, and the United States*, edited by Dru C. Gladney, 135–50. Stanford: Stanford University Press.

Shaw, Rosalind, and Charles Stewart. 1994. *Syncretism/Anti-Syncretism: The Politics of Religious Synthesis*. London: Routledge.

Shaw, William. 1973. "Aspects of Spirit-Mediumship in Peninsular Malaysia." *Federation Museums Journal*, n.s., 18: 71–176. [Kuala Lumpur: Museums Department, States of Malaya.]

Shellabear, W. G. 1977 [1913]. "Baba Malay." In *A Centenary Volume, 1877–1977*, Malayan Branch of the Royal Asiatic Society, Reprint no. 4, 36–46. Singapore: Times.

Short, Anthony. 1975. *The Communist Insurrection in Malaya, 1948–1960*. London: Muller.

Siaw, Lawrence K. L. 1981. "The Legacy of Malaysian Chinese Social Structure."

Journal of Southeast Asian Studies 12(2): 395–402.
Sim, Katharine. 1950. "The 'White Tiger' in Penang." *Journal of the Malayan Branch of the Royal Asiatic Society* 23(1): 142–44.
Simmel, Georg. 1950 [1902–3]. "The Metropolis and Mental Life." In *The Sociology of Georg Simmel*, translated and edited by Kurt H. Wolf, 409–24. New York: Free Press.
——. 1950 [1908]. "The Secret and the Secret Society." In *The Sociology of Georg Simmel*, translated and edited by Kurt H. Wolf, 307–76. New York: Free Press.
Singapore Free Press (Supplement). 1857. "Reports and Minutes of the Enquiry into Chinese Grievances at Pinang." 19 November 1857.
Singapore History Museum. 2002. *Chinese Triads: Perspectives on Histories, Identities, and Spheres of Impact*. Singapore.
Singer, Milton. 1972. *When a Great Tradition Modernizes: An Anthropological Approach to Indian Civilization*. New York: Praeger.
Singh, Jasbant. 2000. "Feeling the Wrath of Malaysia's Mahathir." *The Globe and Mail*, 18 December 2000.
Singh, Jasbir Sarjit, and Hena Mukherjee. 1990. "Education and National Integration in Malaysia: Stocktaking Thirty Years After Independence." Institut Pengajian Tinggi Universiti Malay, Occasional Paper no. 3. Kuala Lumpur.
Sira Habibu. 2000. "Death Knell for Heritage 'Tombs.' " *The Star*, 15 December 2000. [http://penang.thestar.com.my/content/focus/2000/12/15/15sihe.asp]
Sit Yin Fong. 1989a. *I Confess*. Singapore: Heinemann Asia.
——. 1989b. *Was Adrian Lim Mad?* Singapore: Heinemann Asia.
Skinner, G. William. 1951. *Report on the Chinese in Southeast Asia*. Ithaca: Cornell University Press.
——. 1957. *Chinese Society in Thailand: An Analytical History*. Ithaca: Cornell University Press.
——. 1996. "Creolized Chinese Societies in Southeast Asia." In *Sojourners and Set tlers: Histories of Southeast Asia and the Chinese*, edited by Anthony Reid, 51–93. St. Leonards: Allen and Unwin.
Smith, Anthony D. 1981. *The Ethnic Revival*. Cambridge: Cambridge University Press.

——. 1986. *The Ethnic Origin of Nations*. Oxford: Blackwell.

——. 1999. *Myths and Memories of the Nation*. Oxford: Oxford University Press.

Soo Khin Wah. 1997. "A Study of the Yiguan Dao (Unity Sect) and Its Development in Peninsular Malaysia." Ph.D. dissertation, Department of Asian Studies, University of British Columbia.

Spence, Jonathan D. 1981. *The Gate of Heavenly Peace: The Chinese and Their Revolution, 1895–1980*. New York: Penguin.

Stanton, William. 1900. *The Triad Society, or Heaven and Earth Association*. Hong Kong: Kelly and Walsh.

Star, The. 1980a. "Attack on a Shrine: Lone Vandal Destroys Idols and Urns." 28 February 1980: 1.

——. 1980b. "Breaking of Idols against Islam: D. O." 2 March 1980: 6.

——. 1980c. "Temple Caretaker Slashed." 11 April 1980: 4.

——. 1980d. "Chinese Dialects 'More of a Liability than an Asset.' " 10 October 1980: 7.

——. 2001. "Phor Thor Feasts Raise RM250,000 for Balik Pulau School." 10 September 2001. [http://penang.thestar.com.my/content/news/2001/9/10/10kkfo.asp]

——. 2002. "Month-long Hungry Ghost Festival Begins." 9 August 2002. [http://penang.thestar.com.my/content/news/2002/8/9/llha.asp]

——. 2003. "Koh: George Town Population Down 30% within 30 Years." 20 May 2003. [http://penang.thestar.com.my/content/news/2003/5/20/sapopu.asp]

Stein, Rolf. 1986. "Avalokitesvara/Kouan-Yin: Exemple de transformation d'un dieu en déesse." *Cahiers d'Extrême-Asie* 2: 17–80.

——. 1991 [1981]. "The Guardian of the Gate: An Example of Buddhist Mythology, from India to Japan." In *Asian Mythologies*, compiled by Yves Bonnefoy, translated under the direction of Wendy Doniger, 122–36. Chicago: University of Chicago Press.

Stevenson, David. 1988. *The First Freemasons: Scotland's Early Lodges and Their Members*. Aberdeen: Aberdeen University Press.

——. 1990. *The Origins of Freemasonry: Scotland's Century, 1590–1710*. Cambridge:

Cambridge University Press.

Stirling, William G. 1924. "Chinese Exorcists." *Journal of the Malayan Branch of the Royal Asiatic Society* 2: 41–47.

——. 1925. "The Red and White Flag Societies." *Journal of the Malayan Branch of the Royal Asiatic Society* 3(1): 57–61.

Straits Echo. 1904. 18 February 1904.

Straits Echo Mail Edition. 1905. "Aier Etam Temple." 20 January 1905: 42.

Straits Times. 1856. "Letter from Governor Blundell to the Chinese Community of Penang." 11 November 1856.

——. 1992. "Chinese Share of Economy Exceeds 40 Per Cent." 7 June 1992.

——. 1993a. "Peranakans Want to Be Considered for Bumi Status." 1 April 1993: 15.

——. 1993b. "Peranakans Chose Chinese Links over Bumi Offer in 1957." 5 April 1993: 31.

Strauch, Judith. 1987. "Settlement and Resettlement: Political and Economic Implica tions for Chinese Minorities." In *Southeast Asian Tribal Groups and Ethnic Minorities: Prospects for the Eighties and Beyond—A Cultural Survival Report*, 139–47. Cambridge, Mass.: Cultural Survival.

Struve, Lynn A. 1988. "The Southern Ming, 1644–1662." In *The Cambridge History of China*, vol. 7, *The Ming Dynasty, 1368–1644,* part 1, 641–725. Cambridge: Cambridge University Press.

Stubbs, Richard. 1989. *Hearts and Minds in Guerrilla Warfare: The Malayan Emergency, 1948–1960*. Singapore: Oxford University Press.

Sullivan, Paul. 1989. *Unfinished Conversations: Mayas and Foreigners between Two Wars*. Berkeley: University of California Press.

Suryadinata, Leo, ed. 1989. *The Ethnic Chinese in the ASEAN States: Bibliographical Essays*. Singapore: Institute of Southeast Asian Studies.

——, ed. 2002. *Ethnic Chinese in Singapore and Malaysia: A Dialogue between Tradition and Modernity*. Singapore: Times.

Sutton, Donald. 1990. "Taiwanese Spirit Mediums." *Journal of Ritual Studies* 4(1): 99–125.

Szonyi, Michael. 1997. "The Illusion of Standardizing the Gods: The Cult of the Five

Emperors in Late Imperial China." *Journal of Asian Studies* 56(1): 113–35.

Taishang Ganying Pian 太上感應篇 (*Taishang's Treatise on Action and Retribution*). N.d. Penang.

Talmon, Jacob Leib. 1960. *Political Messianism: The Romantic Phase*. London: Secker and Warburg.

Tambiah, Stanley J. 1985a. "The Galactic Polity." In *Culture, Thought, and Social Action: An Anthropological Perspective*, 254–86. Cambridge, Mass.: Harvard University Press.

——. 1985b. "A Performative Approach to Ritual." In *Culture, Thought, and Social Action: An Anthropological Perspective,* 123–66. Cambridge, Mass.: Harvard University Press.

——. 1994 [1989]. "The Politics of Ethnicity." In *Assessing Cultural Anthropology*, edited by Robert Borofsky, 430–41. New York: McGraw-Hill.

Tan Chee-Beng. 1985. "The Development and Distribution of Dejiao Associations in Malaysia and Singapore: A Study on a Chinese Religious Organization." ISEAS Occasional Paper no. 79. Singapore: Institute of Southeast Asian Studies.

——. 1987. "Ethnic Dimensions of the Constitution." In *Reflections on the Malaysian Constitution*, 245–64. Penang: Aliran.

——. 1988. *The Baba of Melaka: Culture and Identity of a Chinese Peranakan Community in Malaysia*. Petaling Jaya: Pelanduk.

Tan Cheng Lock. 1949. "Cheng Hoon Teng Temple." Reprinted from *Straits Times*, 31 August 1949.

Tan Liok Ee. 1988. "Chinese Independent Schools in West Malaysia: Varying Responses to Changing Demands." In *Changing Identities of the Southeast Asian Chinese since World War II*, edited by Jennifer Cushman and Wang Gungwu, 61–74. Hong Kong: Hong Kong University Press.

——. 1992. "Dongjiaozong and the Challenge to Cultural Hegemony, 1951–1987." In *Fragmented Vision: Culture and Politics in Contemporary Malaysia*, edited by Joel S. Kahn and Francis Loh Kok Wah, 181–201. North Sydney: Allen and Unwin.

——. 2002. "Chinese Education in Malaysia Today." In *Ethnic Chinese in Singapore and Malaysia: A Dialogue between Tradition and Modernity*, edited by Leo

Suryadinata, 155–71. Singapore: Times.

Tan Sooi Beng. 1988. "The Phor Tor Festival in Penang: Deities, Ghosts and Chinese Ethnicity." Working Paper 51. Victoria, Australia: Centre of Southeast Asian Studies, Monash University.

——. 1992. "Counterpoints in the Performing Arts of Malaysia." In *Fragmented Vision: Culture and Politics in Contemporary Malaysia*, edited by Joel S. Kahn and Francis Loh Kok Wah, 282–305. North Sydney: Allen and Unwin.

Tan, Tracy. 1981. "Devotees Observe Goddess of Mercy's Birthday." *National Echo*, 22 July 1981.

Teh Thean Choo. 1980. "A Buddhist View." In *One God, Many Paths: Essays on the Social Relevance of Religion in Malaysia from Islamic, Buddhist, Christian, Hindu and Philosophical Perspectives*, 128–33. Penang: Aliran.

Teiser, Stephen F. 1988. *The Ghost Festival in Medieval China*. Princeton: Princeton University Press.

Tejapira Kasian. 1991. "Pigtail: A Pre-History of Chineseness in Siam." *Sojourn* 7(1): 95–122.

Thomas, Nicholas. 1994. *Colonialism's Culture: Anthropology, Travel and Government.* Cambridge: Polity.

Thompson, Laurence G. 1975. *Chinese Religion: An Introduction*. 2d ed. Encino, Calif.: Dickenson.

——. 1996. *Chinese Religion: An Introduction.* 5th ed. Belmont, Calif.: Wadsworth.

Thompson, Stuart. 1988. "Death, Food, and Fertility." In *Death Ritual in Late Imperial and Modern China*, edited by James L. Watson and Evelyn S. Rawski, 71–108. Berkeley: University of California Press.

Tilman, Robert O., and Peter Busch. 1973. *The Political Assimilation of the Chinese in Malaya*. New Haven: Yale University Press.

Topley, Marjorie. 1963. "The Great Way of Former Heaven: A Group of Chinese Secret Religious Sects." *Bulletin of the School of Oriental and African Studies* 26: 362–92.

——. 1978. "Marriage Resistance in Rural Kwangtung." In *Studies in Chinese Society*, edited by Arthur Wolf, 247–68. Stanford: Stanford University Press.

Trocki, Carl A. 1990. *Opium and Empire: Chinese Society in Colonial Singapore, 1800–1910*. Ithaca: Cornell University Press.

Tun Sardon Foundation. 1980. *Choumu Dun Shadun Ge Minzu Cishan Jijin Yanhui* 籌募敦沙頓各民族慈善基金宴會 (*Multiethnic Charitable Fundraising Banquet for the Tun Sardon Foundation*). Penang: Sun.

Turnbull, C. M. 1958. "Communal Disturbances in the Straits Settlements in 1857." *Journal of the Malayan Branch of the Royal Asiatic Society* 31(1): 94–144.

——. 1972. *The Straits Settlements, 1826–67: English Presidency to Crown Colony*. Singapore: Oxford University Press.

——. 1977. *A History of Singapore, 1819–1975*. Kuala Lumpur: Oxford University Press.

Turner, Victor. 1969. *The Ritual Process*. Harmondsworth: Penguin.

Utusan Malaysia Online. 1997. "Globalisation Sets Stage for Meeting of Religions, Says Anwar." 5 July 1997: 1. [online archive: http://www.utusan.com.my]

——. 1998a. "Further Enhance Unity during the Chinese New Year Celebrations." 28 January 1998. [online archive: http://www.utusan.com.my]

——. 1998b. "Temple-Next-to-Mosque Issue Settled, Says Anwar." 28 March 1998. [online archive: http://www.utusan.com.my]

——. 1998c. " Police Ban Processions in Penang, Says Deputy CPO." 24 April 1998. [online archive: http://www.utusan.com.my]

——. 1998d. "Don't Condemn Indonesia, Chinese Dailies and DAP Told." 22 July 1998. [online archive: http://www.utusan.com.my]

——. 2001. "Preserve Racial Co-existence for Stability's Sake, Says Mahathir." 24 January 2001. [online archive: http://www.utusan.com.my]

——. 2003. "Nod for Six Communal Festivals to Be National Festivals." 16 June 2003. [online archive: http://www.utusan.com.my]

Vasil, Raj. 1971. *Politics in a Plural Society: A Study of Non-Communal Political Parties in West Malaysia*. Kuala Lumpur: Oxford University Press.

——. 1980. *Ethnic Politics in Malaysia*. New Delhi: Radiant.

Vaughan, Jonas Daniel. 1854. "Notes on the Chinese of Pinang." In *Journal of the Indian Archipelago* 8: 1–27.

——. 1971 [1879]. *The Manners and Customs of the Chinese of the Straits Settlements.* Kuala Lumpur: Oxford University Press.

van der Veur, Paul W. 1976. "Freemasonry in Indonesia from Radermacher to Soekanto, 1762–1961." Papers in International Studies, Southeast Asia Series, no. 40. Athens: Ohio University Center for International Studies.

Vinesh, Derrick. 2001. "30,000 Expected for Open House." *The Star*, 29 January 2001. [http://penang.thestar.com.my/content/news/2001/1/29/29dvar.asp]

Wah, Francis Loh Kok, and Joel S. Kahn. 1992. "Introduction: Fragmented Vision." In *Fragmented Vision: Culture and Politics in Contemporary Malaysia*, 1–18. North Sydney: Allen and Unwin.

Waley, Arthur, tr. 1980 [1943]. *Monkey*. New York: Grove.

Walker, G. E. 1979. "250 Years of Freemasonry in India." *Ars Quatuor Coronatorum: Transactions of Quatuor Coronati Lodge No. 2076* 92: 172–90.

Wallace, Anthony. 1970 [1961]. *Culture and Personality*. Second edition. New York: Random House.

Wang Chenfa (Ong Seng Huat) 王琛發. 2001. *Huaren Minjian Jieri Yanjiu* 華人民間節日研究 (*Investigation into Chinese Popular Festivals*). Petaling Jaya: Yi Pin.

——. 1999. *Guangfu Gong Lishi yu Chuanqi* 廣福宮歷史與傳奇 (*History and Miraculous Stories of Guangfu Gong*). Penang: Binchengzhou Zhengfu Huaren Zongjiao (Shehui Shiwu) Lishihui he Binlangyu Guangfu Gong Xinlibu.

——. 1990. "Who's Afraid of the Hungry Ghosts?" *Pulau Pinang* 2(4): 31–33.

——. N.d. *Xuantian Shangdi Xinyangde Yanbian* 玄天上帝信仰的演變 (*The Development of Belief in the Emperor of the Dark Heavens*). Kuala Lumpur: Malaixiya Daojiao Zuzhi he Zonghui Zongjiao Wenhua Yanjiu Zhongxin.

——. N.d. *Cong Beidou Zhenjun dao Jiuhuang Dadi* 從北斗真君到九皇大帝 (*From the Perfected Lords of the Northern Bushel to the Nine Emperor Gods*). Kuala Lumpur: Malaixiya Daojiao Zuzhi he Zonghui Zongjiao Wenhua Yanjiu Zhongxin.

Wang Gungwu. 1953. "Chinese Reformists and Revolutionaries in the Straits Settlements, 1900–1911." B.A. honors academic exercise, Department of History, University of Malaya, Singapore.

——. 1991a. *China and the Chinese Overseas*. Singapore: Times Academic Press.

——. 1991b. "Lu Xun, Lim Boon Keng and Confucianism." In *China and the Chinese Overseas*, 147–65. Singapore: Times Academic Press.

Wang Tai Peng. 1994. *The Origins of Chinese Kongsi*. Petaling Jaya: Pelanduk.

Ward, J. S. M. 1977 [1926]. *The Hung Society, or the Society of Heaven and Earth*. Vols. 2 and 3. Taipei: Southern Materials Center.

Ward, John Sebastian Marlo, and William G. Stirling. 1977 [1925]. *The Hung Society, or the Society of Heaven and Earth*. Vol. 1. Taipei: Southern Materials Center.

Watson, James L. 1985. "Standardizing the Gods: The Promotion of T'ien Hou ('Empress of Heaven') along the South China Coast, 960–1960." In *Popular Culture in Late Imperial China*, edited by David Johnson, Andrew J. Nathan, and Evelyn S. Rawski, 292–324. Berkeley: University of California Press.

Weber, Max. 1946. "Class, Status, Power." In *From Max Weber: Essays in Sociology*, translated, edited, and with an introduction by H. H. Gerth and C. Wright Mills, 180–95. New York: Oxford University Press.

——. 1963 [1922]. *The Sociology of Religion*. Translated by Ephraim Fischoff, with an introduction by Talcott Parsons. London: Methuen.

——. 1968 [1951]. *The Religion of China*. Translated and edited by Hans H. Gerth, with an introduction by C. K. Yang. New York: Free Press.

Weld, Sir Frederick A. 1983 [1884]. "The Straits Settlements and British Malaya." In *Honourable Intentions: Talks on the British Empire Delivered at the Royal Colonial Institute*, edited by Paul Kratoska, 43–90. Singapore: Oxford University Press.

Weller, Robert P. 1987. *Unities and Diversities in Chinese Religion*. Seattle: University of Washington Press.

——. 1994a. "Capitalism, Community, and the Rise of Amoral Cults in Taiwan." In *Asian Visions of Authority: Religion and the Modern States of East and Southeast Asia*, edited by Charles F. Keyes, Laurel Kendall, and Helen Hardacre, 141–64. Honolulu: University of Hawaii Press.

——. 1994b. *Resistance, Chaos and Control in China: Taiping Rebels, Taiwanese Ghosts and Tiananmen*. Seattle: University of Washington Press.

——. 1996. "Matricidal Magistrates and Gambling Gods: Weak States and Strong

Spirits in China." In *Unruly Gods: Divinity and Society in China*, edited by Meir Shahar and Robert P. Weller, 250–68. Honolulu: University of Hawaii Press.

Werner, E. T. C. 1986 [1922]. *Myths and Legends of China*. London: Harrap.

Wheatley, Paul. 1969. "The City as Symbol." Lecture delivered at University College, London, 1967. London: Lewis.

——. 1971. *Pivot of the Four Quarters*. Chicago: Aldine.

Wilhelm, Richard, tr. 1967 [1950]. *The I Ching, or Book of Changes*. Rendered into English by Cary F. Baynes. Bollingen Series 19. Princeton: Princeton University Press.

Williams, Lea. 1966. *The Future of the Overseas Chinese in Southeast Asia*. New York: McGraw-Hill.

Williams, Loretta J. 1980. *Black Freemasonry and Middle-Class Realities*. Columbia: University of Missouri Press.

Williams, W. Wells. [With the assistance of Johann Hoffman.] 1849. "Oath Taken by Members of the Triad Society, and Notices of Its Origins." *Chinese Repository* 18: 281–95.

Willmott, William E. 1961. *The National Status of the Chinese in Indonesia, 1900–1958*. Ithaca: Modern Indonesia Project, Cornell University Press.

——. 1967. *The Chinese in Cambodia*. Vancouver: University of British Columbia Press.

——. 1970. *The Political Structure of the Chinese Community in Cambodia*. London: Athlone.

Winstedt, R. O. 1977 [1924]. "Karamat: Sacred Places and Persons in Malaya." In *A Centenary Volume, 1877–1977*, Malayan Branch of the Royal Asiatic Society, Reprint no. 4, 48–63. Singapore: Times.

Wolf, Arthur P. 1974. "Gods, Ghosts, and Ancestors." In *Religion and Ritual in Chinese Society*, edited by Arthur P. Wolf, 131–82. Stanford: Stanford University Press.

Wong, Choon San. 1963a. *A Gallery of Chinese Kapitans*. Singapore: Dewan Bahasa Dan Kebudayaan Kebangsaan/Ministry of Culture.

——. 1963b. *Kek Lok Si: Temple of Paradise*. Singapore: Malaysian Sociological Research Institute.

——. 1967. *A Cycle of Chinese Festivities*. Singapore: Malaysia Publishing House.

Wong, Ruth Y. L., and Joyce E. James. 2000. "Malaysia." In *Language Policies and Language Education: The Impact in East Asian Countries in the Next Decade*, edited by Ho Wah Kam and Ruth Y. L. Wong, 209–40. Singapore: Times Academic Press.

Woo Yee Saik. 1989. "Missionary Education: Its Role in Penang's Academic Tradition." *Pulau Pinang* 1(6): 27.

Worsley, Peter. 1968. *The Trumpet Shall Sound: A Study of "Cargo Cults" in Melanesia*. New York: Schocken.

Wu Chengzhen 吳誠真. 2001. "Doumu Yuanjun" 斗姥元君 (Grandmother Bushel the First Ruler). In *Chang Chun Guan* 長春觀 (*Eternal Spring Monastery*), 68–73. Wuhan: Chang Chun Guan.

Wu Lien-Teh. 1959. *Plague Fighter*. Cambridge: Heffer.

Wu Lien-Teh [G. L. Tuck] and Ng Yok-Hing. 1949. *The Queen's Scholarships of Malaya, 1885–1948*. Penang: Penang Premier.

Wynne, M. L. 1957 [1941]. *Triad and Tabut: A Survey of the Origin and Diffusion of Chinese and Mohamedan Secret Societies in the Malay Peninsula, A.D. 1800–1933*. Singapore: Government Printing Office. [Released in 1957 with an introduction by Wilfred L. Blythe.]

Xiamen Daxue Zhongguo Yuyan Wenxue Yanjiusuo Hanyu Fangyan Yanjiushi Zhubian 廈門大學中國語言文學研究所漢語方言研究室主編 (Chief Editor: Xiamen University Chinese Language and Literature Research Institute, Chinese Topolect Study Unit). 1982. *Putong Hua Minnan Fangyan Cidian* 普通話閩南方言辭典 (*Standard Chinese-Minnan Topolect Dictionary*). Hong Kong: Joint Publishing.

Xu Pingdeng (Koh Pen Ting) 許平等. 1983. "Xu Pingdeng Zhi Huanying Ci" 許平等致歡迎詞 (Koh Pen Ting Extends a Welcoming Address). In *Binzhou Huaren Dahuitang Qingzhu Chengli Yibai Zhounian; Xinxia Luocheng Kaimu Jinian Tekan* 檳州華人大會堂慶祝成立一百周年；新廈落成開幕紀念特刊 (*Penang Chinese Town Hall Centenary Celebration and Inauguration of the New Building Commemorative Publication*), 321–22. Penang: Phoenix.

Xu Yuejin (Khor Gark Kim) 許岳金. 1979. "Xianci" 獻詞 (Congratulatory Message). In *Binzhou Gejiequ Qingzan Zhongyuan Jie wei Hanmin Huaxiao Choumu Chongjian Jijin Weixinlu* 檳州各街區慶讚中元節為漢民華小籌募重建基金微信錄 (*Penang All-Locations Celebrating the Central Primordial Festival Fundraising Campaign on Be half of the Hanmin Chinese Elementary School Construction Fund Small Commemorative Publication*). Penang.

——. 1980. "Xianci" 獻詞 (Congratulatory Message). In *Choumu Dun Shadun Ge Minzu Cishan Jijin Yanhui* 籌募敦沙頓各民族慈善基金宴會 (*Multi-ethnic Charitable Banquet for the Tun Sardon Foundation*). Penang: Sun. Yang, C. K. 1961. *Religion in Chinese Society: The First Comprehensive Sociological Analysis of Chinese Religious Behavior*. Berkeley: University of California Press.

Yang Jingshi 楊景獅. 1979. "Xianci" 獻詞 (Congratulatory Message). In *Binzhou Gejiequ Qingzan Zhongyuan Jie wei Hanmin Huaxiao Choumu Chongjian Jijin Weixinlu* 檳州各街區慶讚中元節為漢民華小籌募重建基金微信錄 (*Penang All-Locations Celebrating the Central Primordial Festival Fundraising Campaign on Behalf of the Hanmin Chinese Elementary School Construction Fund Small Commemorative Publication*). Penang.

Yao, Souchou. 1987. "Ethnic Boundaries and Structural Differentiation: An Anthropological Analysis of the Straits Chinese in Nineteenth-Century Singapore." *Sojourn* 2(2): 209–30.

Yen Ching-hwang. 1974. "Chinese Revolutionary Propaganda Organizations in Singapore and Malaya, 1906–1911." *Journal of the South Seas Society* 29(1–2): 47–67.

——. 1986. *A Social History of the Chinese in Singapore and Malaya, 1800–1911*. Singapore: Oxford University Press.

——. 1995. *Community and Politics: The Chinese in Colonial Singapore and Malaysia*. Singapore: Times Academic Press.

——. 1995 [1976]. "The Confucian Revival Movement in Singapore and Malaysia, 1899–1911." In *Community and Politics: The Chinese in Colonial Singapore and Malaysia*, 229–63. Singapore: Times Academic Press.

——. 1995 [1987]. "Opium-smoking in the Chinese Community in Singapore

and Malaya, 1848–1911." In *Community and Politics: The Chinese in Colonial Singapore and Malaysia*, 147–74. Singapore: Times Academic Press.

Yeoh, Brenda S. A. 1996. *Contesting Space: Power Relations and the Urban Built Environment in Colonial Singapore*. Kuala Lumpur: Oxford University Press.

Yeoh, Seng Guan. N.d. "Space and Public Culture in a Local Urban Hindu Festival in Malaysia." Unpublished manuscript.

Yong, C. F. 1992. *Chinese Leadership and Power in Colonial Singapore*. Singapore: Times Academic Press.

——. 1992 [1985]. "British Attitudes toward the Chinese Community Leaders in Singapore, 1819–1941." In *Chinese Leadership and Power in Colonial Singapore*, 287–307. Singapore: Times Academic Press.

Young, James E. 1988. *Writing and Rewriting the Holocaust: Narrative and the Consequence of Interpretation*. Bloomington: Indiana University Press.

Yu, Anthony, ed. and tr. 1977–83. *The Journey to the West*. 4 vols. Chicago: University of Chicago Press.

Yü, Chun-fang. 1992. "P'u-t'o Shan: Pilgrimage and the Creation of the Chinese Potalaka." In *Pilgrims and Sacred Sites in China*, edited by Susan Naquin and Chun-fang Yü, 190–245. Berkeley: University of California Press.

Zito, Angela. 1997. *Of Body & Brush: Grand Sacrifice as Text/Performance in Eighteenth-Century China*. Chicago: University of Chicago Press.

譯注引用書目

宋燕鵬。2015。馬來西亞華人史：權威、社群與信仰。上海：上海交通大學出版社。

阮湧俰。2019。麻六甲華人甲必丹Notchin與鄭芳揚生平事蹟補遺——以《龍海市文苑社鄭氏族譜》為依據。馬大華人文學與文化學刊 7(1): 58-73。

張曉威。2007。十九世紀檳榔嶼華人方言群社會與幫群政治。海洋文化學刊 3: 107-146。

Hirschman, Charles. 1980. "Demographic Trends in Peninsula Malaysia, 1947-75". *Population and Development Review* 6 (1): 103-125.

華文專有名詞對照表Glossary of Chinese Terms

以下每個名詞的排列，首先是華語拼音，其次在括號內標記的是福建話，接下來則是英文釋義，最後是華文方塊字。有些福建話的字彙欠缺受到檳城人普遍認定的方塊字，我已特別標示爲斜體字。遇有雙關語或同音字的情況，則會同時寫出這兩種情況的方塊字。

bagua (patkoa) *eight trigrams* 八卦
bai *ang*kong (pai angkong) *worship gods* 拜尫公
bai Fo (pai Hut) *worship Buddhas* 拜佛
bai menjiao (pai muikha) *worship at the foot of the door (placate ghosts)* 拜門腳
baishen (paisin) *worship saints* 拜神
bang (pang) *group, e.g. a dialect group* 幫
Baofu She (Po Hok Sia [Poh Hock Seah]) *Precious Prosperity Society* 寶福社
Baosheng Shangdi *Life-Protecting God* 保生上帝
Baoyu Xianyan (Po Su Sian Giam) *Jewel Island Spirit Cliff* 寶嶼仙岩
Baoyue Gong (Po Keh Keong) *Jeweled Moon Palace* 寶月宮
Beidou (Paktau) *Northern Bushel* 北斗
Beifang Zhenwu Da Jiangjun *Northern Quarter Perfected Warrior Great General* 北方真武大將軍
Beiyouji (Pak Iu Kee [*Park Yew Kee*]) *Journey to the North* 北遊記
benming *constitutive astrological fate* 本命
Binzhou Huaren Dahuitang *Penang Chinese Town Hall* 檳州華人大會堂
Binzhou Qingzhu Zhongyuan Jie Weiyuanhui *Central Primordial Festival Committee* 檳州中元節委員會
buyun (po.un) *mend fate* 補運
Caishen (Chai Sin) *Wealth God* 財神

華文專有名詞對照表
Glossary of Chinese Terms

Chen Jinnan 陳近南
Chen Shengwang (Tan Seng Ong) *Holy King Tan* 陳聖王
chenggao *pole* 撐篙
Chenghuang Miao (Seng Ong Bio) *City God Temple* 城隍廟
chi Zhongguo (chiah Tiongkok) *'eat' Chinese* 吃中國
chong (chhiong) *collide* 沖
chongde (chhiongtioh) *spiritual collision* 沖著
Chongyang Jie (Tiong Iong Choeh) *Double Yang Festival, the ninth day of the ninth lunar month* 重陽節
da (toa), xiao (se) *large and small* 大，小
Da Shiye (Tai Su Ia) *Great One* 大士爺
Da Zongli *Great Prime Minister* 大總理
Dabo (Toa Peh [Tua Pek]) *Paternal Elder Uncle* 大伯
Dabo Gong (Toa Peh Kong [Tua Pek Kong]) *God of Prosperity* 大伯公
daci (tapsu) *thank-you speech* 答辭
Dadi Gong (Tai Te Kong) *Great Emperor God* 大帝公
Dage (Toako) *Elder Brother* 大哥
damen *gate* 大門
Damo *Bodhidharma* 達摩
Dashi Yeye (Tua Se Ia-ia) *Grandfather Ambassador* 大使爺爺
daxie ganqing (tapsia kamcheng) *return thanks and gratitude* 答謝感情
Dazong Gong *Great Ancestor* 達宗公（大宗公、太宗公）
dao (to) *Dao* 道
daode (totek) *virtue* 道德
Daodejing (Totekkeng) *Daode Jing* 道德經
dejiao *moral uplifting or teaching virtue* (*describes modern syncretic religious associations*) 德教
de*lasam* (tioh lasam) *get 'dirty' or impure, encounter a ghost* 著垃儳（弄髒）
denggao *climb to the heights* 登高
Diguan (Te Koan) *Lord of the Earth* 地官
Dimu (Toema) *Earth Mother* 地母

Diwang *Emperor King* 帝王
diyida (teit toa) *biggest* 第一大
diyu (te gek) *the prisons of earth, hell* 地獄
Dizang Wang (Te [Tay] Chong Ong) *Bodhisattva ruling hell* 地藏王
Dizhu Gong (Techu Kong) *Lord of the Earth* 地主公
Dongfang Eryuanshuai *Second Commander of the Eastern Quarter* 東方二元帥
dongzhi (tangchi) *winter solstice* 冬至
Doumu (Taubo·) *Bushel Mother* 斗姆
Doumu Gong (Taubo·Keong) *Bushel Mother's Palace* 斗姆宮
Er Taizi (Ji Taizhu) *Second Prince* 二太子
erban chiao (jipan kio) *two plank bridge* 二板橋
Erbo (Jipeh) *Second Uncle* 二伯
fagao (hoat koe) *rising cakes* 發糕
Fanqing fuming *Overthrow the Qing [dynasty] and restore the Ming* 反清復明
fanren (hoan-a) *Malay* 番人（馬來人）
feng (hong) *award with official title* 封
Fengfu Taizi (Hong Hu Thai Chu) *Feng Mansion Crown Prince* 馮府太子
fengshui (hongchui) *geomancy* 風水
fengsu xiguan *customs and practices* 風俗習慣
Fodan (Hut Tan) *Buddha's birthday, Wesak Day* 佛誕（衛塞節）
fu (hu) *magical charm* 符
Fu Lu Shou (Hok Lok Siu) *star gods of prosperity, status, and longevity* 福祿壽
Fude Ci (Hok Tek Si) *Ancestral Temple of Prosperity and Virtue* 福德祠
Fude Zhengshen Miao (Hok Tek Cheng Sin Bio) *Temple of the God of Prosperity, Virtue, and Morality* 福德正神廟
Fuhou Gong (Hok Hau Kong) *Marquis Fu [Prosperity]* 福侯公
Fujian (Hokkien) *Fujian* 福建
Fuxing Gong (Hok Heng Keong) *Prosperity Palace* 福興宮
gaiyun (koe-un) *change luck* 改運
ganqian (kamchi) *thanksgiving money* 感錢
ganqing (kamcheng) *gratitude, attachment* 感情

華文專有名詞對照表
Glossary of Chinese Terms

ganxie (kamsia) thanks 感謝

ganzhe (kamchia) *sugarcane, puns with 'thanks'* 雙關語感謝（ganxie）甘蔗

gaodeng Song *Mount Song high lamp* 高燈嵩

Gaoqi Miao *High Mountain Stream Temple* 高溪廟

gongde (kongtek) *merit and virtue; also a Daoist ceremony to transfer merit to the dead* 功德

gongfu (konghu) *kungfu* 功夫

gongsi (kongsi) *kongsi* 公司

guan (koan) *pass, obstacle* 關

Guan Yu *name of the individual deified as the God of War* 關羽

Guandi Ye (Koan [Kuan] Te Ia) *Emperor Guan, the God of War* 關帝爺

Guangong (Koan [Kuan] Kong) *Lord Guan, the God of War* 關公

guanmen (koanmen) *gate-pass* 關門

Guansheng Dijun *Sacred Lord Emperor Guan, the God of War* 關聖帝君

guanxi *connections* 關係

Guanyin (Koan [Kuan] Im) *Goddess of Mercy* 觀音

Guanyin Ma (Koan [Kuan] Im Ma) *Goddess of Mercy* 觀音媽

Guanyin Pusa (Koan [Kuan] Im Pho·sat) *Goddess of Mercy* 觀音菩薩

Guanyin Si (Koan [Kuan] Im Si) *Goddess of Mercy Temple* 觀音寺

Guanyin Ting (Koan [Kuan] Im Teng) *Goddess of Mercy Pavilion* 觀音亭

Guangze Zunwang (Kongtek Chunong) *Vast Favor Venerable King* 廣澤尊王

Guangdong Fujian Gong (Kngtang Hokkien Keong) *Guangdong-Fujian Palace* 廣東福建宮

Guangfu Gong (Kong Hok [Hock] Keong) *Wide Blessings Palace* 廣福宮

gui (kui) *ghost* 鬼

Guijie (Kui Choeh) *ghost festival* 鬼節

Guiwang (Kui Ong) *King of Ghosts* 鬼王

guoyun (ge-un) *pass over [bad] luck* 過運

Haishan (Hai San) *Sea and Mountain [Society]* 海山

Haizhuyu Dabo Gong Miao (Tanjung Tokong Thai Pak Koong Temple) *Sea Pearl Island God of Prosperity Temple* 海珠嶼大伯公廟

hao xiongdi (ho hia^{n}ti) *good brothers, a euphemism for ghosts* 好兄弟
Hesheng (Ho Seng) *United Victors* 和勝
hei shehui (o·siahoe) *black society, secret society* 黑社會
Hong (Hong) *flood, vast* 洪
Hong Haizi (Ang Gina) *Red Child* 紅孩子
hongdou (angtau) *red bushel* 紅斗
honggui (angku) *red tortoise* 紅龜
Honghua Ting (Anghoe Teng) *Red Flower Pavilion* 紅花亭
honglu (anglo·) *red furnace* 紅爐
hongmao gou (angmo.kao) *red-headed dog (slang for European)* 紅毛狗
Hongmen (Angmui) *Vast Gate* 洪門
Houmian Gong (Aube Kong) *the Backdoor God, a euphemism for ghosts* 後面公
Hu Ye (Ho·Ia) *Tiger God* 虎爺
Hufa LeibaoTianjun (Hor Huat Looi Por Thian Koon) *24 Protect the Law, Thunder Protection Heavenly Lords* 護法雷保天君
huaren *Chinese* 華人
Huaren Dahuitang *Chinese Town Hall* 華人大會堂
huaren datuanjie *Chinese great unity* 華人大團結
huarende quanli *Chinese power* 華人的權力
Huatuo (Hoa To·) *healing deity* 華佗
huangchuan *imperial boat* 艎船、皇船
hui (hoe) *association* 會
huiguan (hoekoan) *club, guild* 會館
Huogong *God of Fire* 火公
Huokeng (Hekhi^{n}) *Fiery Pit* 火坑
Jigong (Chekong) *Vagabond Buddha* 濟公
Jile Si (Kek Lok Si) *Temple of Paradise* 極樂寺
jitong (kitong) *spirit medium* 乩童
Jiande Tang (Kian [Kien] Tek Tng) *Kian Tek Society* 建德堂
jianshi (chhiamsi) *charm* 籤詩
Jiang Jiexing (Chiang Kiat Hin) *Sea-grass Ally with Prosperity* 蔣結興

Jiang Liuqing *Sea-grass Willow-green* 蔣柳青
jieshen (chih sin) *greet gods* 接神
Jinding *Golden Peak* 金頂
Jingu (Kim Ko·) *Golden Aunt* 金姑
jingui (jipkui) *ghost enters* 進鬼
jinsan (kimsoa^{n}) *golden umbrella* 金傘
Jinzha *Nazha's eldest brother* 金吒（大太子）
jiu (kiu) *save* 救
jiu shijie (kiu sekai) *save the world* 救世界
Jiu Wangye (Kiu Ongia) *Nine Divine Kings* 九王爺
Jiuhuang Dadi (Kiuhong Taite) *Nine Emperor Gods* 九皇大帝
Jiutian Shengmu (Kiuthian Sengma) *Nine Heavens Holy Mother* 九天聖母
jiuzu jimu, pingzhang baixing *Nine generations of kin are harmonious, and distinguish their surnames and clans* 九族既睦，平章百姓
kai muzhu (khui bakchiu) *'open the eyes,' bring consciousness into an image* 開目珠
kai nian (khui ni) *open the year* 開年
kaiguan (khui koan) *open the passes* 開關
kling-a gui (*kling-a* kui) *Indian 'ghosts' (slang for Indians)* 吉寧鬼（印度人）
koujun (kokun) *Daoist offerings to the gods' troops* 犒軍
kun *Earth* 坤
Laozi 老子
*lasam*de wujian (lasame mihkia^{n}) *dirty things, i.e. ghosts* 垃傪兮物件
li (lat) *power* 力
Li Tieguai (Li Thih Koai) *Li Iron Crutch, one of the Eight Immortals* 李鐵拐
Li Xianzu (Li Siancho·) *Immortal Ancestor Li* 李仙祖
Lifu Xianshi (Li Hu Siansu) *Li Mansion Immortal Master* 李府仙師
Lianhua An (Lian Hoa Am) *Lotus Temple* 蓮華庵
ling (sia) *spiritually efficacious* 靈
Lingwang Miao *Temple of the Spiritual King* 靈王廟
liushi jiazi benming shen *sixty year cycle constitutive fate gods* 太歲星君
Lohan *Lohan* 羅漢

Lu Pan Gong (Lu Pan Kong) *Lord Lu Pan* 魯班公
luzhu (lo·ju) *keeper of the incense urn* 爐主
Mazu Po (Ma Cho·Po·) *Queen of Heaven* 媽祖婆
men (mui) *door or gate* 門
mi *confused; secret or intimate* 迷；密
mixin *superstitions; shared beliefs* 迷信
mian (bin) *face* 面
Miao Shan 妙善
Miaolian (Beow-Lean) 妙蓮
ming (beng) *bright* 明
Ming Chao *Ming Dynasty* 明朝
Mingwang *Luminous King* 明王
ming (miasia^{n}) *reputation* 名、名聲
Mulian 目蓮
Muzha *Nazha's second brother, Moksha* 木吒（二太子）
Nadu Gong (Natu Kong) *Datuk Gong* 拿督公
Nazha (Lo·chhia) 哪吒
Nandou *Southern Bushel* 南斗
Nanhua Pingmin Yiyuan (Lam Wah I-i^{n}) *Lam Wah Hospital* 南華平民醫院
Nanshen *Southern God* 南神
Penglai Shan (Honglai Soa^{n}) *Daoist fairyland* 蓬萊山
pingan guan *peace pass* 平安關
pingdi *level land* 平地
pingguo (penggo·); ping (peng) *apple* ; *peace* 蘋果；平
Pingzhang Gongguan *Pingzhang Mansion* 平章公館
Pingzhang Huiguan *Pingzhang Guild Hall* 平章會館
Pudu (Pho·to·) *universal ferry or passage across* 普度
Pudu Gong (Pho·to·Kong) *King of Hell* 普度公
Pudu (Zhongyuan) Weiyuanhui (Pho·to·[Tionggoan] Ui-oan Hoe) *Universal Ferry (Central Primordial) Committee* 普度（中元）委員會
Qi Niangma (Chhit Niuma) *Seven Sisters* 七娘媽

Qitian Dasheng *Great Saint Equal to Heaven* 齊天大聖
Qian *Heaven* 乾
qianer ceng (chhengji chan) *one thousand and two steps* 千二層
Qiankun Quan *Circle of Heaven and Earth* 乾坤圈
qianmu (khan bong) *'lead by the hand to the grave,' to communicate with dead relatives through a spirit medium* 牽墓
Qing Chao *Qing Dynasty* 清朝
Qingguan Si (Cheng Kuan Si) *Temple of Clear View* 清觀寺
Qinghe She (Cheng Hoe Seah) *Pure United Society* 清和社
qinghuo (chhia^{n}hoe [chneah hoay]) *invite the fire* 請火
Qinglong Gong (Cheng Liong [Leong] Keong) *Pure Dragon Palace* 清龍宮
Qingming (Chheng Beng) *Pure Brightness* (*5th solar term*) 清明
Qingshui Zushi Gong (Chheng Chui Cho·su Kong) *Clear Water Patriarch* 清水祖師公
Qingyun Ting (Cheng Hoon Teng) *Pure Cloud Pavilion* 清雲亭
Quan Zhongli (Han Chongli) *one of the Eight Immortals* 漢鍾離
Quanzhen *Complete Perfection* (*a Daoist order*) 全真
renao (laujoah) *festival* 熱鬧
ri (jit) *sun* 日
Rulai Fo *Tathagata Buddha* 如來佛
san he (sam ho) *three rivers; three together* 三河；三和
San Taizi (Sam Thaichu) *Third Prince* 三太子
Sancai (Sam Chai) *Three Powers* 三才
sanguan (samkoan) *three gates or passes* 三關
Sanguan (Samkoan) *Three Lords* 三官
Sanguan Dadi (Samkoan Tai Te) *Three Emperor Lords* 三官大帝
Sanjiao (Samkau) *Three Religions* 三教
Sanjiao Doudeng *Three Religions Bushel Lamp* 三教斗燈
sansheng (sa^{n}se^n) *three sacrificial meats* 三牲
Sanyuan (samkoan) *Three Primordials* 三元
Shancai Tongzi (Sianchai Tongchu) *Benevolent Wealth Youth, a Baby God* 善財童子
shang (siong), xia (e) *upper, lower* 上，下

Shangyuan Jie (Sionggoan Choeh) *Daoist Upper Primordial Festival* 上元節
Shaolin 少林
she (sia) *society* 社
shen (chhim) *deep* 深
shen (sin) *saint* 神
Shennong Shengdi *or* Dadi (Sin Long Tai Te) *God of Agriculture* 神農聖帝或大帝
Sheng Wang *Holy King* 聖王
shengjiu (sengkhao) *rattan lots* 聖鬮
Shi Gongsi (Chap Kongsi) *Ten Kongsis* 十公司
Shi Tougong (Su Tokong) *Commissioner God [Tokong]* 使頭公
shiwu yewan (chapgo·me) *fifteenth day of the first lunar month* 十五夜晚、十五暝
shou guan *longevity pass* 壽關
Shoutian Gong (Siu Thian Keong [Siew Thean Keong]) *Receive Heaven Palace* 受天宮
shouzhi Shaolinsi kaishan qi, yi ye Dazong Gong heshang qu *[those who] received an official title at Shaolin temple founded the sect ["opened the mountain"] and arranged it; [we are] one in the district of our Great Ancestor and the monks* 受職少林寺，開山齊壹也，達宗公和尚處
Shuiguan (Chuikong) *Lord of Water* 水官
Shuimei Gong (Chui Bee Kong) *Water Beauty Palace* 水美宮
Su Hongguang *Revive Vast Brightness* 蘇洪光
Sun Tai Zushi (Sun Thai Cho·su) *Sun [Monkey] the Great Founder* 孫（猢猻）太祖師
sung shen (sang sin) *send the gods* 送神
taiji (thaikek) *Great Ultimate* 太極
Taiping Xu (Thai Peng Hu) *Marketplace of Great Peace* 太平墟
tairen (thaijin) *great man, term of address for a mandarin* 大人
Taishang Laojun (Thai Siong Lo Kun) *Very High Old Lord, name for Laozi* 太上老君
Taishang Laojun Miao (Thai Siong Lo Kun [Thai Seong Loh Koon] Bio) *Very High Old Lord Temple* 太上老君廟
Taisheng Ye (Thai Seng Ia) *Great Saint* 太聖爺
Taisui (Thai Soe) *Great Year, governor of the Ministry of Time* 太歲
Taiyi *the One, vital energy* 太一

Tang Seng Fozu (Tong Cheng Hut Cho·) *Monk Tang the Buddhist Ancestor* 唐僧佛祖
Tao Deda *Peach Greatness of Virtue* 桃德大
Tian Youhong (Thian Iu-ang) *Heaven Protects the Hong* 天佑洪
tiandi (thian te) *Heaven and Earth; Heavenly Emperor* 天地；天帝
Tiandihui (Thian Te Hoe) *Heaven and Earth Society*; *Heavenly Emperor Society* 天地會；天帝會
tiangao (thi^{n}koe) *sweet cake; heavenly cake* 甜糕；天糕
Tiangong (Thi^{n}kong) *Lord of Heaven* 天公
Tiangong Tan (Thi^{n} kong Toa^{n} [Thnee Kong Thnua]) *Lord of Heaven Altar* 天宮壇
tianguan *heavenly gate* 天關
Tianguan (Thi^{n} Koan) *Lord of Heaven* 天官
Tianhou (Thian Ho·) *Queen of Heaven* 天后
Tianjun (Thian Kun [Choon]) *Heavenly Lord* 天君
Tianshang Shengmu (Thian Siong Seng Ma) *Holy Mother in Heaven* 天上聖母
tiantai *heavenly terrace* 天臺
tiaoshen (thiausin) '*dance the gods,*' *go into trance* 跳神
Tongqing She (Tong Kheng Sia [Seah]) *United Celebratory Society* 同慶社
toujia (thauke) *leader* 頭家
Tudi Gong (Tho·te Kong) *Lord of the Earth* 土地公
Wan Daofang (Ban To Hong) *Myriad Dao Virtue* 萬道芳
Wan Daolong (Ban To Leng) *Myriad Dao Dragon* 萬道龍
Wan Yunlong (Ban Hun Leng) *Myriad Cloud Dragon* 萬雲龍
wang (ong) *king* 王
Wang Sun Yeye (Ong Sun Ia-ia) *Grandfather Descendant of Princes; alternately, the surname Sun (Monkey) surrounded by the characters* wang *and* ye, *which together mean 'Divine King'* 王孫爺爺
wangchuan (wangkang) *king's boat* 王船
wanglai; huangli (both pronounced onglai) *prosperity is coming; pineapple* 旺來；黃梨
wangye (ongia) *divine king* 王爺
Weilingshi Dashi *Great Master of Epidemics* 衛靈司大士
weiyue (be geh) *year's end (end month)* 尾月

wen *literary* 文
wenhua *culture, civilization* 文化
wenggong (angkong) *gods* 翁公
wu *military* 武
Wuchangbo (Botia^{n} Peh) *Inconstant Uncle* 無常伯
Wudang Shan *Wudang Mountain* 武當山
Wugong *Five Lords* 五公
Wusheng Laomu *Unborn Old Mother* 無生老母
wuwang guguo *forget not your old country* 毋忘故國
xi (se) *wash* 洗
Xifu Ri (Hi Hok Jit) *Happiness and Prosperity Day* 喜福日
Xiayuan Jie *Daoist Lower Primordial Festival* 下元節
Xianfeng *Vanguard* 先鋒
Xiansheng (Sinse^{n}) *Master* 先生
Xianzu (Siancho·) *Immortal Ancestor* 仙祖
Xie Bangxing (Chia Pang-heng) *Thankfully the Country Prospers* 謝邦興、謝邦行
xieyuan ri (sia koan jit) *thank [the gods for] wishes [fulfilled] day* 謝願日
xiongdi *brothers* 兄弟
xiuxing (siuheng) *self cultivation* 修行
Xuantian Dadi (Hian Thian Siong Te) *Emperor of the Dark Heavens* 玄天上帝
Yanwang (Iam Ong) *Yama* 閻王
yang (iong) *male principle* 陽
yijian daji *Seeing Me is Great Luck!* 一見大吉
Yijing (I^{n} Keng) *The Book of Changes* 易經
yiren *barbarian* 異人
Yixing (Ghee Hin) *Justice and Happiness [Society]* 義興
yin (im) *female principle* 陰
Yuhuang Dadi (Gek Hong Tai Te) *Jade Emperor* 玉皇大帝
Yuhuang Taizi (Gek Hong Thai Chu) *Jade Emperor Prince* 玉皇太子
Yulanpen *Ullambana, from the Sanskrit term Avalambana* 盂蘭盆
yue (ge) *moon* 月

yungen *root of clouds* 雲根

yunyu *clouds and rain* 雲雨

zayuan (so-i^{n}) *round rice balls* 搽圓

Zaojun (Chau Kun) *Kitchen God* 灶君

Zaoshen (Chau Sin) *Kitchen God* 灶神

Zhenwu *Perfected Warrior* 真武

Zhongtan Yuanshuai *Commander of the Central Altar (Nazha's title)* 中壇元帥

Zhongyi Tang (Tionggi Tng) *Hall of Sincerity and Justice* 忠義堂

Zhongyuan Jie (Tionggoan [Teong Guan] Choeh) *Daoist Central Primordial Festival* 中元節

zhuangyi (chingay) *float procession* 妝藝

zongzi (phah chang) *pyramid-shaped wrapped dumplings offered on the fifth day of the fifth lunar month* 粽子

Zushi (Cho·su) *founder, patriarch* 祖師

附錄　檳城的華人節慶一覽表
Appendix: Chinese Festivals Celebrated in Penang, Malaysia

譯按：本表爲作者比較當代（1980）與1857年的檳城節慶，如有標示檳城華語方言（福建話、潮州話、廣府話、客家話等）發音者，則在中文後方加上拼音。1857年的資料只有英文，因此有若干社團或神明名稱無從查考其正確中文，則保留原著英文。

當代節慶

當代的活動日曆會標示舉辦的廟宇、社團及神祇名稱。

標記說明：

◆檳城普遍的社群活動

▽地方社區節慶

□由較小型廟宇或公司所慶祝，有時帶有戲劇表演與乩童展演

■在家庭慶祝

1857年節慶

羅根列出檳城福建人、廣東人，以及定期的節慶（Logan 1857）。除特別標示者，其餘皆是在廣福宮舉行；所用的拼音即是羅根所使用的拼音；關於五家福建姓氏公司（由福建人邱、謝、楊、林、陳五大姓及其他姓氏各自組成的公司）的保護神名稱，則是引用Lo (Loh) 2002。

標記說明：

▲由姓氏公司慶祝的神誕（10個）

●福建人宗教及友誼社團扛著神明遊行（18個）（編按：原文爲19個。）

☆廣東人宗教及友誼社團扛著神明遊行（8個）

◎定期節慶在街上擺放桌子放置供品

✚定期節慶在廣福宮有戲劇演出

當代節慶	1857年節慶
農曆正月（數字爲日期）	
1-15 華人農曆新年◆■ 祭拜觀音（*Kuan Im*），喬治市廣福宮（*Kong Hok Keong*）◆	1-16 新年（在門前燃放爆竹）◎
2 「開年」（*Khui Ni*）；喬治市寶福社（*Po Hok Sia*）爲已故社員及神祇祝禱□	
4 灶神（灶君〔*Chau Kun*〕）及其他神祇由天庭返回■	
4 請神（*chih sin*接神）；喬治市寶福社迎接衆神由天庭返回□	
6 清水祖師公（*Chheng Chui Cho·su Kong*），雙溪居鑾（Sungai Kluang）福興宮（*Hok Heng Keong*），又稱蛇廟（*Choa Bio*）◆	
6 初六前夕，清和社（*Cheng Hoe Sia*）在雙溪居鑾福興宮舉行觀火儀式◆	
6 華陀祖師誕辰，汝莪（Glugor）寶月宮（*Po Geh Keong*）□	7 清水祖師公（*Cho·su Kong*），清和社（*Cheng Hoe Sia*）●
9 初九前夕，住家與公司門前祭拜天公（*Thi^{n}kong*）■	9 玉皇上帝，在家門前的供桌擺放祭品◎＋
9 初九前夕，許多人造訪亞依淡（Ayer Item）天公壇，祭拜玉皇上帝（*Gek Hong Siong Te*）◆	10 福和公（*Hok Ho Kong*），謝公司保護神▲
	12 關帝爺（*Koan Te Ia*），歐公司保護神▲

		12-17	燈籠盛宴（孩童提著燈籠沿街行走）◎
13	廣澤尊王（*Kongteik Chunong*）□	13	San Sai 佛祖（*Hu Chu*），可能是個佛教聖者✚
		13	關帝爺，春吉社（Chun Gi Society）●
15	十五暝（*chapgo·me*），新年期間最後一天。向家中天官神位上香、準備供品及祭拜，以完成新年節慶■	15	三官大帝（*Sam Koan Tai Te*）✚
15	海珠嶼大伯公廟（*Tanjung Tokong Thai Pak Koong Temple*）請火（*chhia^{n} hoe*）；遊行隊伍由喬治市區福德正神廟到丹絨道光◆	15	大伯公（*Tua Pek Kong*），在建德堂（Kian Tek Society）●
16	喜福日（*Khi Hok Jit*）；在十公司的特別祭祀□		
23	三太子（*Sam Thaichu*），素齋□		
23-24	九天聖母（*Kiu thian Sengma*）；善財童子（*Sianchai Tongchu*）□		

農曆二月

1-3	大伯公，亞依淡▽		
		11	神農大帝（*Sin Long Tai Te*），同慶社（*Tong Kheng Sia*）●
14	神農大帝，在同慶社與日落洞清龍宮（*Cheng Liong Keong*）；又稱大帝爺廟（*Tai Te Ia*）□		

15	關公（*Kuan Kong*）□	15	陳聖王（*Tan Seng Ong*），陳公司保護神▲
15	老子（太上老君）誕辰，亞依淡太上老君廟（*Thai Siong Lo Kun Bio*）□	15-16	大伯公，Hoi Chi Tsu扛著神轎遊行前往丹絨道光☆
		17	Bo Bo Ong，Chip Gi的保護神●
		17-18	南開聖王（*Nam Kai Seng Wong*），在各家門口前的小路以煙火慶祝◎
		18	郭聖王（*Kue Sing Ong*），Heng San Society●
19	觀音誕辰，在喬治市廣福宮慶祝◆	19	觀音佛祖+
22	廣澤尊王□		

農曆三月

3	玄天上帝誕辰（*Hian Thian Siong Te*）□	3	玄天上帝誕辰+
6	祖師公（Cho·su Kong）（可能是華陀 *Hoa To·*），汝莪寶月宮□	14	保生大帝，王公司保護神▲
15	保生大帝，日落洞清龍宮（*Cheng Liong Keong*），又稱大帝爺廟◆	15	大帝公（*Tai Te Kong*），保生大帝的別名+
16	天后（媽祖）（*Ma Cho·*）□		
		20	天后（媽祖）（*Ma Cho·Po·*），林公司保護神▲
		23	天后（媽祖）+

農曆四月

1	唐僧佛祖（*Tong Cheng Hut Cho·*），十公司□		
8	護法雷保天君（*Hor Huat Looi Por Thean Koon*），喬治市寶福社，自1974年開始□	8, 19	Chong Hut Seh ✚
		13	先祖（*Sian Cho·*），土庫街福建人●
15	衛塞節，佛誕（*Hut Tan*）；許多人吃齋，佛寺及佛教會合辦花車遊行慶祝◆■		

農曆五月

	第五個陽曆節氣，也就是四月五日（冬至後第106天），清明節（*Chheng Beng*），家人掃墓◆		第五個陽曆節氣，也就是四月五日（冬至後第105天），清明節掃墓：廣東人集體執行這些儀式，包括遊行與音樂。包括和勝、海山及義興誓盟會黨的廣東人會員
5	在家裡用肉粽（*phak chang*）祭拜祖先與神明■	5	大士爺，邱公司保護神▲
5	大士爺（*Tua Se Ia*），邱公司保護神，喬治市□		
5	濟公（*Chekong*），在各種不同的乩童廟□		
8	無常伯（*Botia^n Peh*），也稱爲大伯（*Toa Peh*），地府官員□		
11-12	紅拿督（Datuk Merah），拿督公神靈 □		
		12-13	關帝爺（*Kuan Te Ia*），Sun Gi Society ☆
		13	關帝爺，歐公司保護神▲✚

農曆六月			
6	清水祖師公，雙溪居鑾蛇廟◆□		
7	玉皇太子（*Gek Hong Tai Chu*）□		
13	魯班公（*Lu Pan Gong*）	13-15	魯班公，木匠行業神☆
15	農曆中間點，人們在家裡供奉彈珠狀飯糰（*So-i*ⁿ 炸圓）■		
		17	大道公（*Ta To Kong*）在 Beng Tek Society●
		17	使頭公（*Su Tokong*），楊公司（*Yang*）保護神▲
19	觀音得道日，在喬治市廣福宮慶祝◆	19	觀音佛祖（*Kuan Im Hut Cho·*）✚
24	九天聖母□	24	王爺（*Ong Ia*），戲劇演員保護神（*Hu Ah Tong*）●

閏六月			
5	蛇廟的特殊慶典，雙溪居鑾		

農曆七月			
1-30	慶讚中元，又稱普度（*Pho·to*）或中元節（*Tionggoan Choeh*），在檳城有大約200處地點舉行慶典活動◆	1-30	陰靈祭典（路旁的供品；也由義興（*Ghee Hin*）、海山（*Hai San*）、和勝公司（*Ho Seng*）（誓盟會黨）在他們的會所奏樂慶祝。全都在路邊焚燒紙錢；最受到福建人所遵行。
1	太上老君得道日，亞依淡太上老君廟□	1	大伯公：所有的福建人在街上的供桌祭拜●
		4-5	陰靈祭典（大街）●

7	七娘媽（*Chhit Niuma*），由未嫁女子（多爲廣東人）在家門前黃昏時公開祭祀■		
7	七娘媽，喬治市城隍廟路城隍廟（*Seng Ong Bio*）◆		
12	寶福社：會員布施給地獄中的幽魂。喬治市□		
14	祭祀家中祖先（主要爲廣東人與潮州人）■	14-15	大伯公，廣東公司☆+
15	祭祀家中祖先（福建人與海南人）；地官（*Te Koan*）誕辰■		
15	佛教盂蘭勝會，祭祀祖先，在多座廟宇舉行，包括亞依淡蓮華庵（*Lianhua An*）□		
		19	陰靈祭典（土庫街）●
		23	陰靈祭典（檳城出生者）●
24	城隍爺誕，喬治市城隍廟◆		
		27-28	大伯公，潮州公司保護神☆
29	地藏王誕（*Te Chong Ong*），喬治市城隍廟◆		
30	在某些佛寺特別的齋菜布施□		

農曆八月

1-3	大伯公：遊行至寶嶼仙岩（*Po Su Sian Giam*）請神，亞依淡▽	2	王孫爺（*Ong Sun Ia*），邱公司保護神▲
		13-14	福侯公（*Hok Hau Kong*），謝公司保護神▲
15	大伯公，島嶼公園▽	15	大伯公+
15	中秋節，家庭及社團慶祝■◆		

15	三太子□		
16	大聖爺（*Thai Seng Ia*）或孫太祖師（*Sun Thai Cho·Su*），十公司及其他廟宇□	16	陰靈祭典（魚市場〔有誤〕）●
17	大伯公遊行，前往亞依淡水壩請神▽	17	陰靈祭典（檳城出生者〔有誤〕）●
		17	大伯公，建德堂●
		17	趙子龍（*Tiok Chu Liong*），Sun Ghi Society●
22	廣澤尊王□		
22	三太子□		
23	大伯公，喬治市寶福社□		
24-27	李府先師（*Li Hu Sian Su*），又稱李鐵拐（*Li Thih Koai*）□		
	農曆九月		
1-9	九皇大帝（*Kiu Hong Tai Te*），在許多地方慶祝◆		
6	斗姆（*Taubo*），九皇爺誕□		
9	玄天上帝，顯然跟九皇爺合慶□		
9	權宗離，八仙之首□		
9	重陽節（*Tiong Iong Choeh*），有些人前往龍尾南清觀寺（*Cheng Kuan Si*）朝聖，或掃墓◆		
15	三太子誕，據說由初九移到十五□	15	三官大帝＋
19	觀音得道日，喬治市廣福宮◆		
	農曆十月		
		6	先祖，土庫街布商●
15	濟公吃狗肉□	15	三官大帝＋

15	三太子玩鐵球□		
17-19	馮府太子（*Hong Hu Thai Chu*）□	17-18	魯班公，木匠行業神，在魯班公公司☆
18	地母（*Toema*）		

農曆十一月

陽曆：冬至（*Tang Chi*），在家中用湯圓祭拜祖先，也在寶福社等社團慶祝，確實時間或有不同□■			
6	清水祖師公（*Cho·su Kong*），雙溪居蠻蛇廟（*Choa Bio*）◆□		
		10-11	鐵拐仙（*Tit Kwai Sien*），鐵匠行業神☆

農曆十二月

		5-6	胡錠先師（*Fu Teng Sien Su*），金匠行業神☆
16	太上老君昇天日，亞依淡太上老君廟□		
16	寶福社慶祝尾牙（*be geh*），喬治市□		
18	亞齊拿督（*Datuk Aceh*），拿督公靈□		
24	送神（*sang sin*），寶福社及幾座乩童廟□	24	灶神返回天庭，天神下凡（有誤）
24	灶君返回天庭；家戶準備甜的供品祭拜■		
26	心願達成，正式答謝（*tapsu*）眾神的謝願禮（*Sia Koan Jit*），十公司□		
29	除夕夜：自午夜起祭拜觀音■◆		

左岸|人類學 367

歸屬之儀

馬來西亞檳城華人社群的記憶、現代性與身分認同

Rites of Belonging: Memory, Modernity and Identity in a Malaysian Chinese Community
國科會經典譯注計畫

作　　者　白瑨 Jean DeBernardi
譯　　者　徐雨村

總 編 輯　黃秀如
責任編輯　孫德齡
編輯助理　劉書瑜
企畫行銷　蔡竣宇
封面設計　陳恩安
內文排版　宸遠彩藝

出　　版　左岸文化／遠足文化事業股份有限公司
發　　行　遠足文化事業股份有限公司（讀書共和國出版集團）
　　　　　231新北市新店區民權路108-2號9樓
電　　話　（02）2218-1417
傳　　真　（02）2218-8057
客服專線　0800-221-029
E-Mail　rivegauche2002@gmail.com
左岸臉書　https://www.facebook.com/RiveGauchePublishingHouse/
團購專線　讀書共和國業務部　02-22181417分機1124

法律顧問　華洋法律事務所　蘇文生律師
印　　刷　成陽印刷股份有限公司
初　　版　2023年12月
定　　價　650元
I S B N　978-626-7209-70-7（平裝）
　　　　　978-626-7209-68-4（EPUB）
　　　　　978-626-7209-69-1（PDF）

國家圖書館出版品預行編目(CIP)資料

歸屬之儀：馬來西亞檳城華人社群的記憶、現代性與身分認同/白瑨(Jean DeBernardi)著；徐雨村譯. -- 初版. -- 新北市：左岸文化出版：遠足文化事業股份有限公司發行，2023.12
560面；14.8x21公分. -- (左岸人類學；367)
譯自：Rites of belonging : memory, modernity and identity in a Malaysian Chinese community.

ISBN 978-626-7209-70-7(平裝)

1.民族文化　2.族群認同　3. 華僑史　4. 馬來西亞

577.2386　　112021038